政府与非营利组织会计
（第 2 版）

主　编　赵　莉　秦国华
参　编　张晓雁　苟小江

北京理工大学出版社
BEIJING INSTITUTE OF TECHNOLOGY PRESS

内 容 简 介

在国家预算管理制度改革的大背景下,政府与非营利组织会计也有较大的发展与变化。为了能反映我国政府与非营利组织会计的理论与实务,本书分四篇共十六章,全面系统地介绍了政府与非营利组织会计。第一篇是基本理论,阐述了政府与非营利组织的特征,政府与非营利组织会计的最新发展、基本假设、会计信息质量特征、会计要素等。第二篇系统地介绍了财政总预算会计资产、负债、净资产、收入和支出的确认、计量以及报告。第三篇介绍了行政事业单位会计资产、负债、净资产、收入、费用以及预算收入、预算支出和预算结余的确认、计量、报告。第四篇介绍了民间非营利组织资产、负债、净资产、收入和费用的确认、计量以及报告。

本书可作为高等院校会计学、财务管理、审计学、工商管理、财政学、税收学、行政管理、经济学等专业学生的课程教材或辅导教材,也可以作为行政事业单位与非营利组织会计人员培训、自学的参考用书。

版权专有　侵权必究

图书在版编目(CIP)数据

政府与非营利组织会计/赵莉,秦国华主编.—2版.—北京:北京理工大学出版社,2019.5

ISBN 978-7-5682-7024-3

Ⅰ.①政… Ⅱ.①赵… ②秦… Ⅲ.①单位预算会计-高等学校-教材 Ⅳ.①F810.6

中国版本图书馆 CIP 数据核字(2019)第 088828 号

出版发行 /	北京理工大学出版社有限责任公司
社　　址 /	北京市海淀区中关村南大街5号
邮　　编 /	100081
电　　话 /	(010)68914775(总编室)
	(010)82562903(教材售后服务热线)
	(010)68948351(其他图书服务热线)
网　　址 /	http://www.bitpress.com.cn
经　　销 /	全国各地新华书店
印　　刷 /	三河市天利华印刷装订有限公司
开　　本 /	787毫米×1092毫米　1/16
印　　张 /	25.5	责任编辑 / 王晓莉
字　　数 /	600千字	文案编辑 / 王晓莉
版　　次 /	2019年5月第2版　2019年5月第1次印刷	责任校对 / 周瑞红
定　　价 /	85.00元	责任印制 / 李志强

图书出现印装质量问题,请拨打售后服务热线,本社负责调换

前 言

近年来,我国财政体制、预算管理制度等发生了重大改革,在1997年的预算会计体系基本框架基础之上,我国政府部门多次发布了与预算会计相关的规范对其进行修订完善。2005年1月1日,实施了《民间非营利组织会计制度》;2007年执行与国际接轨的《政府收支分类科目》;2015年10月10日,财政部对原《财政总预算会计制度》进行修订发布,要求2016年1月1日起实施最新的《财政总预算会计制度》。与此同时,财政部于2016年对《政府收支分类科目》实施了全面改革。近期,在2012年至2014年制定实施的《事业单位财务规则》《行政单位财务规则》《事业单位会计准则》《事业单位会计制度》《行政单位会计》等基础上,为适应新时代政府和公共部门职能的转变升级,特别是更加精细、更加科学的政府管理水平对会计信息的要求,国家实施了更加深入、更加彻底的新一轮政府会计改革。截至2017年下半年,以《政府会计准则》和《政府会计制度》为代表的政府会计主要新规范体系已基本形成。2018年2月,又制定出台了新旧制度转换衔接的具体办法。从2019年1月1日起,政府会计在全国范围内全面实施新的标准体系。这些对我国现行的预算会计体系提出了新的、更高的要求,对政府与非营利组织会计主体的预算编制、资金运转、资金管理等均产生了深刻影响,同时涉及会计核算内容与方法的调整与改进。

在此背景下,我们在总结多年教学经验的基础上,结合近几年出台的相关法律制度,撰写了此书。本书内容体系新颖完整,框架结构简约明晰,理论与实际相结合,体现最新政策精髓。在每一章节之后,本书都安排有知识小结和复习思考题,便于学生梳理重点,掌握所学知识。本书分为四篇:

第一篇,基本理论。该篇由第一章和第二章构成,阐述了政府与非营利组织的特征,政府与非营利组织会计的最新发展、基本假设、会计信息质量要求、会计要素等,系统呈现政府与非营利组织会计的最新理论成果。

第二篇,财政总预算会计。该篇由第三章至第六章构成,系统介绍了财政总预算会计资产、负债、净资产、收入和支出的确认、计量以及报告。

第三篇,政府会计及行政事业单位会计。该篇由第七章至第十二章构成,结合最新的《政府会计准则》和《政府会计制度》,系统介绍了行政事业单位会计资产、负债、净资产、收入、费用以及预算收入、预算支出和预算结余的确认、计量、报告。

第四篇，民间非营利组织会计。该篇由第十三章至第十六章构成，结合最新的《民间非营利组织会计制度》，系统介绍了民间非营利组织资产、负债、净资产、收入和费用的确认、计量以及报告。

本书由西藏民族大学赵莉副教授、秦国华教授担任主编，张晓雁副教授、苟小江副教授参与编写，赵莉、秦国华负责撰写本书的大纲，另外，其负责全书的总纂、修订、调整和定稿工作。秦国华编写第一章至第二章；赵莉编写第三章至第五章、第七章至第十一章；张晓雁编写第十三章至第十六章；苟小江编写第六章、第十二章。西藏民族大学2018级MPAcc专业张悦、张成成、张学静、李昕露等同学参与了本书的资料收集与整理工作。

本书可作为高等院校会计学、财务管理、审计学、工商管理、财政学、税收学、行政管理、经济学等专业学生的课程教材或辅导教材，也可以作为行政事业单位与非营利组织会计人员培训、自学的参考用书。

本书是西藏自治区高等学校重点实验室——"会计综合实验室"建设的成果之一，得到了实验室多方面的支持。本书也是"财务类课程优化创新"教学团队建设的成果。西藏民族大学教务处、财经学院、管理学院等相关部门也给予了大力支持和帮助，在此表示感谢。

本书在编写过程中，参考和引用了国内外会计学专家学者的大量优秀文献，吸收和借鉴了最新的研究成果以及有关部门发布的制度文件，在此一并深表感谢。

由于水平和时间所限，本书尚有不妥与疏漏之处，敬请广大读者批评指正。

编　者

2018年11月

目 录

第一篇 总 论

第一章 政府与非营利组织会计概述 (3)
第一节 政府与非营利组织的概念、类型及特征 (3)
一、政府与非营利组织的概念与类型 (3)
二、政府、非营利组织与企业区别的特征 (5)
第二节 政府与非营利组织会计的概念、特点与组成体系 (5)
一、政府与非营利组织会计的概念与自身特点 (5)
二、政府与非营利组织会计的组成体系 (7)
第三节 政府与非营利组织会计规范体系 (9)
一、会计法律 (9)
二、会计行政法规 (9)
三、会计规章 (9)
第四节 财政管理体制改革对政府与非营利组织会计的影响 (15)
一、预算管理制度 (16)
二、政府采购和国库集中收付制度改革的影响 (17)

第二章 政府与非营利组织会计基本理论和方法 (20)
第一节 政府与非营利组织会计的会计对象、会计目标、会计基础 (20)
一、政府与非营利组织会计的会计对象 (20)
二、政府与非营利组织会计的会计目标 (20)
三、政府与非营利组织会计的会计基础 (21)
第二节 政府与非营利组织会计的基本前提与会计信息质量要求 (21)
一、政府与非营利组织会计的基本前提 (21)
二、政府与非营利组织会计的会计信息质量要求 (23)
第三节 政府与非营利组织会计的会计要素与会计等式 (24)
一、政府与非营利组织会计的会计要素 (24)

二、政府与非营利组织会计的会计等式 ……………………………………… (26)

第二篇 财政总预算会计

第三章 财政总预算会计概述 ………………………………………………… (31)
第一节 财政总预算会计的概念及特点 …………………………………… (31)
一、财政总预算会计的概念 …………………………………………… (31)
二、财政总预算会计的特点 …………………………………………… (32)
第二节 财政总预算会计的核算基础、任务及一般原则 ………………… (33)
一、财政总预算会计的核算基础 ……………………………………… (33)
二、财政总预算会计的任务 …………………………………………… (33)
三、财政总预算会计核算的一般原则 ………………………………… (34)
第三节 财政总预算会计科目 ……………………………………………… (34)
一、财政总预算会计科目表 …………………………………………… (34)
二、财政总预算会计科目的使用要求 ………………………………… (36)

第四章 财政总预算会计收入与支出的核算 ……………………………… (38)
第一节 财政总预算会计收入的核算 ……………………………………… (38)
一、一般公共预算本级收入的核算 …………………………………… (38)
二、政府性基金预算本级收入的核算 ………………………………… (39)
三、国有资本经营预算本级收入的核算 ……………………………… (39)
四、财政专户管理资金收入的核算 …………………………………… (40)
五、专用基金收入的核算 ……………………………………………… (40)
六、转移性收入的核算 ………………………………………………… (41)
七、动用预算稳定调节基金 …………………………………………… (43)
八、债务收入 …………………………………………………………… (44)
九、债务转贷收入 ……………………………………………………… (45)
第二节 财政总预算会计支出的核算 ……………………………………… (46)
一、一般公共预算本级支出的核算 …………………………………… (48)
二、政府性基金预算本级支出的核算 ………………………………… (49)
三、国有资本经营预算本级支出的核算 ……………………………… (49)
四、财政专户管理资金支出的核算 …………………………………… (50)
五、专用基金支出的核算 ……………………………………………… (50)
六、转移性支出的核算 ………………………………………………… (50)
七、安排预算稳定调节基金的核算 …………………………………… (52)
八、债务还本支出的核算 ……………………………………………… (53)
九、债务转贷支出的核算 ……………………………………………… (53)

第五章 财政总预算会计资产、负债及净资产的核算 (57)
第一节 财政总预算会计资产的核算 (57)
一、财政存款的核算 (57)
二、有价证券的核算 (60)
三、在途款的核算 (61)
四、预拨经费的核算 (62)
五、借出款项的核算 (62)
六、应收股利的核算 (63)
七、暂付及应收款项的核算 (63)
八、应收转贷款的核算 (64)
九、股权投资的核算 (66)
十、待发国债的核算 (67)

第二节 财政总预算会计负债的核算 (67)
一、应付政府债券的核算 (68)
二、应付国库集中支付结余的核算 (70)
三、暂收及应付款项的核算 (70)
四、应付代管资金的核算 (71)
五、借入款项的核算 (71)
六、应付转贷款的核算 (73)
七、其他负债的核算 (76)

第三节 财政总预算会计净资产的核算 (76)
一、一般公共预算结转结余的核算 (76)
二、政府性基金预算结转结余的核算 (77)
三、国有资本经营预算结转结余的核算 (77)
四、财政专户管理资金结余的核算 (78)
五、专用基金结余的核算 (78)
六、预算稳定调节基金的核算 (78)
七、预算周转金的核算 (79)
八、资产基金的核算 (79)
九、待偿债净资产的核算 (79)

第六章 财政总预算会计报表 (83)
第一节 财政总预算会计报表概述 (83)
一、财政总预算会计报表的概念及内容 (83)
二、财政总预算会计报表的编制要求 (83)
三、财政总预算会计报表的编制准备 (84)

第二节 财政总预算会计报表的编制 (85)

一、资产负债表的编制 ……………………………………………… (85)
　　二、收入支出表的编制 ……………………………………………… (89)
　　三、一般公共预算执行情况表的编制 ……………………………… (93)
　　四、政府性基金预算执行情况表的编制 …………………………… (94)
　　五、国有资本经营预算执行情况表的编制 ………………………… (95)
　　六、财政专户管理资金收支情况表的编制 ………………………… (96)
　　七、专用基金收支情况表的编制 …………………………………… (96)
　　八、附注 ……………………………………………………………… (97)
　第三节　财政总预算会计报表的审核、汇总与分析 ………………… (97)
　　一、财政总预算会计报表的审核 …………………………………… (97)
　　二、财政总预算会计报表的汇总 …………………………………… (98)
　　三、财政总预算会计报表的分析 …………………………………… (99)

第三篇　政府会计及行政事业单位会计

第七章　政府会计概述 ………………………………………………… (105)
　第一节　政府会计的概念及特点 ……………………………………… (105)
　　一、政府会计的概念 ………………………………………………… (105)
　　二、政府会计的特点 ………………………………………………… (106)
　第二节　政府会计要素及会计等式 …………………………………… (107)
　　一、政府财务会计要素及会计等式 ………………………………… (107)
　　二、政府预算会计要素及会计等式 ………………………………… (109)
　第三节　政府会计核算基础及信息质量要求 ………………………… (110)
　　一、政府会计核算基础 ……………………………………………… (110)
　　二、政府会计核算的基本原则 ……………………………………… (110)
　　三、政府会计信息质量要求 ………………………………………… (110)
　第四节　政府会计科目 ………………………………………………… (111)
　　一、政府会计科目表 ………………………………………………… (111)
　　二、政府会计科目使用要求 ………………………………………… (115)
第八章　政府会计收入与费用、支出的核算 ………………………… (117)
　第一节　政府会计收入的核算 ………………………………………… (117)
　　一、政府财务会计收入的核算 ……………………………………… (118)
　　二、政府预算会计预算收入的核算 ………………………………… (124)
　　三、收入/预算收入主要业务和事项的账务处理 ………………… (129)
　第二节　政府会计费用、支出的核算 ………………………………… (137)
　　一、费用的核算 ……………………………………………………… (138)
　　二、预算支出的核算 ………………………………………………… (143)

三、费用/预算支出主要业务和事项的账务处理 …………………………… (149)

第九章　政府会计资产的核算 ……………………………………………… (163)
第一节　流动资产的核算 ……………………………………………… (163)
　　　一、库存现金的核算 …………………………………………………… (163)
　　　二、银行存款的核算 …………………………………………………… (166)
　　　三、零余额账户用款额度的核算 ……………………………………… (169)
　　　四、财政应返还额度的核算 …………………………………………… (171)
　　　五、其他货币资金的核算 ……………………………………………… (173)
　　　六、短期投资的核算 …………………………………………………… (174)
　　　七、应收票据的核算 …………………………………………………… (176)
　　　八、应收账款的核算 …………………………………………………… (177)
　　　九、应收股利的核算 …………………………………………………… (179)
　　　十、应收利息的核算 …………………………………………………… (180)
　　　十一、其他应收款的核算 ……………………………………………… (182)
　　　十二、预付账款的核算 ………………………………………………… (184)
　　　十三、坏账准备的核算 ………………………………………………… (186)
　　　十四、在途物品的核算 ………………………………………………… (187)
　　　十五、库存物品的核算 ………………………………………………… (187)
　　　十六、加工物品的核算 ………………………………………………… (194)
　　　十七、待摊费用的核算 ………………………………………………… (196)
第二节　非流动资产的核算 …………………………………………… (197)
　　　一、长期股权投资的核算 ……………………………………………… (197)
　　　二、长期债券投资的核算 ……………………………………………… (204)
　　　三、固定资产的核算 …………………………………………………… (206)
　　　四、无形资产的核算 …………………………………………………… (222)
　　　五、公共基础设施的核算 ……………………………………………… (229)
　　　六、政府储备物资的核算 ……………………………………………… (231)
　　　七、文物文化资产的核算 ……………………………………………… (233)
　　　八、保障性住房的核算 ………………………………………………… (234)
　　　九、受托代理资产的核算 ……………………………………………… (243)
　　　十、长期待摊费用的核算 ……………………………………………… (246)
　　　十一、待处理财产损溢的核算 ………………………………………… (247)

第十章　政府会计负债的核算 ……………………………………………… (251)
第一节　流动负债的核算 ……………………………………………… (251)
　　　一、短期借款的核算 …………………………………………………… (251)
　　　二、应交增值税的核算 ………………………………………………… (252)

三、其他应交税费的核算 …………………………………………………… (255)
　　四、应缴财政款 ……………………………………………………………… (256)
　　五、应付职工薪酬 …………………………………………………………… (256)
　　六、应付票据 ………………………………………………………………… (257)
　　七、应付账款 ………………………………………………………………… (258)
　　八、应付政府补贴款 ………………………………………………………… (258)
　　九、应付利息 ………………………………………………………………… (259)
　　十、预收账款 ………………………………………………………………… (259)
　　十一、其他应付款 …………………………………………………………… (260)
　　十二、预提费用 ……………………………………………………………… (260)
  第二节　非流动负债的核算 …………………………………………………… (261)
　　一、长期借款的核算 ………………………………………………………… (261)
　　二、长期应付款的核算 ……………………………………………………… (262)
　　三、预计负债的核算 ………………………………………………………… (262)
　　四、受托代理负债的核算 …………………………………………………… (263)

第十一章　政府会计净资产及预算结余的核算 ………………………………… (279)
  第一节　净资产的核算 ………………………………………………………… (279)
　　一、累计盈余 ………………………………………………………………… (279)
　　二、专用基金 ………………………………………………………………… (280)
　　三、权益法调整 ……………………………………………………………… (280)
　　四、本期盈余 ………………………………………………………………… (281)
　　五、本年盈余分配 …………………………………………………………… (281)
　　六、无偿调拨净资产 ………………………………………………………… (282)
　　七、以前年度盈余调整 ……………………………………………………… (282)
  第二节　预算结余的核算 ……………………………………………………… (283)
　　一、资金结存 ………………………………………………………………… (283)
　　二、财政拨款结转 …………………………………………………………… (285)
　　三、财政拨款结余 …………………………………………………………… (287)
　　四、非财政拨款结转 ………………………………………………………… (288)
　　五、非财政拨款结余 ………………………………………………………… (289)
　　六、专用结余 ………………………………………………………………… (291)
　　七、经营结余 ………………………………………………………………… (291)
　　八、其他结余 ………………………………………………………………… (291)
　　九、非财政拨款结余分配 …………………………………………………… (292)

第十二章　行政事业单位财务报告与决算报告 ………………………………… (311)
  第一节　行政事业单位财务报告与决算报告概述 …………………………… (311)

一、行政事业单位财务报告与决算报告 …………………………………………… (311)
　　二、行政事业单位会计报表的编制要求 …………………………………………… (312)
第二节　资产负债表 ……………………………………………………………………… (313)
　　一、资产负债表的含义 ……………………………………………………………… (313)
　　二、资产负债表的基本格式 ………………………………………………………… (313)
　　三、资产负债表的编制 ……………………………………………………………… (315)
第三节　收入费用表 ……………………………………………………………………… (320)
　　一、收入费用表的含义 ……………………………………………………………… (320)
　　二、收入费用表的基本格式 ………………………………………………………… (320)
　　三、收入费用表的编制 ……………………………………………………………… (321)
第四节　净资产变动表 …………………………………………………………………… (323)
　　一、净资产变动表的含义 …………………………………………………………… (323)
　　二、净资产变动表的基本格式 ……………………………………………………… (323)
　　三、净资产变动表的编制 …………………………………………………………… (324)
第五节　现金流量表 ……………………………………………………………………… (326)
　　一、现金流量表的含义 ……………………………………………………………… (326)
　　二、现金流量表的基本格式 ………………………………………………………… (326)
　　三、现金流量表的编制 ……………………………………………………………… (327)
第六节　附　注 …………………………………………………………………………… (331)
第七节　预算收入支出表 ………………………………………………………………… (342)
　　一、预算收入支出表的含义 ………………………………………………………… (342)
　　二、预算收入支出表的基本格式 …………………………………………………… (342)
　　三、预算收入支出表的编制 ………………………………………………………… (343)
第八节　预算结转结余变动表 …………………………………………………………… (345)
　　一、预算结转结余变动表的含义 …………………………………………………… (345)
　　二、预算结转结余变动表的基本格式 ……………………………………………… (345)
　　三、预算结转结余变动表的编制 …………………………………………………… (346)
第九节　财政拨款预算收入支出表 ……………………………………………………… (348)
　　一、财政拨款预算收入支出表的含义 ……………………………………………… (348)
　　二、财政拨款预算收入支出表的基本格式 ………………………………………… (348)
　　三、财政拨款预算收入支出表的编制 ……………………………………………… (349)

第四篇　民间非营利组织会计

第十三章　民间非营利组织会计概述 …………………………………………………… (355)
第一节　民间非营利组织会计的概念及特点 …………………………………………… (355)
　　一、民间非营利组织的界定及其特征 ……………………………………………… (355)

二、民间非营利组织会计的概念及其特点 …………………………………… (356)

　第二节　民间非营利组织会计核算的目标、原则及核算基础 ……………… (357)

　　一、民间非营利组织会计核算的目标 ………………………………………… (357)

　　二、民间非营利组织会计核算的基本原则 …………………………………… (357)

　　三、民间非营利组织会计核算的基础及基本假设 …………………………… (358)

　第三节　民间非营利组织会计科目 …………………………………………… (359)

　　一、民间非营利组织会计科目表 ……………………………………………… (359)

　　二、民间非营利组织会计科目的使用要求 …………………………………… (360)

第十四章　民间非营利组织会计的收入和费用 …………………………………… (361)

　第一节　民间非营利组织会计的收入 ………………………………………… (361)

　　一、民间非营利组织会计收入的含义及分类 ………………………………… (361)

　　二、民间非营利组织会计收入的确认 ………………………………………… (361)

　　三、民间非营利组织会计收入的核算 ………………………………………… (362)

　第二节　民间非营利组织会计的费用 ………………………………………… (368)

　　一、民间非营利组织会计费用的含义及分类 ………………………………… (368)

　　二、民间非营利组织会计费用的确认 ………………………………………… (368)

　　三、民间非营利组织会计费用的核算 ………………………………………… (368)

第十五章　民间非营利组织会计的资产、负债及净资产 ………………………… (372)

　第一节　民间非营利组织会计的资产 ………………………………………… (372)

　　一、民间非营利组织会计的资产的含义及分类 ……………………………… (372)

　　二、民间非营利组织会计的资产的确认 ……………………………………… (373)

　　三、民间非营利组织会计资产的核算 ………………………………………… (373)

　第二节　民间非营利组织会计的负债 ………………………………………… (375)

　　一、民间非营利组织会计负债的含义及分类 ………………………………… (375)

　　二、民间非营利组织会计负债的确认 ………………………………………… (376)

　　三、民间非营利组织会计负债的核算 ………………………………………… (376)

　第三节　民间非营利组织会计的净资产 ……………………………………… (376)

　　一、民间非营利组织会计净资产的含义及其界定 …………………………… (376)

　　二、民间非营利组织会计净资产的核算 ……………………………………… (377)

第十六章　民间非营利组织财务报告 ……………………………………………… (381)

　第一节　民间非营利组织财务报告概述 ……………………………………… (381)

　　一、民间非营利组织财务报告的内容 ………………………………………… (381)

　　二、民间非营利组织会计报表及其种类 ……………………………………… (382)

　第二节　民间非营利组织财务报表的编制 …………………………………… (382)

　　一、资产负债表的编制 ………………………………………………………… (382)

　　二、业务活动表的编制 ………………………………………………………… (384)

三、现金流量表的编制 …………………………………………（387）
　第三节　会计报表附注和财务情况说明书 ………………………（389）
　　一、会计报表附注 ………………………………………………（389）
　　二、财务情况说明书 ……………………………………………（389）
参考文献 ……………………………………………………………（391）

第一篇 总论

第一章

政府与非营利组织会计概述

第一节 政府与非营利组织的概念、类型及特征

一、政府与非营利组织的概念与类型

（一）政府

政府是一种组织体系，政府的概念分为政治学意义上的概念和经济学意义上的概念。在不同的概念下，政府的组织体系和范围不同。

就政治学意义来讲，政府是指一个国家行使国家权力的组织体系，有广义和狭义之分。广义的政府可以被看成是一种制定和实施公共决策、实现有序统治的机构，它泛指各类国家公共权力机关，包括一切依法享有制定法律、执行和贯彻法律以及解释和应用法律的公共权力机构，即通常所谓的立法机构、行政机构和司法机构，还包括政党组织等。狭义的政府是国家政权机构中的行政机关，即一个国家政权体系中依法享有行政权力的组织体系，包括中央和地方的行政机关。

就经济学意义来讲，政府是指管理和使用公共经济资源、履行政府职能的组织体系。经济学意义上的政府要比政治学意义上的政府范围更广。经济学意义上的政府除包括全部政府权力机构之外，还包括公立非营利组织。这是由于随着政府公共职能的发展，政府的公共服务范围拓宽，政府的职能从对社会活动的管理服务扩展到提供对社会有益的公益服务。政府通过出资设立公立非营利组织，向社会提供公益服务。虽然公立非营利组织不享有公权力，不是典型的政府机构，但是公立非营利组织履行的职责是政府公共职能的组成部分，公立非营利组织提供公益服务时使用和消耗的也是公共经济资源。因此，从经济学意义来看，公立非营利组织应当属于政府组织体系。

我国政府主要按照层级划分为中央、省、地（市）、县（市）、乡（镇）五级。除了居于金字塔结构顶端的中央政府以外，纵向上从省、直辖市、自治区直至乡、镇、街道，以及

横向上覆盖全国所有层级、任何规模的政府,均称为地方政府。中国所有地方政府都隶属其上一层级政府及中央政府节制管辖,县级以下为基层的乡和镇政府。

1978年以前,我国政府主要通过指令性计划和行政手段直接进行经济管理和社会管理,同时扮演着生产者、监督者、控制者的角色,其为社会和民众提供公共服务的职能和角色被淡化。20世纪90年代中期,我国拉开了政府公共服务改革的大幕,其核心是政府职能的转变,即将政府转变为公共服务的规划者和执行者。30多年的改革实践,释放了蕴涵在中国社会各个层面的巨大能量和多样化的需求,社会开放化、市场化和多元化程度更高。社会治理结构的优化,给政府及非营利组织带来了新的发展空间,为中国社会迈向自我服务、自我管理的多元治理奠定了坚实的基础。这场社会变革的结果之一,就是政府及非营利组织会计的基础性作用愈发凸显。

(二) 非营利组织

非营利组织是指不具有物质产品生产和国家事务管理职能,主要以精神产品或各种服务形式向社会公众提供服务,不以营利为目的的各类组织。非营利组织包括公立非营利组织和民间非营利组织两大类。

非营利组织涉及的领域非常广,包括艺术、慈善、教育、政治、宗教、学术、环保等;非营利组织数量众多,分类标准多样,至今仍没有相对一致的分类标准。

1. 中国的典型分类

中国对非营利组织的典型分类以民政部的分类为代表。民政部将纳入其管理的民间组织分为三大类别:①社会团体,即中国公民自愿组成,为实现会员的共同意愿,按照其章程开展活动的非营利性社会组织;②民办非企业单位,即企事业单位、社会团体和其他社会力量以及公民个人利用非国有资产举办的、从事非营利性社会服务活动的社会组织;③各类公益性基金会,即利用自然人、法人或者其他组织捐赠的财产,以从事公益事业为目的而设立的非营利性法人。

2. 联合国的产业分类标准

联合国的产业分类标准将非营利组织分成三个大类:①教育类,包括小学教育、中学教育、大学教育和成人教育;②医疗和社会工作类,包括医疗保健、兽医和社会工作;③其他社会和个人服务类,包括环境卫生、商会和行业协会、工会、娱乐组织、图书馆、博物馆及文化组织、体育组织和休闲组织。

3. 美国霍布金斯大学非营利组织比较研究中心制定的分类法

美国霍布金斯大学非营利组织比较研究中心将民间组织分成十二个大类:文体类、教育类、卫生保健类、社会服务和救助类、生态环境保护类、社区服务类、咨询类、公益基金及志愿服务类、国际交流及援助类、宗教类、行业类和其他组织。

4. 其他分类标准

根据民间组织的法定目标,可以将其分成会员互益型组织、运作型组织和会员公益型组织三类。

根据民间组织与政府的关系,可以将其分为官办、半官办和民办。

根据对民间组织的管理形式，可以将其分为有业务主管单位、无业务主管单位和业务主管单位不明确。

根据民间组织是否实行会员制，可以将其分为会员制和非会员制。

根据民间组织结构的松紧程度，可以将其分为松散型、紧密型、金字塔型、网络型。

根据民间组织服务对象，可以将其分为公益型和互益型。

二、政府、非营利组织与企业区别的特征

政府与非营利组织开展业务所处的经济、社会、法律以及政治环境与营利组织存在明显不同，其设立目标、运行方式、资源获取、绩效评价等都具有独特性，与企业有很大差别。

（一）政府、非营利组织区别于企业的特征

根据美国财务会计准则委员会（FASB）的财务会计概念公告第4号，政府与非营利组织区别于企业的三方面显著特征是：①可以从资源提供者那里获得相当数量的资源，这些资源提供者并不期望获得与其提供的资源成比例的补偿或经济利益；②提供的产品和劳务并非以取得利润或利润等价物为营运目标；③既无可出售、转让或赎回的，也无对这些组织进行清算时可转化为法定剩余财产分配的，被明确界定的所有者权益。

（二）政府区别于非营利组织的特征

根据美国注册会计师协会（AICPA）的定义，与非营利组织相比，具有下列特征的组织是政府：①官员由普选产生，或者由州或地方政府的一个或一个以上官员任命；②政府可以单方面解散，并无偿接收其净资产；③具有征税权；④具有直接发行或免除联邦税的债权。

（三）非营利组织区别于政府与企业的特征

与政府、企业相比，非营利组织具有以下五个特征：①组织性，即这种组织有内部的规章制度，有负责人，有经常性活动，而不是非正规的、临时聚集在一起的团体，它应该具有根据法律进行注册的合法身份；②民间性，即这种组织不是政府的组成部分，这并不意味着它不能接受政府的资金支持；③非营利分配性，即这种组织可以盈利，但必须将其所得用于完成组织的使命，而不得在组织成员中间进行分配；④自治性，即这种组织能够控制自己的活动，有不受外界控制的内部管理程序；⑤志愿性，即在这种组织实际开展的活动中和管理组织的事务中有显著程度的志愿参与，尤其要形成由志愿者组成的董事会，并广泛使用志愿工作人员，正是在这个意义上，非营利组织又被称作志愿组织或志愿部门。

第二节 政府与非营利组织会计的概念、特点与组成体系

一、政府与非营利组织会计的概念与自身特点

政府与非营利组织会计是各级政府、行政事业单位、各类非营利组织核算和监督各项财政性资金运动、单位资金运动过程和结果以及有关经营收支情况的专业会计。它是以货币为

主要计量单位，对会计主体的经济活动进行连续、系统、完整的核算与监督的经济管理活动，是现代财务会计中与企业会计相对应的两大分支之一。

政府与非营利组织会计的主体是各级政府、行政事业单位和各类非营利组织。其中，财政总预算会计的主体是各级政府，行政事业单位会计及各类非营利组织会计的主体分别是行政事业单位和各类非营利组织。

政府与非营利组织会计的客体是财政性资金运动、单位资金运动、经营收支过程及结果。具体来说，财政总预算会计的核算对象是财政性资金运动过程及其结果，主要包括预算收入、预算支出和预算结余等财政性资金活动。行政事业单位会计的核算对象是行政事业单位资金运动过程及其结果，主要包括从财政领取行政经费、合理安排经费开支、正确计算结余等。非营利组织会计的核算对象是各类非营利组织资金运动的过程及结果，主要包括合法组织各种收入、合理安排各种支出、正确计算资产负债及净资产等。

与企业会计相比，政府与非营利组织会计的核算对象、任务和业务性质都不相同，具有自身的特点。

1. 出资者提供的资金具有限制性

政府与非营利组织对经济资源的筹集、分配和使用要受到出资者和社会公众的限制。政府与非营利组织资金的供给者涉及纳税人、缴费人、捐赠人等，他们不要求投资回报和资金回收，但要求政府与非营利组织按照其意愿使用这些经济资源。即使不属于政府资产出资者的其他社会公众，也有权利要求政府按照公众的意愿分配和使用公共资源。

当然，除了捐赠人可以对其所提供的资产直接提出明确的使用要求之外，纳税人、缴费人和其他社会公众都是通过选举权来选定代表，经由一系列的民主程序及委托代理过程来表达其要求的。

2. 反映政府预算执行情况

政府与非营利组织会计核算的内容主要是政府财政资金的收支活动，而政府财政资金的筹集和使用要受到出资者及社会公众的限制。这种限制的一个重要方式是通过制定预算法律法规和要求让政府依法编制和执行预算，而政府与非营利组织会计要对政府资源的筹集和使用是否符合预算进行反映。提供有关政府预算执行情况的信息，成为政府与非营利组织会计的基本目标内容之一。为此，政府与非营利组织会计的指标体系、会计科目和会计报表的设置，要适应政府预算管理的要求，同《政府收支分类科目》保持一致。

3. 采用双重的会计确认基础

政府与非营利组织会计提供的会计信息不仅需要反映政府预算执行情况，还需要反映政府与非营利组织的财务状况。以反映政府预算执行情况为目的进行会计核算的对象是政府掌握的现金资源，而以反映财务状况为目的进行会计核算的对象则是政府掌握的经济资源。在选择会计确认基础时，对现金资源的核算应当采用收付实现制，对经济资源的核算应当采用权责发生制。因此，与企业会计只采用单一的权责发生制确认基础不同，政府与非营利组织会计采用双重的会计确认基础，既采用收付实现制基础核算，也采用权责发生制基础核算。

4. 存在基金会计主体

在有些情况下，政府与非营利组织的出资者对其出资的使用有不同于其他资金的特定要求，要求政府与非营利组织对使用的某种资金负有特定的受托责任。为了单独报告这种资金受托责任的履行情况，政府与非营利组织会计需要对其进行单独核算及报告，这就形成了以某种资金为主体形式的会计主体，又称基金会计主体。与企业会计一般只存在组织形式（企业）的会计主体不同，在政府与非营利组织会计中，既存在组织形式（政府及非营利组织）的会计主体，也存在基金形式（某种资金）的会计主体。

5. 不进行利润及利润分配的核算

政府与非营利组织的业务活动不以营利为目的，对活动中增加的净资产也不向出资者分配。在政府与非营利组织会计中也进行收入和费用的核算，但是会计主体的收入减去费用后的差额并不是越大越好，而且政府与非营利组织会计的结余也不像企业会计主体那样能反映主体的经营成果。与企业会计将利润核算作为会计核算的重点不同，在政府与非营利组织会计中，没有利润和所有者权益的概念，也不进行利润和利润分配的核算。

二、政府与非营利组织会计的组成体系

我国的政府与非营利组织会计由财政总预算会计、行政事业单位会计、民间非营利组织会计组成。

（一）财政总预算会计

财政总预算会计是各级政府财政部门核算和监督政府财政总预算执行过程及其结果的专业会计。各级政府财政部门是指组织政府财政收支，办理政府预算、决算的专职管理机关。财政总预算会计在我国政府与非营利组织会计体系中占主导地位。财政总预算会计的会计主体是各级政府，具体执行机构是各级政府的财政部门。财政总预算会计核算和监督的对象是政府财政总预算资金及其运动，具体包括政府财政总预算收入、总预算支出和总预算结余，以及总预算资产、总预算负债和总预算净资产等。与行政事业单位会计和民间非营利组织会计相比，财政总预算会计具有反映信息的宏观性和不存在实物资产核算内容的特点。具体来讲，财政总预算会计反映的信息为一级政府行政区域范围内的信息，行政事业单位会计和民间非营利组织会计反映的信息为该单位范围内的信息；财政总预算会计核算的内容全部为非实物资产，而行政事业单位会计和民间非营利组织会计都存在实物资产的核算内容。

财政总预算会计与行政事业单位会计之间存在着密切的联系。首先，财政总预算会计在业务管理上负责组织和指导行政事业单位会计。行政事业单位会计从编制单位预算、执行单位预算一直到编制单位决算，都需要在财政总预算会计的参与和组织下进行。其次，财政总预算会计信息和行政事业单位会计信息之间存在依存关系。例如，在国库集中支付制度下，财政总预算会计直接为行政事业单位支付购货款，财政总预算会计的支出直接构成了行政事业单位的收入和支出。在一级政府中，财政总预算会计、行政事业单位会计组成了相互联系的信息网络。在我国，财政总预算会计、行政事业单位会计构成了传统预算会计的主体部分。

（二）行政事业单位会计

行政事业单位会计是核算和监督各级行政事业单位预算执行情况及其结果的专业会计。

行政单位是进行国家行政管理、组织经济建设和文化建设、维护社会公共秩序的单位。事业单位是国家为了社会公益目的，由国家机关举办或者其他组织利用国有资产举办的，从事教育、科技、文化、卫生等活动的社会服务组织。行政事业单位，是行政单位和事业单位的统称，因为中国的体制，有些行政单位和事业单位不分家，很多政府部门如房管局、规划局等，在有的地区是行政单位，但在有的地区是事业单位，所以老百姓统称政府部门为行政事业单位，很多地方政府发文也以此为统称，如区属行政事业单位、县属行政事业单位等。有些事业单位具有行政管理职能，履行的是执法监督和社会的一些管理职能，如部门所属的执法监督、监管机构等。

行政事业单位会计适用的范围包括国家行政机关、国家权力机关、审判和检察机关、政党组织和国家机关举办或者其他组织利用国有资产举办的，从事教育、科技、文化、卫生等社会服务活动的相关行政事业单位。

（三）民间非营利组织会计

民间非营利组织会计是指核算和监督民间非营利组织经济活动过程及其结果的专业会计。民间非营利组织包括依照国家法律、行政法规登记的社会团体、基金会、民办非企业单位和寺院、宫观、清真寺、教堂等。其中，社会团体有学术性社会团体、行业性社会团体、专业性社会团体等种类，民办非企业单位有教育单位、卫生单位、文化单位、科技单位、体育单位、社会中介单位、法律服务单位等种类，基金会有公募基金会和非公募基金会等种类。

尽管民间非营利组织可以有很多种类，但各种民间非营利组织都应当同时具备3个特征。

①该组织不以营利为目的和宗旨。即该组织开展业务活动的目的和宗旨不是赚取利润。

②资源提供者向该组织投入资源不取得经济回报。即资源提供者不能从该组织取得与其所投入资源相对应的经济回报。

③资源提供者不享有该组织的所有权。即资源提供者不因为向该组织投入了资源就可以该组织所有者的身份在该组织中发挥作用。非营利组织的资源主要来源于社会捐赠和会员缴纳的会费，除此之外，提供商品和服务收入、政府补助收入等也是其资源的来源渠道。

另外，负责办理政府预算资金的收纳和拨付的国库会计，以及组织税收等各项收入征收、减免、入库的收入征解会计也属于政府与非营利组织会计的范畴。

（四）政府与非营利组织会计的分级

1. 财政总预算会计的分级

财政总预算会计的分级与政府预算的分级是一致的。我国实行一级政府一级预算，政府预算分为中央、省、市、县、乡（镇）五级，因此，财政总预算会计也就包括中央财政部设立的中央财政总预算会计、各省财政厅设立的省财政总预算会计、各市财政局设立的市财政总预算会计、各县财政局设立的县财政总预算会计以及各乡（镇）财政所设立的乡（镇）财政总预算会计。

2. 行政事业单位会计的分级

按照预算管理权限，行政事业单位会计预算管理分为下列级次。

①一级预算单位。向同级财政部门申报预算的行政事业单位，为一级预算单位。一级预算单位有下级预算单位的，为主管预算单位。

②二级预算单位。向上一级预算单位申报预算并有下级预算单位的行政事业单位，为二级预算单位。

③基层预算单位。向上一级预算单位申报预算，且没有下级预算单位的行政事业单位，为基层预算单位。

以上各级预算单位都应实行独立的单位预算，建立完善的会计核算制度；不具备独立核算条件的，实行单据报账制度，作为"报账单位"进行管理。

第三节　政府与非营利组织会计规范体系

会计规范是指导和约束会计工作的法律、规则、制度和政策的总称。完善的会计规范体系是组织和从事会计工作的规范和准绳。我国政府与非营利组织现行的会计规范按层次可划分为会计法律、会计行政法规和会计规章。

一、会计法律

会计法律是指由全国人民代表大会及其常务委员会制定和颁布的有关调整会计关系的规范性文件。如《中华人民共和国会计法》（以下简称《会计法》）、《中华人民共和国预算法》（以下简称《预算法》）等。

《会计法》是会计法律制度中最高的法律规范，是制定其他会计法规的依据，也是指导会计工作的根本法。它以法律的形式确立了会计工作的地位、作用、管理体制，会计核算、会计监督、会计机构、会计人员职责以及会计工作必须达到的标准。

二、会计行政法规

会计行政法规是指由国务院或者国务院有关部门依据宪法和国家法律与法规的规定，根据授权制定与颁布的，调整某些方面会计关系的规范性文件。如以国务院名义颁布的《国务院关于修改和废止部分行政法规的决定》（国务院令第698号）等。

三、会计规章

会计规章是财政部和国务院其他部委依据会计法律、会计行政法规颁布的具有法律效力的有关会计方面的规范性文件。如以财政部名义颁布实施的《财政总预算会计制度》《行政事业单位内部控制规范（试行）》《政府会计准则——基本准则》等。

（一）财政总预算会计制度体系

《财政总预算会计制度》是财政部1997年6月25日颁布的，包括总则、一般原则、会计要素、会计科目、会计报表的编审、会计电算化、会计监督等内容。随着我国预算管理体制改革的不断推进,《财政总预算会计制度》已经难以满足各方面需要,为弥补其缺陷,财政部陆续出台了若干辅助会计规范,不断对政策进行完善。如2001年发布的《财政部关于〈财政总预算会计制度〉暂行补充规定的通知》《财政部关于印发〈财政国库管理制度改革试点会计核算暂行办法〉的通知》;2007年发布的《财政部关于国有资本经营预算收支会计核算的通知》;2009年发布的《财政部关于印发〈财政部代理发行地方政府债券财政总预算会计核算办法〉的通知》;2010年发布的《财政部关于将按预算外资金管理的收入纳入预算管理的通知》《关于预算外资金纳入预算管理后涉及有关财政专户管理资金会计核算问题的通知》;2015年10月10日,财政部对《财政总预算会计制度》进行修订发布,并于2016年1月1日起实施。

(二)行政事业单位内部控制规范

《行政事业单位内部控制规范(试行)》是以财政部的名义颁布的、于2014年1月1日起实施的规章,包括总则、风险评估和控制方法、单位层面内部控制、业务层面内部控制、评价与监督、附则六章;主要内容涉及内部控制的目标、建立与实施内部控制原则、风险评估和控制方法、内部监督检查和自我评价等。

(三)行政事业单位会计制度体系

现行的行政事业单位会计制度体系是预算会计制度体系的重要组成部分,包括《政府会计准则——基本准则》和《政府会计制度——行政事业单位会计科目和财务报表》。

我国政府会计核算标准体系基本上形成于1998年前后,主要涵盖财政总预算会计、行政单位会计与事业单位会计,包括《财政总预算会计制度》《行政单位会计制度》《事业单位会计准则》《事业单位会计制度》,医院、基层医疗卫生机构、高等学校、中小学校、科学事业单位、彩票机构等行业事业单位会计制度,以及国有建设单位会计制度等。

2014年新修订的《预算法》对各级政府提出按年度编制以权责发生制为基础的政府综合财务报告的新要求。现行政府会计标准体系一般采用收付实现制,主要以提供反映预算收支执行情况的决算报告为目的,无法准确、完整地反映政府资产、负债和政府的运行成本等情况,难以满足编制权责发生制政府综合财务报告的信息需求。另外,现行政府会计领域多项制度并存、体系繁杂、内容交叉、核算口径不一,易造成不同部门、单位的会计信息可比性不高,通过汇总、调整编制的政府财务报告信息质量较低。因此,必须对现行政府会计标准体系进行改革,制定适用于各级、各类行政事业单位的统一的会计制度,不再对行政单位和事业单位进行单独划分。《政府会计准则——基本准则》和《政府会计制度——行政事业单位会计科目和财务报表》等政策法规应运而生。

1. 《政府会计准则——基本准则》

现行的《政府会计准则——基本准则》由财政部于2015年10月23日颁布,自2017年1月1日起施行。《政府会计准则——基本准则》,第一章为总则,规定了立法目的和制定依据、适用范围、政府会计体系与核算基础、基本准则定位、报告目标和使用者、会计基本假设和记账方法等。第二章为政府会计信息质量要求，明确了政府会计信息应当满足的7个方面质量要求，即可靠性、全面性、相关性、及时性、可比性、可理解性和实质重于形式。第三章为政府预算会计要素，规定了预算收入、预算支出和预算结余3个预算会计要素的定义、确认和计量标准以及列示要求。第四章为政府财务会计要素，规定了资产、负债、净资产、收入和费用5个财务会计要素的定义、确认标准、计量属性和列示要求。第五章为政府决算报告和财务报告，规定了政府决算报告、政府财务报告和财务报表的定义、主要内容和构成。第六章为附则，规定了相关基本概念的定义，明确了施行日期。

《政府会计准则——基本准则》是多年来我国政府会计理论研究和改革成果的重要体现，其重大制度理论创新主要体现在五个方面。

①构建了政府预算会计和财务会计适度分离并相互衔接的政府会计核算体系。相对于实行多年的预算会计核算体系，《政府会计准则——基本准则》强化了政府财务会计核算，即政府会计由预算会计和财务会计构成，前者一般实行收付实现制，后者实行权责发生制。通过预算会计核算形成决算报告，通过财务会计核算形成财务报告，全面、清晰地反映政府预算执行信息和财务信息。

②确立了"3+5要素"的会计核算模式。《政府会计准则——基本准则》规定预算收入、预算支出和预算结余3个预算会计要素和资产、负债、净资产、收入和费用5个财务会计要素。其中，首次提出收入、费用两个要素，有别于现行预算会计中的收入和支出要素，主要是为了准确反映政府会计主体的运行成本，科学评价政府的资源管理能力和绩效。同时，按照政府会计改革最新理论成果对资产、负债要素进行了重新定义。

③科学界定了会计要素的定义和确认标准。《政府会计准则——基本准则》针对每个会计要素，规范了其定义和确认标准，为在政府会计具体准则和政府会计制度层面规范政府发生的经济业务或事项的会计处理提供了基本原则，保证了政府会计标准体系的内在一致性。《政府会计准则——基本准则》对政府资产和负债进行界定时，充分考虑了当前财政管理的需要，比如，在界定政府资产时，特别强调了"服务潜力"，除了自用的固定资产等以外，将公共基础设施、政府储备资产、文化文物资产、保障性住房和自然资源资产等纳入政府会计核算范围；对政府负债进行界定时，强调了"现时义务"，将政府因承担担保责任而产生的预计负债也纳入了会计核算范围。

④明确了资产和负债的计量属性及其应用原则。《政府会计准则——基本准则》提出，资产的计量属性主要包括历史成本、重置成本、现值、公允价值和名义金额，负债的计量属性主要包括历史成本、现值和公允价值。同时，《政府会计准则——基本准则》强调了历史成本计量原则，即政府会计主体在对资产和负债进行计量时，一般应当采用历史成本。采用其他计量属性的，应当保证所确定的金额能够持续、可靠计量。这样规定既体现了资产、负债计量的前瞻性，也充分考虑了政府会计实务的现状。

⑤构建了政府财务报告体系。《政府会计准则——基本准则》要求政府会计主体除按财政部要求编制决算报表外，至少还应编制资产负债表、收入费用表和现金流量表，并按规定编制合并财务报表。同时强调，政府财务报告包括政府综合财务报告和政府部门财务报告，

构建了满足现代财政制度需要的政府财务报告体系。

新颁布的《政府会计准则——基本准则》确立了政府预算会计和财务会计适度分离又相互衔接的政府会计体系，要求政府会计主体同时提供决算报告和财务报告，能够全面、清晰反映政府预算执行信息和财务状况，显著提升财政透明度，满足权力机关、社会公众等对政府财政、财务信息全面性、准确性和及时性的需求，从而有利于进一步规范政府行为和提高政府决策能力，促进国家治理能力的现代化。

2.《政府会计制度——行政事业单位会计科目和财务报表》

《政府会计制度——行政事业单位会计科目和财务报表》由财政部于2017年10月24日发布、自2019年1月1日起施行，由正文和附录组成，其中，正文包括五部分内容。

正文第一部分为总说明，主要规范《政府会计制度——行政事业单位会计科目和财务报表》的制定依据、适用范围、会计核算模式和会计要素、会计科目设置要求、报表编制要求、会计信息化工作要求和施行日期等内容。

正文第二部分为会计科目名称和编号，主要列出了财务会计和预算会计两类科目表，共计103个一级会计科目，其中，财务会计下资产、负债、净资产、收入和费用5个要素共77个一级科目，预算会计下预算收入、预算支出和预算结余3个要素共26个一级科目。

正文第三部分为会计科目使用说明，主要对103个一级会计科目的核算内容、明细核算要求、主要账务处理等进行详细规定。本部分内容是《政府会计制度——行政事业单位会计科目和财务报表》的核心内容。

正文第四部分为报表格式，主要规定财务报表和预算会计报表的格式，其中，财务报表包括资产负债表、收入费用表、净资产变动表、现金流量表及报表附注，预算会计报表包括预算收入支出表、预算结转结余变动表和财政拨款预算收入支出表。

正文第五部分为报表编制说明，主要规定了第四部分列出的7张报表的编制说明，以及报表附注应披露的内容。

附录为主要业务和事项账务处理举例，采用列表方式，以《政府会计制度——行政事业单位会计科目和财务报表》第三部分规定的会计科目使用说明为依据，按照会计科目顺序对单位通用业务或共性业务和事项的账务处理进行举例说明。

《政府会计制度——行政事业单位会计科目和财务报表》与过去相比的重大变化与创新主要表现在八个方面。

（1）重构政府会计核算模式

在系统总结分析传统单系统预算会计体系利弊的基础上，构建了"财务会计和预算会计适度分离并相互衔接"的会计核算模式。

所谓"适度分离"，是指适度分离政府预算会计和财务会计功能、决算报告和财务报告功能，全面反映政府会计主体的预算执行信息和财务信息。主要体现在以下几个方面：一是"双功能"，在同一会计核算系统中实现财务会计和预算会计双重功能，通过资产、负债、净资产、收入、费用五个要素进行财务会计核算，通过预算收入、预算支出和预算结余三个要素进行预算会计核算。二是"双基础"，财务会计采用权责发生制，预算会计采用收付实现制，国务院另有规定的，依照其规定。三是"双报告"，通过财务会计核算形成财务报告，通过预算会计核算形成决算报告。

所谓"相互衔接"，是指在同一会计核算系统中政府预算会计要素和相关财务会计要素相互协调，决算报告和财务报告相互补充，共同反映政府会计主体的预算执行信息和财务信息。主要体现在：一是对纳入部门预算管理的现金收支进行"平行记账"。对于纳入部门预算管理的现金收支业务，在进行财务会计核算的同时也应当进行预算会计核算。对于其他业务，仅需要进行财务会计核算。二是财务报表与预算会计报表之间存在勾稽关系。通过编制"本期预算结余与本期盈余差异调节表"并在附注中进行披露，反映单位财务会计和预算会计因核算基础和核算范围不同所产生的本年盈余数（即本期收入与费用之间的差额）与本年预算结余数（本年预算收入与预算支出的差额）之间的差异，从而揭示财务会计和预算会计的内在联系。这种会计核算模式既兼顾了现行部门决算报告制度的需要，又能满足部门编制权责发生制财务报告的要求，对于规范政府会计行为、夯实政府会计主体预算和财务管理基础、强化政府绩效管理具有深远的影响。

（2）统一现行各项单位会计制度

《政府会计制度——行政事业单位会计科目和财务报表》有机整合了《行政单位会计制度》《事业单位会计制度》和医院、基层医疗卫生机构、高等学校、中小学校、科学事业单位、彩票机构、地勘单位、测绘单位、林业（苗圃）等行业事业单位会计制度的内容。在科目设置、科目和报表项目说明中，一般情况下，不再区分行政单位和事业单位，也不再区分行业事业单位；在核算内容方面，基本保留了现行各项制度中的通用业务和事项，同时根据改革需要增加各级各类行政事业单位的共性业务和事项；在会计政策方面，对同类业务尽可能作出同样的处理规定。会计制度的统一，大大提高了政府各部门、各单位会计信息的可比性，为合并单位、部门财务报表和逐级汇总编制部门决算奠定了坚实的制度基础。

（3）强化财务会计功能

《政府会计制度——行政事业单位会计科目和财务报表》在财务会计核算中全面引入了权责发生制，在会计科目设置和账务处理说明中着力强化财务会计功能，如增加了收入和费用两个财务会计要素的核算内容，并原则上要求按照权责发生制进行核算；增加了应收款项和应付款项的核算内容，对长期股权投资采用权益法核算，确认自行开发形成的无形资产的成本，要求对固定资产、公共基础设施、保障性住房和无形资产计折旧或摊销，引入坏账准备等减值概念，确认预计负债、待摊费用和预提费用等。在政府会计核算中强化财务会计功能，对于科学编制权责发生制政府财务报告、准确反映单位财务状况和运行成本等情况具有重要的意义。

（4）扩大政府资产、负债核算范围

《政府会计制度——行政事业单位会计科目和财务报表》在现行制度基础上，扩大了资产、负债的核算范围。除按照权责发生制核算原则增加有关往来账款的核算内容，在资产方面，增加了公共基础设施、政府储备物资、文物文化资产、保障性住房和受托代理资产的核算内容，以全面核算单位控制的各类资产；增加了"研发支出"科目，以准确反映单位自行开发无形资产的成本。在负债方面，增加了预计负债、受托代理负债等核算内容，以全面反映单位承担的现时义务。此外，为了准确反映单位资产扣除负债之后的净资产状况，《政府会计制度——行政事业单位会计科目和财务报表》立足单位会计核算需要、借鉴国际公共部门会计准则相关规定，将净资产按照主要来源分为累计盈余和专用基金，并根据净资产其他来源设置了权益法调整、无偿调拨净资产等会计科目。资产、负债核算范围的扩大，有利于全面规范政府单位各项经济业务和事项的会计处理，准确反映政府"家底"信息，为相关决策提供更加有用的信息。

（5）完善预算会计功能

根据《权责发生制政府综合财务报告制度改革方案》要求，《政府会计制度——行政事业单位会计科目和财务报表》对预算会计科目及其核算内容进行了调整和优化，以进一步完善预算会计功能。在核算内容上，预算会计仅需核算预算收入、预算支出和预算结余。在核算基础上，预算会计除按《预算法》要求的权责发生制事项外，均采用收付实现制核算，有利于避免在现有制度下存在的虚列预算收支的问题。在核算范围上，为了体现新《预算法》的精神和部门综合预算的要求，《政府会计制度——行政事业单位会计科目和财务报表》将依法纳入部门预算管理的现金收支均纳入预算会计核算范围，如增设了债务预算收入、债务还本支出、投资支出等。经调整完善后的预算会计，能够更好地贯彻落实《预算法》的相关规定，更加准确地反映部门和单位预算收支情况，更加满足部门、单位预算和决算管理的需要。

（6）整合基建会计核算

按照现行制度规定，单位对基本建设投资的会计核算除遵循相关会计制度规定外，还应当按照国家有关基本建设会计核算的规定单独建账、单独核算，但同时应将基建账相关数据按期并入单位"大账"。《政府会计制度——行政事业单位会计科目和财务报表》依据《基本建设财务规则》和相关预算管理规定，在充分吸收《国有建设单位会计制度》合理内容的基础上对单位建设项目会计核算进行了规定。单位对基本建设投资按照本制度规定统一进行会计核算，不再单独建账，大大简化了单位基本建设业务的会计核算，有利于提高单位会计信息的完整性。

（7）完善报表体系和结构

《政府会计制度——行政事业单位会计科目和财务报表》将报表分为预算会计报表和财务报表两大类。预算会计报表由预算收入表、预算结转结余变动表和财政拨款预算收入支出表组成，是编制部门决算报表的基础。财务报表由会计报表和附注构成，会计报表由资产负债表、收入费用表、净资产变动表和现金流量表组成，其中，单位可自行选择编制现金流量表。此外，《政府会计制度——行政事业单位会计科目和财务报表》针对新的核算内容和要求对报表结构进行了调整和优化，对报表附注应当披露的内容进行了细化，对会计报表重要项目说明提供了可参考的披露格式、要求按经济分类披露费用信息、要求披露本年预算结余和本年盈余的差异调节过程等。经调整完善后的报表体系，对于全面反映单位财务信息和预算执行信息，提高部门、单位会计信息的透明度和决策有用性具有重要的意义。

(8) 增强制度的可操作性

《政府会计制度——行政事业单位会计科目和财务报表》在附录中采用列表方式，以《政府会计制度——行政事业单位会计科目和财务报表》中规定的会计科目使用说明为依据，按照会计科目顺序对单位通用业务或共性业务和事项的账务处理进行了举例说明。在举例说明时，对同一项业务或事项，在表格中列出财务会计分录的同时，平行列出相对应的预算会计分录。通过对经济业务和事项的举例说明，能够充分反映《政府会计制度——行政事业单位会计科目和财务报表》所要求的财务会计和预算会计"平行记账"的核算要求，有利于会计人员学习和理解政府会计八要素的记账规则，也有利于单位会计核算信息系统的开发或升级改造。

（四）民间非营利组织会计制度体系

现行的《民间非营利组织会计制度》（财会〔2004〕7号）是财政部于2004年8月18日发布、自2005年1月1日起实施的，包括总则、会计科目名称和编号、附则，《民间非营利组织会计制度》主要规定了如下内容。

①《民间非营利组织会计制度》的制定依据。

②《民间非营利组织会计制度》的适用范围：适用于在中华人民共和国境内依法设立的符合本制度规定特征的民间非营利组织，包括依照国家法律、行政法规登记的社会团体、基金会、民办非企业单位和寺院、宫观、清真寺、教堂等。

③4个会计核算的基本假设。

④会计核算基础。《民间非营利组织会计制度》规定民间非营利组织应当采用权责发生制作为会计核算基础。

⑤12条会计核算的一般原则。

⑥5个会计要素，以及对各会计要素的确认与计量所作的具体规定。在坚持以历史成本为计量基础的同时，对一些特殊的交易事项，如捐赠、政府补助等，引入了公允价值等计量基础。

⑦会计科目。《民间非营利组织会计制度》规定了应使用的会计科目，以使其更具有可操作性。

⑧对财务会计报告的内容的规定。

第四节 财政管理体制改革对政府与非营利组织会计的影响

我国的财政预算体制改革已取得了长足的发展，部门预算、政府收支分类、国库集中支付、政府采购、收支两条线管理等制度的改革，以及财政科学化、精细化管理的理念都对政府会计环境产生了重大影响，并对政府会计与财务报告系统提出了新的要求。

一、预算管理制度

（一）部门预算

部门预算是事业发展计划的综合反映，是加强单位宏观调控能力、改善资金使用状况的有效手段，是涉及单位管理的各个方面、集预测与决策一体的综合性工作。部门预算是由政府各个部门编制，反映政府各部门所有收入和支出情况的政府预算范围。实行部门预算制度，需要将部门的各种财政性资金、部门所属单位收支全部纳入预算编制。部门预算收支既包括行政单位预算，也包括事业单位预算；既包括一般收支预算，也包括政府基金收支预算；既包括基本支出预算，也包括项目支出预算；既包括财政部门直接安排预算，也包括有预算分配权部门安排的预算，还包括预算外资金安排的预算。

（二）政府收支分类

政府收支分类，就是对政府收入和支出进行类别和层次的划分，以全面、准确、清晰地反映政府收支活动。政府收支分类科目是编制政府预算、组织预算执行以及各级财政总预算会计、行政事业单位会计进行明细分类核算的重要依据，一般分为收入科目和支出科目两大类。收入分类科目反映政府收入的来源和性质；支出分类科目分为反映政府支出的总量、结构与方向的功能分类科目和反映各项支出的用途的经济分类科目。在编制部门预算时，每一笔支出都同时列在功能支出和经济支出的框架中，从中可以清楚地看出这个部门做了哪些事、钱花在了哪些方面。

政府收支分类改革不仅影响财政总预算会计、行政事业单位会计的收入、支出、净资产三类科目的核算内容，也是大部分会计明细科目设置的重要依据。

（三）预算外资金管理

预算外资金管理是指财政部门对各部门、各单位的预算外资金进行综合管理。预算外资金管理主要包括将各部门的预算外收入全部纳入财政专户管理，有条件地纳入预算管理；修订、完善有关法规和规章制度，实施"收支两条线"管理，并使管理法制化、制度化、规范化。一般来说，有两种预算外资金管理方式。

①专户储存，计划管理，财政审批，银行监督。这种预算外资金管理方式是在所有权不变的前提下，由财政部门进行代管。按这种方式进行预算外资金管理的单位，应将其预算外资金存入财政部门在银行开立的预算外资金专户，并编制预算外资金收支计划，送同级财政部门审批之后，交由银行监督实行。这种"专户储存，计划管理，财政审批，银行监督"的预算外资金管理方式，根据其本身的特点，原则上来说适用于行政、事业单位管理的预算外资金。

②计划管理，政策引导。这种预算外资金管理方式是在预算外资金的所有权没有改变的前提条件下，由财政部门按照国家政策对预算外资金的收支加以引导，将预算外资金使用这种微观活动纳入国家宏观控制的轨道中来。这样可保证国民经济的稳定、协调发展。按照"计划管理、政策引导"方式进行预算外资金管理的单位，应该在财政部门的指导下，编制

年度的财政收支计划，财政部门应按照国家的方针政策，根据宏观经济发展的客观需要，在维护预算外资金的自主权的前提条件下，对各单位在编制年度财政收支计划过程中，提供信息，权衡利弊，帮助分析，进行协调，做到既能搞活微观经济，又能保证宏观控制的顺利进行。预算外资金管理方式从原则上来说，适用于国营及其主管部门管理的预算外资金。

（四）财政拨款结转结余资金管理

财政拨款结转资金是指当年支出预算已执行但尚未完成或因故未执行，下年需按原用途继续使用的财政拨款资金。财政拨款结余资金是指支出预算工作目标已完成，或由于受政策变化、计划调整等因素影响工作终止，当年剩余的财政拨款资金。

1. 结转资金的管理

①基本支出结转资金原则上应结转下年继续使用，用于增人增编等人员经费和日常公用经费支出，但不得在人员经费和日常公用经费之间挪用，不得用于提高人员经费开支标准。项目支出结转资金应结转下年按原用途继续使用。

②结转资金原则上不得调整用途。在年度预算执行过程中，中央部门确需调整结转资金用途的，须报财政部审批。

③中央部门在预算执行中因增人增编需增加基本支出的，应首先通过本部门基本支出结转资金安排，并将安排使用情况报财政部备案。中央部门连续年度安排预算的延续项目有结转资金的，在编制以后年度预算时，应根据项目结转资金情况和项目年度资金需求情况，统筹安排财政拨款预算。

2. 结余资金的管理

①中央部门在年度预算执行结束后形成的项目支出结余资金，应全部统筹用于编制以后年度部门预算，按预算管理的有关规定用于本部门相关支出。

②中央部门在编制本部门预算时，可以在本级部门和下级预算单位之间、下级不同预算单位之间、不同预算科目之间统筹安排使用结余资金。

③中央部门项目支出结余资金在统筹用于编制以后年度部门预算之前，原则上不得动用。因特殊情况需在预算执行中动用项目支出结余资金安排必需支出的，应报财政部审批。

④中央部门及单位留用的结余资金，须报财政部批准后方可动用。

3. 预算编制阶段结转和结余资金使用安排

中央部门对拟统筹使用本部门累计结转和结余资金安排下一年度支出预算情况，随部门"一上"预算报送财政部；财政部审核后，随"一下"预算控制数下达中央部门；中央部门跟进财政部下达的预算控制数和结余资金安排使用建议数，编制"二上"预算；财政部在将部门预算草案上报国务院前可对统筹使用结转结余资金数进行调整。

二、政府采购和国库集中收付制度改革的影响

（一）政府采购和国库集中收付的概念

政府采购是指由政府设立的集中采购机构依据政府制定的集中采购目录，受采购人的委

托，按照公开、公平、公正的采购原则，以及必须遵循的市场竞争机制和一系列专门操作规程进行的统一采购。政府采购管理机构根据预算机构批复的采购预算，经过检查、分析，将其中易于跨部门采购的商品编成采购目录下达给集中采购机关，将不易集中采购的商品目录下达给包括行政单位、事业单位、社会团体的采购机关。采购机关再将验收结算书、接受履行报告、质量验收报告以及其他附件交由采购受理机关。采购管理机关将预算通知交由集中支付中心，集中支付中心直接支付给供应商，最终完成采购的全过程。

国库集中收付制度即国际上的国库单一账户制度，它是指将政府所有的财政性资金集中在国库或国库指定的代理银行开设的账户，进行归口管理，所有财政资金的收支都通过这一账户体系进行集中收缴、拨付和清算，收入直接缴入国库或财政专户，支出通过国库单一账户体系支付到商品和劳务供应者或用款单位的运行模式。国库是预算收支的出纳机构，按照国家统一领导、分级管理的财政体制设立。原则上一级财政设立一级国库。国库设总库、分库、中心支库和支库；中国人民银行总行经理总库；各省、自治区、直辖市分行经理分库；省辖市、自治州和成立一级财政的地区，由市、地（州）分、支行经理中心支库；县（市）支行（城市区办事处）经理支库。

（二）政府采购和国库集中收付的会计影响

推行政府采购和实施国库集中支付制度后，财政部门不再将财政资金拨付到行政事业单位，只需给行政事业单位下达年度预算指标及审批预算单位的月度用款计划；在预算资金拨付给商品和劳务供应者或用款单位之前，始终保留在中国人民银行的国库单一账户上，由财政部门直接管理。

由于国库单一账户体系取代了以前的实有资金账户体系，财政部门和预算单位分别在代理国库集中支付业务的商业银行设立财政零余额账户和预算单位零余额账户。财政资金先由财政零余额账户和预算单位零余额账户垫付，直接拨付到商品和劳务供应者或用款单位，然后从国库单一账户将垫付资金清算回财政零余额账户和预算单位零余额账户。每个营业日终了，财政零余额账户和预算单位零余额账户的余额为零。这样，对于总预算会计而言，财政零余额账户减少的同时发生了预算支出。对行政单位而言，预算单位零余额账户增加的同时，也增加了预算收入，当通过预算单位零余额账户支付工资时，也发生了预算支出，但行政单位并未实际发生资金的收付。

①影响核算内容。除了行政事业单位自行采购、自行支付的业务活动外，增加了政府采购和集中支付的业务活动。

②影响会计核算基础。由于行政事业单位不涉及资金实际收付，按收付实现制确认预算收入和支付便失去了合理的基础，这为政府会计采用权责发生制提供了空间。

③影响政府会计的科目设置和报表体系。为如实反映政府采购、国库集中支付业务，政府会计系统调整会计科目和财务报告体系。例如，在行政事业单位会计科目中增设"零余额账户用款额度"和"财政应返还额度"等科目。

本章小结

政府与非营利组织会计是各级政府、行政事业单位、各类非营利组织核算和监督各项财政性资金运动、单位资金运动过程和结果以及有关经营收支情况的专业会计，是现代财务会计中与企业会计相对应的两大分支之一。政府与非营利组织会计的会计主体是各级政府、行政事业单位和各类非营利组织。其中，财政总预算会计的主体是各级政府，行政事业单位会计及各类非营利组织会计的主体分别是行政事业单位和各类非营利组织。政府与非营利组织会计的客体是财政性资金运动、单位资金运动、经营收支过程及结果。

我国的政府与非营利组织会计由财政总预算会计、行政事业单位会计和民间非营利组织会计组成。另外，负责办理政府预算资金的收纳和拨付的国库会计以及组织税收等各项收入征收、减免、入库的收入征解会计也属于政府与非营利组织会计。

我国政府与非营利组织现行的会计规范按层次划分为会计法律、会计行政法规和会计规章。

复习思考题

1. 什么是非营利组织？非营利组织按照不同的分类有哪些？
2. 政府与非营利组织运行的环境有何特殊性？
3. 什么是政府与非营利组织会计？其主体、客体分别是什么？
4. 政府与非营利组织会计的核算对象、业务性质有何特殊性？
5. 我国现行政府与非营利组织会计体系包括哪些？各自适用哪些准则或制度？
6. 国库集中收付制度改革对政府会计的影响有哪些？

第二章

政府与非营利组织会计基本理论和方法

第一节 政府与非营利组织会计的会计对象、会计目标、会计基础

一、政府与非营利组织会计的会计对象

会计对象是指会计核算和监督的内容。政府与非营利组织会计的会计对象是各级政府、行政事业单位和民间非营利组织的资金运动过程和结果。这里的资金运动一般指国家预算资金活动，同时也指单位的业务资金活动。具体来讲，财政总预算会计的会计对象是在总预算执行过程中各级预算资金集中、分配及其结果的预算资金运动过程；行政事业单位会计的会计对象是单位预算资金的领拨、使用及其结果的资金运动过程，也有从事生产经营活动的事业单位收入的取得、成本费用的发生和结余的形成等资金运动过程；民间非营利组织会计的会计对象是民间非营利组织的经济活动的过程及其结果。

二、政府与非营利组织会计的会计目标

概括来讲，会计目标就是设置会计的目的，反映了对会计自身所提供信息方面的要求。具体而言，会计目标是回答会计应该干什么的问题，即对所从事的会计工作，明确应向谁、于何时、以何种方式提供合乎何种质量的何种信息。

我国政府与非营利组织会计的会计目标是向有关信息使用者提供对决策有用的信息。政府与非营利组织会计的会计信息使用者是指与会计主体有利害关系、需要利用财务报告所提供的信息作出各种决策的团体或个人。政府与非营利组织会计的会计信息使用者与企业会计的会计信息使用者有很大区别，政府与非营利组织会计服务对象的广泛性决定了其会计信息使用者的广泛性。

①财政总预算会计的会计目标。财政总预算会计的会计目标是向会计信息使用者提供与

政府财力状况、政府预算执行情况等有关的会计信息，反映政府受托责任的履行情况，有助于会计信息使用者进行管理、决策和监督。财政总预算会计的会计信息使用者包括人民代表大会及其常务委员会、政府专职审计机构、向政府提供贷款的金融机构或外国政府、购买政府债券的机构或个人、社会公众以及其他会计信息使用者。

②行政事业单位会计的会计目标。行政事业单位会计的会计目标是向会计信息使用者提供与行政单位财务状况、预算执行情况等有关的会计信息，反映行政事业单位受托责任的履行情况，有助于会计信息使用者进行管理、监督和决策。行政事业单位会计的会计信息使用者包括人民代表大会、政府及其有关部门、举办（上级）单位、债权人、行政事业单位自身和其他会计信息使用者。

③民间非营利组织会计的会计目标。民间非营利组织会计的会计目标是向会计信息使用者提供民间非营利组织的财务状况、业务活动情况和现金流量等信息。民间非营利组织会计的会计信息使用者包括捐赠人、会员、监管者等。

三、政府与非营利组织会计的会计基础

会计基础也称记账基础、会计确认基础，是指在确认和处理一定会计期间收入和费用时，选择的处理原则和标准，其目的是对收入和支出进行合理配比，进而作为确认当期损益的依据。运用的会计基础不同，会计核算出现的结果也不同。

会计基础有两种：一种是收付实现制或现金制；另一种是权责发生制或应计制。

收付实现制以本期款项的实际收付作为确定本期收入、费用的基础，不论款项是否属于本期，只要在本期实际发生，即作本期的收入和费用。权责发生制则以应收、应付作为计算收入、费用的依据，凡属本期的收入和费用，不论其是否发生，均要计入本期；凡不属本期的收入、费用，尽管发生了，也不计入本期。收付实现制和权责发生制基础是对收入和费用而言的，都是会计核算中确定本期收入和费用的会计处理方法，但是收付实现制基础强调款项的收付，权责发生制基础强调应计的收入和为取得收入而发生的费用相配合。

具体到政府与非营利组织会计，除民间非营利组织会计采用单一的权责发生制之外，其余均采用双重的会计基础。其中，财务会计采用权责发生制，预算会计采用收付实现制，国务院另有规定的，依照其规定。

第二节 政府与非营利组织会计的基本前提与会计信息质量要求

一、政府与非营利组织会计的基本前提

会计的基本前提也称为会计的基本假设，它是组织会计核算工作必须具备的前提条件。政府与非营利组织会计核算的基本前提包括会计主体、持续运行、会计分期和货币计量。

（一）会计主体

会计主体是指会计工作为其服务的特定单位或组织。对于会计人员来说，首先需要确定

会计核算的范围，明确哪些经济业务应当予以确认、计量和报告，哪些不应当包括在核算的范围内，即确定会计主体。会计主体规定了会计核算的空间范围。

政府与非营利组织的会计主体包括中央与地方各级政府、各级行政单位、各类事业单位以及各种民间非营利组织。财政总预算会计的会计主体是各级政府，而不是各级财政机关，因为财政预算各项收支的安排、使用是各级政府的职权范围，各级财政机关只是代表政府执行预算、管理财政收支。行政事业单位会计及各类非营利组织会计的会计主体是会计为之服务的行政事业单位和各类非营利组织。

（二）持续运行

持续运行是指政府与非营利组织会计主体的经济业务活动将无限期地延续下去。它要求会计人员以单位持续、正常的经济业务活动为前提进行会计核算。

《政府会计准则——基本准则》指出："政府会计核算应当以政府会计主体持续运行为前提。"事实上，政府与非营利组织会计核算所采用的会计程序和一系列的会计处理方法都是建立在持续运行前提基础上的。也就是说，一个会计主体通常是以持续、正常的经济活动作为前提去处理数据、加工并传递信息的。若没有持续经济业务活动的前提条件，一些公认的会计处理方法将无法采用，单位也就不能按照正常的会计原则、正常的会计处理方法进行会计核算。

（三）会计分期

会计分期是指把会计主体持续不断的运行过程划分为较短的相对等距的会计期间。会计分期的目的在于通过会计期间的划分，分期结算账目，按期编制财务报告，从而及时地向有关方面提供反映财务状况和运营成果的会计信息，满足有关方面的需要。政府与非营利组织会计期间至少分为年度和月度。会计年度、月度等会计期间的起讫日期采用公历日期。

会计期间的划分有着重要的意义。有了会计分期，才产生了本期与非本期的区别，才产生了收付实现制和权责发生制。只有正确地划分会计期间，才能准确地提供财务状况和运营成果的资料，才能进行会计信息的对比。

（四）货币计量

货币计量是指会计主体在会计核算过程中应以货币作为计量单位记录、反映会计主体的运营情况。政府与非营利组织会计核算以人民币作为记账本位币，发生外币业务时，应当将有关外币金额折算为人民币金额计量。

需要指出的是，货币本身也有价值，它是通过货币的购买力或物价水平表现出来的。在市场经济条件下，货币的价值也在发生变动，币值不太稳定，甚至有些国家出现了恶性通货膨胀，对货币计量提出了挑战。因此，在确定货币计量假设时，必须同时确定币值稳定假设，假设币值是稳定的，不会有大的波动，或前后波动能够被抵消。但是，如果发生恶性通货膨胀，就需要采用特殊的会计原则，如物价变动会计原则来处理有关的经济业务。

会计假设虽然是人为确定的，但完全是出于客观的需要，有充分的客观必然性，否则，会计核算工作就无法进行。这四个假设缺一不可，既有联系也有区别，共同为会计核算工作的开展奠定基础。

二、政府与非营利组织会计的会计信息质量要求

会计作为一项管理活动，其主要目的之一是向广大信息使用者提供有用的会计信息，以满足信息使用者的需要。要实现这一目的，就必须要求会计信息达到一定的质量要求。会计信息质量要求也称为会计信息质量特征、会计信息质量标准。我国政府与非营利组织会计的会计信息质量要求包括可靠性、全面性、相关性、及时性、可比性、可理解性和实质重于形式。

（一）可靠性

可靠性也称客观性、真实性，是指会计主体应当以实际发生的经济业务或者事项为依据进行会计核算，如实反映各项会计要素的情况和结果，保证会计信息真实可靠。按照这一要求，首先，会计核算的对象应该是客观的，即单位实际已经发生的经济业务，并且每一笔经济业务必须取得或填制合法的书面凭证；其次，会计核算过程应当客观真实；最后，作为会计核算成果的财务会计报告应当真实可靠，不能弄虚作假。

可靠性是对会计信息质量的基本要求。财务报告提供的各种信息是出资者、债权人、政府、各类经济管理部门以及单位内部管理者进行决策的依据。如果会计信息不能真实客观地反映单位业务活动和其他活动的实际情况，势必无法满足有关方面进行决策的需要，甚至可能导致错误的决策。

（二）全面性

全面性是指会计主体应当将发生的各项经济业务或者事项统一纳入会计核算，确保会计信息能够全面反映会计主体预算执行情况和财务状况、运行情况、现金流量等。

（三）相关性

相关性也称有用性，是指会计主体所提供的会计信息应具有预测价值和确证价值。当信息通过帮助使用者评价过去、现在或预测未来的事项，通过确证或纠正使用者过去的评价，影响使用者的经济决策时，信息就具有相关性。也就是说，会计主体提供的会计信息应当与其受托责任履行情况相关，与会计信息使用者的管理、监督和决策相关，有助于会计信息使用者对过去、现在或者未来的情况作出评价或者预测。

（四）及时性

及时性是指对于已经发生的经济业务或者事项，应当及时进行会计核算，不得提前或者延后。会计核算在持续运作的过程中，每天都有大量的经济业务发生，及时性要求在业务活动发生或完成时能及时进行账务处理。这就要求财会人员做好以下三方面的工作：一是要及时收集会计信息，对于各项经济活动应判断其性质，决定是否将其纳入会计系统，并及时收集整理各种原始凭证；二是对于已经发生的各项经济业务应及时进行处理，依据原始凭证填制记账凭证，据以登记账簿，并按规定时日编报财务报告，不得拖延和积压；三是将编制完毕的财务报告及时传递给会计信息使用者，以提高会计信息的时效性。

(五) 可比性

可比性包括两个方面的含义，即同一会计主体在不同时期的纵向可比和同类会计主体在同一时期的横向可比。《政府会计准则——基本准则》中要求，同一政府会计主体不同时期发生的相同或者相似的经济业务或者事项，应当采用一致的会计政策，不得随意变更；确需变更的，应当将变更的内容、理由及其影响在附注中予以说明。不同政府会计主体发生的相同或者相似的经济业务或者事项，应当采用一致的会计政策，确保政府会计信息口径一致，相互可比。

(六) 可理解性

可理解性也称明晰性，是指会计主体提供的会计信息应当清晰明了，便于会计信息使用者理解和使用。提供会计信息的目的在于使用，要使用就必须了解会计信息的内涵，明确会计信息的内容，否则就谈不上对决策有用。信息能否被使用者理解，既取决于信息本身是否清晰易懂，也取决于使用者理解信息的能力。因此，可理解性不仅是信息的一种质量标准，也是一个与信息使用者有关的质量标准。会计人员应尽可能传递、表达容易被人理解的会计信息，而使用者也应设法提高自身的综合素养，以增强理解会计信息的能力。

(七) 实质重于形式

实质重于形式是指会计主体应当按照经济业务或者事项的经济实质进行会计核算，不限于以经济业务或者事项的法律形式为依据。这里所讲的形式是指法律形式，实质是指经济实质。

第三节 政府与非营利组织会计的会计要素与会计等式

一、政府与非营利组织会计的会计要素

会计要素就是会计对象的构成要素，是对会计对象的基本分类。会计核算对象的内容多种多样，为了对有关核算内容进行确认、计量、记录和报告，就需要对会计对象进行基本分类，把会计对象分解成若干基本的要素，这样就形成了会计要素。由于会计要素是构成会计报表结构的基础，所以它又被称作会计报表要素。由于财政总预算会计、行政事业单位会计和民间非营利组织会计反映和监督的具体内容不尽相同，所以，财政总预算会计、行政事业单位会计和民间非营利组织会计的会计要素，特别是其各个要素所包括的具体内容也存在差别。

(一) 财政总预算会计要素

财政总预算会计要素由资产、负债、净资产、收入和支出构成，各要素的含义及所包括的具体内容如下：

①资产。财政总预算会计的资产是一级财政掌管或控制的能以货币计量的经济资源，包括财政性存款、有价证券、暂付及应收款项、预拨款项等。

②负债。财政总预算会计的负债是一级财政所承担的能以货币计量、需以资产偿付的债务，包括应付及暂存款项、按法定程序及核定的预算举借的债务、应付外债利息和费用等。

③净资产。财政总预算会计的净资产是指资产减去负债的差额，包括各项结余、预算稳定调节基金、预算周转金等。

④收入。财政总预算会计的收入是国家为实现其职能，根据法令和法规取得的非偿还性资金，是一级财政的资金来源，包括一般预算收入、基金预算收入、专用基金收入、债务收入、债务转贷收入、资金调拨收入和财政专户管理资金收入等。

⑤支出。财政总预算会计的支出是一级政府为实现其职能，对财政资金的再分配，包括一般预算支出、基金预算支出、国有资本经营预算支出、专用基金支出、债务还本支出、债务转贷支出、资金调拨支出和财政专户管理资金支出等。

（二）行政事业单位会计要素

行政事业单位会计要素由政府预算会计要素和政府财务会计要素构成。其中，政府预算会计要素包括预算收入、预算支出和预算结余，政府财务会计要素包括资产、负债、净资产、收入和支出，各要素的含义及所包括的具体内容如下。

①预算收入。预算收入是指政府会计主体在预算年度内依法取得的并纳入预算管理的现金流入。预算收入一般在实际收到时予以确认，以实际收到的金额计量。

②预算支出。预算支出是指政府会计主体在预算年度内依法发生并纳入预算管理的现金流出。预算支出一般在实际支付时予以确认，以实际支付的金额计量。

③预算结余。预算结余包括结余资金和结转资金。结余资金是指年度预算执行终了，预算收入实际完成数扣除预算支出和结转资金后剩余的资金。结转资金是指预算安排项目的支出年终尚未执行完毕或者因故未执行，且下年需要按原用途继续使用的资金。

④资产。资产是指政府会计主体过去的经济业务或者事项形成的，由政府会计主体控制的，预期能够产生服务潜力或者带来经济利益流入的经济资源。

⑤负债。负债是指政府会计主体过去的经济业务或者事项形成的，预期会导致经济资源流出政府会计主体的现时义务。政府会计主体的负债按照流动性，分为流动负债和非流动负债。

⑥净资产。净资产是指政府会计主体资产扣除负债后的净额。净资产金额取决于资产和负债的计量。

⑦收入。收入是指报告期内导致政府会计主体净资产增加的、含有服务潜力或者经济利益的经济资源的流入。

⑧费用。费用是指报告期内导致政府会计主体净资产减少的、含有服务潜力或者经济利益的经济资源的流出。

（三）民间非营利组织会计要素

民间非营利组织会计要素由资产、负债、净资产、收入和费用构成，各要素的含义及所包括的具体内容如下。

①资产。民间非营利组织会计的资产是指过去的交易或者事项形成并由民间非营利组织拥有或者控制的资源,该资源预期会给民间非营利组织带来经济利益或者服务潜力。资产按其流动性分为流动资产、长期投资、固定资产、无形资产和受托代理资产等。

②负债。民间非营利组织会计的负债是指过去的交易或者事项形成的现时义务,履行该义务预期会导致含有经济利益或者服务潜力的资源流出民间非营利组织。负债按其流动性分为流动负债、长期负债和受托代理负债等。

③净资产。民间非营利组织会计的净资产是指资产减去负债后的余额。净资产按照其是否受到限制,可分为限定性净资产和非限定性净资产等。

④收入。民间非营利组织会计的收入是指民间非营利组织开展业务活动取得的、导致本期净资产增加的经济利益或者服务潜力的流入。收入按照其来源可分为捐赠收入、会费收入、提供服务收入、政府补助收入、投资收益、商品销售收入等主要业务活动收入和其他收入等。

⑤费用。民间非营利组织会计的费用是指民间非营利组织为开展业务活动发生的、导致本期净资产减少的经济利益或者服务潜力的流出。费用按照其功能分为业务活动成本、管理费用、筹资费用和其他费用等。

二、政府与非营利组织会计的会计等式

会计等式也称为会计平衡公式,是表明各会计要素之间基本关系的恒等式。会计对象可概括为资金运动,具体表现为会计要素的增减变化,每发生一笔经济业务,都是资金运动的一个具体过程,每个资金运动过程都必然涉及相应的会计要素,从而使全部资金运动所涉及的会计要素之间存在一定的联系,会计要素之间的这种内在关系可以通过数学表达式予以描述,这种表达会计要素之间基本关系的数学表达式就叫会计等式。政府与非营利组织资产、负债和净资产这三个要素之间的关系可表示为以下公式:

$$资产 = 负债 + 净资产 \tag{1-1}$$

在政府和非营利组织经济业务活动过程中,必然取得一定数额的收入,同时也必然发生一定数额的费用。收入和费用相抵后的余额为结余。收入、费用和结余之间的关系可表示为以下公式:

$$收入 - 费用 = 结余 \tag{1-2}$$

一定会计期间的结余可以增加净资产,同时,如果收入与支出抵减后的结果是负数,则会使净资产减少。因此,在收入与支出尚未结转的情况下,上述两个公式结合起来可以表示为以下公式:

$$资产 = 负债 + 净资产 + (收入 - 费用)$$

这一公式可进一步变形为:

$$资产 + 费用 = 负债 + 净资产 + 收入 \tag{1-3}$$

式(1-1)可理解为静态等式,它反映会计主体在特点时点上资产、负债与净资产之间的恒等关系;式(1-2)和式(1-3)可理解为动态等式,它们反映会计主体在业务活动过

程中的收支结余情况及净资产的增值情况。会计等式是会计学中的一个基础理论，它是设置账户、复式记账和编制会计报表的理论依据。

本章小结

我国政府与非营利组织的会计目标是向有关信息使用者提供对决策有用的信息，其信息质量必须满足可靠性、全面性、相关性、及时性、可比性、可理解性和实质重于形式的要求。

我国政府与非营利组织会计的一般对象是各级政府、行政事业单位和民间非营利组织的资金运动过程和结果，具体表现为会计要素的增减变化。政府与非营利组织会计的会计要素包括资产、负债、净资产、收入和费用，各会计要素之间存在内在的联系，用数学表达式表示即为会计等式，具体有：

$$资产 = 负债 + 净资产$$
$$收入 - 费用 = 结余$$

会计等式是设置账户、复式记账和编制会计报表的理论依据。

政府与非营利组织会计核算的基本前提包括会计主体、持续运行、会计分期和货币计量。

政府与非营利组织会计，除民间非营利组织会计采用单一的权责发生制之外，其余均采用双重的会计确认基础。其中，财务会计采用权责发生制，预算会计采用收付实现制，国务院另有规定的，依照其规定。

复习思考题

1. 简述政府与非营利组织会计的会计对象及会计目标。
2. 政府与非营利组织会计的核算基础较企业会计相比有何不同？
3. 简述政府与非营利组织会计核算的基本前提。
4. 政府与非营利组织会计的会计要素包括哪些？各要素之间有何内在联系？
5. 简述政府与非营利组织会计的会计信息质量要求。

第二篇　财政总预算会计

第三章

财政总预算会计概述

第一节 财政总预算会计的概念及特点

一、财政总预算会计的概念

财政总预算会计（简称总会计）是各级政府财政部门核算、反映和监督政府预算执行和财政周转金等各项财政性资金活动的专业会计。应当注意，财政总预算会计的会计主体是各级政府，而不是各级政府的财政部门，财政部门只是代表政府执行预算，充当经办人的角色。

财政总预算会计的组织体系与国家预算的组成体系一致。我国国家预算按照"统一领导，分级管理"的原则，实行一级政府一级预算。我国政府有五级：①中央；②省、自治区、直辖市；③设区的市、自治州；④县、自治县、不设区的市、市辖区；⑤乡、民族乡、镇等。除了中央政府以外，其余均称为地方政府。与五级预算体系相适应，我国财政总预算会计体系也包括下列五级：①中央政府财政部设立中央财政总预算会计；②省、自治区、直辖市财政厅（局）设立省（自治区、直辖市）财政总预算会计；③设区的市、自治州财政局设立市（州）财政总预算会计；④县、自治县、不设区的市、市辖区财政局设立县（市）财政总预算会计；⑤乡、民族乡、镇财政所设立乡（镇）财政总预算会计。

各级财政总预算会计均设在本级政府财政管理机构内，执行对本级政府经济业务或事项的统一核算，全面监督预算管理工作，并负责指导、监督本级政府行政区域内下级政府财政总预算会计工作，编制汇总会计报表，反映本级政府财政预算收支执行情况及结果。

二、财政总预算会计的特点

1. 政策性和计划性

国家财政预算对国民收入的分配和再分配活动是根据国家法律、法规要求有计划地进行的，是国家意志在财政分配上的集中体现。财政总预算会计核算、反映和监督国家财政预算的执行过程，也是贯彻国家法律、法规的过程，具有非常强的政策性。

国家财政预算是与国民经济和社会发展计划相适应的分配计划，是国家的基本财政计划。与社会发展和进步密切相关的教育、科学、文化、卫生等所需的公共消费基金，主要是通过国家财政预算的再分配无偿提供的。国家财政预算经过全国人民代表大会审查批准后即具有法律效力，是具有强制力的国家收支计划。财政总预算会计是执行国家财政预算的专业会计，在实现其核算、反映和监督职能的过程中，始终紧紧围绕国家财政预算这个强制性计划进行，把促进增收节支、坚持财政预算收支平衡、保证各项事业发展计划和行政任务圆满完成作为其工作的目标。

财政总预算会计处于非物质生产领域，其反映的效益主要表现为精神产品、服务质量和工作效率，因而不可能像企业会计那样对物质产品进行精确、严密的成本核算，而是主要依靠计划管理提高经济效益和社会效益。因此，财政总预算会计属于计划管理型会计。

2. 统一性和广泛性

国家财政预算是全国统一的预算，财政总预算会计必须以国家财政预算执行为中心，组织一个全国集中统一的会计核算体系，这要求全国各级财政总预算会计统一行动，及时、准确、完整地逐级汇编国家财政预算执行的会计报表，再层层汇总上报各级地方人民政府和国务院。年度国家预算和各级地方决算的编审工作，也要求上下统一组织、统一行动，才能完成财政总预算会计的工作任务。同时，财政总预算会计的收支分类核算指标体系也是全国统一的，即全国统一执行《政府预算收支科目》。

财政总预算会计的广泛性主要表现在两个方面：首先，国家财政预算收支反映着社会再生产过程中生产、分配、交换、消费等各环节的广泛而复杂的经济关系；其次，财政总预算会计分类核算体系涉及的范围广。凡是编制和执行国家财政预算的地区、部门和单位，其预算收支活动必然受到财政总预算会计核算科目分类体系的约束。这不仅包括众多的行政单位、财政系统、税务系统、国库系统等，而且按政府预算收支科目规定办理税款缴库手续的企业、个体经营者也不例外，都是财政总预算会计核算涉及的范围。

3. 宏观性和社会性

财政总预算会计是执行国家财政预算的会计，国家财政预算收支执行情况是国民经济和社会发展计划执行情况在财政上的集中反映。财政总预算会计在执行国家财政预算的收支分配中，通过经常、大量、连续的账务核算和情况反映，对国家财政预算的执行和国民经济活动情况，起"晴雨表"的作用和宏观监督作用。由于财政总预算会计具有操作主体的政府性、核算范围的宏观性和核算内容的综合性特点，从总体意义上来说，它具有社会总会计的特点，社会性特点明显。

第二节　财政总预算会计的核算基础、任务及一般原则

一、财政总预算会计的核算基础

《财政总预算会计制度》第十一条规定，财政总预算会计的会计核算一般采用收付实现制，部分经济业务或者事项应当按照规定采用权责发生制核算。

中央财政总预算会计采用权责发生制核算的事项有：

①预算中已做安排，由于政策性因素，当年未能实现的支出；

②预算已经安排，由于用款进度等因素，当年未能实现的支出；

③动支中央预备费安排，因国务院审批较晚，当年未能及时拨付的支出；

④为平衡预算费用，当年未能实现的支出。

⑤其他。

财政总预算会计采用进行权责发生制对上述事项进行会计核算时，平时不作账务处理。待年终结账，经确认当年确实无法实现财政拨款，需结转下一年度支出时，应借记"一般预算支出"等科目，贷记"暂存款"科目；下一年度实际支付时，借记"暂存款"科目，贷记"国库存款"等科目。

二、财政总预算会计的任务

根据《财政总预算会计制度》第四条规定，财政总预算会计的工作任务主要包括七项内容。

①进行会计核算。办理政府财政各项收支、资产负债的会计核算工作，反映政府财政预算执行情况和财务状况。

②严格财政资金收付调度管理。组织办理财政资金的收付、调拨，在确保资金安全性、规范性、流动性前提下，合理调度管理资金，提高资金使用效益。

③规范账户管理。加强对国库单一账户、财政专户、零余额账户和预算单位银行账户等的管理。

④实行会计监督，参与预算管理。通过会计核算和反映，进行预算执行情况分析，并对总预算、部门预算和单位预算执行实行会计监督。

⑤协调预算收入征收部门、国家金库、国库集中收付代理银行、财政专户开户银行和其他有关部门之间的业务关系。

⑥组织本地区财政总决算、部门决算编审和汇总工作。

⑦组织和指导下级政府财政总预算会计工作。

三、财政总预算会计核算的一般原则

1. 真实性原则

真实性原则是指会计确认、计量和报告应以实际发生的经济业务为依据，如实反映财政收支执行情况和结果。

2. 一贯性原则

一贯性原则要求财政总预算会计处理方法前后各期应当一致，不得随意变更。如确有必要变更，应将变更的情况、原因和对会计报表的影响在预算执行报告中说明。

3. 及时性原则

及时性原则要求财政总预算会计应当及时收集原始凭证及其他会计信息并及时进行会计处理，按规定及时报送会计信息。

4. 完整性原则

完整性原则要求财政总预算会计应将财政部门管理的各项财政资金，包括一般预算资金、公共财政预算资金、纳入预算管理的政府性基金、专用基金、财政周转金等，全部纳入其核算管理范围。

5. 明晰性原则

明晰性原则要求财政总预算会计记录和会计报表应当清晰明了，便于理解；对于重要的经济业务，应当单独反映。

6. 可比性原则

可比性原则要求财政总预算会计核算应当按照规定的会计处理方法进行，保证各级财政总预算会计的核算口径一致，会计信息可比。

7. 合规性原则

合规性原则是指财政总预算会计信息，应当符合《预算法》的要求，适应国家宏观经济管理、上级财政部门及本级政府对财政管理的要求。

8. 专款专用原则

专款专用原则指凡是有指定用途的资金必须按规定用途使用，不得擅自改变用途，挪作他用。

第三节 财政总预算会计科目

一、财政总预算会计科目表

会计要素是对会计核算对象的具体分类，财政总预算会计要素分为五大类：资产、负债、净资产、收入和支出。其中，收入和支出的差额为当期结余，反映一级政府当期净资产的变动，当期结余直接并入净资产会计要素，不再单独设置为一项会计要素。

财政总预算会计科目与会计要素相对应，也包括资产、负债、净资产、收入和支出五大

类，如表 3-1 所示。

表 3-1 财政总预算会计科目简表

序号	科目编号	会计科目名称	序号	科目编号	会计科目名称
一、资产类			三、净资产类		
1	1001	国库存款	27	3001	一般公共预算结转结余
2	1003	国库现金管理存款	28	3002	政府性基金预算结转结余
3	1004	其他财政存款	29	3003	国有资本经营预算结转结余
4	1005	财政零余额账户存款	30	3005	财政专户管理资金结余
5	1006	有价证券	31	3007	专用基金结余
6	1007	在途款	32	3031	预算稳定调节基金
7	1011	预拨经费	33	3033	预算周转金
8	1021	借出款项	34	3081	资产基金
9	1022	应收股利		308101	应收地方政府债券转贷款
10	1031	与下级往来		308102	应收主权外债转贷款
11	1036	其他应收款		308103	股权投资
12	1041	应收地方政府债券转贷款		308104	应收股利
13	1045	应收主权外债转贷款	35	3082	待偿债净资产
14	1071	股权投资		308201	应付短期政府债券
15	1081	待发国债		308202	应付长期政府债券
二、负债类				308203	借入款项
16	2001	应付短期政府债券		308204	应付地方政府债券转贷款
17	2011	应付国库集中支付结余		308205	应付主权外债转贷款
18	2012	与上级往来		308206	其他负债
19	2015	其他应付款			
20	2017	应付代管资金			
21	2021	应付长期政府债券			
22	2022	借入款项			
23	2026	应付地方政府债券转贷款			
24	2027	应付主权外债转贷款			
25	2045	其他负债			
26	2091	已结报支出			

续表

序号	科目编号	会计科目名称	序号	科目编号	会计科目名称
四、收入类			五、支出类		
36	4001	一般公共预算本级收入	48	5001	一般公共预算本级支出
37	4002	政府性基金预算本级收入	49	5002	政府性基金预算本级支出
38	4003	国有资本经营预算本级收入	50	5003	国有资本经营预算本级支出
39	4005	财政专户管理资金收入	51	5005	财政专户管理资金支出
40	4007	专用基金收入	52	5007	专用基金支出
41	4011	补助收入	53	5011	补助支出
42	4012	上解收入	54	5012	上解支出
43	4013	地区间援助收入	55	5013	地区间援助支出
44	4021	调入资金	56	5021	调出资金
45	4031	动用预算稳定调节基金	57	5031	安排预算稳定调节基金
46	4041	债务收入	58	5041	债务还本支出
47	4042	债务转贷收入	59	5042	债务转贷支出

二、财政总预算会计科目的使用要求

各级财政总预算会计在使用会计科目时,应当遵循以下要求:

①应当使用按规定统一设置的会计科目,不需要的可以不用,但不得擅自更改统一设置的会计科目名称;

②明细科目的名称,除已有统一规定的以外,各级财政总预算会计可以根据需要自行设置;

③为便于编制会计凭证、登记账簿、查阅账目和实行会计电算化,对于已按规定统一编制的会计科目的编码,各级财政总预算会计不得随意变更或打乱科目编码;

④各级财政总预算会计在填制会计凭证、登记账簿时,应填列会计科目的名称,或同时填列会计科目的名称和编码,但不得只填编码,不填会计科目名称。

本章小结

财政总预算会计是各级政府财政部门核算、反映和监督政府预算执行和财政周转金等各项财政性资金活动的专业会计,具有政策性和计划性、统一性和广泛性、宏观性和社会性的特点。我国财政总预算会计体系包括五级,主要职责是进行会计核算,反映预算执行,实行会计监督,参与预算管理,合理调度资金。

财政总预算会计核算以收付实现制为基础,中央财政总预算会计的个别事项可以采用权责发生制。财政总预算会计核算的一般原则包括真实性原则、一贯性原则、及时性原则、完整性原则、明晰性原则、可比性原则、合规性原则和专款专用原则。

财政总预算会计要素分为五大类：资产、负债、净资产、收入和支出。其中，收入和支出的差额为当期结余，反映一级政府当期净资产的变动。财政总预算会计科目与会计要素相对应，也包括资产、负债、净资产、收入和支出 五大类。

复习思考题

1. 简述财政总预算会计的概念及特点。
2. 财政总预算会计核算的一般原则有哪些？
3. 财政总预算会计能否采用权责发生制核算？列举其适用的情况。
4. 简述我国财政总预算会计体系。

第四章

财政总预算会计收入与支出的核算

第一节 财政总预算会计收入的核算

《财政总预算会计制度》规定，收入是指政府财政为实现政府职能，根据法律法规等所筹集的资金。财政总预算会计核算的收入包括一般公共预算本级收入、政府性基金预算本级收入、国有资本经营预算本级收入、财政专户管理资金收入、专用基金收入、转移性收入、债务收入、债务转贷收入等。另外，有关动用预算稳定调节基金的核算也在财政总预算会计收入的核算中介绍。

一般公共预算本级收入、政府性基金预算本级收入、国有资本经营预算本级收入、财政专户管理资金收入和专用基金收入应当按照实际收到的金额入账。转移性收入应当按照财政体制的规定或实际发生的金额入账。债务收入应当按照实际发行额或借入的金额入账，债务转贷收入应当按照实际收到的转贷金额入账。已建乡（镇）国库的地区，乡（镇）财政的本级收入以乡（镇）国库收到数为准。县（含县本级）以上各级财政的各项预算收入（含固定收入与共享收入）以缴入基层国库数额为准。未建乡（镇）国库的地区，乡（镇）财政的本级收入以乡（镇）财政总预算会计收到县级财政返回数额为准。

各级财政总预算会计应当加强各项收入的管理，严格会计核算手续。对于各项收入的账务处理必须以审核无误的国库入库凭证、预算收入日报表和其他合法凭证为依据；发现错误，应当按照相关规定及时通知有关单位共同更正。对于已缴入国库和财政专户的收入退库（付），要严格把关，强化监督。凡不属于国家规定的退库（付）项目，一律不得冲退收入。属于国家规定的退库（付）事项，具体退库（付）程序按财政部的有关规定办理。

一、一般公共预算本级收入的核算

一般公共预算本级收入是指政府财政筹集的纳入本级一般公共预算管理的税收收入和非

税收入。

为核算各级财政部门筹集的纳入本级一般公共预算管理的税收收入和非税收入，财政总预算会计应设置"一般公共预算本级收入"总账科目，该科目为收入类科目。"一般公共预算本级收入"科目应当根据《政府收支分类科目》中"一般公共预算收入科目"规定进行明细核算；本科目平时贷方余额反映一般公共预算本级收入的累计数。

一般公共预算本级收入的主要账务处理如下。

①收到款项时，根据当日预算收入日报表所列一般公共预算本级收入数，借记"国库存款"等科目，贷记"一般公共预算本级收入"科目。

②年终转账时，"一般公共预算本级收入"科目贷方余额全数转入"一般公共预算结转结余"科目，借记"一般公共预算本级收入"科目，贷记"一般公共预算结转结余"科目。结转后，"一般公共预算本级收入"科目无余额。

二、政府性基金预算本级收入的核算

政府性基金预算本级收入是指政府财政筹集的纳入本级政府性基金预算管理的非税收入。

为核算政府财政筹集的纳入本级政府性基金预算管理的非税收入，财政总预算会计应设置"政府性基金预算本级收入"总账科目，该科目为收入类科目。"政府性基金预算本级收入"科目应当根据《政府收支分类科目》中"政府性基金预算收入科目"规定进行明细核算；本科目平时贷方余额反映政府性基金预算本级收入的累计数。

政府性基金预算本级收入的主要账务处理如下。

①收到款项时，根据当日预算收入日报表所列政府性基金预算本级收入数，借记"国库存款"等科目，贷记"政府性基金预算本级收入"科目。

②年终转账时，"政府性基金预算本级收入"科目贷方余额全数转入"政府性基金预算结转结余"科目，借记"政府性基金预算本级收入"科目，贷记"政府性基金预算结转结余"科目。结转后，"政府性基金预算本级收入"科目无余额。

三、国有资本经营预算本级收入的核算

国有资本经营预算本级收入是指政府财政筹集的纳入本级国有资本经营预算管理的非税收入。

为核算政府财政筹集的纳入本级国有资本经营预算管理的非税收入，财政总预算会计应设置"国有资本经营预算收入"总账科目，该科目为收入类科目。"国有资本经营预算收入"科目应当根据《政府收支分类科目》中"国有资本经营预算收入科目"规定进行明细核算；本科目平时贷方余额反映国有资本经营预算本级收入的累计数。

国有资本经营预算本级收入的主要账务处理如下。

①收到款项时，根据当日预算收入日报表所列国有资本经营预算本级收入数，借记"国库存款"等科目，贷记"国有资本经营预算收入"科目。

②年终转账时,"国有资本经营预算收入"科目贷方余额全数转入"国有资本经营预算结转结余"科目,借记"国有资本经营预算收入"科目,贷记"国有资本经营预算结转结余"科目。结转后,"国有资本经营预算收入"科目无余额。

四、财政专户管理资金收入的核算

财政专户管理资金收入是指政府财政纳入财政专户管理的教育收费等资金收入。

为核算政府财政纳入财政专户管理的教育收费等资金收入,财政总预算会计应设置"财政专户管理资金收入"总账科目,该科目为收入类科目。"财政专户管理资金收入"科目应当按照《政府收支分类科目》中收入分类科目规定进行明细核算;同时,根据管理需要,按部门(单位)等进行明细核算;本科目平时贷方余额反映财政专户管理资金收入的累计数。

财政专户管理资金收入的主要账务处理如下。

①收到财政专户管理资金时,借记"其他财政存款"科目,贷记"财政专户管理资金收入"科目。

②年终转账时,"财政专户管理资金收入"科目贷方余额全数转入"财政专户管理资金结余"科目,借记"财政专户管理资金收入"科目,贷记"财政专户管理资金结余"科目。结转后,"财政专户管理资金收入"科目无余额。

五、专用基金收入的核算

专用基金收入是指政府财政根据法律法规等规定设立的各项专用基金(包括粮食风险基金等)取得的资金收入。

为核算政府财政按照法律法规和国务院、财政部规定设置或取得的粮食风险基金等专用基金收入,财政总预算会计应设置"专用基金收入"总账科目,该科目为收入类科目。"专用基金收入"科目应当按照专用基金的种类进行明细核算;本科目平时贷方余额反映取得专用基金收入的累计数。

专用基金收入的主要账务处理如下。

①通过预算支出安排取得专用基金收入转入财政专户的,取得收入时应借记"其他财政存款"科目,贷记"专用基金收入"科目;同时,借记"一般公共预算本级支出"等科目,贷记"国库存款""补助收入"等科目。退回专用基金收入时,借记"专用基金收入"科目,贷记"其他财政存款"科目。

②通过预算支出安排取得专用基金收入仍存在国库的,取得收入时应借记"一般公共预算本级支出"等科目,贷记"专用基金收入"科目。

③年终转账时,"专用基金收入"科目贷方余额全数转入"专用基金结余"科目,借记"专用基金收入"科目,贷记"专用基金结余"科目。结转后,"专用基金收入"科目无余额。

六、转移性收入的核算

(一) 转移性收入的概念和内容

转移性收入是指在各级政府财政之间进行资金调拨以及在本级政府财政不同类型资金之间调剂所形成的收入,包括补助收入、上解收入、调入资金和地区间援助收入等。其中,补助收入是指上级政府财政按照财政体制规定或因专项需要补助给本级政府财政的款项,包括上级税收返还、转移支付等;上解收入是指按照财政体制规定由下级政府财政上交给本级政府财政的款项;调入资金是指政府财政为平衡某类预算收支、从其他类型预算资金及其他渠道调入的资金;地区间援助收入是指受援方政府财政收到援助方政府财政转来的可统筹使用的各类援助、捐赠等资金收入。

转移性收入不是通过税收等方式从社会集中取得的,只是上下级财政之间或本级财政不同资金之间的调剂,所以其不增加政府财政收入的总量,但会导致一级财政预算资金存量或不同性质资金总量的变化。

(二) 转移性收入的账务处理

1. 补助收入

为核算上级政府财政按照财政体制规定或因专项需要补助给本级政府财政的款项,包括税收返还、转移支付等,财政总预算会计应设置"补助收入"总账科目,该科目为收入类科目。"补助收入"科目下应当按照不同的资金性质设置"一般公共预算补助收入""政府性基金预算补助收入"等明细科目;本科目平时贷方余额反映补助收入的累计数。

补助收入的主要账务处理如下。

①收到上级政府财政拨入的补助款时,借记"国库存款""其他财政存款"等科目,贷记"补助收入"科目。

②专项转移支付资金实行特设专户管理的,政府财政应当根据上级政府财政下达的预算文件确认补助收入。年度当中收到资金时,借记"其他财政存款"科目,贷记"与上级往来"等科目;年度终了,根据专项转移支付资金预算文件,借记"与上级往来"科目,贷记"补助收入"科目。

③将"与上级往来"科目余额转入"补助收入"科目时,借记"与上级往来"科目,贷记"补助收入"科目。

④有主权外债业务的财政部门,贷款资金由本级政府财政同级部门(单位)使用,且贷款的最终还款责任由上级政府财政承担的,本级政府财政部门收到贷款资金时,借记"其他财政存款"科目,贷记"补助收入"科目;外方将贷款资金直接支付给供应商或用款单位时,借记"一般公共预算本级支出",贷记"补助收入"科目。

⑤年终与上级政府财政结算时,根据预算文件,按照尚未收到的补助款金额,借记"与上级往来"科目,贷记"补助收入"科目。退还或核减补助收入时,借记"补助收入"科目,贷记"国库存款""与上级往来"等科目。

⑥年终转账时,"补助收入"科目贷方余额应根据不同资金性质分别转入对应的结转结余科目,借记"补助收入"科目,贷记"一般公共预算结转结余""政府性基金预算结转结余"等科目。结转后,"补助收入"科目无余额。

2. 上解收入

为核算按照体制规定由下级政府财政上交给本级政府财政的款项,财政总预算会计应设置"上解收入"总账科目,该科目为收入类科目。"上解收入"科目下应当按照不同资金性质设置"一般公共预算上解收入""政府性基金预算上解收入"等明细科目;同时,还应当按照上解地区进行明细核算;本科目平时贷方余额反映上解收入的累计数。

上解收入的主要账务处理如下。

①收到下级政府财政的上解款时,借记"国库存款"等科目,贷记"上解收入"科目。

②年终与下级政府财政结算时,根据预算文件,按照尚未收到的上解款金额,借记"与下级往来"科目,贷记"上解收入"科目。退还或核减上解收入时,借记"上解收入"科目,贷记"国库存款""与下级往来"等科目。

③年终转账时,"上解收入"科目贷方余额应根据不同资金性质分别转入对应的结转结余科目,借记"上解收入"科目,贷记"一般公共预算结转结余""政府性基金预算结转结余"等科目。结转后,"上解收入"科目无余额。

3. 地区间援助收入

为核算受援方政府财政收到援助方政府财政转来的可统筹使用的各类援助、捐赠等资金收入,财政总预算会计应设置"地区间援助收入"总账科目,该科目为收入类科目。"地区间援助收入"科目应当按照援助地区及管理需要进行相应的明细核算;本科目平时贷方余额反映地区间援助收入的累计数。

地区间援助收入的主要账务处理如下。

①收到援助方政府财政转来的资金时,借记"国库存款"科目,贷记"地区间援助收入"科目。

②年终转账时,"地区间援助收入"科目贷方余额全数转入"一般公共预算结转结余"科目,借记"地区间援助收入"科目,贷记"一般公共预算结转结余"科目。结转后,"地区间援助收入"科目无余额。

4. 调入资金

为核算政府财政为平衡某类预算收支、从其他类型预算资金及其他渠道调入的资金,财政总预算会计应设置"调入资金"总账科目,该科目为收入类科目。"调入资金"科目下应当按照不同资金性质设置"一般公共预算调入资金""政府性基金预算调入资金"等明细科目;本科目平时贷方余额反映调入资金的累计数。

调入资金的主要账务处理如下。

①从其他类型预算资金及其他渠道调入一般公共预算时,按照调入的资金金额,借记"调出资金——政府性基金预算调出资金""调出资金——国有资本经营预算调出资金""国库存款"等科目,贷记"调入资金"科目(一般公共预算调入资金)。

②从其他类型预算资金及其他渠道调入政府性基金预算时,按照调入的资金金额,借记"调出资金———一般公共预算调出资金""国库存款"等科目,贷记"调入资金"科目(政府性基金预算调入资金)。

③年终转账时,"调入资金"科目贷方余额分别转入相应的结转结余科目,借记"调入资金"科目,贷记"一般公共预算结转结余""政府性基金预算结转结余"等科目。结转后,"调入资金"科目无余额。

七、动用预算稳定调节基金

预算稳定调节基金,是指为实现宏观调控目标,保持年度间政府预算的衔接和稳定,各级一般公共预算设置的储备性资金。各级一般公共预算的预算稳定调节基金应当在同级国库单一账户存储。各级政府性基金预算、国有资本经营预算和社会保险基金预算不得设置预算稳定调节基金。

《预算稳定调节基金管理暂行办法》(2018)规定:各级政府财政部门负责提出预算稳定调节基金设置、补充和动用的具体方案,报经同级政府同意后,编入本级预决算草案或者本级预算的调整方案。各级财政部门应当合理控制预算稳定调节基金规模。预算稳定调节基金规模要能够满足跨年度预算平衡需要的,并加大冲减赤字、化解政府债务的力度。

(一)预算稳定调节基金的设置和补充

一般公共预算的超收收入,除用于冲减赤字外,应当用于设置或补充预算稳定调节基金。一般公共预算的结余资金应当用于设置或补充预算稳定调节基金。一般公共预算按照权责发生制核算的资金,不作为结余。一般公共预算连续结转两年仍未用完的资金,应当作为结余资金补充预算稳定调节基金。

政府性基金预算结转资金规模超过该项基金当年收入30%的部分,应当补充预算稳定调节基金。政府性基金预算连续结转两年仍未用完的资金,应当作为结余资金,可以调入一般公共预算,并应当用于补充预算稳定调节基金。

(二)预算稳定调节基金的动用

编制一般公共预算草案时,可以动用预算稳定调节基金,弥补一般公共预算出现的收支缺口,动用的资金应当编入一般公共预算收入。

一般公共预算执行中,因短收、增支等导致收支缺口,确需通过动用预算稳定调节基金实现平衡的,各级财政部门应当具体编制本级预算的调整方案,按照预算法规定的程序执行。

为核算政府财政为弥补本年度预算资金的不足,调用的预算稳定调节基金,财政总预算会计应设置"动用预算稳定调节基金"总账科目,该科目为收入类科目。"动用预算稳定调节基金"科目平时贷方余额反映动用预算稳定调节基金的累计数。

动用预算稳定调节基金的主要账务处理如下。

①调用预算稳定调节基金时,借记"预算稳定调节基金"科目,贷记"动用预算稳定

调节基金"科目。

②年终转账时,"动用预算稳定调节基金"科目贷方余额全数转入"一般公共预算结转结余"科目,借记"动用预算稳定调节基金"科目,贷记"一般公共预算结转结余"科目。结转后,"动用预算稳定调节基金"科目无余额。

八、债务收入

债务收入是指政府财政根据法律法规等规定,通过发行债券、向外国政府和国际金融组织借款等方式筹集的纳入预算管理的资金收入。

为核算政府财政按照国家法律、国务院规定以发行债券等方式取得的以及向外国政府、国际金融组织等机构借款取得的纳入预算管理的债务收入,财政总预算会计应设置"债务收入"总账科目,该科目为收入类科目。"债务收入"科目应当按照《政府收支分类科目》中"债务收入"科目的规定进行明细核算;本科目平时贷方余额反映债务收入的累计数。

债务收入的主要账务处理如下。

①省级以上政府财政收到政府债券发行收入时,按照实际收到的金额,借记"国库存款"科目,按照政府债券实际发行额,贷记"债务收入"科目,按照发行收入和发行额的差额,借记或贷记有关支出科目;根据债务管理部门转来的债券发行确认文件等相关资料,按照到期应付的政府债券本金金额,借记"待偿债净资产——应付短期政府债券/应付长期政府债券"科目,贷记"应付短期政府债券""应付长期政府债券"等科目。

②政府财政向外国政府、国际金融组织等机构借款时,按照借入的金额,借记"国库存款""其他财政存款"等科目,贷记"债务收入"科目;根据债务管理部门转来的相关资料,按照实际承担的债务金额,借记"待偿债净资产——借入款项"科目,贷记"借入款项"科目。

③本级政府财政借入主权外债,且由外方将贷款资金直接支付给用款单位或供应商时,应根据以下情况分别处理。

a. 本级政府财政承担还款责任,贷款资金由本级政府财政同级部门(单位)使用的,本级政府财政根据贷款资金支付相关资料,借记"一般公共预算本级支出"科目,贷记"债务收入"科目;根据债务管理部门转来的相关资料,按照实际承担的债务金额,借记"待偿债净资产——借入款项"科目,贷记"借入款项"科目。

b. 本级政府财政承担还款责任,贷款资金由下级政府财政同级部门(单位)使用的,本级政府财政根据贷款资金支付相关资料及预算指标文件,借记"补助支出"科目,贷记"债务收入"科目;根据债务管理部门转来的相关资料,按照实际承担的债务金额,借记"待偿债净资产——借入款项"科目,贷记"借入款项"科目。

c. 下级政府财政承担还款责任,贷款资金由下级政府财政同级部门(单位)使用的,本级政府财政根据贷款资金支付相关资料,借记"债务转贷支出"科目,贷记"债务收入"科目;根据债务管理部门转来的相关资料,按照实际承担的债务金额,借记"待偿债净资产——借入款项"科目,贷记"借入款项"科目;同时,借记"应收主权外债转贷款"科目，贷记"资产基金——应收主权外债转贷款"科目。

④年终转账时，"债务收入"科目下"专项债务收入"明细科目的贷方余额应按照对应的政府性基金种类分别转入"政府性基金预算结转结余"相应明细科目，借记"债务收入"科目（专项债务收入明细科目），贷记"政府性基金预算结转结余"科目；"债务收入"科目下其他明细科目的贷方余额全数转入"一般公共预算结转结余"科目，借记"债务收入"科目（其他明细科目），贷记"一般公共预算结转结余"科目。结转后，"债务收入"科目无余额。

九、债务转贷收入

债务转贷收入是指本级政府财政收到上级政府财政转贷的债务收入。

为核算省级以下（不含省级）政府财政收到上级政府财政转贷的债务收入，财政总预算会计应设置"债务转贷收入"总账科目，该科目为收入类科目。"债务转贷收入"科目下应当设置"地方政府一般债务转贷收入""地方政府专项债务转贷收入"明细科目；本科目平时贷方余额反映债务转贷收入的累计数。

债务转贷收入的主要账务处理如下。

①省级以下（不含省级）政府财政收到地方政府债券转贷收入时，按照实际收到的金额，借记"国库存款"科目，贷记"债务转贷收入"科目；根据债务管理部门转来的相关资料，按照到期应偿还的转贷款本金金额，借记"待偿债净资产——应付地方政府债券转贷款"科目，贷记"应付地方政府债券转贷款"科目。

②省级以下（不含省级）政府财政收到主权外债转贷收入的具体账务处理如下。

a. 本级财政收到主权外债转贷资金时，借记"其他财政存款"科目，贷记"债务转贷收入"科目；根据债务管理部门转来的相关资料，按照实际承担的债务金额，借记"待偿债净资产——应付主权外债转贷款"科目，贷记"应付主权外债转贷款"科目。

b. 从上级政府财政借入主权外债转贷款，且由外方将贷款资金直接支付给用款单位或供应商时，应根据以下情况分别处理。

· 本级政府财政承担还款责任，贷款资金由本级政府财政同级部门（单位）使用的，本级政府财政根据贷款资金支付相关资料，借记"一般公共预算本级支出"科目，贷记"债务转贷收入"科目；根据债务管理部门转来的相关资料，按照实际承担的债务金额，借记"待偿债净资产——应付主权外债转贷款"科目，贷记"应付主权外债转贷款"科目。

· 本级政府财政承担还款责任，贷款资金由下级政府财政同级部门（单位）使用的，本级政府财政根据贷款资金支付相关资料及预算文件，借记"补助支出"科目，贷记"债务转贷收入"科目；根据债务管理部门转来的相关资料，按照实际承担的债务金额，借记"待偿债净资产——应付主权外债转贷款"科目，贷记"应付主权外债转贷款"科目。

· 下级政府财政承担还款责任，贷款资金由下级政府财政同级部门（单位）使用的，本级政府财政根据转贷资金支付相关资料，借记"债务转贷支出"科目，贷记"债务转贷收入"科目；根据债务管理部门转来的相关资料，按照实际承担的债务金额，借记"待偿债净资产——应付主权外债转贷款"科目,贷记"应付主权外债转贷款"科目;同时,借记"应收主权外债转贷款"科目,贷记"资产基金——应收主权外债转贷款"科目。下级政府财政根据贷款资金支付相关资料,借记"一般公共预算本级支出"科目,贷记"债务转贷收入"科目;根据债务管理部门转来的相关资料,按照实际承担的债务金额,借记"待偿债净资产——应付主权外债转贷款"科目,贷记"应付主权外债转贷款"科目。

③年终转账时,"债务转贷收入"科目下"地方政府一般债务转贷收入"明细科目的贷方余额全数转入"一般公共预算结转结余"科目,借记"债务转贷收入"科目,贷记"一般公共预算结转结余"科目;"债务转贷收入"科目下"地方政府专项债务转贷收入"明细科目的贷方余额按照对应的政府性基金种类分别转入"政府性基金预算结转结余"相应明细科目,借记"债务转贷收入"科目,贷记"政府性基金预算结转结余"科目。结转后,"债务转贷收入"科目无余额。

第二节 财政总预算会计支出的核算

财政支出是各级政府为实现其职能,依法对筹集的财政资金进行有计划的再分配和运用。不同来源的财政资金通常有预先规定的支出范围,所以财政总预算会计的支出基本上和财政总预算收入相对应,包括一般公共预算本级支出、政府性基金预算本级支出、国有资本经营预算本级支出、财政专户管理资金支出、专用基金支出、转移性支出、债务还本支出、债务转贷支出等。另外,有关安排预算稳定调节基金的核算也在财政总预算会计支出的核算中介绍。

一般公共预算本级支出、政府性基金预算本级支出、国有资本经营预算本级支出一般应当按照实际支付的金额入账,年末可采用权责发生制将国库集中支付结余列支入账。从本级预算支出中安排提取的专用基金,按照实际提取金额列支入账。财政专户管理资金支出、专用基金支出应当按照实际支付的金额入账。转移性支出应当按照财政体制的规定或实际发生的金额入账。债务转贷支出应当按照实际转贷的金额入账。债务还本支出应当按照实际偿还的金额入账。对于收回当年已列支出的款项,应冲销当年支出。对于收回以前年度已列支出的款项,除财政部门另有规定外,应冲销当年支出。

财政总预算会计应当加强支出管理,科学预测和调度资金,严格按照批准的年度预算和用款计划办理支出,严格审核拨付申请,严格按预算管理规定和拨付实际列报支出,不得办理无预算、无用款计划、超预算、超用款计划的支出,不得任意调整预算支出科目。

对于各项支出的账务处理必须以审核无误的国库划款清算凭证、资金支付凭证和其他合法凭证为依据。地方各级财政部门除国库集中支付结余外,不得采用权责发生制列支。权责发生制列支只限于年末采用,平时不得采用。

财政性资金的支付主要有财政直接支付、财政授权支付、财政实拨资金三种方式。

1. 财政直接支付

财政直接支付是指由财政部门向中国人民银行和代理银行开具支付令,代理银行根据支付指令通过国库单一账户体系，直接将财政资金支付到收款人（即商品和劳务供应者）或用款单位账户。实行财政直接支付的支出包括：

①工资支出。

②商品和服务支出，包括纳入《政府集中采购目录及标准》的物品、服务支出，以及虽未纳入《政府集中采购目录及标准》但单件物品或单项服务超过1 000元或批量总额超过1万元的支出。

③其他支出，包括会议费支出，指单位在宾馆、酒店和招待所等地点召开会议发生的支出；国内及境外学习、考察支出，指经批准的人员到国内及境外学习考察、培训支出；拨款支出（含转移支付支出），指单位与单位之间在拨出款项和转移支付支出。

财政直接支付的申请由一级预算单位汇总，填写"财政直接支付申请书"，按照批复的部门预算和资金使用计划，向财政国库支付执行机构提出支付申请。财政国库支付执行机构根据批复的部门预算和资金使用计划及相关要求对支付申请审核无误后，向代理银行发出支付令，并通知中国人民银行国库部门，通过代理银行进入全国银行清算系统实时清算，财政资金从国库单一账户划拨到收款人的银行账户。

在财政直接支付方式下，财政总预算会计入账的凭证主要为"财政直接支付入账通知书"及相关结算清单。

2. 财政授权支付

财政授权支付是指预算单位根据财政授权，自行开具支付令送代理银行，代理银行根据支付指令，在财政部批准的预算单位的用款额度内，通过国库单一账户体系中的"单位零余额账户"或特设专户，将资金支付到收款人账户。实行财政授权支付的支出包括未实行财政直接支付的购买支出和零星支出，包括：

①差旅费支出，指单位工作人员出差发生的费用支出；

②交通费支出，不包括车辆维修、保险和刷卡加油支出；

③劳务费支出，指单位向个人支付劳务发生的费用支出；

④咨询费支出，指单位向个人咨询发生的费用支出；

⑤奖励性支出，指单位向部分个人支付奖励发生的费用支出；

⑥其他零星现金支出。

财政授权支付的基本程序为：财政部根据批准的预算单位用款计划中月度授权支付额度，每月25日前以"财政授权支付汇总清算通知单""财政授权支付通知单"的形式分别通知中国人民银行、代理银行；"财政授权支付通知单"确定各基层预算单位下一月度授权支付的资金使用额度；代理银行凭"财政授权支付通知单"受理预算单位支付指令并与国库单一账户进行资金清算。代理银行按"财政授权支付通知单"确定的额度控制预算单位的支付金额。预算单位支用授权额度时，填制财政部统一印制的"财政授权支付凭证"送代理银行，代理银行根据"财政授权支付凭证"通过零余额账户或小额现金账户办理资金支付。

预算单位需要现金支付，可按照规定从小额现金账户提取现金。代理银行根据预算单位

"财政授权支付凭证"提出的结算方式,通过支票、汇票、银行卡等形式办理资金支付。预算外资金的支付,逐步比照上述程序实施。

在财政授权支付方式下,财政总预算会计根据国库支付执行机构报来的预算支出结算清单进行支出的会计处理;预算单位收到代理银行转来的"财政授权支付额度到账通知书"后,按实际收到的额度确认收入,通知代理银行付款后,根据代理银行加盖转讫章的"进账单"及其他凭证确认相关支出。

3. 财政实拨资金

财政实拨资金是指由一级预算单位根据年度预算向财政部门报送用款计划,经财政部门审核后批复用款计划,预算单位根据财政部门批复的用款计划,报送相应的请款单,经财政的国库部门审核后,由预算总会计开具拨款单给人民银行,人民银行将库款拨入预算单位在商业银行开设的账户中。之后,一级预算单位再通过层层转拨,将资金拨给底级预算单位,单位自行支付。

在财政实拨资金方式下,财政总预算会计根据批复的《预算经费请拨单》及其他有关凭证进行相应的会计处理;预算单位收到开户银行的收账通知单后,按实际收到的金额确认财政拨款收入;预算单位收到开户银行的付款通知单后,按实际支付的金额确认支出。

需要注意,财政总预算会计在办理预算支出时,必须认真做到:严格执行《预算法》,办理拨款支出必须以预算为准;对主管部门(主管会计单位)提出的季度分月用款计划及分"款""项"填制的"预算经费请拨单",应认真审核。根据经审核批准的拨款申请,结合库款余存情况按时向用款单位拨款。财政总预算会计应根据预算管理要求和拨款的实际情况,分"款""项"核算、列报当期预算支出。主管会计单位应按计划控制用款,不得随意改变资金用途。财政总预算会计不得列报超预算的支出;不得任意调整预算支出科目;未拨付的经费,原则上不得列报当年支出;因特殊情况确需在当年预留的支出,应严格控制,并按规定的审批程序办理。

一、一般公共预算本级支出的核算

一般公共预算本级支出是指政府财政管理的由本级政府使用的列入一般公共预算的支出。

为核算政府财政管理的由本级政府使用的列入一般公共预算的支出,财政总预算会计应设置"一般公共预算本级支出"总账科目,该科目为支出类科目。"一般公共预算本级支出"科目应当根据《政府收支分类科目》中支出功能分类科目设置明细科目;同时,根据管理需要,按照支出经济分类科目、部门等进行明细核算。本科目平时借方余额反映一般公共预算本级支出的累计数。

一般公共预算本级支出的主要账务处理如下。

①实际发生一般公共预算本级支出时,借记"一般公共预算本级支出"科目,贷记"国库存款""其他财政存款"等科目。

②年度终了,对纳入国库集中支付管理的、当年未支付而需结转下一年度支付的款项

（国库集中支付结余），采用权责发生制确认支出时，借记"一般公共预算本级支出"科目，贷记"应付国库集中支付结余"科目。

③年终转账时，"一般公共预算本级支出"科目借方余额应全数转入"一般公共预算结转结余"科目，借记"一般公共预算结转结余"科目，贷记"一般公共预算本级支出"科目。结转后，"一般公共预算本级支出"科目无余额。

二、政府性基金预算本级支出的核算

政府性基金预算本级支出是指政府财政管理的由本级政府使用的列入政府性基金预算的支出。

为核算政府财政管理的由本级政府使用的列入政府性基金预算的支出，财政总预算会计应设置"政府性基金预算本级支出"总账科目，该科目为支出类科目。"政府性基金预算本级支出"科目应当按照《政府收支分类科目》中支出功能分类科目设置明细科目；同时，根据管理需要，按照支出经济分类科目、部门等进行明细核算。"政府性基金预算本级支出"科目平时借方余额反映政府性基金预算本级支出的累计数。

政府性基金预算本级支出的主要账务处理如下。

①实际发生政府性基金预算本级支出时，借记"政府性基金预算本级支出"科目，贷记"国库存款"科目。

②年度终了，对纳入国库集中支付管理的、当年未支付而需结转下一年度支付的款项（国库集中支付结余），采用权责发生制确认支出时，借记"政府性基金预算本级支出"科目，贷记"应付国库集中支付结余"科目。

③年终转账时，"政府性基金预算本级支出"科目借方余额应全数转入"政府性基金预算结转结余"科目，借记"政府性基金预算结转结余"科目，贷记"政府性基金预算本级支出"科目。结转后，"政府性基金预算本级支出"科目无余额。

三、国有资本经营预算本级支出的核算

国有资本经营预算本级支出是指政府财政管理的由本级政府使用的列入国有资本经营预算的支出。

为核算政府财政管理的由本级政府使用的列入国有资本经营预算的支出，财政总预算会计应设置"国有资本经营预算本级支出"总账科目，该科目为支出类科目。"国有资本经营预算本级支出"科目应当按照《政府收支分类科目》中支出功能分类科目设置明细科目；同时，根据管理需要，按照支出经济分类科目、部门等进行明细核算。"国有资本经营预算本级支出"科目平时借方余额反映国有资本经营预算本级支出的累计数。

国有资本经营预算本级支出的主要账务处理如下。

①实际发生国有资本经营预算本级支出时，借记"国有资本经营预算本级支出"科目，贷记"国库存款"科目。

②年度终了，对纳入国库集中支付管理的、当年未支付而需结转下一年度支付的款项

(国库集中支付结余),采用权责发生制确认支出时,借记"国有资本经营预算本级支出"科目,贷记"应付国库集中支付结余"科目。

③年终转账时,"国有资本经营预算本级支出"科目借方余额应全数转入"国有资本经营预算结转结余"科目,借记"国有资本经营预算结转结余"科目,贷记"国有资本经营预算本级支出"科目。结转后,"国有资本经营预算本级支出"科目无余额。

四、财政专户管理资金支出的核算

财政专户管理资金支出是指政府财政用纳入财政专户管理的教育收费等资金安排的支出。

为核算政府财政用纳入财政专户管理的教育收费等资金安排的支出,财政总预算会计应设置"财政专户管理资金支出"总账科目,该科目为支出类科目。"财政专户管理资金支出"科目应当按照《政府收支分类科目》中支出功能分类科目设置相应明细科目;同时,根据管理需要,按照支出经济分类科目、部门(单位)等进行明细核算。"财政专户管理资金支出"科目平时借方余额反映财政专户管理资金支出的累计数。

财政专户管理资金支出的主要账务处理如下。

①发生财政专户管理资金支出时,借记"财政专户管理资金支出"科目,贷记"其他财政存款"等有关科目。

②年终转账时,"财政专户管理资金支出"科目借方余额全数转入"财政专户管理资金结余"科目,借记"财政专户管理资金结余"科目,贷记"财政专户管理资金支出"科目。结转后,"财政专户管理资金支出"科目无余额。

五、专用基金支出的核算

专用基金支出是指政府财政用专用基金收入安排的支出。

为核算政府财政用专用基金收入安排的支出,财政总预算会计应设置"专用基金支出"总账科目,该科目为支出类科目。"专用基金支出"科目应当根据专用基金的种类设置明细科目;同时,根据管理需要,按部门等进行明细核算。"专用基金支出"科目平时借方余额反映专用基金支出的累计数。

专用基金支出的主要账务处理如下。

①发生专用基金支出时,借记"专用基金支出"科目,贷记"其他财政存款"等有关科目。退回专用基金支出时,做相反的会计分录。

②年终转账时,"专用基金支出"科目借方余额全数转入"专用基金结余"科目,借记"专用基金结余"科目,贷记"专用基金支出"科目。结转后,"专用基金支出"科目无余额。

六、转移性支出的核算

转移性支出是指在各级政府财政之间进行资金调拨以及在本级政府财政不同类型资金之

间调剂所形成的支出，包括补助支出、上解支出、调出资金、地区间援助支出等。

1. 补助支出

补助支出是指本级政府财政按财政体制规定或因专项需要补助给下级政府财政的款项，包括对下级的税收返还、转移支付等。

为核算本级政府财政按财政体制规定或因专项需要补助给下级政府财政的款项，财政总预算会计应设置"补助支出"总账科目，该科目为支出类科目。"补助支出"科目下应当按照不同资金性质设置"一般公共预算补助支出""政府性基金预算补助支出"等明细科目；同时还应当按照补助地区进行明细核算。"补助支出"科目平时借方余额反映补助支出的累计数。

补助支出的主要账务处理如下。

①发生补助支出或从"与下级往来"科目转入时，借记"补助支出"科目，贷记"国库存款""其他财政存款""与下级往来"等科目。

②专项转移支付资金实行特设专户管理的，本级政府财政应当根据本级政府财政下达的预算文件确认补助支出，借记"补助支出"科目，贷记"国库存款""与下级往来"等科目。

③有主权外债业务的财政部门，贷款资金由下级政府财政同级部门（单位）使用，且贷款最终还款责任由本级政府财政承担的，本级政府财政部门支付贷款资金时，借记"补助支出"科目，贷记"其他财政存款"科目；外方将贷款资金直接支付给用款单位或供应商时，借记"补助支出"科目，贷记"债务收入""债务转贷收入"等科目；根据债务管理部门转来的相关外债转贷管理资料，按照实际支付的金额，借记"待偿债净资产"科目，贷记"借入款项""应付主权外债转贷款"等科目。

④年终与下级政府财政结算时，按照尚未拨付的补助金额，借记"补助支出"科目，贷记"与下级往来"科目。退还或核减补助支出时，借记"国库存款""与下级往来"等科目，贷记"补助支出"科目。

⑤年终转账时，"补助支出"科目借方余额应根据不同资金性质分别转入对应的结转结余科目，借记"一般公共预算结转结余""政府性基金预算结转结余"等科目，贷记"补助支出"科目。结转后，"补助支出"科目无余额。

2. 上解支出

上解支出是指按照财政体制规定由本级政府财政上交给上级政府财政的款项。

为核算本级政府财政按照财政体制规定上交给上级政府财政的款项，财政总预算会计应设置"上解支出"总账科目，该科目为支出类科目。"上解支出"科目下应当按照不同资金性质设置"一般公共预算上解支出""政府性基金预算上解支出"等明细科目。"上解支出"科目平时借方余额反映上解支出的累计数。

上解支出的主要账务处理如下。

①发生上解支出时，借记"上解支出"科目，贷记"国库存款""与上级往来"等科目。

②年终与上级政府财政结算时，按照尚未支付的上解金额，借记"上解支出"科目，贷记"与上级往来"科目。退还或核减上解支出时，借记"国库存款""与上级往来"等科目，贷记"上解支出"科目。

③年终转账时，"上解支出"科目借方余额应根据不同资金性质分别转入对应的结转结余科目，借记"一般公共预算结转结余""政府性基金预算结转结余"等科目，贷记"上解支出"科目。结转后，"上解支出"科目无余额。

3. 调出资金

调出资金是指政府财政为平衡预算收支，从某类资金向其他类型预算调出的资金。

为核算政府财政为平衡预算收支、从某类资金向其他类型预算调出的资金，财政总预算会计应设置"调出资金"总账科目，该科目为支出类科目。"调出资金"科目下应当设置"一般公共预算调出资金""政府性基金预算调出资金"和"国有资本经营预算调出资金"等明细科目。"调出资金"科目平时借方余额反映调出资金的累计数。

调出资金的主要账务处理如下。

①从一般公共预算调出资金时，按照调出的金额，借记"调出资金"科目（一般公共预算调出资金），贷记"调入资金"相关明细科目。

②从政府性基金预算调出资金时，按照调出的金额，借记"调出资金"科目（政府性基金预算调出资金），贷记"调入资金"相关明细科目。

③从国有资本经营预算调出资金时，按照调出的金额，借记"调出资金"科目（国有资本经营预算调出资金），贷记"调入资金"相关明细科目。

④年终转账时，"调出资金"科目借方余额分别转入相应的结转结余科目，借记"一般公共预算结转结余""政府性基金预算结转结余"和"国有资本经营预算结转结余"等科目，贷记"调出资金"科目。结转后，"调出资金"科目无余额。

4. 地区间援助支出

地区间援助支出是指援助方政府财政安排用于受援方政府财政统筹使用的各类援助、捐赠等资金支出。

为核算援助方政府财政安排用于受援方政府财政统筹使用的各类援助、捐赠等资金支出，财政总预算会计应设置"地区间援助支出"总账科目，该科目为支出类科目。"地区间援助支出"科目应当按照受援地区及管理需要进行相应明细核算。"地区间援助支出"科目平时借方余额反映地区间援助支出的累计数。

地区间援助支出的主要账务处理如下。

①发生地区间援助支出时，借记"地区间援助支出"科目，贷记"国库存款"科目。

②年终转账时，"地区间援助支出"科目借方余额全数转入"一般公共预算结转结余"科目，借记"一般公共预算结转结余"科目，贷记"地区间援助支出"科目。结转后，"地区间援助支出"科目无余额。

七、安排预算稳定调节基金的核算

为核算政府财政按照有关规定安排的预算稳定调节基金，财政总预算会计应设置"安排预算稳定调节基金"总账科目，该科目为支出类科目。"安排预算稳定调节基金"科目平时借方余额反映安排预算稳定调节基金的累计数。

安排预算稳定调节基金的主要账务处理如下。

①补充预算稳定调节基金时，借记"安排预算稳定调节基金"科目，贷记"预算稳定调节基金"科目。

②年终转账时，"安排预算稳定调节基金"科目借方余额全数转入"一般公共预算结转结余"科目，借记"一般公共预算结转结余"科目，贷记"安排预算稳定调节基金"科目。结转后，"安排预算稳定调节基金"科目无余额。

八、债务还本支出的核算

债务还本支出是指政府财政偿还本级政府承担的纳入预算管理的债务本金支出。

为核算政府财政偿还本级政府财政承担的纳入预算管理的债务本金支出，财政总预算会计应设置"债务还本支出"总账科目，该科目为支出类科目。"债务还本支出"科目应当根据《政府收支分类科目》中"债务还本支出"有关规定设置明细科目。"债务还本支出"科目平时借方余额反映本级政府财政债务还本支出的累计数。

债务还本支出的主要账务处理如下。

①偿还本级政府财政承担的政府债券、主权外债等纳入预算管理的债务本金时，借记"债务还本支出"科目，贷记"国库存款""其他财政存款"等科目；根据债务管理部门转来相关资料，按照实际偿还的本金金额，借记"应付短期政府债券""应付长期政府债券""借入款项""应付地方政府债券转贷款""应付主权外债转贷款"等科目，贷记"待偿债净资产"科目。

②偿还截至2014年12月31日本级政府财政承担的存量债务本金时，借记"债务还本支出"科目，贷记"国库存款""其他财政存款"等科目。

③年终转账时，"债务还本支出"科目下"专项债务还本支出"明细科目的借方余额应按照对应的政府性基金种类分别转入"政府性基金预算结转结余"相应明细科目，借记"政府性基金预算结转结余"科目，贷记"债务还本支出"科目（专项债务还本支出）。"债务还本支出"科目下其他明细科目的借方余额全数转入"一般公共预算结转结余"科目，借记"一般公共预算结转结余"科目，贷记"债务还本支出"科目（其他明细科目）。结转后，"债务还本支出"科目无余额。

九、债务转贷支出的核算

债务转贷支出是指本级政府财政向下级政府财政转贷的债务支出。

为核算本级政府财政向下级政府财政转贷的债务支出，财政总预算会计应设置"债务转贷支出"总账科目，该科目为支出类科目。"债务转贷支出"科目下应当设置"地方政府一般债务转贷支出""地方政府专项债务转贷支出"明细科目，同时还应当按照转贷地区进行明细核算。"债务转贷支出"科目平时借方余额反映债务转贷支出的累计数。

债务转贷支出的主要账务处理如下。

①本级政府财政向下级政府财政转贷地方政府债券资金时，借记"债务转贷支出"科目，贷记"国库存款"科目；根据债务管理部门转来的相关资料，按照到期应收回的转贷款本金金额，借记"应收地方政府债券转贷款"科目，贷记"资产基金——应收地方政府债券转贷款"科目。

②本级政府财政向下级政府财政转贷主权外债资金，且主权外债最终还款责任由下级政府财政承担的，相关账务处理如下。

a. 本级政府财政支付转贷资金时，根据转贷资金支付相关资料，借记"债务转贷支出"科目，贷记"其他财政存款"科目；根据债务管理部门转来的相关资料，按照实际持有的债权金额，借记"应收主权外债转贷款"科目，贷记"资产基金——应收主权外债转贷款"科目。

b. 外方将贷款资金直接支付给用款单位或供应商时，本级政府财政根据转贷资金支付相关资料，借记"债务转贷支出"科目，贷记"债务收入""债务转贷收入"科目；根据债务管理部门转来的相关资料，按照实际持有的债权金额，借记"应收主权外债转贷款"科目，贷记"资产基金——应收主权外债转贷款"科目；同时，借记"待偿债净资产"科目，贷记"借入款项""应付主权外债转贷款"等科目。

③年终转账时，"债务转贷支出"科目下"地方政府一般债务转贷支出"明细科目的借方余额全数转入"一般公共预算结转结余"科目，借记"一般公共预算结转结余"科目，贷记"债务转贷支出——地方政府一般债务转贷支出"科目。"债务转贷支出"科目下"地方政府专项债务转贷支出"明细科目的借方余额全数转入"政府性基金预算结转结余"科目，借记"政府性基金预算结转结余"科目，贷记"债务转贷支出——地方政府专项债务转贷支出"科目。结转后，"债务转贷支出"科目无余额。

本章小结

财政总预算会计的收入包括一般公共预算本级收入、政府性基金预算本级收入、国有资本经营预算本级收入、财政专户管理资金收入、专用基金收入、转移性收入、债务收入、债务转贷收入等。

财政总预算会计的支出基本上和财政总预算收入相对应，包括一般公共预算本级支出、政府性基金预算本级支出、国有资本经营预算本级支出、财政专户管理资金支出、专用基金支出、转移性支出、债务还本支出、债务转贷支出等。

一般公共预算本级收入是指政府财政筹集的纳入本级一般公共预算管理的税收收入和非税收入。

政府性基金预算本级收入是指政府财政筹集的纳入本级政府性基金预算管理的非税收入。

国有资本经营预算本级收入是指政府财政筹集的纳入本级国有资本经营预算管理的非税收入。

财政专户管理资金收入是指政府财政纳入财政专户管理的教育收费等资金收入。

专用基金收入是指政府财政根据法律法规等规定设立的各项专用基金（包括粮食风险基金等）取得的资金收入。

转移性收入是指在各级政府财政之间进行资金调拨以及在本级政府财政不同类型资金之间调剂所形成的收入，包括补助收入、上解收入、调入资金和地区间援助收入等。其中，补助收入是指上级政府财政按照财政体制规定或因专项需要补助给本级政府财政的款项，包括上级税收返还、转移支付等；上解收入是指按照财政体制规定由下级政府财政上交给本级政府财政的款项；调入资金是指政府财政为平衡某类预算收支，从其他类型预算资金及其他渠道调入的资金；地区间援助收入是指受援方政府财政收到援助方政府财政转来的可统筹使用的各类援助、捐赠等资金收入。

债务收入是指政府财政根据法律法规等规定，通过发行债券、向外国政府和国际金融组织借款等方式筹集的纳入预算管理的资金收入。

债务转贷收入是指本级政府财政收到上级政府财政转贷的债务收入。

一般公共预算本级支出是指政府财政管理的由本级政府使用的列入一般公共预算的支出。

政府性基金预算本级支出是指政府财政管理的由本级政府使用的列入政府性基金预算的支出。

国有资本经营预算本级支出是指政府财政管理的由本级政府使用的列入国有资本经营预算的支出。

财政专户管理资金支出是指政府财政用纳入财政专户管理的教育收费等资金安排的支出。

专用基金支出是指政府财政用专用基金收入安排的支出。

转移性支出是指在各级政府财政之间进行资金调拨以及在本级政府财政不同类型资金之间调剂所形成的支出，包括补助支出、上解支出、调出资金、地区间援助支出等。其中，补助支出是指本级政府财政按财政体制规定或因专项需要补助给下级政府财政的款项，包括对下级的税收返还、转移支付等；上解支出是指按照财政体制规定由本级政府财政上交给上级政府财政的款项；调出资金是指政府财政为平衡预算收支，从某类资金向其他类型预算调出的资金；地区间援助支出是指援助方政府财政安排用于受援方政府财政统筹使用的各类援助、捐赠等资金支出。

债务转贷支出是指本级政府财政向下级政府财政转贷的债务支出。

债务还本支出是指政府财政偿还本级政府承担的债务本金支出。

财政性资金的支付主要有财政直接支付、财政授权支付、财政实拨资金三种方式。

年终，财政总预算会计应将收入类及支出类会计科目的当年发生额全数从相反方向转入相关结余账户；结转后，收入类科目和支出类科目均无余额。

复习思考题

1. 什么是财政总预算会计的收入？具体包括哪些内容？
2. 什么是财政总预算会计的支出？具体包括哪些内容？
3. 简述债务收入、债务转贷收入、债务转贷支出及债务还本支出的联系与区别。
4. 什么是转移性收入？什么是转移性支出？各自包括哪些内容？
6. 什么是国有资本经营预算收入？具体包括哪些内容？
7. 财政性资金有哪些支付方式？简述其支付程序。

第五章

财政总预算会计资产、负债及净资产的核算

第一节 财政总预算会计资产的核算

财政总预算会计的资产是指政府财政占有或控制的，能以货币计量的经济资源，包括财政存款、有价证券、在途款、预拨经费、借出款项、应收股利、暂付及应收款项、应收转贷款、股权投资和待发国债等。

财政总预算会计核算的资产按照流动性，分为流动资产和非流动资产。流动资产是指预计在1年内（含1年）变现的资产；非流动资产是指流动资产以外的资产。

财政总预算会计对符合资产定义的经济资源，应当在取得对其相关的权利，并且能够可靠地进行货币计量时确认。符合资产定义并确认的资产项目，应当列入资产负债表。

财政总预算会计核算的资产应当按照取得或发生时的实际金额进行计量。

一、财政存款的核算

（一）财政存款的内容和管理原则

财政存款是指政府财政部门代表政府管理的国库存款、国库现金管理存款以及其他财政存款等，包括国库存款、国库现金管理存款、其他财政存款、财政零余额账户存款等。财政存款的支配权属于同级政府财政部门，并由财政总预算会计负责管理，统一在国库或选定的银行开立存款账户，统一收付，不得透支，不得提取现金。

我国财政资金的管理实行国库单一账户制度。国库单一账户制度是指所有的财政资金都集中在中国人民银行国库存款账户或国库指定的代理银行开设的账户，所有财政资金的收支都通过这一账户体系进行集中收缴、拨付和清算，收入直接缴入国库或财政专户，支出通过国库单一账户体系支付。

国库单一账户体系由财政部门在中国人民银行及其分支机构开设的国库存款账户、财政部门在商业银行开设的财政零余额账户、政府批准或授权财政部门开设的特殊性资金专户和以财政部门为预算单位开设的预算单位零余额账户以及预算外资金财政专户等构成。这些账户按工作需要设置，相互之间配套运作，共同完成国库集中收付的要求。

财政资金通过国库单一账户直接支付给商品和劳务供应者，属于直接支付类型的支出；通过单位零余额账户直接支付到收款人，属于授权支付类型的支出。

在国库单一账户制度下，财政部门不再将财政资金拨付到行政事业单位，只需给行政事业单位下达年度预算指标及审批预算单位的月度用款计划，预算资金在没有拨付给商品和劳务供应者之前，始终保留在中国人民银行的国库单一账户上，由财政部门直接管理。

财政总预算会计在管理财政性存款中，应当遵循以下原则。

1. 集中资金，统一调度

各种应由财政部门掌管的资金，都应纳入总预算会计的存款账户，并根据事业进度和资金使用情况，保证满足计划内各项正常支出的需求，充分发挥资金效益，把资金用活用好。

2. 严格控制存款开户

财政部门的预算资金除财政部有明确规定外，一律由财政总预算会计统一在国库或指定的银行开立存款账户。不得在国家规定之外将预算资金或其他财政性资金任意转存其他金融机构。

3. 根据预算和用款计划支拨资金

财政总预算会计应根据年度预算或经批准的季度分月用款计划拨付资金，不得办理超预算、无用款计划的拨款。

4. 转账结算

财政总预算会计的各种支拨凭证只能用于转账结算，不得提取现金。这也是因为财政是分配财政资金的部门，不是资金的具体使用单位，不需要支付现金，所以一律是转账结算。

5. 在存款余额内支付，不得透支

财政总预算会计只能在国库存款和其他财政存款余额内办理支付，不能办理超余额的资金拨付。这有利于各级财政总预算的执行，促使财政部门做好资金调度工作，确保财政收支平衡。

（二）财政存款的账务处理

1. 国库存款的账务处理

国库存款是财政总预算会计存放在中国人民银行国库的预算资金存款。

为核算和监督政府财政存放在国库单一账户的款项，财政总预算会计应设置"国库存款"总账科目。"国库存款"科目属于资产类科目，借方登记国库存款增加数，贷方登记国库存款减少数；期末余额在借方，反映政府财政国库存款的结存数。"国库存款"科目根据资金性质设置明细账，进行明细核算。

国库存款的主要账务处理如下。

①收到预算收入时，借记"国库存款"科目，贷记有关预算收入科目。当日收入数为

负数时，以红字记入（采用计算机记账的，用负数反映）。

②收到国库存款利息收入时，借记"国库存款"科目，贷记"一般公共预算本级收入"科目。

③收到缴入国库的来源不清的款项时，借记"国库存款"科目，贷记"其他应付款"等科目。

④国库库款减少时，按照实际支付的金额，借记有关科目，贷记"国库存款"科目。

2. 国库现金管理存款的账务处理

国库现金管理存款指政府财政实行国库现金管理业务存放在商业银行的款项。

为核算和监督政府财政实行国库现金管理业务存放在商业银行的款项，财政总预算会计应设置"国库现金管理存款"总账科目。"国库现金管理存款"科目属于资产类科目，借方登记存款增加数，贷方登记存款减少数；"国库现金管理存款"科目期末借方余额反映政府财政实行国库现金管理业务持有的存款。

国库现金管理存款的主要账务处理如下。

①按照国库现金管理有关规定，将库款转存商业银行时，按照存入商业银行的金额，借记"国库现金管理存款"科目，贷记"国库存款"科目。

②国库现金管理存款收回国库时，按照实际收回的金额，借记"国库存款"科目，按照原存入商业银行的存款本金金额，贷记"国库现金管理存款"科目，按照两者的差额，贷记"一般公共预算本级收入"科目。

3. 其他财政存款的账务处理

其他财政存款是指各级财政总预算会计未列入"国库存款""国库现金管理存款"科目反映的各项存款。

为核算和监督政府财政未列入"国库存款""国库现金管理存款"科目反映的各项存款，财政总预算会计应设置"其他财政存款"总账科目。"其他财政存款"科目属于资产类科目，应当按照资金性质和存款银行等进行明细核算。"其他财政存款"科目期末借方余额反映政府财政持有的其他财政存款。

其他财政存款的主要账务处理如下。

①财政专户收到款项时，按照实际收到的金额，借记"其他财政存款"科目，贷记有关科目。

②其他财政存款产生的利息收入，除规定作为专户资金收入外，其他利息收入都应缴国库，纳入一般公共预算管理。取得其他财政存款利息收入时，按照实际获得的利息金额，根据以下情况分别处理。

a. 按规定作为专户资金收入的，借记"其他财政存款"科目，贷记"应付代管资金"或有关收入科目。

b. 按规定应缴入国库的，借记"其他财政存款"科目，贷记"其他应付款"科目。将其他财政存款利息收入缴入国库时，借记"其他应付款"科目，贷记"其他财政存款"科目；同时，借记"国库存款"科目，贷记"一般公共预算本级收入"科目。

③其他财政存款减少时，按照实际支付的金额，借记有关科目，贷记"其他财政存款"科目。

4. 国库会计的财政零余额账户存款的账务处理

财政国库也需要对其收付行为进行会计核算。在财政部层面，财政国库支付执行机构称为国库支付中心；在地方层面，财政国库支付执行机构称为国库支付局或国库支付中心。财政国库支付执行机构会计是财政总预算会计的延伸，执行《财政总预算会计制度》。

财政国库支付执行机构应设置"财政零余额账户存款"总账科目，用于核算财政国库支付执行机构在银行办理财政直接支付的业务。"财政零余额账户存款"科目借方登记当天国库单一账户存款划入冲销数，贷方登记财政国库支付执行机构当天发生直接支付资金数；当日资金结算后，该科目余额为零。

财政国库支付执行机构应设置"已结报支出"总账科目。已结报支出是指国库采用财政直接支付或授权支付方式下，划款后且已与中国银行国库划款凭证核对无误的结算资金，为财政国库支付执行机构特有的业务。

"已结报支出"科目属于负债类科目，用于核算和监督政府财政国库支付执行机构已清算的国库集中支付支出数额。"已结报支出"科目年终转账后无余额。财政国库支付执行机构未单设的地区，不使用"已结报支出"科目。

已结报支出的主要账务处理如下。

①每日汇总清算后，财政国库支付执行机构会计根据有关划款凭证回执联和按部门分"类""款""项"汇总的《预算支出结算清单》，对于财政直接支付，借记"财政零余额账户存款"科目，贷记"已结报支出"科目；对于财政授权支付，借记"一般公共预算本级支出""政府性基金预算本级支出""国有资本经营预算本级支出"等科目，贷记"已结报支出"科目。

②年终财政国库支付执行机构按照累计结清的支出金额，与有关方面核对一致后转账时，借记"已结报支出"科目，贷记"一般公共预算本级支出""政府性基金预算本级支出""国有资本经营预算本级支出"等科目。

"财政零余额账户存款"科目属于资产类科目，用于核算和监督财政国库支付执行机构在代理银行办理财政直接支付的业务。"财政零余额账户存款"科目当日资金结算后一般应无余额，财政国库支付执行机构未单设的地区不使用该科目。

财政零余额账户存款的主要账务处理如下。

①财政国库支付执行机构为预算单位直接支付款项时，借记有关预算支出科目，贷记"财政零余额账户存款"科目。

②财政国库支付执行机构每日将按部门分"类""款""项"汇总的预算支出结算清单等结算单与中国人民银行国库划款凭证核对无误后，送财政总预算会计结算资金，按照结算的金额，借记"财政零余额账户存款"科目，贷记"已结报支出"科目。

二、有价证券的核算

有价证券是指各级财政按国家规定动用各项财政结余购入的中央财政以信用方式发行的

国家公债。中央财政向地方财政发行的国家公债，是中央财政向地方财政进行筹款的一种方式，有助于实现中央财政预算收支平衡，控制和压缩地方支出规模。地方财政购买有价证券，有助于充分利用暂时闲置的财政资金，取得更多的财政收入，为履行政府职能提供更大的支持。

财政总预算有价证券的管理要求主要有以下几点。

①各级财政只能用各项财政结余购买国家指定的有价证券。

②有价证券应按取得时实际支付的价款记账，支付购买有价证券的资金不得列作支出核算。

③当期取得有价证券的兑付利息及转让有价证券取得的收入与账面成本的差额，应按照购入有价证券时的资金性质记入一般公共预算本级收入或政府性基金预算本级收入。

④购入的有价证券应视同货币妥善保管，防止遗失。

为核算和监督各级政府按国家统一规定用各项财政结余购买的有价证券，财政总预算会计应设置"有价证券"总账科目。"有价证券"科目属于资产类科目，借方登记各级政府按国家统一规定用各项财政结余购买的有价证券款，贷方登记到期兑换或提前转让的有价证券款；本科目借方余额，反映尚未兑换的有价证券款，即有价证券的实际库存款。"有价证券"科目应按有价证券种类和资金性质设置明细账，进行明细核算。

财政总预算会计关于有价证券的主要账务处理如下。

①购入有价证券时，按照实际支付的金额，借记"有价证券"科目，贷记"国库存款""其他财政存款"等科目。

②转让或到期兑付有价证券时，按照实际收到的金额，借记"国库存款""其他财政存款"等科目，按照该有价证券的账面余额，贷记"有价证券"科目，按其差额，贷记"一般公共预算本级收入"等科目。

三、在途款的核算

在途款是指在途未到达的款项，是指在规定的决算清理期和国库报解整理期内，财政总预算收到的应属于上年度收入的款项和收回的不应在上年列支的款项或其他需要作为在途款过渡的资金。在途款体现着财政部门和与中国人民银行国库、所属预算单位之间预算资金待结算或待清理的关系。

为核算和监督决算清理期和库款报解整理期内发生的上、下年度收入、支出业务及需要通过过渡处理的资金数，财政总预算会计应设置"在途款"总账科目。"在途款"科目属于资产类科目，借方登记在途款的增加数，贷方登记在途款的冲转数；年终余额在借方，反映待冲转的在途款数；记入新账后，该科目无余额。"在途款"科目应按资金性质设置明细账，进行明细核算。

财政总预算会计关于在途款的主要账务处理如下。

①决算清理期和库款报解整理期内收到属于上年度收入时，在上年度账务中，借记"在途款"科目，贷记有关收入科目。

②收回属于上年度拨款或支出时,在上年度账务中,借记"在途款"科目,贷记"预拨经费"或有关支出科目。

③冲转在途款时,在本年度账务中,借记"国库存款"科目,贷记"在途款"科目。

四、预拨经费的核算

预拨经费是指政府财政在年度预算执行中预拨出应在以后各月列支以及会计年度终了前根据"二上"预算预拨出的下年度预算资金。预拨经费(不含预拨下年度预算资金)应在年终前转列支出或清理收回。

预拨经费是财政部门预拨给预算单位、尚未列为预算支出的财政资金。预拨经费主要包括两种情况:一是在年度预算执行中,财政总预算会计以财政资金预拨的、应在以后各期列支的款项,这主要是对处于偏远地区的预算单位提前预拨部分经费,以保证款项及时到账,用于支付各种行政事业费用;二是在会计年度终了前预拨给用款单位的下年度经费款,这主要是对季节性较强的预算单位提前预拨部分经费,以保证需提前准备项目的开展。

为核算和监督财政部门预拨给行政事业单位的、尚未列为预算支出的经费,财政总预算会计应设置"预拨经费"总账科目。"预拨经费"科目属于资产类科目,借方登记预拨给用款单位的款项,贷方登记用款单位缴回的款项或转列支出的款项;本科目借方余额反映尚未转列支出或尚待收回的预拨经费数。"预拨经费"科目应按照预拨经费种类、预算单位等进行明细核算。"预拨经费"科目借方余额反映政府财政年末尚未转列支出或尚待收回的预拨经费数。

预拨经费的主要账务处理如下。

①拨出款项时,借记"预拨经费"科目,贷记"国库存款"科目。

②转列支出或收回预拨款项时,借记"一般公共预算本级支出""政府性基金预算本级支出""国库存款"等科目,贷记"预拨经费"科目。

五、借出款项的核算

借出款项是指政府财政按照对外借款管理相关规定借给预算单位临时急需,并需按期收回的款项。

为核算和监督政府财政按照对外借款管理相关规定借给预算单位临时急需的、并需按期收回的款项,财政总预算会计应设置"借出款项"总账科目。"借出款项"科目属于资产类科目,应当按照借款单位等进行明细核算。"借出款项"科目期末借方余额反映政府财政借给预算单位尚未收回的款项。

借出款项的主要账务处理如下。

①将款项借出时,按照实际支付的金额,借记"借出款项"科目,贷记"国库存款"等科目。

②收回借款时,按照实际收到的金额,借记"国库存款"等科目,贷记"借出款项"科目。

六、应收股利的核算

应收股利是指政府因持有股权投资应当收取的现金股利或利润。

为核算政府因持有股权投资应当收取的现金股利或利润,财政总预算会计应设置"应收股利"总账科目。"应收股利"科目属于资产类科目,应当按照被投资主体进行明细核算。"应收股利"科目期末借方余额反映政府尚未收回的现金股利或利润。

应收股利的主要账务处理如下。

①持有股权投资期间被投资主体宣告发放现金股利或利润的,按应上缴政府财政的部分,借记"应收股利"科目,贷记"资产基金——应收股利"科目;按照相同的金额,借记"资产基金——股权投资"科目,贷记"股权投资(损益调整)"科目。

②实际收到现金股利或利润,借记"国库存款"等科目,贷记有关收入科目;按照相同的金额,借记"资产基金——应收股利"科目,贷记"应收股利"科目。

七、暂付及应收款项的核算

暂付及应收款项是指政府财政业务活动中形成的债权,包括与下级往来和其他应收款等。暂付及应收款项应当及时清理结算,不得长期挂账。

1. 与下级往来

与下级往来是指在预算执行过程中上下级财政结算形成的债权,包括本级财政借给下级财政的款项、财政体制结算中应收未收的下级财政向上级财政上解资金、上级财政向下级财政补助资金而形成的债权等。

为核算和监督在预算执行过程中上下级财政结算形成的债权,财政总预算会计应设置"与下级往来"总账科目。"与下级往来"科目属于往来性质的科目,借方登记借给下级财政的款项或应由下级财政上解的收入;贷方登记借款的收回或转作应给下级财政补助的款项。"与下级往来"科目期末借方余额反映下级政府财政欠本级政府财政的款项;期末贷方余额反映本级政府财政欠下级政府财政的款项,在编制"资产负债表"时应以负数反映。"与下级往来"科目应按资金性质和下级财政部门名称设置明细账,进行明细核算。"与下级往来"科目应及时清理结算,应转作补助支出的部分,应在当年结清;其他年终未能结清的余额,结转下年。

财政总预算会计关于与下级往来的主要账务处理如下。

①借给下级政府财政款项时,借记"与下级往来"科目,贷记"国库存款"科目。

②体制结算中应当由下级政府财政上交的收入数,借记"与下级往来"科目,贷记"上解收入"科目。

③借款收回、转作补助支出或体制结算应当补助下级政府财政的支出,借记"国库存款""补助支出"等有关科目,贷记"与下级往来"科目。

④发生上解多交应当退回的,按照应当退回的金额,借记"上解收入"科目,贷记"与下级往来"科目。

⑤发生补助多补应当退回的，按照应当退回的金额，借记"与下级往来"科目，贷记"补助支出"科目。

2. 其他应收款

其他应收款是指政府财政临时发生的其他应收、暂付、垫付款项。

为核算政府财政临时发生的其他应收、暂付、垫付款项，财政总预算会计应设置"其他应收款"总账科目。"其他应收款"科目属于资产类的科目。项目单位拖欠外国政府和国际金融组织贷款本息和相关费用导致相关政府财政履行担保责任，代偿的贷款本息费，也通过"其他应收款"科目核算。"其他应收款"科目应当按照资金性质、债务单位等进行明细核算。"其他应收款"科目应及时清理结算，年终，原则上应无余额。

其他应收款的主要账务处理如下。

①发生其他应收款项时，借记"其他应收款"科目，贷记"国库存款""其他财政存款"等科目。

②收回或转作预算支出时，借记"国库存款""其他财政存款"或有关支出科目，贷记"其他应收款"科目。

③政府财政对使用外国政府和国际金融组织贷款资金的项目单位履行担保责任，代偿贷款本息费时，借记"其他应收款"科目，贷记"国库存款""其他财政存款"等科目。政府财政行使追索权，收回项目单位贷款本息费时，借记"国库存款""其他财政存款"等科目，贷记"其他应收款"科目。政府财政最终未收回项目单位贷款本息费，经核准列支时，借记"一般公共预算本级支出"等科目，贷记"其他应收款"科目。

八、应收转贷款的核算

应收转贷款是指政府财政将借入的资金转贷给下级政府财政的款项，包括应收地方政府债券转贷款、应收主权外债转贷款等。

1. 应收地方政府债券转贷款

应收地方政府债券转贷款是指本级政府财政转贷给下级政府财政的地方政府债券资金。

为核算本级政府财政转贷给下级政府财政的地方政府债券资金的本金及利息，财政总预算会计应设置"应收地方政府债券转贷款"总账科目，该科目属于资产类科目。"应收地方政府债券转贷款"科目下应当设置"应收地方政府一般债券转贷款"和"应收地方政府专项债券转贷款"明细科目，其下分别设置"应收本金"和"应收利息"两个明细科目，并按照转贷对象进行明细核算。"应收地方政府债券转贷款"科目期末借方余额反映政府财政应收未收的地方政府债券转贷款本金和利息。

应收地方政府债券转贷款的主要账务处理如下。

①向下级政府财政转贷地方政府债券资金时，按照转贷的金额，借记"债务转贷支出"科目，贷记"国库存款"科目；根据债务管理部门转来的相关资料，按照到期应收回的转贷本金金额，借记"应收地方政府债券转贷款"科目，贷记"资产基金——应收地方政府债券转贷款"科目。

②期末确认地方政府债券转贷款的应收利息时，根据债务管理部门计算出的转贷款本期应收未收利息金额，借记"应收地方政府债券转贷款"科目，贷记"资产基金——应收地方政府债券转贷款"科目。

③收回下级政府财政偿还的转贷款本息时，按照收回的金额，借记"国库存款"等科目，贷记"其他应付款"或"其他应收款"科目；根据债务管理部门转来的相关资料，按照收回的转贷款本金及已确认的应收利息金额，借记"资产基金——应收地方政府债券转贷款"科目，贷记"应收地方政府债券转贷款"科目。

④扣缴下级政府财政的转贷款本息时，按照扣缴的金额，借记"与下级往来"科目，贷记"其他应付款"或"其他应收款"科目；根据债务管理部门转来的相关资料，按照扣缴的转贷款本金及已确认的应收利息金额，借记"资产基金——应收地方政府债券转贷款"科目，贷记"应收地方政府债券转贷款"科目。

2. 应收主权外债转贷款

应收主权外债转贷款是指本级政府财政转贷给下级政府财政的外国政府和国际金融组织贷款等主权外债资金。

为核算本级政府财政转贷给下级政府财政的外国政府和国际金融组织贷款等主权外债资金的本金及利息，财政总预算会计应设置"应收主权外债转贷款"总账科目。"应收主权外债转贷款"科目属于资产类科目。"应收主权外债转贷款"科目下应当设置"应收本金"和"应收利息"两个明细科目，并按照转贷对象进行明细核算。"应收主权外债转贷款"科目期末借方余额反映政府财政应收未收的主权外债转贷款的本金和利息。

应收主权外债转贷款的主要账务处理如下。

①本级政府财政向下级政府财政转贷主权外债资金，且主权外债最终还款责任由下级政府财政承担的，相关账务处理如下。

a. 本级政府财政支付转贷资金时，根据转贷资金支付相关资料，借记"债务转贷支出"科目，贷记"其他财政存款"科目；根据债务管理部门转来的相关资料，按照实际持有的债权金额，借记"应收主权外债转贷款"科目，贷记"资产基金——应收主权外债转贷款"科目。

b. 外方将贷款资金直接支付给用款单位或供应商时，本级政府财政根据转贷资金支付相关资料，借记"债务转贷支出"科目，贷记"债务收入"或"债务转贷收入"科目；根据债务管理部门转来的相关资料，按照实际持有的债权金额，借记"应收主权外债转贷款"科目，贷记"资产基金——应收主权外债转贷款"科目；同时，借记"待偿债净资产"科目，贷记"借入款项"或"应付主权外债转贷款"科目。

②期末确认主权外债转贷款的应收利息时，根据债务管理部门计算出转贷款的本期应收未收利息金额，借记"应收主权外债转贷款"科目，贷记"资产基金——应收主权外债转贷款"科目。

③收回转贷给下级政府财政主权外债的本息时，按照收回的金额，借记"其他财政存款"科目，贷记"其他应付款"或"其他应收款"科目；根据债务管理部门转来的相关资

料，按照实际收回的转贷款本金及已确认的应收利息金额，借记"资产基金——应收主权外债转贷款"科目，贷记"应收主权外债转贷款"科目。

④扣缴下级政府财政的转贷款本息时，按照扣缴的金额，借记"与下级往来"科目，贷记"其他应付款"或"其他应收款"科目；根据债务管理部门转来的相关资料，按照扣缴的转贷款本金及已确认的应收利息金额，借记"资产基金——应收主权外债转贷款"科目，贷记"应收主权外债转贷款"科目。

九、股权投资的核算

股权投资是指政府持有的各类股权投资资产，包括国际金融组织股权投资、投资基金股权投资、国有企业股权投资等。

为核算政府持有的各类股权投资，包括国际金融组织股权投资、投资基金股权投资和企业股权投资等，财政总预算会计应设置"股权投资"总账科目。"股权投资"科目属于资产类科目，应当按照"国际金融组织股权投资""投资基金股权投资""企业股权投资"设置一级明细科目，在一级明细科目下，可根据管理需要，按照被投资主体进行明细核算。对每一被投资主体还可按"投资成本""收益转增投资""损益调整""其他权益变动"进行明细核算。"股权投资"科目期末借方余额反映政府持有的各种股权投资金额。

股权投资一般采用权益法进行核算。股权投资的主要账务处理如下。

1. 国际金融组织股权投资的核算

①政府财政代表政府认缴国际金融组织股本时，按照实际支付的金额，借记"一般公共预算本级支出"等科目，贷记"国库存款"科目；根据股权投资确认相关资料，按照确定的股权投资成本，借记"股权投资"科目，贷记"资产基金——股权投资"科目。

②从国际金融组织撤出股本时，按照收回的金额，借记"国库存款"科目，贷记"一般公共预算本级支出"科目；根据股权投资清算相关资料，按照实际撤出的股本，借记"资产基金——股权投资"科目，贷记"股权投资"科目。

2. 投资基金股权投资的核算

①政府财政对投资基金进行股权投资时，按照实际支付的金额，借记"一般公共预算本级支出"等科目，贷记"国库存款"等科目；根据股权投资确认相关资料，按照实际支付的金额，借记"股权投资"科目（投资成本），按照确定的在被投资基金中占有的权益金额与实际支付金额的差额，借记或贷记"股权投资"科目（其他权益变动），按照确定的在被投资基金中占有的权益金额，贷记"资产基金——股权投资"科目。

②年末，根据政府财政在被投资基金当期净利润或净亏损中占有的份额，借记或贷记"股权投资"科目（损益调整），贷记或借记"资产基金——股权投资"科目。

③政府财政将归属财政的收益留作基金滚动使用时，借记"股权投资"科目（收益转增投资），贷记"股权投资"科目（损益调整）。

④被投资基金宣告发放现金股利或利润时，按照应上缴政府财政的部分，借记"应收股利"科目，贷记"资产基金——应收股利"科目；同时按照相同的金额，借记"资产基

金——股权投资"科目，贷记"股权投资"科目（损益调整）。

⑤被投资基金发生除净损益以外的其他权益变动时，按照政府财政持股比例计算应享有的部分，借记或贷记"股权投资"科目（其他权益变动），贷记或借记"资产基金——股权投资"科目。

⑥投资基金存续期满、清算或政府财政从投资基金退出需收回出资时，政府财政按照实际收回的资金，借记"国库存款"等科目，按照收回的原实际出资部分，贷记"一般公共预算本级支出"等科目，按照超出原实际出资的部分，贷记"一般公共预算本级收入"等科目；根据股权投资清算相关资料，按照因收回股权投资而减少在被投资基金中占有的权益金额，借记"资产基金——股权投资"科目，贷记"股权投资"科目。

3．国有企业股权投资的核算

国有企业股权投资的账务处理，根据管理条件和管理需要，参照投资基金股权投资的账务处理。

十、待发国债的核算

待发国债是指中央政府财政期末尚未使用的国债发行额度。

为核算为弥补中央财政预算收支差额，中央财政预计发行国债与实际发行国债之间的差额，财政总预算会计应设置"待发国债"总账科目。"待发国债"科目属于资产类的科目，期末借方余额反映中央财政尚未使用的国债发行额度。

待发国债的主要账务处理如下。

①年度终了，实际发行国债收入用于债务还本支出后，小于中央财政预计发行国债时，按两者的差额，借记"待发国债"科目，贷记相关科目。

②实际发行国债收入用于债务还本支出后，大于中央财政预计发行国债时，按两者的差额，借记相关科目，贷记"待发国债"科目。

第二节 财政总预算会计负债的核算

财政总预算会计的负债是指政府财政承担的能以货币计量、需以资产偿付的债务，包括应付政府债券、应付国库集中支付结余、暂收及应付款项、应付代管资金、借入款项、应付转贷款、其他负债等。

财政总预算会计核算的负债按照流动性，分为流动负债和非流动负债。流动负债是指预计在1年内（含1年）偿还的负债；非流动负债是指流动负债以外的负债。

财政总预算会计对符合负债定义的债务，应当在对其承担偿还责任，并且能够可靠地进行货币计量确认。符合负债定义并确认的负债项目，应当列入资产负债表。政府财政承担或有责任（偿债责任需要通过未来不确定事项的发生或不发生予以证实）的负债，不列入资产负债表，但应当在报表附注中披露。

财政总预算会计核算的负债应当按照承担的相关合同金额或实际发生金额进行计量。

一、应付政府债券的核算

应付政府债券是指政府财政采用发行政府债券方式筹集资金而形成的负债,包括应付短期政府债券和应付长期政府债券。

1. 应付短期政府债券

应付短期政府债券是指政府财政部门以政府名义发行的期限不超过1年(含1年)的国债和地方政府债券。

为核算政府财政部门以政府名义发行的期限不超过1年(含1年)的国债和地方政府债券的应付本金和利息,财政总预算会计应设置"应付短期政府债券"总账科目。"应付短期政府债券"科目下应当设置"应付国债""应付地方政府一般债券""应付地方政府专项债券"等一级明细科目;在一级明细科目下,再分别设置"应付本金""应付利息"明细科目,分别核算政府债券的应付本金和利息。债务管理部门应当设置相应的辅助账,详细记录每期政府债券的金额、种类、期限、发行日、到期日、票面利率、偿还本金及付息情况等。"应付短期政府债券"科目期末贷方余额,反映政府财政尚未偿还的短期政府债券本金和利息。

应付短期政府债券的主要账务处理如下。

①实际收到短期政府债券发行收入时,按照实际收到的金额,借记"国库存款"科目,按照短期政府债券实际发行额,贷记"债务收入"科目,按照发行收入和发行额的差额,借记或贷记有关支出科目;根据债券发行确认文件等相关债券管理资料,按照到期应付的短期政府债券本金金额,借记"待偿债净资产——应付短期政府债券"科目,贷记"应付短期政府债券"科目。

②期末确认短期政府债券的应付利息时,根据债务管理部门计算出的本期应付未付利息金额,借记"待偿债净资产——应付短期政府债券"科目,贷记"应付短期政府债券"科目。

③实际支付本级政府财政承担的短期政府债券利息时,借记"一般公共预算本级支出"或"政府性基金预算本级支出"科目,贷记"国库存款"等科目;实际支付利息金额中属于已确认的应付利息部分,还应根据债券兑付确认文件等相关债券管理资料,借记"应付短期政府债券"科目,贷记"待偿债净资产——应付短期政府债券"科目。

④实际偿还本级政府财政承担的短期政府债券本金时,借记"债务还本支出"科目,贷记"国库存款"等科目;根据债券兑付确认文件等相关债券管理资料,借记"应付短期政府债券"科目,贷记"待偿债净资产——应付短期政府债券"科目。

⑤省级财政部门采用定向承销方式发行短期地方政府债券置换存量债务时,根据债权债务确认相关资料,按照置换本级政府存量债务的额度,借记"债务还本支出"科目,贷记"债务收入"科目;根据债务管理部门转来的相关资料,按照置换本级政府存量债务的额度,借记"待偿债净资产——应付短期政府债券"科目,贷记"应付短期政府债券"科目。

2. 应付长期政府债券

应付长期政府债券是指政府财政部门以政府名义发行的期限超过1年的国债和地方政府

债券。

为核算政府财政部门以政府名义发行的期限超过1年的国债和地方政府债券的应付本金和利息，财政总预算会计应设置"应付长期政府债券"总账科目。"应付长期政府债券"科目下应当设置"应付国债""应付地方政府一般债券""应付地方政府专项债券"等一级明细科目；在一级明细科目下，再分别设置"应付本金""应付利息"明细科目，分别核算政府债券的应付本金和利息。债务管理部门应当设置相应的辅助账，详细记录每期政府债券的金额、种类、期限、发行日、到期日、票面利率、偿还本金及付息情况等。"应付长期政府债券"科目期末贷方余额反映政府财政尚未偿还的长期政府债券本金和利息。

应付长期政府债券的主要账务处理如下。

①实际收到长期政府债券发行收入时，按照实际收到的金额，借记"国库存款"科目，按照长期政府债券实际发行额，贷记"债务收入"科目，按照发行收入和发行额的差额，借记或贷记有关支出科目；根据债券发行确认文件等相关债券管理资料，按照到期应付的长期政府债券本金金额，借记"待偿债净资产——应付长期政府债券"科目，贷记"应付长期政府债券"科目。

②期末确认长期政府债券的应付利息时，根据债务管理部门计算出的本期应付未付利息金额，借记"待偿债净资产——应付长期政府债券"科目，贷记"应付长期政府债券"科目。

③实际支付本级政府财政承担的长期政府债券利息时，借记"一般公共预算本级支出"或"政府性基金预算本级支出"科目，贷记"国库存款"等科目；实际支付利息金额中属于已确认的应付利息部分，还应根据债券兑付确认文件等相关债券管理资料，借记"应付长期政府债券"科目，贷记"待偿债净资产——应付长期政府债券"科目。

④实际偿还本级政府财政承担的长期政府债券本金时，借记"债务还本支出"科目，贷记"国库存款"等科目；根据债券兑付确认文件等相关债券管理资料，借记"应付长期政府债券"科目，贷记"待偿债净资产——应付长期政府债券"科目。

⑤本级政府财政偿还下级政府财政承担的地方政府债券本息时，借记"其他应付款"或"其他应收款"科目，贷记"国库存款"科目；根据债券兑付确认文件等相关债券管理资料，按照实际偿还的长期政府债券本金及已确认的应付利息金额，借记"应付长期政府债券"科目，贷记"待偿债净资产——应付长期政府债券"科目。

⑥省级财政部门采用定向承销方式发行长期地方政府债券置换存量债务时，根据债权债务确认相关资料，按照置换本级政府存量债务的额度，借记"债务还本支出"科目，按照置换下级政府存量债务的额度，借记"债务转贷支出"科目，按照置换存量债务的总额度，贷记"债务收入"科目；根据债务管理部门转来的相关资料，按照置换存量债务的总额度，借记"待偿债净资产——应付长期政府债券"科目，贷记"应付长期政府债券"科目。同时，按照置换下级政府存量债务额度，借记"应收地方政府债券转贷款"科目，贷记"资产基金——应收地方政府债券转贷款"科目。

二、应付国库集中支付结余的核算

应付国库集中支付结余是指国库集中支付中，按照财政部门批复的部门预算，当年未支付而需结转下一年度支付的款项采用权责发生制列支后形成的债务。

为核算政府财政采用权责发生制列支，预算单位尚未使用的国库集中支付结余资金，财政总预算会计应设置"应付国库集中支付结余"总账科目。"应付国库集中支付结余"科目属于负债类科目，本科目应当根据管理需要，按照政府收支分类科目等进行相应明细核算。"应付国库集中支付结余"科目期末贷方余额反映政府财政尚未支付的国库集中支付结余。

应付国库集中支付结余的主要账务处理如下。

①年末，对当年形成的国库集中支付结余采用权责发生制列支时，借记有关支出科目，贷记"应付国库集中支付结余"科目。

②以后年度实际支付国库集中支付结余资金时，分以下情况处理。

a. 按原结转预算科目支出的，借记"应付国库集中支付结余"科目，贷记"国库存款"科目。

b. 调整支出预算科目的，应当按原结转预算科目作冲销处理，借记"应付国库集中支付结余"科目，贷记有关支出科目；同时，按实际支出预算科目作列支账务处理：借记有关支出科目，贷记"国库存款"科目。

三、暂收及应付款项的核算

暂收及应付款项是指政府财政业务活动中形成的债务，包括与上级往来和其他应付款等。暂收及应付款项应当及时清理结算。

1. 与上级往来

与上级往来是指本级政府财政与上级政府财政的往来待结算款项。

为核算本级政府财政与上级政府财政的往来待结算款项，财政总预算会计应设置"与上级往来"总账科目。"与上级往来"科目属于负债类科目，应当按照往来款项的类别和项目等进行明细核算。"与上级往来"科目期末贷方余额反映本级政府财政欠上级政府财政的款项；借方余额反映上级政府财政欠本级政府财政的款项。

与上级往来的主要账务处理如下。

①本级政府财政从上级政府财政借入款或体制结算中发生应上交上级政府财政款项时，借记"国库存款""上解支出"等科目，贷记"与上级往来"科目。

②本级政府财政归还借款、转作上级补助收入或体制结算中应由上级补给款项时，借记"与上级往来"科目，贷记"国库存款""补助收入"等科目。

2. 其他应付款

其他应付款是指政府财政临时发生的暂收、应付和收到的不明性质款项。

为核算政府财政临时发生的暂收、应付和收到的不明性质款项，财政总预算会计应设置"其他应付款"总账科目。"其他应付款"科目属于负债类科目；税务机关代征入库的社会保险费、项目单位使用并承担还款责任的外国政府和国际金融组织贷款，也通过本科目核算。"其他应付款"科目应当按照债权单位或资金来源等进行明细核算。"其他应付款"科目期末贷方余额反映政府财政尚未结清的其他应付款项。

其他应付款的主要账务处理如下。

①收到暂存款项时，借记"国库存款""其他财政存款"等科目，贷记"其他应付款"科目。

②将暂存款项清理退还或转作收入时，借记"其他应付款"科目，贷记"国库存款""其他财政存款"或有关收入科目。

③社会保险费代征入库时，借记"国库存款"科目，贷记"其他应付款"科目。社会保险费国库缴存社保基金财政专户时，借记"其他应付款"科目，贷记"国库存款"科目。

④收到项目单位承担还款责任的外国政府和国际金融组织贷款资金时，借记"其他财政存款"科目，贷记"其他应付款"科目；将贷款资金付给项目单位时，借记"其他应付款"科目，贷记"其他财政存款"科目。收到项目单位偿还贷款资金时，借记"其他财政存款"科目，贷记"其他应付款"科目；付给外国政府和国际金融组织项目单位还款资金时，借记"其他应付款"科目，贷记"其他财政存款"科目。

四、应付代管资金的核算

应付代管资金是指政府财政代为管理的、使用权属于被代管主体的资金。

为核算政府财政代为管理的、使用权属于被代管主体的资金，财政总预算会计应设置"应付代管资金"总账科目。"应付代管资金"科目属于负债类科目，应当根据管理需要进行相关明细核算。"应付代管资金"科目期末贷方余额反映政府财政尚未支付的代管资金。

应付代管资金的主要账务处理如下。

①收到代管资金时，借记"其他财政存款"等科目，贷记"应付代管资金"科目。

②支付代管资金时，借记"应付代管资金"科目，贷记"其他财政存款"等科目。

③代管资金产生的利息收入按照相关规定仍属于代管资金的，借记"其他财政存款"等科目，贷记"应付代管资金"科目。

五、借入款项的核算

借入款项是指政府财政部门以政府名义向外国政府、国际金融组织等借入的款项，以及通过经国务院批准的其他方式借款形成的负债。

为核算政府财政部门以政府名义向外国政府和国际金融组织等借入的款项，以及经国务院批准的其他方式借入的款项，财政总预算会计应设置"借入款项"总账科目。"借入款项"科目属于负债类科目，本科目下应当设置"应付本金""应付利息"明细科目，分别对借入款项的应付本金和利息进行明细核算，还应当按照债权人进行明细核算。债务管理部门应当设置相应的辅助账，详细记录每笔借入款项的期限、借入日期、偿还及付息情况等。"借入款项"科目期末贷方余额反映本级政府财政尚未偿还的借入款项本金和利息。

借入主权外债的账务处理如下。

①本级政府财政收到借入的主权外债资金时，借记"其他财政存款"科目，贷记"债务收入"科目；根据债务管理部门转来的相关资料，按照实际承担的债务金额，借记"待偿债净资产——借入款项"科目，贷记"借入款项"科目。

②本级政府财政借入主权外债，且由外方将贷款资金直接支付给用款单位或供应商时，应根据以下情况分别处理。

a. 本级政府财政承担还款责任，贷款资金由本级政府财政同级部门（单位）使用的，本级政府财政部门根据贷款资金支付相关资料，借记"一般公共预算本级支出"等科目，贷记"债务收入"科目；根据债务管理部门转来的相关资料，按照实际承担的债务金额，借记"待偿债净资产——借入款项"科目，贷记"借入款项"科目。

b. 本级政府财政承担还款责任，贷款资金由下级政府财政同级部门（单位）使用的，本级政府财政部门根据贷款资金支付相关资料及预算指标文件，借记"补助支出"科目，贷记"债务收入"科目；根据债务管理部门转来的相关资料，按照实际承担的债务金额，借记"待偿债净资产——借入款项"科目，贷记"借入款项"科目。

c. 下级政府财政承担还款责任，贷款资金由下级政府财政同级部门（单位）使用的，本级政府财政部门根据贷款资金支付相关资料，借记"债务转贷支出"科目，贷记"债务收入"科目；根据债务管理部门转来的相关资料，按照实际承担的债务金额，借记"待偿债净资产——借入款项"科目，贷记"借入款项"科目；同时，借记"应收主权外债转贷款"科目，贷记"资产基金——应收主权外债转贷款"科目。

③期末确认借入主权外债的应付利息时，根据债务管理部门计算出的本期应付未付利息金额，借记"待偿债净资产——借入款项"科目，贷记"借入款项"科目。

④偿还本级政府财政承担的借入主权外债本金时，借记"债务还本支出"科目，贷记"国库存款""其他财政存款"等科目；根据债务管理部门转来的相关资料，按照实际偿还的本金金额，借记"借入款项"科目，贷记"待偿债净资产——借入款项"科目。

⑤偿还本级政府财政承担的借入主权外债利息时，借记"一般公共预算本级支出"等科目，贷记"国库存款""其他财政存款"等科目；实际偿还利息金额中属于已确认的应付利息部分，还应根据债务管理部门转来的相关资料，借记"借入款项"科目，贷记"待偿债净资产——借入款项"科目。

⑥偿还下级政府财政承担的借入主权外债的本息时，借记"其他应付款"或"其他应收款"科目，贷记"国库存款""其他财政存款"等科目；根据债务管理部门转来的相关资料，按照实际偿还的本金及已确认的应付利息金额，借记"借入款项"科目，贷记"待偿债净资产——借入款项"科目。

⑦被上级政府财政扣缴借入主权外债的本息时，借记"其他应收款"科目，贷记"与上级往来"科目；根据债务管理部门转来的相关资料，按照实际扣缴的本金及已确认的应付利息金额，借记"借入款项"科目，贷记"待偿债净资产——借入款项"科目。列报支出时，对应由本级政府财政承担的还本支出，借记"债务还本支出"科目，贷记"其他应

收款"科目；对应由本级政府财政承担的利息支出，借记"一般公共预算本级支出"等科目，贷记"其他应收款"科目。

⑧债权人豁免本级政府财政承担偿还责任的借入主权外债本息时，根据债务管理部门转来的相关资料，按照被豁免的本金及已确认的应付利息金额，借记"借入款项"科目，贷记"待偿债净资产——借入款项"科目。

债权人豁免下级政府财政承担偿还责任的借入主权外债本息时，根据债务管理部门转来的相关资料，按照被豁免的本金及已确认的应付利息金额，借记"借入款项"科目，贷记"待偿债净资产——借入款项"科目；同时，借记"资产基金——应收主权外债转贷款"科目，贷记"应收主权外债转贷款"科目。

其他借入款项账务处理参照"借入款项"科目的说明中借入主权外债业务的账务处理。

六、应付转贷款的核算

应付转贷款是指地方政府财政向上级政府财政借入转贷资金而形成的负债，包括应付地方政府债券转贷款和应付主权外债转贷款等。

1. 应付地方政府债券转贷款

应付地方政府债券转贷款是指地方政府财政从上级政府财政借入的地方政府债券转贷款。

为核算地方政府财政从上级政府财政借入的地方政府债券转贷款的本金和利息，财政总预算会计应设置"应付地方政府债券转贷款"总账科目。"应付地方政府债券转贷款"科目属于负债类科目，本科目下应当设置"应付地方政府一般债券转贷款"和"应付地方政府专项债券转贷款"一级明细科目；在一级明细科目下再分别设置"应付本金"和"应付利息"两个明细科目，分别对应付本金和利息进行明细核算。"应付地方政府债券转贷款"科目期末贷方余额反映本级政府财政尚未偿还的地方政府债券转贷款的本金和利息。

应付地方政府债券转贷款的主要账务处理如下。

①收到上级政府财政转贷的地方政府债券资金时，借记"国库存款"科目，贷记"债务转贷收入"科目；根据债务管理部门转来的相关资料，按照到期应偿还的转贷款本金金额，借记"待偿债净资产——应付地方政府债券转贷款"科目，贷记"应付地方政府债券转贷款"科目。

②期末确认地方政府债券转贷款的应付利息时，根据债务管理部门计算出的本期应付未付利息金额，借记"待偿债净资产——应付地方政府债券转贷款"科目，贷记"应付地方政府债券转贷款"科目。

③偿还本级政府财政承担的地方政府债券转贷款本金时，借记"债务还本支出"科目，贷记"国库存款"等科目；根据债务管理部门转来的相关资料，按照实际偿还的本金金额，借记"应付地方政府债券转贷款"科目，贷记"待偿债净资产——应付地方政府债券转贷款"科目。

④偿还本级政府财政承担的地方政府债券转贷款的利息时，借记"一般公共预算本级

支出"或"政府性基金预算本级支出"科目，贷记"国库存款"等科目；实际支付利息金额中属于已确认的应付利息部分，还应根据债务管理部门转来的相关资料，借记"应付地方政府债券转贷款"科目，贷记"待偿债净资产——应付地方政府债券转贷款"科目。

⑤偿还下级政府财政承担的地方政府债券转贷款的本息时，借记"其他应付款"或"其他应收款"科目，贷记"国库存款"等科目；根据债务管理部门转来的相关资料，按照实际偿还的本金及已确认的应付利息金额，借记"应付地方政府债券转贷款"科目，贷记"待偿债净资产——应付地方政府债券转贷款"科目。

⑥被上级政府财政扣缴地方政府债券转贷款本息时，借记"其他应收款"科目，贷记"与上级往来"科目；根据债务管理部门转来的相关资料，按照实际扣缴的本金及已确认的应付利息金额，借记"应付地方政府债券转贷款"科目，贷记"待偿债净资产——应付地方政府债券转贷款"科目。列报支出时，对本级政府财政承担的还本支出，借记"债务还本支出"科目，贷记"其他应收款"科目；对本级政府财政承担的利息支出，借记"一般公共预算本级支出"或"政府性基金预算本级支出"科目，贷记"其他应收款"科目。

⑦采用定向承销方式发行地方政府债券置换存量债务时，省级以下（不含省级）财政部门根据上级财政部门提供的债权债务确认相关资料，按照置换本级政府存量债务的额度，借记"债务还本支出"科目，按照置换下级政府存量债务的额度，借记"债务转贷支出"科目，按照置换存量债务的总额度，贷记"债务转贷收入"科目；根据债务管理部门转来的相关资料，按照置换存量债务的总额度，借记"待偿债净资产——应付地方政府债券转贷款"科目，贷记"应付地方政府债券转贷款"科目。同时，按照置换下级政府存量债务额度，借记"应收地方政府债券转贷款"科目，贷记"资产基金——应收地方政府债券转贷款"科目。

2. 应付主权外债转贷款

应付主权外债转贷款是指本级政府财政从上级政府财政借入的主权外债转贷款。

为核算本级政府财政从上级政府财政借入的主权外债转贷款的本金和利息，财政总预算会计应设置"应付主权外债转贷款"总账科目。"应付主权外债转贷款"科目属于负债类科目，本科目下应当设置"应付本金"和"应付利息"两个明细科目，分别对应付本金和利息进行明细核算。"应付主权外债转贷款"科目期末贷方余额反映本级政府财政尚未偿还的主权外债转贷款本金和利息。

应付主权外债转贷款的主要账务处理如下。

①收到上级政府财政转贷的主权外债资金时，借记"其他财政存款"科目，贷记"债务转贷收入"科目；根据债务管理部门转来的相关资料，按照实际承担的债务金额，借记"待偿债净资产——应付主权外债转贷款"科目，贷记"应付主权外债转贷款"科目。

②从上级政府财政借入主权外债转贷款，且由外方将贷款资金直接支付给用款单位或供应商时，应根据以下情况分别处理。

a. 本级政府财政承担还款责任，贷款资金由本级政府财政同级部门（单位）使用的，本级政府财政根据贷款资金支付相关资料，借记"一般公共预算本级支出"等科目，贷记

"债务转贷收入"科目；根据债务管理部门转来的相关资料，按照实际承担的债务金额，借记"待偿债净资产——应付主权外债转贷款"科目，贷记"应付主权外债转贷款"科目。

b. 本级政府财政承担还款责任，贷款资金由下级政府财政同级部门（单位）使用的，本级政府财政部门根据贷款资金支付相关资料及预算指标文件，借记"补助支出"科目，贷记"债务转贷收入"科目；根据债务管理部门转来的相关资料，按照实际承担的债务金额，借记"待偿债净资产——应付主权外债转贷款"科目，贷记"应付主权外债转贷款"科目。

c. 下级政府财政承担还款责任，贷款资金由下级政府财政同级部门（单位）使用的，本级政府财政部门根据贷款资金支付相关资料，借记"债务转贷支出"科目，贷记"债务转贷收入"；根据债务管理部门转来的相关资料，按照实际承担的债务金额，借记"待偿债净资产——应付主权外债转贷款"科目，贷记"应付主权外债转贷款"科目；同时，借记"应收主权外债转贷款"科目，贷记"资产基金——应收主权外债转贷款"科目。

③期末确认主权外债转贷款的应付利息时，按照债务管理部门计算出的本期应付未付利息金额，借记"待偿债净资产——应付主权外债转贷款"科目，贷记"应付主权外债转贷款"科目。

④偿还本级政府财政承担的借入主权外债转贷款的本金时，借记"债务还本支出"科目，贷记"其他财政存款"等科目；根据债务管理部门转来的相关资料，按照实际偿还的本金金额，借记"应付主权外债转贷款"科目，贷记"待偿债净资产——应付主权外债转贷款"科目。

⑤偿还本级政府财政承担的借入主权外债转贷款的利息时，借记"一般公共预算本级支出"等科目，贷记"其他财政存款"等科目；实际偿还利息金额中属于已确认的应付利息部分，还应根据债务管理部门转来的相关资料，借记"应付主权外债转贷款"科目，贷记"待偿债净资产——应付主权外债转贷款"科目。

⑥偿还下级政府财政承担的借入主权外债转贷款的本息时，借记"其他应付款"或"其他应收款"科目，贷记"其他财政存款"等科目；根据债务管理部门转来的相关资料，按照实际偿还的本金及已确认的应付利息金额，借记"应付主权外债转贷款"科目，贷记"待偿债净资产——应付主权外债转贷款"科目。

⑦被上级政府财政扣缴借入主权外债转贷款的本息时，借记"其他应收款"科目，贷记"与上级往来"科目；根据债务管理部门转来的相关资料，按照被扣缴的本金及已确认的应付利息金额，借记"应付主权外债转贷款"科目，贷记"待偿债净资产——应付主权外债转贷款"科目。列报支出时，对本级政府财政承担的还本支出，借记"债务还本支出"科目，贷记"其他应收款"科目；对本级政府财政承担的利息支出，借记"一般公共预算本级支出"等科目，贷记"其他应收款"科目。

⑧上级政府财政豁免主权外债转贷款本息时，根据以下情况分别处理。

a. 豁免本级政府财政承担偿还责任的主权外债转贷款本息时，根据债务管理部门转来的相关资料，按照豁免转贷款的本金及已确认的应付利息金额，借记"应付主权外债转贷款"科目,贷记"待偿债净资产——应付主权外债转贷款"科目。

b. 豁免下级政府财政承担偿还责任的主权外债转贷款本息时,根据债务管理部门转来的相关资料,按照豁免转贷款的本金及已确认的应付利息金额,借记"应付主权外债转贷款"科目,贷记"待偿债净资产——应付主权外债转贷款"科目;同时,借记"资产基金——应收主权外债转贷款"科目,贷记"应收主权外债转贷款"科目。

七、其他负债的核算

其他负债是指政府财政因有关政策明确要求其承担支出责任的事项而形成的应付未付款项。

为核算政府财政因有关政策明确要求其承担支出责任的事项而形成的应付未付款项,财政总预算会计应设置"其他负债"总账科目。"其他负债"科目属于负债类科目,本科目应当按照债权单位和项目等进行明细核算。"其他负债"科目贷方余额反映政府财政承担的尚未支付的其他负债余额。

其他负债的主要账务处理如下。

①有关政策已明确政府财政承担的支出责任,按照确定应承担的负债金额,借记"待偿债净资产"科目,贷记"其他负债"科目。

②实际偿还负债时,借记有关支出等科目,贷记"国库存款"等科目;同时,按照相同的金额,借记"其他负债"科目,贷记"待偿债净资产"科目。

第三节 财政总预算会计净资产的核算

财政总预算会计的净资产是指政府财政资产减去负债的差额。财政总预算会计核算的净资产包括一般公共预算结转结余、政府性基金预算结转结余、国有资本经营预算结转结余、财政专户管理资金结余、专用基金结余、预算稳定调节基金、预算周转金、资产基金和待偿债净资产。各项结转结余应每年结算一次。

一、一般公共预算结转结余的核算

一般公共预算结转结余是指一般公共预算收支的执行结果。

为核算政府财政纳入一般公共预算管理的收支相抵后形成的结转结余,财政总预算会计应设置"一般公共预算结转结余"总账科目。"一般公共预算结转结余"科目属于净资产类科目,本科目年终贷方余额反映一般公共预算收支相抵后的滚存结转结余。

一般公共预算结转结余的主要账务处理如下。

①年终转账时,将一般公共预算的有关收入科目贷方余额转入"一般公共预算结转结余"科目的贷方,借记"一般公共预算本级收入""补助收入——一般公共预算补助收入""上解收入——一般公共预算上解收入""地区间援助收入""调入资金——一般公共预算调入资金""债务收入(一般债务收入)""债务转贷收入(地方政府一般债务转贷收入)"

"动用预算稳定调节基金"等科目，贷记"一般公共预算结转结余"科目；将一般公共预算的有关支出科目借方余额转入"一般公共预算结转结余"科目的借方，借记"一般公共预算结转结余"科目，贷记"一般公共预算本级支出""上解支出——一般公共预算上解支出""补助支出——一般公共预算补助支出""地区间援助支出""调出资金——一般公共预算调出资金""安排预算稳定调节基金""债务转贷支出（地方政府一般债务转贷支出）""债务还本支出（一般债务还本支出）"等科目。

②设置和补充预算周转金时，借记"一般公共预算结转结余"科目，贷记"预算周转金"科目。

二、政府性基金预算结转结余的核算

政府性基金预算结转结余是指政府性基金预算收支的执行结果。

为核算政府财政纳入政府性基金预算管理的收支相抵形成的结转结余，财政总预算会计应设置"政府性基金预算结转结余"总账科目。"政府性基金预算结转结余"科目属于净资产类科目，应当根据管理需要，按照政府性基金的种类进行明细核算。"政府性基金预算结转结余"科目年终贷方余额反映政府性基金预算收支相抵后的滚存结转结余。

政府性基金预算结转结余的主要账务处理如下。

年终转账时，应将政府性基金预算的有关收入科目贷方余额按照政府性基金种类分别转入"政府性基金预算结转结余"科目下相应明细科目的贷方，借记"政府性基金预算本级收入""补助收入——政府性基金预算补助收入""上解收入——政府性基金预算上解收入""调入资金——政府性基金预算调入资金""债务收入——专项债务收入""债务转贷收入——地方政府专项债务转贷收入"等科目，贷记"政府性基金预算结转结余"科目；将政府性基金预算的有关支出科目借方余额按照政府性基金种类分别转入"政府性基金预算结转结余"科目下相应明细科目的借方，借记"政府性基金预算结转结余"科目，贷记"政府性基金预算本级支出""上解支出——政府性基金预算上解支出""补助支出——政府性基金预算补助支出""调出资金——政府性基金预算调出资金""债务还本支出——专项债务还本支出""债务转贷支出——地方政府专项债务转贷支出"等科目。

三、国有资本经营预算结转结余的核算

国有资本经营预算结转结余是指国有资本经营预算收支的执行结果。

为核算政府财政纳入国有资本经营预算管理的收支相抵形成的结转结余，财政总预算会计应设置"国有资本经营预算结转结余"总账科目。"国有资本经营预算结转结余"科目属于净资产类科目，年终贷方余额反映国有资本经营预算收支相抵后的滚存结转结余。

国有资本经营预算结转结余的主要账务处理如下。

年终转账时，应将国有资本经营预算的有关收入科目贷方余额转入"国有资本经营预算结转结余"科目贷方，借记"国有资本经营预算本级收入"等科目，贷记"国有资本经营预算结转结余"科目；将国有资本经营预算的有关支出科目借方余额转入"国有资本经

营预算结转结余"科目借方,借记"国有资本经营预算结转结余"科目,贷记"国有资本经营预算本级支出""调出资金——国有资本经营预算调出资金"等科目。

四、财政专户管理资金结余的核算

财政专户管理资金结余是指纳入财政专户管理的教育收费等资金收支的执行结果。

为核算政府财政纳入财政专户管理的教育收费等资金收支相抵后形成的结余,财政总预算会计应设置"财政专户管理资金结余"总账科目。"财政专户管理资金结余"科目属于净资产类科目,应当根据管理需要,按照部门(单位)等进行明细核算。"财政专户管理资金结余"科目年终贷方余额反映政府财政纳入财政专户管理的资金收支相抵后的滚存结余。

财政专户管理资金结余的主要账务处理如下。

年终转账时,将财政专户管理资金的有关收入科目贷方余额转入"财政专户管理资金结余"科目贷方,借记"财政专户管理资金收入"等科目,贷记"财政专户管理资金结余"科目;将财政专户管理资金的有关支出科目借方余额转入"财政专户管理资金结余"科目借方,借记"财政专户管理资金结余"科目,贷记"财政专户管理资金支出"等科目。

五、专用基金结余的核算

专用基金结余是指专用基金收支的执行结果。

为核算政府财政管理的专用基金收支相抵后形成的结余,财政总预算会计应设置"专用基金结余"总账科目。"专用基金结余"科目属于净资产类科目,本科目应当根据专用基金的种类进行明细核算。"专用基金结余"科目年终贷方余额反映政府财政管理的专用基金收支相抵后的滚存结余。

专用基金结余的主要账务处理如下。

年终转账时,将专用基金的有关收入科目贷方余额转入"专用基金结余"科目贷方,借记"专用基金收入"等科目,贷记"专用基金结余"科目;将专用基金的有关支出科目借方余额转入"专用基金结余"科目借方,借记"专用基金结余"科目,贷记"专用基金支出"等科目。

六、预算稳定调节基金的核算

预算稳定调节基金是指政府财政安排用于弥补以后年度预算资金不足的储备资金。

为核算政府财政设置的用于弥补以后年度预算资金不足的储备资金,财政总预算会计应设置"预算稳定调节基金"总账科目。"预算稳定调节基金"科目属于净资产类科目,期末贷方余额反映预算稳定调节基金的规模。

预算稳定调节基金的主要账务处理如下。

①使用超收收入或一般公共预算结余补充预算稳定调节基金时,借记"安排预算稳定调节基金"科目,贷记"预算稳定调节基金"科目。

②将预算周转金调入预算稳定调节基金时,借记"预算周转金"科目,贷记"预算稳

定调节基金"科目。

③调用预算稳定调节基金时，借记"预算稳定调节基金"科目，贷记"动用预算稳定调节基金"科目。

七、预算周转金的核算

预算周转金是指政府财政为调剂预算年度内季节性收支差额，保证及时用款而设置的周转资金。

为核算政府财政设置的用于调剂预算年度内季节性收支差额周转使用的资金，财政总预算会计应设置"预算周转金"总账科目。"预算周转金"科目属于净资产类科目，应根据《预算法》要求设置。"预算周转金"科目期末贷方余额反映预算周转金的规模。

预算周转金的主要账务处理如下。

①设置和补充预算周转金时，借记"一般公共预算结转结余"科目，贷记"预算周转金"科目。

②将预算周转金调入预算稳定调节基金时，借记"预算周转金"科目，贷记"预算稳定调节基金"科目。

八、资产基金的核算

资产基金是指政府财政持有的债权和股权投资等资产（与其相关的资金收支纳入预算管理）在净资产中占用的金额。

为核算政府财政持有的应收地方政府债券转贷款、应收主权外债转贷款、股权投资和应收股利等资产（与其相关的资金收支纳入预算管理）在净资产中占用的金额，财政总预算会计应设置"资产基金"总账科目。"资产基金"科目属于净资产类科目，应当设置"应收地方政府债券转贷款""应收主权外债转贷款""股权投资""应收股利"等明细科目，进行明细核算。"资产基金"科目期末贷方余额，反映政府财政持有应收地方政府债券转贷款、应收主权外债转贷款、股权投资和应收股利等资产（与其相关的资金收支纳入预算管理）在净资产中占用的金额。

资产基金的账务处理参见"应收地方政府债券转贷款""应收主权外债转贷款""股权投资"和"应收股利"等科目的账务处理。

九、待偿债净资产的核算

待偿债净资产是指政府财政承担应付短期政府债券、应付长期政府债券、借入款项、应付地方政府债券转贷款、应付主权外债转贷款、其他负债等负债（与其相关的资金收支纳入预算管理）而相应需在净资产中冲减的金额。

为核算政府财政因发生应付政府债券、借入款项、应付地方政府债券转贷款、应付主权外债转贷款、其他负债等负债（与其相关的资金收支纳入预算管理）而相应需在净资产中冲减的金额，财政总预算会计应设置"待偿债净资产"总账科目。"待偿债净资产"科目属于净资产类科目，应当设置"应付短期政府债券""应付长期政府债券""借入款项""应付地方政府债券转贷款""应付主权外债转贷款""其他负债"等明细科目，进行明细核算。"待偿债净资产"科目期末借方余额，反映政府财政承担应付政府债券、借入款项、应付地方政府债券转贷款、应付主权外债转贷款和其他负债等负债（与其相关的资金收支纳入预算管理）而相应需冲减净资产的金额。

待偿债净资产的账务处理参见"应付短期政府债券""应付长期政府债券""借入款项""应付地方政府债券转贷款""应付主权外债转贷款"和"其他负债"等科目的账务处理。

本章小结

财政总预算会计的资产是指政府财政占有或控制的，能以货币计量的经济资源，包括财政存款、有价证券、在途款、预拨经费、借出款项、应收股利、暂付及应收款项、应收转贷款和股权投资等。

财政存款是指政府财政部门代表政府管理的国库存款、国库现金管理存款以及其他财政存款等。财政存款的支配权属于同级政府财政部门，并由财政总预算会计负责管理，统一在国库或选定的银行开立存款账户，统一收付，不得透支，不得提取现金。

有价证券是指政府财政按照有关规定取得并持有的政府债券。

在途款是指在途未到达的款项，是指在规定的决算清理期和国库报解整理期内，财政总预算收到的应属于上年度收入的款项和收回的不应在上年列支的款项或其他需要作为在途款过渡的资金。

预拨经费是指政府财政在年度预算执行中预拨出应在以后各月列支以及会计年度终了前根据"二上"预算预拨出的下年度预算资金。预拨经费（不含预拨下年度预算资金）应在年终前转列支出或清理收回。

借出款项是指政府财政按照对外借款管理相关规定借给预算单位临时急需，并需按期收回的款项。

应收股利是指政府因持有股权投资应当收取的现金股利或利润。

暂付及应收款项是指政府财政业务活动中形成的债权，包括与下级往来和其他应收款等。暂付及应收款项应当及时清理结算，不得长期挂账。

应收转贷款是指政府财政将借入的资金转贷给下级政府财政的款项，包括应收地方政府债券转贷款、应收主权外债转贷款等。

股权投资是指政府持有的各类股权投资资产，包括国际金融组织股权投资、投资基金股权投资、国有企业股权投资等。

财政总预算会计核算的资产按照流动性，分为流动资产和非流动资产。流动资产是指预计在1年内（含1年）变现的资产；非流动资产是指流动资产以外的资产。

财政总预算会计的负债是指政府财政承担的能以货币计量、需以资产偿付的债务，包括应付政府债券、应付国库集中支付结余、暂收及应付款项、应付代管资金等、借入款项、应付转贷款、其他负债。

应付政府债券是指政府财政采用发行政府债券方式筹集资金而形成的负债，包括应付短期政府债券和应付长期政府债券。

应付国库集中支付结余是指国库集中支付中，按照财政部门批复的部门预算，当年未支付而需结转下一年度支付的款项采用权责发生制列支后形成的债务。

暂收及应付款项是指政府财政业务活动中形成的债务，包括与上级往来和其他应付款等。暂收及应付款项应当及时清理结算。

应付代管资金是指政府代为管理的、使用权属于被代管主体的资金。

借入款项是指政府财政部门以政府名义向外国政府、国际金融组织等借入的款项，以及通过经国务院批准的其他方式借款形成的负债。

应付转贷款是指地方政府财政向上级政府财政借入转贷资金而形成的负债，包括应付地方政府债券转贷款和应付主权外债转贷款等。

其他负债是指政府财政因有关政策明确要求其承担支出责任的事项而形成的应付未付款项。

应付代管资金是指政府财政代为管理的，使用权属于被代管主体的资金。

财政总预算会计核算的负债按照流动性，分为流动负债和非流动负债。流动负债是指预计在1年内（含1年）偿还的负债；非流动负债是指流动负债以外的负债。

财政总预算会计的净资产是指政府财政资产减去负债的差额。财政总预算会计核算的净资产包括一般公共预算结转结余、政府性基金预算结转结余、国有资本经营预算结转结余、财政专户管理资金结余、专用基金结余、预算稳定调节基金、预算周转金、资产基金和待偿债净资产。

一般公共预算结转结余是指一般公共预算收支的执行结果。

政府性基金预算结转结余是指政府性基金预算收支的执行结果。

国有资本经营预算结转结余是指国有资本经营预算收支的执行结果。

财政专户管理资金结余是指纳入财政专户管理的教育收费等资金收支的执行结果。

专用基金结余是指专用基金收支的执行结果。

预算稳定调节基金是指政府财政安排用于弥补以后年度预算资金不足的储备资金。

预算周转金是指政府财政为调剂预算年度内季节性收支差额，保证及时用款而设置的周转资金。

资产基金是指政府财政持有的债权和股权投资等资产（与其相关的资金收支纳入预算管理）在净资产中占用的金额。

待偿债净资产是指政府财政承担应付短期政府债券、应付长期政府债券、借入款项、应付地方政府债券转贷款、应付主权外债转贷款、其他负债等负债（与其相关的资金收支纳入预算管理）而相应需在净资产中冲减的金额。

> **复习思考题**

1. 什么是财政存款？财政存款包括哪些？简述不同的财政存款的区别。
2. 财政总预算会计关于有价证券的管理有哪些要求？
3. 什么是应收转贷款？应收转贷款包括哪些？
4. 什么是预算稳定调节基金？
5. 简述与上级往来和与下级往来的联系与区别。
6. 简述财政总预算会计中净资产的内容。

第六章

财政总预算会计报表

第一节 财政总预算会计报表概述

一、财政总预算会计报表的概念及内容

财政总预算会计报表是反映政府财政预算执行结果和财务状况的书面文件，是各级政府和上级财政部门了解情况、掌握政策、指导预算执行工作的重要资料，也是编制下年度预算的基础。因此，各级财政总预算会计必须定期编制和汇总会计报表，向本级政府和上级财政部门报告财政收支执行情况及结果，以便于本级政府和上级财政部门采取措施，加强对政府财政工作的领导和支持，充分发挥财政总预算会计对国家财政管理的积极作用。

财政总预算会计报表包括资产负债表、收入支出表、一般公共预算执行情况表、政府性基金预算执行情况表、国有资本经营预算执行情况表、财政专户管理资金收支情况表、专用基金收支情况表等会计报表和附注。

二、财政总预算会计报表的编制要求

财政总预算会计应当按照下列规定编制会计报表。

①一般公共预算执行情况表、政府性基金预算执行情况表、国有资本经营预算执行情况表应当按旬、月度和年度编制，财政专户管理资金收支情况表和专用基金收支情况表应当按月度和年度编制，收入支出表应当按月度和年度编制，资产负债表和附注应当至少按年度编制。旬报、月报的报送期限及编报内容应当根据上级政府财政具体要求和本行政区域预算管理的需要办理。

②财政总预算会计应当根据相关制度编制并提供真实、完整的会计报表，切实做到账表一致，不得估列代编，弄虚作假。

③财政总预算会计要严格按照统一规定的种类、格式、内容、计算方法和编制口径填制会计报表，以保证全国统一汇总和分析。汇总报表的单位，要把所属单位的报表汇集齐全，防止漏报。

三、财政总预算会计报表的编制准备

（一）年终清理

各级财政总预算会计，在会计年度结束前，应当及时进行年终清理。年终清理的主要事项如下。

①核对年度预算。预算是预算执行和办理会计结算的依据。年终前，财政总预算会计应配合预算管理部门将本级政府财政全年预算指标与上、下级政府财政总预算和本级各部门预算进行核对，及时办理预算调整和转移支付事项。本年预算调整和对下转移支付一般截止到11月底；各项预算拨款，一般截止到12月25日。

②清理本年预算收支。认真清理本年预算收入，督促征收部门和国家金库年终前如数缴库。非特殊原因，应在本年预算支领列报的款项，应在年终前办理完毕。清理财政专户管理资金和专用基金收支。凡属应列入本年的收入，应及时催收，并缴入国库或指定财政专户。

③组织征收部门和国家金库进行年度对账。

④清理核对当年拨款支出。财政总预算会计对本级各单位的拨款支出应与单位的拨款收入核对无误。属于应收回的拨款，应及时收回，并按收回数相应冲减预算支出。属于预拨下年度的经费，不得列入当年预算支出。

⑤核实股权、债权和债务。财政部门内部相关资产、债务管理部门应于12月20日前向财政总预算会计提供与股权、债权、债务等核算和反映相关的资料。财政总预算会计对股权投资、借出款项、应收股利、应收地方政府债券转贷款、应收主权外债转贷款、借入款项、应付短期政府债券、应付长期政府债券、应付地方政府债券转贷款、应付主权外债转贷款、其他负债等余额应与相关管理部门进行核对，记录不一致的要及时查明原因，按规定调整账务，做到账实相符，账账相符。

⑥清理往来款项。政府财政要认真清理其他应收款、其他应付款等各种往来款项，在年度终了前予以收回或归还。应转作收入或支出的各项款项，要及时转入本年有关收支账。

（二）年终结算

年终结算是财政总预算会计特有的现象，是各级政府预算执行的一个组成部分，也是编制年度会计报表的一项准备工作。财政预算管理部门要在年终清理的基础上，于次年元月底

前结清上下级政府财政的转移支付收支和往来款项。财政总预算会计要按照财政管理体制的规定，根据预算结算单，与年度预算执行过程中已补助和已上解数额进行比较，结合往来款和借垫款情况，计算出全年最后应补或应退数额，填制"年终财政决算结算单"，经核对无误后，作为年终财政结算凭证，据以入账。

（三）年终结账

财政总预算会计对年终决算清理期内发生的会计事项，应当划清会计年度。属于清理上年度的会计事项，记入上年度会计账；属于新年度的会计事项，记入新年度会计账，防止错记、漏记。

经过年终清理和结算，把各项结算收支入账后，即可办理年终结账。年终结账工作一般分为年终转账、结清旧账和记入新账三个步骤，依次进行。

①年终转账。计算出各科目 12 月份合计数和全年累计数，结出 12 月月末余额，编制结账前的"资产负债表"，再根据收支余额填制记账凭证，将收支分别转入"一般公共预算结转结余""政府性基金预算结转结余""国有资本经营预算结转结余""专用基金结余""财政专户管理资金结余"等科目冲销。

②结清旧账。将各个收入和支出科目的借方、贷方结出全年总计数。对年终有余额的科目，在"摘要"栏内注明"结转下年"字样，表示转入新账。

③记入新账。根据年终转账后的总账和明细账余额编制年终"资产负债表"和有关明细表（不需填制记账凭证），将表列各科目余额直接记入新年度有关总账和明细账年初余额栏内，并在"摘要"栏注明"上年结转"字样，以区别新年度发生数。决算经本级人民代表大会常务委员会（或人民代表大会）审查批准后，如需更正原报决算草案收入、支出，则要相应调整有关账目，重新办理结账事项。

第二节　财政总预算会计报表的编制

一、资产负债表的编制

（一）资产负债表的概念及内容

资产负债表是反映政府财政在某一特定日期财务状况的报表。资产负债表采用账户式结构，其中，左方为资产，右方为负债和净资产，两方总计数相等。资产负债表的格式如表 6-1 所示。

表 6-1 资产负债表

编报单位：　　　　　　　　　　　年　月　日　　　　　　　　　　会政财01表
　　　　　　　　　　　　　　　　　　　　　　　　　　　　　　　　　单位：元

资产	年初余额	期末余额	负债和净资产	年初余额	期末余额
流动资产：			流动负债：		
国库存款			应付短期政府债券		
国库现金管理存款			应付利息		
其他财政存款			应付国库集中支付结余		
有价证券			与上级往来		
在途款			其他应付款		
预拨经费			应付代管资金		
借出款项			一年内到期的非流动负债		
应收股利			流动负债合计		
应收利息			非流动负债：		
与下级往来			应付长期政府债券		
其他应收款			借入款项		
流动资产合计			应付地方政府债券转贷款		
非流动资产：			应付主权外债转贷款		
应收地方政府债券转贷款			其他负债		
应收主权外债转贷款			非流动负债合计		
股权投资			负债合计		
待发国债			一般公共预算结转结余		
非流动资产合计			政府性基金预算结转结余		
			国有资本经营预算结转结余		
			财政专户管理资金结余		
			专用基金结余		
			预算稳定调节基金		
			预算周转金		
			资产基金		
			减：待偿债净资产		
			净资产合计		
资产总计			负债和净资产总计		

（二）资产负债表的编制说明

资产负债表"年初余额"栏内各项数字，应当根据上年末资产负债表"期末余额"栏内数字填列。如果本年度资产负债表规定的各个项目的名称和内容同上年度不相一致，应对上年年末资产负债表各项目的名称和数字按照本年度的规定进行调整，填入资产负债表"年初余额"栏内。

资产负债表"期末余额"栏各项目的内容和填列方法如下：

1. 资产类项目

① "国库存款"项目，反映政府财政期末存放在国库单一账户的款项金额。本项目应当根据"国库存款"科目的期末余额填列。

② "国库现金管理存款"项目，反映政府财政期末实行国库现金管理业务持有的存款金额。本项目应当根据"国库现金管理存款"科目的期末余额填列。

③ "其他财政存款"项目，反映政府财政期末持有的其他财政存款金额。本项目应当根据"其他财政存款"科目的期末余额填列。

④ "有价证券"项目，反映政府财政期末持有的有价证券金额。本项目应当根据"有价证券"科目的期末余额填列。

⑤ "在途款"项目，反映政府财政期末持有的在途款金额。本项目应当根据"在途款"科目的期末余额填列。

⑥ "预拨经费"项目，反映政府财政期末尚未转列支出或尚待收回的预拨经费金额。本项目应当根据"预拨经费"科目的期末余额填列。

⑦ "借出款项"项目，反映政府财政期末借给预算单位尚未收回的款项金额。本项目应当根据"借出款项"科目的期末余额填列。

⑧ "应收股利"项目，反映政府期末尚未收回的现金股利或利润金额。本项目应当根据"应收股利"科目的期末余额填列。

⑨ "应收利息"项目，反映政府财政期末尚未收回应收利息金额。本项目应当根据"应收地方政府债券转贷款"科目和"应收主权外债转贷款"科目下"应收利息"明细科目的期末余额合计数填列。

⑩ "与下级往来"项目，正数反映下级政府财政欠本级政府财政的款项金额；负数反映本级政府财政欠下级政府财政的款项金额。本项目应当根据"与下级往来"科目的期末余额填列，期末余额如为借方则以正数填列；如为贷方则以负数填列。

⑪ "其他应收款"项目，反映政府财政期末尚未收回的其他应收款的金额。本项目应当根据"其他应收款"科目的期末余额填列。

⑫ "应收地方政府债券转贷款"项目，反映政府财政期末尚未收回的地方政府债券转贷款的本金金额。本项目应当根据"应收地方政府债券转贷款"科目下"应收本金"明细科目的期末余额填列。

⑬ "应收主权外债转贷款"项目，反映政府财政期末尚未收回的主权外债转贷款的本

金金额。本项目应当根据"应收主权外债转贷款"科目下的"应收本金"明细科目的期末余额填列。

⑭ "股权投资"项目,反映政府期末持有的股权投资的金额。本项目应当根据"股权投资"科目的期末余额填列。

⑮ "待发国债"项目,反映中央政府财政期末尚未使用的国债发行额度。本项目应当根据"待发国债"科目的期末余额填列。

2. 负债类项目

① "应付短期政府债券"项目,反映政府财政期末尚未偿还的发行期限不超过1年(含1年)的政府债券的本金金额。本项目应当根据"应付短期政府债券"科目下的"应付本金"明细科目的期末余额填列。

② "应付利息"项目,反映政府财政期末尚未支付的应付利息金额。本项目应当根据"应付短期政府债券""借入款项""应付地方政府债券转贷款""应付主权外债转贷款"科目下的"应付利息"明细科目期末余额,以及属于分期付息到期还本的"应付长期政府债券"的"应付利息"明细科目期末余额计算填列。

③ "应付国库集中支付结余"项目,反映政府财政期末尚未支付的国库集中支付结余金额。本项目应当根据"应付国库集中支付结余"科目的期末余额填列。

④ "与上级往来"项目,正数反映本级政府财政期末欠上级政府财政的款项金额;负数反映上级政府财政欠本级政府财政的款项金额。本项目应当根据"与上级往来"科目的期末余额填列。

⑤ "其他应付款"项目,反映政府财政期末尚未支付的其他应付款的金额。本项目应当根据"其他应付款"科目的期末余额填列。

⑥ "应付代管资金"项目,反映政府财政期末尚未支付的代管资金金额。本项目应当根据"应付代管资金"科目的期末余额填列。

⑦ "一年内到期的非流动负债"项目,反映政府财政期末承担的1年以内(含1年)到偿还期的非流动负债。本项目应当根据"应付长期政府债券""借入款项""应付地方政府债券转贷款""应付主权外债转贷款""其他负债"等科目的期末余额及债务管理部门提供的资料分析填列。

⑧ "应付长期政府债券"项目,反映政府财政期末承担的偿还期限超过1年的长期政府债券的本金金额及到期一次还本付息的长期政府债券的应付利息金额。本项目应当根据"应付长期政府债券"科目的期末余额分析填列。

⑨ "借入款项"项目,反映政府财政期末承担的偿还期限超过1年的借入款项的本金金额。本项目应当根据"借入款项"科目下"应付本金"明细科目的期末余额填列。

⑩ "应付地方政府债券转贷款"项目,反映政府财政期末承担的偿还期限超过1年的地方政府债券转贷款的本金金额。本项目应当根据"应付地方政府债券转贷款"科目下"应付本金"明细科目的期末余额填列。

⑪ "应付主权外债转贷款"项目,反映政府财政期末承担的偿还期限超过 1 年的主权外债转贷款的本金金额。本项目应当根据"应付主权外债转贷款"科目下"应付本金"明细科目的期末余额填列。

⑫ "其他负债"项目,反映政府财政期末承担的偿还期限超过 1 年的其他负债金额。本项目应当根据"其他负债"科目的期末余额填列。

3. 净资产类项目

① "一般公共预算结转结余"项目,反映政府财政期末滚存的一般公共预算结转金额。本项目应当根据"一般公共预算结转结余"科目的期末余额填列。

② "政府性基金预算结转结余"项目,反映政府财政期末滚存的政府性基金预算结转结余金额。本项目应当根据"政府性基金预算结转结余"科目的期末余额填列。

③ "国有资本经营预算结转结余"项目,反映政府财政期末滚存的国有资本经营预算结转结余金额。本项目应当根据"国有资本经营预算结转结余"科目的期末余额填列。

④ "财政专户管理资金结余"项目,反映政府财政期末滚存的财政专户管理资金结余金额。本项目应当根据"财政专户管理资金结余"科目的期末余额填列。

⑤ "专用基金结余"项目,反映政府财政期末滚存的专用基金结余金额。本项目应当根据"专用基金结余"科目的期末余额填列。

⑥ "预算稳定调节基金"项目,反映政府财政期末预算稳定调节基金的余额。本项目应当根据"预算稳定调节基金"科目的期末余额填列。

⑦ "预算周转金"项目,反映政府财政期末预算周转金的余额。本项目应当根据"预算周转金"科目的期末余额填列。

⑧ "资产基金"项目,反映政府财政期末持有的应收地方政府债券转贷款、应收主权外债转贷款、股权投资和应收股利等资产在净资产中占用的金额。本项目应当根据"资产基金"科目的期末余额填列。

⑨ "待偿债净资产"项目,反映政府财政期末因承担应付短期政府债券、应付长期政府债券、借入款项、应付地方政府债券转贷款、应付主权外债转贷款、其他负债等负债相应需在净资产中冲减的金额。本项目应当根据"待偿债净资产"科目的期末借方余额以"-"号填列。

二、收入支出表的编制

(一)收入支出表的概念及内容

收入支出表是反映政府财政在某一会计期间各类财政资金收支余情况的报表。收入支出表根据资金性质按照收入、支出、结转结余的构成分类、分项列示。收入支出表的格式如表 6-2 所示。

表 6-2 收入支出表

编制单位：　　　　　　　　　　　___年___月　　　　　　　　　　　会政财02表
单位：元

项目	一般公共预算		政府性基金预算		国有资本经营预算		财政专户管理资金		专用基金	
	本月数	本年累计数	本月数	本年累计数	本月数	本年累计数	本月数	本年累计数	本月数	本年累计数
年初结转结余										
收入合计										
本级收入										
其中：来自预算安排的收入			—	—	—	—	—	—	—	—
补助收入					—	—	—	—	—	—
上解收入					—	—	—	—	—	—
地区间援助收入			—	—	—	—	—	—	—	—
债务收入					—	—	—	—	—	—
债务转贷收入					—	—	—	—	—	—
动用预算稳定调节基金			—	—	—	—	—	—	—	—
调入资金							—	—	—	—
支出合计										
本级支出										
其中：权责发生制列支							—	—	—	—
预算安排专用基金的支出									—	—
补助支出					—	—	—	—	—	—
上解支出					—	—	—	—	—	—
地区间援助支出			—	—	—	—	—	—	—	—
债务还本支出					—	—	—	—	—	—
债务转贷支出					—	—	—	—	—	—
安排预算稳定调节基金			—	—	—	—	—	—	—	—
调出资金							—	—	—	—
结余转出					—	—	—	—	—	—
其中：增设预算周转金										
年末结转结余										

注：表中有"—"的部分不必填列。

(二) 收入支出表的编制说明

收入支出表"本月数"栏反映各项目的本月实际发生数。在编制年度收入支出表时，应将本栏改为"上年数"栏，反映上年度各项目的实际发生数。如果本年度收入支出表规定的各个项目的名称和内容同上年度不一致，应对上年度收入支出表各项目的名称和数字按照本年度的规定进行调整，填入本年度收入支出表的"上年数"栏。

收入支出表"本年累计数"栏反映各项目自年初起至报告期末止的累计实际发生数。编制年度收入支出表时，应当将本栏改为"本年数"。

收入支出表"本月数"栏各项目的内容和填列方法。

① "年初结转结余"项目，反映政府财政本年初各类资金结转结余金额。其中，一般公共预算的"年初结转结余"应当根据"一般公共预算结转结余"科目的年初余额填列；政府性基金预算的"年初结转结余"应当根据"政府性基金预算结转结余"科目的年初余额填列；国有资本经营预算的"年初结转结余"应当根据"国有资本经营预算结转结余"科目的年初余额填列；财政专户管理资金的"年初结转结余"应当根据"财政专户管理资金结余"科目的年初余额填列；专用基金的"年初结转结余"应当根据"专用基金结余"科目的年初余额填列。

② "收入合计"项目，反映政府财政本期取得的各类资金的收入合计金额。其中，一般公共预算的"收入合计"应当根据属于一般公共预算的"本级收入""补助收入""上解收入""地区间援助收入""债务收入""债务转贷收入""动用预算稳定调节基金"和"调入资金"各行项目金额的合计数填列；政府性基金预算的"收入合计"应当根据属于政府性基金预算的"本级收入""补助收入""上解收入""债务收入""债务转贷收入"和"调入资金"各行项目金额的合计数填列；国有资本经营预算的"收入合计"应当根据属于国有资本经营预算的"本级收入"项目的金额填列；财政专户管理资金的"收入合计"应当根据属于财政专户管理资金的"本级收入"项目的金额填列；专用基金的"收入合计"应当根据属于专用基金的"本级收入"项目的金额填列。

③ "本级收入"项目，反映政府财政本期取得的各类资金的本级收入金额。其中，一般公共预算的"本级收入"应当根据"一般公共预算本级收入"科目的本期发生额填列；政府性基金预算的"本级收入"应当根据"政府性基金预算本级收入"科目的本期发生额填列；国有资本经营预算的"本级收入"应当根据"国有资本经营预算本级收入"科目的本期发生额填列；财政专户管理资金的"本级收入"应当根据"财政专户管理资金收入"科目的本期发生额填列；专用基金的"本级收入"应当根据"专用基金收入"科目的本期发生额填列。

④ "补助收入"项目，反映政府财政本期取得的各类资金的补助收入金额。其中，一般公共预算的"补助收入"应当根据"补助收入"科目下的"一般公共预算补助收入"明细科目的本期发生额填列；政府性基金预算的"补助收入"应当根据"补助收入"科目下的"政府性基金预算补助收入"明细科目的本期发生额填列。

⑤ "上解收入"项目，反映政府财政本期取得的各类资金的上解收入金额。其中，一般公共预算的"上解收入"应当根据"上解收入"科目下的"一般公共预算上解收入"明细科目的本期发生额填列；政府性基金预算的"上解收入"应当根据"上解收入"科目下

的"政府性基金预算上解收入"明细科目的本期发生额填列。

⑥"地区间援助收入"项目，反映政府财政本期取得的地区间援助收入金额。本项目应当根据"地区间援助收入"科目的本期发生额填列。

⑦"债务收入"项目，反映政府财政本期取得的债务收入金额。其中，一般公共预算的"债务收入"应当根据"债务收入"科目下除"专项债务收入"以外的其他明细科目的本期发生额填列；政府性基金预算的"债务收入"应当根据"债务收入"科目下的"专项债务收入"明细科目的本期发生额填列。

⑧"债务转贷收入"项目，反映政府财政本期取得的债务转贷收入金额。其中，一般公共预算的"债务转贷收入"应当根据"债务转贷收入"科目下"地方政府一般债务转贷收入"明细科目的本期发生额填列；政府性基金预算的"债务转贷收入"应当根据"债务转贷收入"科目下的"地方政府专项债务转贷收入"明细科目的本期发生额填列。

⑨"动用预算稳定调节基金"项目，反映政府财政本期调用的预算稳定调节基金金额。本项目应当根据"动用预算稳定调节基金"科目的本期发生额填列。

⑩"调入资金"项目，反映政府财政本期取得的调入资金金额。其中，一般公共预算的"调入资金"应当根据"调入资金"科目下"一般公共预算调入资金"明细科目的本期发生额填列；政府性基金预算的"调入资金"应当根据"调入资金"科目下"政府性基金预算调入资金"明细科目的本期发生额填列。

⑪"支出合计"项目，反映政府财政本期发生的各类资金的支出合计金额。其中，一般公共预算的"支出合计"应当根据属于一般公共预算的"本级支出""补助支出""上解支出""地区间援助支出""债务还本支出""债务转贷支出""安排预算稳定调节基金"和"调出资金"各行项目金额的合计数填列；政府性基金预算的"支出合计"应当根据属于政府性基金预算的"本级支出""补助支出""上解支出""债务还本支出""债务转贷支出"和"调出资金"各行项目金额的合计数填列；国有资本经营预算的"支出合计"应当根据属于国有资本经营预算的"本级支出"和"调出资金"项目金额的合计数填列；财政专户管理资金的"支出合计"应当根据属于财政专户管理资金的"本级支出"项目的金额填列；专用基金的"支出合计"应当根据属于专用基金的"本级支出"项目的金额填列。

⑫"补助支出"项目，反映政府财政本期发生的各类资金的补助支出金额。其中，一般公共预算的"补助支出"应当根据"补助支出"科目下的"一般公共预算补助支出"明细科目的本期发生额填列；政府性基金预算的"补助支出"应当根据"补助支出"科目下的"政府性基金预算补助支出"明细科目的本期发生额填列。

⑬"本级支出"项目，反映政府财政本期发生的各类资金的本级支出金额。其中，一般公共预算的"本级支出"应当根据"一般公共预算本级支出"科目的本期发生额填列；政府性基金预算的"本级支出"应当根据"政府性基金预算本级支出"科目的本期发生额填列；国有资本经营预算的"本级支出"应当根据"国有资本经营预算本级支出"科目的本期发生额填列；财政专户管理资金的"本级支出"应当根据"财政专户管理资金支出"科目的本期发生额填列；专用基金的"本级支出"应当根据"专用基金支出"科目的本期发生额填列。

⑭ "上解支出"项目,反映政府财政本期发生的各类资金的上解支出金额。其中,一般公共预算的"上解支出"应当根据"上解支出"科目下的"一般公共预算上解支出"明细科目的本期发生额填列;政府性基金预算的"上解支出"应当根据"上解支出"科目下的"政府性基金预算上解支出"明细科目的本期发生额填列。

⑮ "地区间援助支出"项目,反映政府财政本期发生的地区间援助支出金额。本项目应当根据"地区间援助支出"科目的本期发生额填列。

⑯ "债务还本支出"项目,反映政府财政本期发生的债务还本支出金额。其中,一般公共预算的"债务还本支出"应当根据"债务还本支出"科目下除"专项债务还本支出"以外的其他明细科目的本期发生额填列;政府性基金预算的"债务还本支出"应当根据"债务还本支出"科目下的"专项债务还本支出"明细科目的本期发生额填列。

⑰ "债务转贷支出"项目,反映政府财政本期发生的债务转贷支出金额。其中,一般公共预算的"债务转贷支出"应当根据"债务转贷支出"科目下"地方政府一般债务转贷支出"明细科目的本期发生额填列;政府性基金预算的"债务转贷支出"应当根据"债务转贷支出"科目下的"地方政府专项债务转贷支出"明细科目的本期发生额填列。

⑱ "安排预算稳定调节基金"项目,反映政府财政本期安排的预算稳定调节基金金额。本项目根据"安排预算稳定调节基金"科目的本期发生额填列。

⑲ "调出资金"项目,反映政府财政本期发生的各类资金的调出资金金额。其中,一般公共预算的"调出资金"应当根据"调出资金"科目下"一般公共预算调出资金"明细科目的本期发生额填列;政府性基金预算的"调出资金"应当根据"调出资金"科目下"政府性基金预算调出资金"明细科目的本期发生额填列;国有资本经营预算的"调出资金"应当根据"调出资金"科目下"国有资本经营预算调出资金"明细科目的本期发生额填列。

⑳ 其中:"增设预算周转金"项目,反映政府财政本期设置和补充预算周转金的金额。本项目应当根据"预算周转金"科目的本期贷方发生额填列。

㉑ "年末结转结余"项目,反映政府财政本年末的各类资金的结转结余金额。其中,一般公共预算的"年末结转结余"应当根据"一般公共预算结转结余"科目的年末余额填列;政府性基金预算的"年末结转结余"应当根据"政府性基金预算结转结余"科目的年末余额填列;国有资本经营预算的"年末结转结余"应当根据"国有资本经营预算结转结余"科目的年末余额填列;财政专户管理资金的"年末结转结余"应当根据"财政专户管理资金结余"科目的年末余额填列;专用基金的"年末结转结余"应当根据"专用基金结余"科目的年末余额填列。

三、一般公共预算执行情况表的编制

(一) 一般公共预算执行情况表的概念及内容

一般公共预算执行情况表是反映政府财政在某一会计期间一般公共预算收支执行结果的报表,按照《政府收支分类科目》中一般公共预算收支科目列示。一般公共预算执行情况表的格式如表6-3所示。

表 6-3　一般公共预算执行情况表

会政财 03-1 表

编制单位：　　　　　　　　　____年____月____旬　　　　　　　　　单位：元

项　　目	本月（旬）数	本年（月）累计数
一般公共预算本级收入		
101　税收收入		
10101　增值税		
1010101　国内增值税		
……		
一般公共预算本级支出		
201　一般公共服务支出		
20101　人大事务		
2010101　行政运行		
……		

（二）一般公共预算执行情况表的编制说明

①"一般公共预算本级收入"项目及其所属各明细项目，应当根据"一般公共预算本级收入"科目及其所属各明细科目的本期发生额填列。

②"一般公共预算本级支出"项目及其所属各明细项目，应当根据"一般公共预算本级支出"科目及其所属各明细科目的本期发生额填列。

四、政府性基金预算执行情况表的编制

（一）政府性基金预算执行情况表的概念及内容

政府性基金预算执行情况表是反映政府财政在某一会计期间政府性基金预算收支执行结果的报表，按照《政府收支分类科目》中政府性基金预算收支科目列示。政府性基金预算执行情况表的格式如表 6-4 所示。

表 6-4　政府性基金预算执行情况表

会政财 03-2 表

编制单位：　　　　　　　　　____年____月____旬　　　　　　　　　单位：元

项　　目	本月（旬）数	本年（月）累计数
政府性基金预算本级收入		
10301　政府性基金收入		
1030102　农网还贷资金收入		
103010201　中央农网还贷资金收入		

续表

项 目	本月（旬）数	本年（月）累计数
……		
政府性基金预算本级支出		
206 科学技术支出		
20610 核电站乏燃料处理处置基金支出		
2061001 乏燃料运输		
……		

（二）政府性基金预算执行情况表的编制说明

①"政府性基金预算本级收入"项目及其所属各明细项目，应当根据"政府性基金预算本级收入"科目及其所属各明细科目的本期发生额填列。

②"政府性基金预算本级支出"项目及其所属各明细项目，应当根据"政府性基金预算本级支出"科目及其所属各明细科目的本期发生额填列。

五、国有资本经营预算执行情况表的编制

（一）国有资本经营预算执行情况表的概念及内容

国有资本经营预算执行情况表是反映政府财政在某一会计期间国有资本经营预算收支执行结果的报表，按照《政府收支分类科目》中国有资本经营预算收支科目列示。国有资本经营预算执行情况表的格式如表6-5所示。

表6-5 国有资本经营预算执行情况表

会政财03-3表

编制单位：　　　　　　　　　___年___月___旬　　　　　　　　单位：元

项 目	本月（旬）数	本年（月）累计数
国有资本经营预算本级收入		
10306 国有资本经营收入		
1030601 利润收入		
103060103 烟草企业利润收入		
……		
国有资本经营预算本级支出		
208 社会保障和就业支出		
20804 补充全国社会保障基金		
2080451 国有资本经营预算补充社保基金支出		
……		

（二）国有资本经营预算执行情况表的编制说明

①"国有资本经营预算本级收入"项目及其所属各明细项目，应当根据"国有资本经营预算本级收入"科目及其所属各明细科目的本期发生额填列。

②"国有资本经营预算本级支出"项目及其所属各明细项目，应当根据"国有资本经营预算本级支出"科目及其所属各明细科目的本期发生额填列。

六、财政专户管理资金收支情况表的编制

（一）财政专户管理资金收支情况表的概念及内容

财政专户管理资金收支情况表是反映政府财政在某一会计期间纳入财政专户管理的财政专户管理资金全部收支情况的报表，按照相关政府收支分类科目列示。财政专户管理资金收支情况表的格式如表6-6所示。

表6-6 财政专户管理资金收支情况表

会政财04表

编制单位：　　　　　　　　　　___年___月　　　　　　　　　　单位：元

项　　目	本月数	本年累计数
财政专户管理资金收入		
财政专户管理资金支出		

（二）财政专户管理资金收支情况表的编制说明

①"财政专户管理资金收入"项目及其所属各明细项目，应当根据"财政专户管理资金收入"科目及其所属各明细科目的本期发生额填列。

②"财政专户管理资金支出"项目及其所属各明细项目，应当根据"财政专户管理资金支出"科目及其所属各明细科目的本期发生额填列。

七、专用基金收支情况表的编制

（一）专用基金收支情况表的概念及内容

专用基金收支情况表是反映政府财政在某一会计期间专用基金全部收支情况的报表，按

照不同类型的专用基金分别列示。专用基金收支情况表的格式如表 6-7 所示。

表 6-7　专用基金收支情况表

编制单位：　　　　　　　　　　　___年___月___旬　　　　　　　　会政财 05 表
　　　　　　　　　　　　　　　　　　　　　　　　　　　　　　　　单位：元

项　目	本月数	本年累计数
专用基金收入		
粮食风险基金		
……		
专用基金支出		
粮食风险基金		
……		

（二）专用基金收支情况表的编制说明

①"专用基金收入"项目及其所属各明细项目，应当根据"专用基金收入"科目及其所属各明细科目的本期发生额填列。

②"专用基金支出"项目及其所属各明细项目，应当根据"专用基金支出"科目及其所属各明细科目的本期发生额填列。

八、附注

附注是指对在会计报表中列示项目的文字描述或明细资料，以及对未能在会计报表中列示项目的说明。财政总预算会计报表附注应当至少披露下列内容：

①遵循《财政总预算会计制度》的声明；
②本级政府财政预算执行情况和财务状况的说明；
③会计报表中列示的重要项目的进一步说明，包括其主要构成、增减变动情况等；
④或有负债情况的说明；
⑤有助于理解和分析会计报表的其他需要说明的事项。

第三节　财政总预算会计报表的审核、汇总与分析

一、财政总预算会计报表的审核

为保证财政总预算会计报表符合要求，如实反映年度财政收支执行情况，各级财政部门必须对本级财政各主管部门和下级财政部门已编制完成的会计报表，特别是决算报表进行认真审核。财政总预算会计报表的审核包括政策性审核和技术性审核两方面。

1. 政策性审核

政策性审核是从贯彻政策、执行制度等方面，对各项财政收支执行情况及其结果进行审核，以确定各项财政收支是否符合国家有关法律、法规的要求，有无违反财经纪律的现象。对于预算收入，主要审核其是否严格按规定及时、足额地缴入各级国库，预算收入的划分是否符合财政管理体制的要求，各类收入是否划分清楚、有无混淆，预算收入退库是否符合国家规定等；对于预算支出，主要审核列入本年决算的支出是否符合规定的年度，有无下年度预拨现象，是否按照规定口径列报，各项支出是否划分清楚，是否编列齐全、有无漏报，有无违反财经纪律的超支和增支现象等；对于预算结余，主要审核下年继续使用的资金是否符合规定，结转结余项目是否符合规定的范围，决算结余或赤字是否真实等。审核时如发现存在违法违规行为，应当提出具体的处理意见，报经有关部门批准。

2. 技术性审核

技术性审核是从会计报表数字关系、数字计算准确性等方面，对各项财政收支执行情况及其结果进行审核，以确定会计报表编制的正确性和完整性。技术性审核主要包括会计报表之间的有关数字是否一致；上下年度有关数字是否一致；财政决算报表的有关数字和相关部门的财务决算、税收年报和国库年报的有关数字是否一致；财政总预算会计报表的有关数字和各业务部门的数字是否一致；上下级财政总决算之间、财政部门决算与单位决算之间有关上解、补助、暂收、暂付往来和拨款数字是否一致。审核时如发现技术性问题，应当通知有关部门及时进行更正。

二、财政总预算会计报表的汇总

财政总预算会计报表审核无误后，县及县以上各级财政总预算会计还要根据本级报表和所属各级上报的会计报表进行汇总，编制汇总会计报表。

财政总预算会计报表的编报是自下而上地由乡（镇）、县（市）、市（设区的市）、省（自治区、直辖市）以及计划单列市财政机关，根据统一的财政总预算会计科目、统一编制的口径、统一的报送时间，从基层单位开始，逐级汇总编报，不得估列代编。单位预算会计报表是同级财政总预算会计报表的组成部分，由各级行政事业单位逐级汇总，各主管部门向同级财政机关报送。参与政府预算执行的国家金库也要分别向同级财政机关报送预算收入和预算支出的各种报表，这些报表也是财政总预算会计报表的组成部分，逐级汇总、定期编成政府预算收支情况表，由财政部报送国务院。地方各级财政总预算收支执行情况表，由财政机关同时报送同级人民政府。

县及县以上财政总预算会计，除编制本级报表外，还要连同所属总预算会计报表，一并汇总为全地区的总预算会计报表。向上级总预算会计只报送汇总报表，不报本级报表，以反映各级总预算的全面执行情况。

上级财政总预算会计在编制汇总会计报表时，应将上下级之间的对应账户的数字予以冲销，以避免重复计列收支。

决算报表汇编完成后，地方各级财政决算报请各级人民政府审核，并提请同级人民代表大会讨论、审核和批准。国家财政决算报请国务审核,并提交全国人民代表大会讨论、审查和批准。

三、财政总预算会计报表的分析

各级财政总预算会计报表只能提供预算完成情况的数字资料,概括、集中地反映各级财政总预算的执行情况,而不能说明预算收支完成或未完成的具体原因,难以全面反映存在的问题。为了总结预算管理的经验教训,肯定成绩,揭露矛盾,提出改进措施,不断加强预算管理工作,保证预算收支任务的圆满实现,就要对会计报表进行分析。

(一) 财政总预算会计报表的分析方法

财政总预算会计报表的分析方法有对比分析法、因素分析法和比率分析法。基本、常用的是对比分析法。对比分析法可以进行以下几个方面的比较。

①本期实际数与预算数比较。将本期实际数(预算执行数)与预算数进行比较,可以考核预算收支完成的情况。

②本期实际数与上期实际数比较。将本期实际数与上期实际完成数进行比较,可以从中找出先进与落后的差距及其对预算收支的影响程度,进而分析原因、挖掘潜力,不断改进预算管理工作。

③将同类指标在不同地区、单位之间进行比较,掌握其特点和差距,改进工作。

④将本期内截至某时的累计完成数与预算数比较,可以分析预算执行进度情况及其原因,并预测全年收支完成趋势。

(二) 财政总预算会计的分析内容

1. 预算收支完成总情况分析

根据某一个地区一年内完成的政府收支预算情况,对比该地区全年收入预算数和实际完成数,计算是否有超收,若有超收还应计算超收的百分比。再对比该地区全年支出预算数和实际支出数,计算是否有节约,如果有节约还要计算节约的百分比。通过全年超收和节约的状况,对该地区预算收支的实际情况有一个大体的掌握和评价。

预算收支完成的总情况不能反映预算收支完成情况的详细内容,不能为制定细致可行的具体措施提供足够的信息。所以,在对总体完成情况进行分析的基础上,还应对各类预算收支的完成情况进行分析,了解和掌握,哪类收支完成得较好、哪类收支完成得不好、哪几类收支的完成情况决定预算收支的总体完成情况,还要对不同类别收支的影响因素进行分析,为制定政策措施提供翔实的资料。

2. 预算收入完成情况的分析

通过预算收入完成情况分析表,首先将本年决算收入数与预算收入数对比。如果决算收入数大于预算收入数,就要计算超额完成预算收入任务的百分比及比上年增长的百分比,看是否有较大幅度增长。再逐项分析工商税收等在表格中列出的项目,计算与预算相比差异的绝对数、各项差异占全部预算收入超收总额的比例以及与上年实际数相比增长的百分比,找出各项收入中增长较多的项目,即对预算收入的超额完成起较大作用的项目。对未达到预算数量的项目,要查找原因,分析何种因素影响了这些项目所代表的经济部门的正常增长,查出不足,提出改进措施。如果决算收入数小于预算收入数,要在计算的基础上,找出哪些项目造成了预算收入不能完成,哪些项目对预算收入的影响较大,是什么因素造成的,怎样改进。在分析时,要观察工商税收完成情况,包括国有企业所得税、计划亏损补贴、国有资产经营收益、所得税退税、耕地占用税等情况。

3. 预算支出完成情况的分析

预算支出完成情况的分析主要是分析支出预算的完成情况及其原因,分析预算支出进度同国民经济计划及事业行政计划的完成情况是否相适应。要对比总额及各项支出本年完成数和本年预算数以及上年完成数的差异,计算变化的百分比,找出对总额变化有较大影响的一些项目,参考当年的经济、政策等相关环境,分析对这些项目产生影响的因素,总结经验,提出改进措施。

本章小结

财政总预算会计报表是反映政府财政预算执行结果和财务状况的书面文件。财政总预算会计报表包括资产负债表、收入支出表、一般公共预算执行情况表、政府性基金预算执行情况表、国有资本经营预算执行情况表、财政专户管理资金收支情况表、专用基金收支情况表等会计报表和附注。

资产负债表是反映政府财政在某一特定日期财务状况的报表。资产负债表应当按照资产、负债和净资产分类、分项列示。

收入支出表是反映政府财政在某一会计期间各类财政资金收支余情况的报表。收入支出表根据资金性质按照收入、支出、结转结余的构成分类、分项列示。

一般公共预算执行情况表是反映政府财政在某一会计期间一般公共预算收支执行结果的报表,按照《政府收支分类科目》中一般公共预算收支科目列示。

政府性基金预算执行情况表是反映政府财政在某一会计期间政府性基金预算收支执行结果的报表,按照《政府收支分类科目》中政府性基金预算收支科目列示。

国有资本经营预算执行情况表是反映政府财政在某一会计期间国有资本经营预算收支执行结果的报表,按照《政府收支分类科目》中国有资本经营预算收支科目列示。

财政专户管理资金收支情况表是反映政府财政在某一会计期间纳入财政专户管理的财政专户管理资金全部收支情况的报表,按照相关政府收支分类科目列示。

专用基金收支情况表是反映政府财政在某一会计期间专用基金全部收支情况的报表,按照不同类型的专用基金分别列示。

附注是指对在会计报表中列示项目的文字描述或明细资料,以及对未能在会计报表中列示项目的说明。

为保证财政总预算会计报表符合要求,如实反映年度财政收支执行情况,各级财政部门必须对本级财政各主管部门和下级财政部门已编制完成的会计报表进行认真审核。财政总预算会计报表审核包括政策性审核和技术性审核。审核无误后,县及县以上各级财政总预算会计还要根据本级报表和所属各级上报的会计报表进行汇总,编制汇总会计报表。为了说明预算收支完成或未完成的具体原因、全面反映各级财政总预算执行过程中存在的问题,总结预算管理的经验教训,加强预算管理工作,保证预算收支任务的圆满实现,需要对会计报表进行分析。

复习思考题

1. 什么是财政总预算会计报表?财政总预算会计报表包括哪些内容?
2. 编制财政总预算会计报表时需遵循哪些要求?
3. 编制财政总预算会计报表前需要做哪些准备工作?
4. 如何编制财政总预算资产负债表?
5. 如何编制财政总预算收入支出表?
6. 财政总预算会计报表的审核包括哪些内容?如何审核?
7. 财政总预算会计报表的分析方法有哪些?
8. 财政总预算会计报表如何汇总?

第三篇 政府会计及行政事业单位会计

第七章

政府会计概述

第一节 政府会计的概念及特点

一、政府会计的概念

政府会计是各级政府、各部门、各单位核算和监督单位财务状况、运行情况、现金流量以及预算执行情况的一门专业会计。其中，各部门、各单位是指与本级政府财政部门直接或者间接发生预算拨款关系的国家机关、军队、政党组织、社会团体、事业单位和其他单位。

国家机关是进行国家行政管理、组织经济建设和文化建设、维护社会公共秩序的单位，主要包括：

（1）国家权力机关，在我国即为各级人民代表大会；

（2）行政机关，即"政府"部门，主要包括国务院及其所属各部委、各直属机构和办事机构；派驻国外的大使馆、代办处、领事馆和其他办事机构；地方各级人民政府及其所属各工作部门等；

（3）司法机关，即法院，从属于国家权力机关；

（4）检察机关，即人民检察院。

政党组织是指实行预算管理的其他党政机关，主要包括中国共产党、各民主党派以及共青团、妇联、工会等组织。

社会团体是指其经费由财政拨款，按照《中华人民共和国公务员法》管理的各党派、人民团体和各种协会等。

事业单位主要包括教育事业单位、科学事业单位、文化事业单位、体育事业单位、广播电视事业单位、新闻出版事业单位、文物事业单位、档案事业单位、地震事业单位、林业园林事业单位、水利事业单位、医疗卫生事业单位、环保环卫事业单位、房地产事业单位以及其他事业单位。

需要注意的是，军队、已纳入企业财务管理体系的单位（如附属于事业单位但自负盈亏、独立核算的招待所等）和执行《民间非营利组织会计制度》的社会团体，不属于此政府单位会计主体范畴。

二、政府会计的特点

政府会计由预算会计和财务会计构成。政府会计核算应当实现预算会计与财务会计适度分离并相互衔接，全面、清晰地反映政府财务信息和预算执行信息，为开展政府信用评级、加强资产负债管理、改进政府绩效监督考核、防范财政风险等提供支持，促进政府财务管理水平的提高和财政经济的可持续发展。

1. 双功能

政府会计核算具备财务会计与预算会计双重功能。财务会计全面准确地反映政府的资产、负债、净资产、收入、费用等财务信息；预算会计准确完整地反映政府预算收入、预算支出和预算结余等预算执行信息。

2. 双基础

政府会计由预算会计和财务会计构成。预算会计实行收付实现制，国务院另有规定的，依照其规定；财务会计实行权责发生制。

单位对于纳入部门预算管理的现金收支业务，在采用财务会计核算的同时应当进行预算会计核算；对于其他业务，仅需进行财务会计核算。

3. 双报告

政府会计主体编制政府决算报告和政府财务报告双报告。政府决算报告的编制以预算会计核算生成的数据为准；政府财务报告的编制以财务会计核算生成的数据为准。

政府决算报告的目标是向决算报告使用者提供与政府预算执行情况有关的信息，综合反映政府会计主体预算收支的年度执行结果，有助于决算报告使用者进行监督和管理，并为编制后续年度预算提供参考和依据。政府决算报告使用者包括各级人民代表大会及其常务委员会、各级政府及其有关部门、政府会计主体自身、社会公众和其他利益相关者。

政府财务报告的目标是向财务报告使用者提供与政府的财务状况、运行情况（含运行成本，下同）和现金流量等有关信息，反映政府会计主体公共受托责任履行情况，有助于财务报告使用者作出决策或者进行监督和管理。政府财务报告使用者包括各级人民代表大会及其常务委员会、债权人、各级政府及其有关部门、政府会计主体自身和其他利益相关者。

4. 平行记账

政府会计核算实现预算会计与财务会计适度分离并相互衔接，并不是建立预算会计和财务会计两套账，而是相互协调、平行核算。平行核算又称平行记账，是基于纳入部门预算管理现金收支业务的同一会计事项，在采用权责发生制进行财务会计核算的同时也需采用收付实现制进行预算会计核算。对其他业务，大多数仅需要进行财务会计核算。但是，有些业务虽然不涉及现金收支业务，也需要进行双平行核算。

第二节 政府会计要素及会计等式

会计要素是对会计核算对象的具体分类。政府会计要素包括财务会计要素和预算会计要素。

一、政府财务会计要素及会计等式

(一) 政府财务会计要素

政府财务会计要素包括资产、负债、净资产、收入和费用。

1. 资产

资产是指政府会计主体过去的经济业务或者事项形成的,由政府会计主体控制的,预期能够产生服务潜力或者带来经济利益流入的经济资源。其中,服务潜力是指政府会计主体利用资产提供公共产品和服务以履行政府职能的潜在能力。经济利益流入表现为现金及现金等价物的流入,或者现金及现金等价物流出的减少。政府会计主体的资产按照流动性,分为流动资产和非流动资产。流动资产是指预计在1年内(含1年)耗用或者可以变现的资产,包括货币资金、短期投资、应收及预付款项、存货等。非流动资产是指流动资产以外的资产,包括固定资产、在建工程、无形资产、长期投资、公共基础设施、政府储备资产、文物文化资产、保障性住房和自然资源资产等。

符合资产定义的经济资源,在同时满足以下条件时,应确认为资产:

①与该经济资源相关的服务潜力很可能实现或者经济利益很可能流入政府会计主体;

②该经济资源的成本或者价值能够可靠地计量。

资产的计量属性主要包括历史成本、重置成本、现值、公允价值和名义金额。在历史成本计量下,资产按照取得时支付的现金金额或者支付对价的公允价值计量。在重置成本计量下,资产按照现在购买相同或者相似资产所需支付的现金金额计量。在现值计量下,资产按照预计从其持续使用和最终处置中所产生的未来净现金流入量的折现金额计量。在公允价值计量下,资产按照市场参与者在计量日发生的有序交易中,出售资产所能收到的价格计量。无法采用上述计量属性的,采用名义金额(即人民币1元)计量。《政府会计准则——基本准则》第三十一条规定,政府会计主体在对资产进行计量时,一般应当采用历史成本。采用重置成本、现值、公允价值计量的,应当保证所确定的资产金额能够持续、可靠计量。《政府会计准则——基本准则》第三十二条规定,符合资产定义和资产确认条件的项目,应当列入资产负债表。

2. 负债

负债是指政府会计主体过去的经济业务或者事项形成的,预期会导致经济资源流出政府会计主体的现时义务。其中,现时义务是指政府会计主体在现行条件下已承担的义务。未来发生的经济业务或者事项形成的义务不属于现时义务,不应当确认为负债。

政府会计主体的负债按照流动性,分为流动负债和非流动负债。流动负债是指预计在1

年内（含1年）偿还的负债，包括应付及预收款项、应付职工薪酬、应缴款项等。非流动负债是指流动负债以外的负债，包括长期应付款、应付政府债券和政府依法担保形成的债务等。

符合负债定义的义务，在同时满足以下条件时，应确认为负债：

①履行该义务很可能导致含有服务潜力或者经济利益的经济资源流出政府会计主体；

②该义务的金额能够可靠地计量。

负债的计量属性主要包括历史成本、现值和公允价值。在历史成本计量下，负债按照因承担现时义务而实际收到的款项或者资产的金额，或者承担现时义务的合同金额，或者按照为偿还负债预期需要支付的现金金额计量。在现值计量下，负债按照预计期限内需要偿还的未来净现金流出量的折现金额计量。在公允价值计量下，负债按照市场参与者在计量日发生的有序交易中，转移负债所需支付的价格计量。

《政府会计准则——基本准则》第三十七条规定，政府会计主体在对负债进行计量时，一般应当采用历史成本。采用现值、公允价值计量的，应当保证所确定的负债金额能够持续、可靠计量。

《政府会计准则——基本准则》第三十八条规定，符合负债定义和负债确认条件的项目，应当列入资产负债表。

3. 净资产

净资产是指政府会计主体资产扣除负债后的净额。净资产金额取决于资产和负债的计量。

《政府会计准则——基本准则》第四十一条规定，净资产项目应当列入资产负债表。

4. 收入

收入是指报告期内导致政府会计主体净资产增加的、含有服务潜力或者经济利益的经济资源的流入。

收入的确认应当同时满足以下条件：

①与收入相关的含有服务潜力或者经济利益的经济资源很可能流入政府会计主体；

②含有服务潜力或者经济利益的经济资源流入会导致政府会计主体资产增加或者负债减少；

③流入金额能够可靠地计量。

《政府会计准则——基本准则》第四十四条规定，符合收入定义和收入确认条件的项目，应当列入收入费用表。

5. 费用

费用是指报告期内导致政府会计主体净资产减少的、含有服务潜力或者经济利益的经济资源的流出。

费用的确认应当同时满足以下条件：

①与费用相关的含有服务潜力或者经济利益的经济资源很可能流出政府会计主体；

②含有服务潜力或者经济利益的经济资源流出会导致政府会计主体资产减少或者负债

增加；

③流出金额能够可靠地计量。

《政府会计准则——基本准则》第四十七条规定，符合费用定义和费用确认条件的项目，应当列入收入费用表。

（二）政府财务会计要素等式

$$资产 = 负债 + 净资产$$

大多数情况下：

$$（资产变动 - 负债变动） > 0 = 收入$$

$$（资产变动 - 负债变动） < 0 = 费用$$

$$收入 - 费用 = 本年盈余$$

$$净资产 = 本年盈余 + 以前年度累计盈余 + 其他净资产$$

$$资产 - 负债 = 累计盈余 + 其他净资产$$

二、政府预算会计要素及会计等式

（一）政府预算会计要素

政府预算会计要素包括预算收入、预算支出与预算结余。

1. 预算收入

预算收入是指政府会计主体在预算年度内依法取得的并纳入预算管理的现金流入。预算收入一般在实际收到时予以确认，以实际收到的金额计量。

2. 预算支出

预算支出是指政府会计主体在预算年度内依法发生并纳入预算管理的现金流出。预算支出一般在实际支付时予以确认，以实际支付的金额计量。

3. 预算结余

预算结余是指政府会计主体预算年度内预算收入扣除预算支出后的资金余额，以及历年滚存的资金余额。预算结余包括结余资金和结转资金。其中，结余资金是指年度预算执行终了，预算收入实际完成数扣除预算支出和结转资金后剩余的资金；结转资金是指预算安排项目的支出年终尚未执行完毕或者因故未执行，且下年需要按原用途继续使用的资金。

《政府会计准则——基本准则》第二十五条规定，符合预算收入、预算支出和预算结余定义及其确认条件的项目应当列入政府决算报表。

（二）政府预算会计要素等式

1. 预算会计要素等式

$$预算收入 - 预算支出 = 预算结余$$

2. 预算收支平时发生的等式

$$资金结存（借方余额） = 预算收入 - 预算支出$$

3. 预算收支年末转账的等式

$$预算收入 - 预算支出 = 本年预算收支差额$$

或：

年初各项结转结余+预算收入−预算支出=年末各项结转结余（贷方余额）

资金结存（借方余额）= 期末各项结转结余（贷方余额）

第三节　政府会计核算基础及信息质量要求

一、政府会计核算基础

政府会计核算基础包括收付实现制和权责发生制。

收付实现制是指以现金的实际收付为标志来确定本期收入和支出的会计核算基础。凡在当期实际收到的现金收入和支出，均应作为当期的收入和支出；凡是不属于当期的现金收入和支出，均不应当作为当期的收入和支出。

权责发生制是指以取得收取款项的权利或支付款项的义务为标志来确定本期收入和费用的会计核算基础。凡是当期已经实现的收入和已经发生的或应当负担的费用，不论款项是否收付，都应当作为当期的收入和费用；凡是不属于当期的收入和费用，即使款项已在当期收付，也不应当作为当期的收入和费用。

政府会计由预算会计和财务会计构成。预算会计以收付实现制为基础，对政府会计主体预算执行过程中发生的全部收入和全部支出进行会计核算，主要反映和监督预算收支执行情况。财务会计以权责发生制为基础对政府会计主体发生的各项经济业务或者事项进行会计核算，主要反映和监督政府会计主体的财务状况、运行情况和现金流量等。

二、政府会计核算的基本原则

政府会计主体对其自身发生的经济业务或者事项进行会计核算，应当以政府会计主体持续运行为前提。

政府会计核算划分会计期间，分期结算账目，按规定编制决算报告和财务报告。会计期间分为年度和月度，起讫日期均采用公历日期。

政府会计核算以人民币作为记账本位币。发生外币业务时，将有关外币金额折算为人民币金额计量，同时登记外币金额。

政府会计核算采用借贷记账法记账。

三、政府会计信息质量要求

1. 真实性

政府会计主体应当以实际发生的经济业务或者事项为依据进行会计核算，如实反映各项会计要素的情况和结果，保证会计信息真实可靠。

2. 相关性

政府会计主体提供的会计信息，应当与反映政府会计主体公共受托责任履行情况以及报告使用者决策或者监督、管理的需要相关，有助于报告使用者对政府会计主体过去、现在或者未来的情况作出评价或者预测。

3．完整性

政府会计主体应当将发生的各项经济业务或者事项统一纳入会计核算，确保会计信息能够全面反映政府会计主体预算执行情况和财务状况、运行情况、现金流量等。

4．及时性

政府会计主体对已经发生的经济业务或者事项，应当及时进行会计核算，不得提前或者延后。

5．可比性

政府会计主体提供的会计信息应当具有可比性。同一政府会计主体不同时期发生的相同或者相似的经济业务或者事项，应当采用一致的会计政策，不得随意变更。确需变更的，应当将变更的内容、理由及其影响在附注中予以说明。不同政府会计主体发生的相同或者相似的经济业务或者事项，应当采用一致的会计政策，确保政府会计信息口径一致，相互可比。

6．明晰性

政府会计主体提供的会计信息应当清晰明了，便于报告使用者理解和使用。

7．实质重于形式

政府会计主体应当按照经济业务或者事项的经济实质进行会计核算，不限于以经济业务或者事项的法律形式。

第四节　政府会计科目

一、政府会计科目表

会计科目是对单位会计要素的进一步分类，是各级单位会计设置账户、确定会计核算内容的基本依据。政府会计科目具体科目类别、名称、编码如表 7-1 所示。

表 7-1　政府会计科目表

序号	科目编号	科目名称
一、财务会计科目		
（一）资产类		
1	1001	库存现金
2	1002	银行存款
3	1011	零余额账户用款额度
4	1021	其他货币资金
5	1101	短期投资
6	1201	财政应返还额度

续表

序号	科目编号	科目名称
7	1211	应收票据
8	1212	应收账款
9	1214	预付账款
10	1215	应收股利
11	1216	应收利息
12	1218	其他应收款
13	1219	坏账准备
14	1301	在途物品
15	1302	库存物品
16	1303	加工物品
17	1401	待摊费用
18	1501	长期股权投资
19	1502	长期债券投资
20	1601	固定资产
21	1602	固定资产累计折旧
22	1611	工程物资
23	1613	在建工程
24	1701	无形资产
25	1702	无形资产累计摊销
26	1703	研发支出
27	1801	公共基础设施
28	1802	公共基础设施累计折旧（摊销）
29	1811	政府储备物资
30	1821	文物文化资产
31	1831	保障性住房
32	1832	保障性住房累计折旧
33	1891	受托代理资产
34	1901	长期待摊费用
35	1902	待处理财产损溢
（二）负债类		
36	2001	短期借款

续表

序号	科目编号	科目名称
37	2101	应交增值税
38	2102	其他应交税费
39	2103	应缴财政款
40	2201	应付职工薪酬
41	2301	应付票据
42	2302	应付账款
43	2303	应付政府补贴款
44	2304	应付利息
45	2305	预收账款
46	2307	其他应付款
47	2401	预提费用
48	2501	长期借款
49	2502	长期应付款
50	2601	预计负债
51	2901	受托代理负债
(三) 净资产类		
52	3001	累计盈余
53	3101	专用基金
54	3201	权益法调整
55	3301	本期盈余
56	3302	本年盈余分配
57	3401	无偿调拨净资产
58	3501	以前年度盈余调整
(四) 收入类		
59	4001	财政拨款收入
60	4101	事业收入
61	4201	上级补助收入
62	4301	附属单位上缴收入
63	4401	经营收入
64	4601	非同级财政拨款收入
65	4602	投资收益

续表

序号	科目编号	科目名称
66	4603	捐赠收入
67	4604	利息收入
68	4605	租金收入
69	4609	其他收入
(五) 费用类		
70	5001	业务活动费用
71	5101	单位管理费用
72	5201	经营费用
73	5301	资产处置费用
74	5401	上缴上级费用
75	5501	对附属单位补助费用
76	5801	所得税费用
77	5901	其他费用
二、预算会计科目		
(一) 预算收入类		
1	6001	财政拨款预算收入
2	6101	事业预算收入
3	6201	上级补助预算收入
4	6301	附属单位上缴预算收入
5	6401	经营预算收入
6	6501	债务预算收入
7	6601	非同级财政拨款预算收入
8	6602	投资预算收益
9	6609	其他预算收入
(二) 预算支出类		
10	7101	行政支出
11	7201	事业支出
12	7301	经营支出
13	7401	上缴上级支出
14	7501	对附属单位补助支出
15	7601	投资支出

续表

序号	科目编号	科目名称
16	7701	债务还本支出
17	7901	其他支出
(三) 预算结余类		
18	8001	资金结存
19	8101	财政拨款结转
20	8102	财政拨款结余
21	8201	非财政拨款结转
22	8202	非财政拨款结余
23	8301	专用结余
24	8401	经营结余
25	8501	其他结余
26	8701	非财政拨款结余分配

二、政府会计科目使用要求

①各单位应当按照制度的规定设置和使用会计科目。在不影响会计处理和编制报表的前提下，各单位可以根据实际情况自行增设或减少某些会计科目。

②各单位应当执行制度统一规定的会计科目编号，以便于填制会计凭证、登记账簿、查阅账目，实行会计信息化管理。

③各单位在填制会计凭证、登记会计账簿时，应当填列会计科目的名称，或者同时填列会计科目的名称和编号，不得只填列会计科目编号、不填列会计科目名称。

④各单位设置明细科目或进行明细核算，除遵循制度规定外，还应当满足权责发生制政府部门财务报告和政府综合财务报告编制的其他需要。

本章小结

政府会计是各级政府、各部门、各单位核算和监督单位预算执行情况和财务状况的一门专业会计。其中，各部门、各单位是指与本级政府财政部门直接或者间接发生预算拨款关系的国家机关、军队、政党组织、社会团体、事业单位和其他单位。

政府会计具有双功能、双基础、双报告、平行记账的特点。

政府会计由预算会计和财务会计构成，其核算基础包括收付实现制和权责发生制。预算会计以收付实现制为基础对政府会计主体预算执行过程中发生的全部收入和全部支出进行会计核算，主要反映和监督预算收支执行情况。财务会计以权责发生制为基础对政府会计主体发生的各项经济业务或者事项进行会计核算，主要反映和监督政府会计主体的财务状况、运行情况和现金流量等。

政府会计的信息质量要求包括真实性、相关性、完整性、及时性、可比性、明晰性、实质重于形式等。

政府会计要素包括财务会计要素和预算会计要素。财务会计要素包括资产、负债、净资产、收入和费用。预算会计要素包括预算收入、预算支出和预算结余。

会计科目是对会计要素的进一步分类，是各级单位会计设置账户、确定会计核算内容的基本依据。单位应当按照制度的规定设置和使用会计科目。在不影响会计处理和编制报表的前提下，单位可以根据实际情况自行增设或减少某些会计科目。单位应当执行制度统一规定的会计科目编号，以便于填制会计凭证、登记账簿、查阅账目，实行会计信息化管理。单位在填制会计凭证、登记会计账簿时，应当填列会计科目的名称，或者同时填列会计科目的名称和编号，不得只填列会计科目编号、不填列会计科目名称。单位设置明细科目或进行明细核算，除遵循制度规定外，还应当满足权责发生制政府部门财务报告和政府综合财务报告编制的其他需要。

复习思考题

1. 政府会计与财政总预算会计有何联系与区别？
2. 简述政府会计的特点。
3. 如何理解政府会计信息质量要求？
4. 如何理解政府会计的核算基础？
5. 简述政府会计的会计要素以及会计等式。

第八章

政府会计收入与费用、支出的核算

第一节 政府会计收入的核算

政府会计收入的核算包括政府财务会计收入的核算和政府预算会计预算收入的核算。

政府财务会计收入是指报告期内导致政府会计主体净资产增加的、含有服务潜力或者经济利益的经济资源的流入。政府财务会计收入具体包括财政拨款收入、事业收入、上级补助收入、附属单位上缴收入、经营收入、非同级财政拨款收入、投资收益、捐赠收入、利息收入、租金收入和其他收入。

政府财务会计收入的确认应当同时满足以下条件：

①与收入相关的含有服务潜力或者经济利益的经济资源很可能流入政府会计主体；

②含有服务潜力或者经济利益的经济资源流入会导致政府会计主体资产增加或者负债减少；

③流入金额能够可靠地计量。

《政府会计准则——基本准则》第四十四条规定，符合收入定义和收入确认条件的项目，应当列入收入费用表。

政府预算会计预算收入是指政府会计主体在预算年度内依法取得的并纳入预算管理的现金流入。政府预算会计预算收入主要包括财政拨款预算收入、事业预算收入、上级补助预算收入、附属单位上缴预算收入、经营预算收入、债务预算收入、非同级财政拨款预算收入、投资预算收益和其他预算收入。

预算收入一般在实际收到时予以确认，以实际收到的金额计量。

一、政府财务会计收入的核算

（一）财政拨款收入

1. 科目设置

单位应当设置"财政拨款收入"总账科目。该科目核算单位从同级政府财政部门取得各类财政拨款。"财政拨款收入"科目可按照一般公共预算财政拨款、政府性基金预算财政拨款等拨款种类进行明细核算。

同级政府财政部门预拨的下期预算款和没有纳入预算的暂付款项，以及采用实拨资金方式通过本单位转拨给下属单位的财政拨款，通过"其他应付款"科目核算，不通过"财政拨款收入"科目核算。

2. 财政拨款收入的主要账务处理

①财政直接支付方式下，根据收到的财政直接支付入账通知书及相关原始凭证，按照通知书中的直接支付入账金额，借记"库存物品""固定资产""业务活动费用""单位管理费用""应付职工薪酬"等科目，贷记"财政拨款收入"科目。涉及增值税业务的，相关账务处理参见"应交增值税"科目中的相关内容。

年末，根据本年度财政直接支付预算指标数与当年财政直接支付实际支付数的差额，借记"财政应返还额度——财政直接支付"科目，贷记"财政拨款收入"科目。

②财政授权支付方式下，根据收到的财政授权支付额度到账通知书，按照通知书中的授权支付额度，借记"零余额账户用款额度"科目，贷记"财政拨款收入"科目。

年末，本年度财政授权支付预算指标数大于零余额账户用款额度下达数的，根据未下达的用款额度，借记"财政应返还额度——财政授权支付"科目，贷记"财政拨款收入"科目。

③其他方式下收到财政拨款收入时，按照实际收到的金额，借记"银行存款"等科目，贷记"财政拨款收入"科目。

④因差错更正或购货退回等发生国库直接支付款项退回的，属于以前年度支付的款项，按照退回金额，借记"财政应返还额度——财政直接支付"科目，贷记"以前年度盈余调整""库存物品"等科目；属于本年度支付的款项，按照退回金额，借记"财政拨款收入"科目，贷记"业务活动费用""库存物品"等科目。

⑤期末，将"财政拨款收入"科目本期发生额转入本期盈余，借记"财政拨款收入"，贷记"本期盈余"科目。期末结转后，"财政拨款收入"科目应无余额。

（二）事业收入

1. 科目设置

事业单位应当设置"事业收入"总账科目。该科目核算事业单位开展专业业务活动及其辅助活动实现的收入，不包括从同级政府财政部门取得的各类财政拨款。"事业收入"科目应当按照事业收入的类别、来源等进行明细核算。对于因开展科研及其辅助活动从非同级政府财政部门取得的经费拨款,应当在"事业收入"科目下单设"非同级财政拨款"明细科目进行核算。

2. 事业收入的主要账务处理

(1) 采用财政专户返还方式管理的事业收入

①实现应上缴财政专户的事业收入时,按照实际收到或应收的金额,借记"银行存款""应收账款"等科目,贷记"应缴财政款"科目。

②向财政专户上缴款项时,按照实际上缴的款项金额,借记"应缴财政款"科目,贷记"银行存款"等科目。

③收到从财政专户返还的事业收入时,按照实际收到的返还金额,借记"银行存款"等科目,贷记"事业收入"科目。

(2) 采用预收款方式确认的事业收入

①实际收到预收款项时,按照收到的款项金额,借记"银行存款"等科目,贷记"预收账款"科目。

②以合同完成进度确认事业收入时,按照基于合同完成进度计算的金额,借记"预收账款"科目,贷记"事业收入"科目。

(3) 采用应收款方式确认的事业收入

①根据合同完成进度计算本期应收的款项,借记"应收账款"科目,贷记"事业收入"科目。

②实际收到款项时,借记"银行存款"等科目,贷记"应收账款"科目。

(4) 其他方式下确认的事业收入

按照实际收到的金额,借记"银行存款""库存现金"等科目,贷记"事业收入"科目。上述业务中涉及增值税业务的,相关账务处理参见"应交增值税"科目。

(5) 期末,应将"事业收入"科目本期发生额转入本期盈余,借记"事业收入"科目,贷记"本期盈余"科目。期末结转后,"事业收入"科目应无余额。

(三) 上级补助收入

1. 科目设置

事业单位应当设置"上级补助收入"总账科目。该科目核算事业单位从主管部门和上级单位取得的非财政拨款收入。"上级补助收入"科目应当按照发放补助单位、补助项目等进行明细核算。

2. 上级补助收入的主要账务处理

①确认上级补助收入时,按照应收或实际收到的金额,借记"其他应收款""银行存款"等科目,贷记"上级补助收入"科目。

②实际收到应收的上级补助款时,按照实际收到的金额,借记"银行存款"等科目,贷记"其他应收款"科目。

③期末,将"上级补助收入"科目本期发生额转入本期盈余,借记"上级补助收入"科目,贷记"本期盈余"科目。期末结转后,"上级补助收入"科目应无余额。

(四) 附属单位上缴收入

1. 科目设置

事业单位应当设置"附属单位上缴收入"总账科目。该科目核算事业单位取得的附属独立核算单位按照有关规定上缴的收入。"附属单位上缴收入"科目应当按照附属单位、缴款项目等进行明细核算。

2. 附属单位上缴收入的主要账务处理

①确认附属单位上缴收入时,按照应收或收到的金额,借记"其他应收款""银行存款"等科目,贷记"附属单位上缴收入"科目。

②实际收到应收附属单位上缴款时,按照实际收到的金额,借记"银行存款"等科目,贷记"其他应收款"科目。

③期末,将"附属单位上缴收入"科目本期发生额转入本期盈余,借记"附属单位上缴收入"科目,贷记"本期盈余"科目。期末结转后,"附属单位上缴收入"科目应无余额。

(五) 经营收入

1. 科目设置

事业单位应当设置"经营收入"总账科目。该科目核算事业单位在专业业务活动及其辅助活动之外开展非独立核算经营活动取得的收入。"经营收入"科目应当按照经营活动类别、项目和收入来源等进行明细核算。事业单位应当在提供服务或发出存货,同时收讫价款或者取得索取价款的凭据时,按照实际收到或应收的金额确认经营收入。

2. 经营收入的主要账务处理

①实现经营收入时,按照确定的收入金额,借记"银行存款""应收账款""应收票据"等科目,贷记"经营收入"科目。涉及增值税业务的,相关账务处理参见"应交增值税"科目的相关内容。

②期末,将"经营收入"科目本期发生额转入本期盈余,借记"经营收入"科目,贷记"本期盈余"科目。期末结转后,"经营收入"科目应无余额。

(六) 非同级财政拨款收入

1. 科目设置

单位应当设置"非同级财政拨款收入"总账科目。该科目核算单位从非同级政府财政部门取得的经费拨款,包括从同级政府其他部门取得的横向转拨财政款、从上级或下级政府财政部门取得的经费拨款等。"非同级财政拨款收入"科目应当按照本级横向转拨财政款和非本级财政拨款进行明细核算,并按照收入来源进行明细核算。

事业单位因开展科研及其辅助活动从非同级政府财政部门取得的经费拨款,应当通过"事业收入——非同级财政拨款"科目核算,不通过"非同级财政拨款收入"科目核算。

2. 非同级财政拨款收入的主要账务处理

①确认非同级财政拨款收入时,按照应收或实际收到的金额,借记"其他应收款""银

行存款"等科目,贷记"非同级财政拨款收入"科目。

②期末,将"非同级财政拨款收入"科目本期发生额转入本期盈余,借记"非同级财政拨款收入"科目,贷记"本期盈余"科目。期末结转后,"非同级财政拨款收入"科目应无余额。

(七) 投资收益

1. 科目设置

事业单位应当设置"投资收益"总账科目。该科目核算事业单位股权投资和债券投资所实现的收益或发生的损失。"投资收益"科目应当按照投资的种类等进行明细核算。

2. 投资收益的主要账务处理

①收到短期投资持有期间的利息,按照实际收到的金额,借记"银行存款"科目,贷记"投资收益"科目。

②出售或到期收回短期债券本息,按照实际收到的金额,借记"银行存款"科目,按照出售或收回短期投资的成本,贷记"短期投资"科目,按照其差额,贷记或借记"投资收益"科目。涉及增值税业务的,相关账务处理参见"应交增值税"科目的相关内容。

③持有的分期付息、一次还本的长期债券投资,按期确认利息收入时,按照计算确定的应收未收利息,借记"应收利息"科目,贷记"投资收益"科目;持有的到期一次还本付息的债券投资,按期确认利息收入时,按照计算确定的应收未收利息,借记"长期债券投资——应计利息"科目,贷记"投资收益"科目。

④出售长期债券投资或到期收回长期债券投资本息,按照实际收到的金额,借记"银行存款"等科目,按照债券初始投资成本和已计未收利息金额,贷记"长期债券投资——成本、应计利息"科目(到期一次还本付息债券)或"长期债券投资""应收利息"科目(分期付息债券),按照其差额,贷记或借记"投资收益"科目。涉及增值税业务的,相关账务处理参见"应交增值税"科目的相关内容。

⑤采用成本法核算的长期股权投资的,持有期间被投资单位宣告分派现金股利或利润时,按照宣告分派的现金股利或利润中属于单位应享有的份额,借记"应收股利"科目,贷记"投资收益"科目。

⑥采用权益法核算的长期股权投资的,持有期间按照应享有或应分担的被投资单位实现的净损益的份额,借记或贷记"长期股权投资——损益调整"科目,贷记或借记"投资收益"科目;被投资单位发生净亏损,但以后年度又实现净利润的,单位在其收益分享额弥补未确认的亏损分担额等后,恢复确认投资收益,借记"长期股权投资——损益调整"科目,贷记"投资收益"科目。

⑦按照规定处置长期股权投资时有关投资收益的账务处理,参见"长期股权投资"科目的相关内容。

⑧期末,将"投资收益"科目本期发生额转入本期盈余,借记或贷记"投资收益"科目,贷记或借记"本期盈余"科目。期末结转后,"投资收益"科目应无余额。

(八) 捐赠收入

1. 科目设置

单位应当设置"捐赠收入"总账科目。该科目核算单位接受其他单位或者个人捐赠取得的收入。"捐赠收入"科目应当按照捐赠资产的用途和捐赠单位等进行明细核算。

2. 捐赠收入的主要账务处理

①接受捐赠的货币资金，按照实际收到的金额，借记"银行存款""库存现金"等科目，贷记"捐赠收入"科目。

②接受捐赠的存货、固定资产等非现金资产，按照确定的成本，借记"库存物品""固定资产"等科目，按照发生的相关税费、运输费等，贷记"银行存款"等科目，按照其差额，贷记"捐赠收入"科目。

③接受捐赠的资产按照名义金额入账的，按照名义金额，借记"库存物品""固定资产"等科目，贷记"捐赠收入"科目；同时，按照发生的相关税费、运输费等，借记"其他费用"科目，贷记"银行存款"等科目。

④期末，将"捐赠收入"科目本期发生额转入本期盈余，借记"捐赠收入"科目，贷记"本期盈余"科目。期末结转后，"捐赠收入"科目应无余额。

(九) 利息收入

1. 科目设置

单位应当设置"利息收入"总账科目。该科目核算单位取得的银行存款利息收入。

2. 利息收入的主要账务处理

①取得银行存款利息时，按照实际收到的金额，借记"银行存款"科目，贷记"利息收入"科目。

②期末，将"利息收入"科目本期发生额转入本期盈余，借记"利息收入"科目，贷记"本期盈余"科目。期末结转后，"利息收入"科目应无余额。

(十) 租金收入

1. 科目设置

单位应当设置"租金收入"总账科目。该科目核算单位经批准利用国有资产出租取得并按照规定纳入本单位预算管理的租金收入。"租金收入"科目应当按照出租国有资产类别和收入来源等进行明细核算。

2. 租金收入主要账务处理

国有资产出租收入，应当在租赁期内各个期间按照直线法予以确认。

①采用预收租金方式出租国有资产的，预收租金时，按照收到的金额，借记"银行存款"等科目，贷记"预收账款"科目；分期确认租金收入时，按照各期租金金额，借记"预收账款"科目，贷记"租金收入"科目。

②采用后付租金方式出租国有资产的，每期确认租金收入时，按照各期租金金额，借记

"应收账款"科目,贷记"租金收入"科目;收到租金时,按照实际收到的金额,借记"银行存款"等科目,贷记"应收账款"科目。

③采用分期收取租金方式出租国有资产的,每期收取租金时,按照租金金额,借记"银行存款"等科目,贷记"租金收入"科目。涉及增值税业务的,相关账务处理参见"应交增值税"科目的相关内容。

④期末,将"租金收入"科目本期发生额转入本期盈余,借记"租金收入"科目,贷记"本期盈余"科目。期末结转后,"租金收入"科目应无余额。

(十一) 其他收入

1. 科目设置

单位应当设置"其他收入"总账科目。该科目核算单位取得的除财政拨款收入、事业收入、上级补助收入、附属单位上缴收入、经营收入、非同级财政拨款收入、投资收益、捐赠收入、利息收入、租金收入以外的各项收入,包括现金盘盈收入、按照规定纳入单位预算管理的科技成果转化收入、行政单位收回已核销的其他应收款、无法偿付的应付及预收款项、置换换出资产评估增值等。"其他收入"科目应当按照其他收入的类别、来源等进行明细核算。

2. 其他收入的主要账务处理

(1) 现金盘盈收入

每日现金账款核对中发现的现金溢余,属于无法查明原因的部分,报经批准后,借记"待处理财产损溢"科目,贷记"其他收入"科目。

(2) 科技成果转化收入

单位科技成果转化所取得的收入,按照规定留归本单位的,按照所取得收入扣除相关费用之后的净收益,借记"银行存款"等科目,贷记"其他收入"科目。

(3) 收回已核销的其他应收款

行政单位已核销的其他应收款在以后期间收回的,按照实际收回的金额,借记"银行存款"等科目,贷记"其他收入"科目。

(4) 无法偿付的应付及预收款项

确认无法偿付或债权人豁免偿还的应付账款、预收账款、其他应付款及长期应付款,借记"应付账款""预收账款""其他应付款""长期应付款"等科目,贷记"其他收入"科目。

(5) 置换换出资产评估增值

资产置换过程中,换出资产评估增值的,按照评估价值高于资产账面价值或账面余额的金额,借记有关科目,贷记"其他收入"科目。具体账务处理参见"库存物品"等科目的相关内容。

以未入账的无形资产取得的长期股权投资,按照评估价值加相关税费作为投资成本,借记"长期股权投资"科目,按照发生的相关税费,贷记"银行存款""其他应交税费"等科目,按其差额,贷记"其他收入"科目。

(6) 其他

按照应收或实际收到的金额,借记"其他应收款""银行存款""库存现金"等科目,贷记"其他收入"科目。涉及增值税业务的,相关账务处理参见"应交增值税"科目的相关内容。

(7) 期末

期末,将"其他收入"科目本期发生额转入本期盈余,借记"其他收入"科目,贷记"本期盈余"科目。期末结转后,"其他收入"科目应无余额。

二、政府预算会计预算收入的核算

(一) 财政拨款预算收入

1. 科目设置

单位应当设置"财政拨款预算收入"总账科目。该科目核算单位从同级政府财政部门取得的各类财政拨款。"财政拨款预算收入"科目应当设置"基本支出"和"项目支出"两个明细科目,并按照《政府收支分类科目》中"支出功能分类科目"的项级科目进行明细核算;同时,在"基本支出"明细科目下按照"人员经费"和"日常公用经费"进行明细核算,在"项目支出"明细科目下按照具体项目进行明细核算。有一般公共预算财政拨款、政府性基金预算财政拨款两种或两种以上财政拨款的单位,还应当按照财政拨款的种类进行明细核算。

2. 财政拨款预算收入的主要账务处理

①财政直接支付方式下,单位根据收到的财政直接支付入账通知书及相关原始凭证,按照通知书中的直接支付金额,借记"行政支出""事业支出"等科目,贷记"财政拨款预算收入"科目。

年末,根据本年度财政直接支付预算指标数与当年财政直接支付实际支出数的差额,借记"资金结存——财政应返还额度"科目,贷记"财政拨款预算收入"科目。

②财政授权支付方式下,单位根据收到的财政授权支付额度到账通知书,按照通知书中的授权支付额度,借记"资金结存——零余额账户用款额度"科目,贷记"财政拨款预算收入"科目。

年末,单位本年度财政授权支付预算指标数大于零余额账户用款额度下达数的,按照两者差额,借记"资金结存——财政应返还额度"科目,贷记"财政拨款预算收入"科目。

③其他方式下,单位按照本期预算收到财政拨款预算收入时,按照实际收到的金额,借记"资金结存——货币资金"科目,贷记"财政拨款预算收入"科目。

单位收到下期预算的财政预拨款,应当在下个预算期,按照预收的金额,借记"资金结存——货币资金"科目,贷记"财政拨款预算收入"科目。

④因差错更正、购货退回等发生国库直接支付款项退回的,属于本年度支付的款项,按照退回金额,借记"财政拨款预算收入"科目,贷记"行政支出""事业支出"等科目。

⑤年末，将"财政拨款预算收入"科目本年发生额转入财政拨款结转，借记"财政拨款预算收入"科目，贷记"财政拨款结转——本年收支结转"科目。年末结转后，"财政拨款预算收入"科目应无余额。

（二）事业预算收入

1. 科目设置

事业单位应当设置"事业预算收入"总账科目。该科目核算事业单位开展专业业务活动及其辅助活动取得的现金流入。事业单位因开展科研及其辅助活动从非同级政府财政部门取得的经费拨款，也通过"事业预算收入"科目核算。

"事业预算收入"科目应当按照事业预算收入类别、项目、来源以及《政府收支分类科目》中"支出功能分类科目"的项级科目等进行明细核算。对于因开展科研及其辅助活动从非同级政府财政部门取得的经费拨款，应当在本"事业预算收入"科目下单设"非同级财政拨款"明细科目进行明细核算；事业预算收入中如有专项资金收入，还应按照具体项目进行明细核算。

2. 事业预算收入的主要账务处理

①采用财政专户返还方式管理的事业预算收入，收到从财政专户返还的事业预算收入时，按照实际收到的返还金额，借记"资金结存——货币资金"科目，贷记"事业预算收入"科目。

②收到其他事业预算收入时，按照实际收到的款项金额，借记"资金结存——货币资金"科目，贷记"事业预算收入"科目。

③年末，将"事业预算收入"科目本年发生额中的专项资金收入转入非财政拨款结转，借记"事业预算收入"科目下各专项资金收入明细科目，贷记"非财政拨款结转——本年收支结转"科目；将"事业预算收入"科目本年发生额中的非专项资金收入转入其他结余，借记"事业预算收入"科目下各非专项资金收入明细科目，贷记"其他结余"科目。年末结转后，"事业预算收入"科目应无余额。

（三）上级补助预算收入

1. 科目设置

事业单位应当设置"上级补助预算收入"总账科目。该科目核算事业单位从主管部门和上级单位取得的非财政补助现金流入。"上级补助预算收入"科目应当按照发放补助单位、补助项目《政府收支分类科目》中"支出功能分类科目"的项级科目等进行明细核算。上级补助预算收入中如有专项资金收入，还应按照具体项目进行明细核算。

2. 上级补助预算收入的主要账务处理

①收到上级补助预算收入时，按照实际收到的金额，借记"资金结存——货币资金"科目，贷记"上级补助预算收入"科目。

②年末，将"上级补助预算收入"科目本年发生额中的专项资金收入转入非财政拨款

结转，借记"上级补助预算收入"科目下各专项资金收入明细科目，贷记"非财政拨款结转——本年收支结转"科目；将"上级补助预算收入"科目本年发生额中的非专项资金收入转入其他结余，借记"上级补助预算收入"科目下各非专项资金收入明细科目，贷记"其他结余"科目。年末结转后，"上级补助预算收入"科目应无余额。

（四）附属单位上缴预算收入

1. 科目设置

事业单位应当设置"附属单位上缴预算收入"总账科目。该科目核算事业单位取得附属独立核算单位根据有关规定上缴的现金流入。"附属单位上缴预算收入"科目应当按照附属单位、缴款项目以及《政府收支分类科目》中"支出功能分类科目"的项级科目等进行明细核算。附属单位上缴预算收入中如有专项资金收入，还应按照具体项目进行明细核算。

2. 附属单位上缴预算收入的主要账务处理

①收到附属单位缴来款项时，按照实际收到的金额，借记"资金结存——货币资金"科目，贷记"附属单位上缴预算收入"科目。

②年末，将"附属单位上缴预算收入"科目本年发生额中的专项资金收入转入非财政拨款结转，借记"附属单位上缴预算收入"科目下各专项资金收入明细科目，贷记"非财政拨款结转——本年收支结转"科目；将"附属单位上缴预算收入"科目本年发生额中的非专项资金收入转入其他结余，借记"附属单位上缴预算收入"科目下各非专项资金收入明细科目，贷记"其他结余"科目。年末结转后，"附属单位上缴预算收入"科目应无余额。

（五）经营预算收入

1. 科目设置

事业单位应当设置"经营预算收入"总账科目。该科目核算事业单位在专业业务活动及其辅助活动之外开展非独立核算经营活动取得的现金流入。"经营预算收入"科目应当按照经营活动类别、项目以及《政府收支分类科目》中"支出功能分类科目"的项级科目等进行明细核算。

2. 经营预算收入的主要账务处理

①收到经营预算收入时，按照实际收到的金额，借记"资金结存——货币资金"科目，贷记"经营预算收入"科目。

②年末，将"经营预算收入"科目本年发生额转入经营结余，借记"经营预算收入"科目，贷记"经营结余"科目。年末结转后，"经营预算收入"科目应无余额。

（六）债务预算收入

1. 科目设置

事业单位应当设置"债务预算收入"总账科目。该科目核算事业单位按照规定从银行和其他金融机构等借入的、纳入部门预算管理的、不以财政资金作为偿还来源的债务本金。"债务预算收入"科目应当按照贷款单位、贷款种类以及《政府收支分类科目》中"支出功能分类科目"的项级科目等进行明细核算。债务预算收入中如有专项资金收入，还应按照具体项目进行明细核算。

2. 债务预算收入的主要账务处理

①借入各项短期或长期借款时，按照实际借入的金额，借记"资金结存——货币资金"科目，贷记"债务预算收入"科目。

②年末，将"债务预算收入"科目本年发生额中的专项资金收入转入非财政拨款结转，借记"债务预算收入"科目下各专项资金收入明细科目，贷记"非财政拨款结转——本年收支结转"科目；将"债务预算收入"科目本年发生额中的非专项资金收入转入其他结余，借记"债务预算收入"科目下各非专项资金收入明细科目，贷记"其他结余"科目。年末结转后，"债务预算收入"科目应无余额。

（七）非同级财政拨款预算收入

1. 科目设置

单位应当设置"非同级财政拨款预算收入"总账科目。该科目核算单位从非同级政府财政部门取得的财政拨款，包括本级横向转拨财政款和非本级财政拨款。"非同级财政拨款预算收入"科目应当按照非同级财政拨款预算收入的类别、来源以及《政府收支分类科目》中"支出功能分类科目"的项级科目等进行明细核算。非同级财政拨款预算收入中如有专项资金收入，还应按照具体项目进行明细核算。

对于因开展科研及其辅助活动从非同级政府财政部门取得的经费拨款，应当通过"事业预算收入——非同级财政拨款"科目进行核算，不通过"非同级财政拨款预算收入"科目核算。

2. 非同级财政拨款预算收入的主要账务处理

①取得非同级财政拨款预算收入时，按照实际收到的金额，借记"资金结存——货币资金"科目，贷记"非同级财政拨款预算收入"科目。

②年末，将"非同级财政拨款预算收入"科目本年发生额中的专项资金收入转入非财政拨款结转，借记"非同级财政拨款预算收入"科目下各专项资金收入明细科目，贷记"非财政拨款结转——本年收支结转"科目；将"非同级财政拨款预算收入"科目本年发生额中的非专项资金收入转入其他结余，借记"非同级财政拨款预算收入"科目下各非专项资金收入明细科目，贷记"其他结余"科目。年末结转后，"非同级财政拨款预算收入"科目应无余额。

（八）投资预算收益

1. 科目设置

事业单位应当设置"投资预算收益"总账科目。该科目核算事业单位取得的按照规定纳入部门预算管理的属于投资收益性质的现金流入，包括股权投资收益、出售或收回债券投资所取得的收益和债券投资利息收入。"投资预算收益"科目应当按照《政府收支分类科目》中"支出功能分类科目"的项级科目等进行明细核算。

2. 投资预算收益的主要账务处理

①出售或到期收回本年度取得的短期、长期债券,按照实际取得的价款或实际收到的本息金额,借记"资金结存——货币资金"科目,按照取得债券时"投资支出"科目的发生额,贷记"投资支出"科目,按照其差额,贷记或借记"投资预算收益"科目。

出售或到期收回以前年度取得的短期、长期债券,按照实际取得的价款或实际收到的本息金额,借记"资金结存——货币资金"科目,按照取得债券时"投资支出"科目的发生额,贷记"其他结余"科目,按照其差额,贷记或借记"投资预算收益"科目。

出售、转让以货币资金取得的长期股权投资的,其账务处理参照出售或到期收回债券投资的相关内容。

②持有的短期投资以及分期付息、一次还本的长期债券投资收到利息时,按照实际收到的金额,借记"资金结存——货币资金"科目,贷记"投资预算收益"科目。

③持有长期股权投资取得被投资单位分派的现金股利或利润时,按照实际收到的金额,借记"资金结存——货币资金"科目,贷记"投资预算收益"科目。

④出售、转让以非货币性资产取得的长期股权投资时,按照实际取得的价款扣减支付的相关费用和应缴财政款后的余额(按照规定纳入单位预算管理的),借记"资金结存——货币资金"科目,贷记"投资预算收益"科目。

⑤年末,将"投资预算收益"科目本年发生额转入其他结余,借记或贷记"投资预算收益"科目,贷记或借记"其他结余"科目。年末结转后,"投资预算收益"科目应无余额。

(九)其他预算收入

1. 科目设置

单位应当设置"其他预算收入"总账科目。该科目核算单位除财政拨款预算收入、事业预算收入、上级补助预算收入、附属单位上缴预算收入、经营预算收入、债务预算收入、非同级财政拨款预算收入、投资预算收益之外的纳入部门预算管理的现金流入,包括捐赠预算收入、利息预算收入、租金预算收入、现金盘盈收入等。

"其他预算收入"科目应当按照其他收入类别以及《政府收支分类科目》中"支出功能分类科目"的项级科目等进行明细核算。其他预算收入中如有专项资金收入,还应按照具体项目进行明细核算。

单位发生的捐赠预算收入、利息预算收入、租金预算收入金额较大或业务较多的,可单独设置"捐赠预算收入""利息预算收入""租金预算收入"等科目进行核算。

2. 其他预算收入的主要账务处理

①接受捐赠现金资产、收到银行存款利息、收到资产承租人支付的租金时,按照实际收到的金额,借记"资金结存——货币资金"科目,贷记"其他预算收入"科目。

②每日现金账款核对中如发现现金溢余,按照溢余的现金金额,借记"资金结存——

货币资金"科目，贷记"其他预算收入"科目。经核实，现金溢余属于应支付给有关个人和单位的部分，按照实际支付的金额，借记"其他预算收入"科目，贷记"资金结存——货币资金"科目。

③收到其他预算收入时，按照收到的金额，借记"资金结存——货币资金"科目，贷记"其他预算收入"科目。

④年末，将"其他预算收入"科目本年发生额中的专项资金收入转入非财政拨款结转，借记"其他预算收入"科目下各专项资金收入明细科目，贷记"非财政拨款结转——本年收支结转"科目；将"其他预算收入"科目本年发生额中的非专项资金收入转入其他结余，借记"其他预算收入"科目下各非专项资金收入明细科目，贷记"其他结余"科目。年末结转后，"其他预算收入"科目应无余额。

三、收入/预算收入主要业务和事项的账务处理

收入/预算收入主要业务和事项的账务处理如表8-1所示。

表8-1 收入/预算收入主要业务和事项的账务处理

序号	业务和事项内容	账务处理	
		财务会计（收入）	预算会计（预算收入）
		财政拨款收入	财政拨款预算收入
(1) 收到拨款	财政直接支付方式下	借：库存物品/固定资产/业务活动费用/单位管理费用/应付职工薪酬等 贷：财政拨款收入	借：行政支出/事业支出等 贷：财政拨款预算收入
	财政授权支付方式下	借：零余额账户用款额度 贷：财政拨款收入	借：资金结存——零余额账户用款额度 贷：财政拨款预算收入
	其他方式下	借：银行存款等 贷：财政拨款收入	借：资金结存——货币资金 贷：财政拨款预算收入
(2) 年末确认拨款差额	根据本年度财政直接支付预算指标数与当年财政直接支付实际支付数的差额	借：财政应返还额度——财政直接支付 贷：财政拨款收入	借：资金结存——财政应返还额度 贷：财政拨款预算收入
	本年度财政授权支付预算指标数大于零余额账户用款额度下达数的差额	借：财政应返还额度——财政授权支付 贷：财政拨款收入	借：资金结存——财政应返还额度 贷：财政拨款预算收入

续表

序号	业务和事项内容		账务处理	
			财务会计（收入）	预算会计（预算收入）
(3)	因差错更正或购货退回等发生的国库直接支付款项退回	属于本年度支付的款项	借：财政拨款收入 　　贷：业务活动费用/ 　　　　库存物品等	借：财政拨款预算收入 　　贷：行政支出/事业支出等
		属于以前年度支付的款项（财政拨款结转资金）	借：财政应返还额度—— 　　　　财政直接支付 　　贷：以前年度盈余调整/库存物品等	借：资金结存——财政应返还额度 　　贷：财政拨款结转——年初余额调整
		属于以前年度支付的款项（财政拨款结余资金）		借：资金结存——财政应返还额度 　　贷：财政拨款结余——年初余额调整
(4)	期末/年末结转		借：财政拨款收入 　　贷：本期盈余	借：财政拨款预算收入 　　贷：财政拨款结转——本年收支结转
			事业收入	事业预算收入
(1)	采用财政专户返还方式	实际收到或应收应上缴财政专户的事业收入时	借：银行存款/应收账款等 　　贷：应缴财政款	
		向财政专户上缴款项时	借：应缴财政款 　　贷：银行存款等	
		收到从财政专户返还的款项时	借：银行存款等 　　贷：事业收入	借：资金结存——货币资金 　　贷：事业预算收入
(2)	采用预收款方式	实际收到款项时	借：银行存款等 　　贷：预收账款	借：资金结存——货币资金 　　贷：事业预算收入
		按合同完成进度确认收入时	借：预收账款 　　贷：事业收入	
(3)	采用应收款方式	根据合同完成进度计算本期应收的款项	借：应收账款 　　贷：事业收入	
		实际收到款项时	借：银行存款等 　　贷：应收账款	借：资金结存——货币资金 　　贷：事业预算收入

续表

序号	业务和事项内容		账务处理	
			财务会计（收入）	预算会计（预算收入）
(4)	其他方式下		借：银行存款/库存现金等 贷：事业收入	借：资金结存——货币资金 贷：事业预算收入
(5)	期末/年末结转	专项资金收入	借：事业收入 贷：本期盈余	借：事业预算收入 贷：非财政拨款结转——本年收支结转
		非专项资金收入		借：事业预算收入 贷：其他结余
			上级补助收入	上级补助预算收入
(1)	日常核算	确认时，按照应收或实际收到的金额	借：其他应收款/银行存款等 贷：上级补助收入	借：资金结存——货币资金（按照实际收到的金额） 贷：上级补助预算收入
		收到应收的上级补助收入时	借：银行存款等 贷：其他应收款	
(2)	期末/年末结转	专项资金收入	借：上级补助收入 贷：本期盈余	借：上级补助预算收入 贷：非财政拨款结转——本年收支结转
		非专项资金收入		借：上级补助预算收入 贷：其他结余
	附属单位上缴预算收入		附属单位上缴收入	附属单位上缴预算收入
(1)	日常核算	确认时，按照应收或实际收到的金额	借：其他应收款/银行存款等 贷：附属单位上缴收入	借：资金结存——货币资金（按照实际收到的金额） 贷：附属单位上缴预算收入
		实际收到应收附属单位上缴收入款时	借：银行存款等 贷：其他应收款	
(2)	期末/年末结转	专项资金收入	借：附属单位上缴收入 贷：本期盈余	借：附属单位上缴预算收入 贷：非财政拨款结转——本年收支结转
		非专项资金收入		借：附属单位上缴预算收入 贷：其他结余

续表

序号	业务和事项内容		账务处理	
			财务会计（收入）	预算会计（预算收入）
			经营收入	经营预算收入
(1)	确认经营收入时	按照确定的收入金额	借：银行存款/应收账款/应收票据 贷：经营收入	借：资金结存——货币资金（按照实际收到的金额） 贷：经营预算收入
(2)	收到应收的款项时	按照实际收到的金额	借：银行存款等 贷：应收账款/应收票据	
(3)	期末/年末结转		借：经营收入 贷：本期盈余	借：经营预算收入 贷：经营结余
				债务预算收入/债务还本支出
(1)	短期借款	借入各种短期借款	借：银行存款 贷：短期借款	借：资金结存——货币资金 贷：债务预算收入
		归还短期借款本金	借：短期借款 贷：银行存款	借：债务还本支出 贷：资金结存——货币资金
(2)	长期借款	借入各项长期借款时	借：银行存款 贷：长期借款——本金	借：资金结存——货币资金 贷：债务预算收入
		归还长期借款本金	借：长期借款——本金 贷：银行存款	借：债务还本支出 贷：资金结存——货币资金
(3)	期末/年末结转	债务预算收入结转	专项资金	借：债务预算收入 贷：非财政拨款结转——本年收支结转
			非专项资金	借：债务预算收入 贷：其他结余
		债务还本支出结转		借：其他结余 贷：债务还本支出
			非同级财政拨款收入	非同级财政拨款预算收入

续表

序号	业务和事项内容		账务处理	
			财务会计（收入）	预算会计（预算收入）
(1)	确认收入时	按照应收或实际收到的金额	借：其他应收款/银行存款等 贷：非同级财政拨款收入	借：资金结存——货币资金（按照实际收到的金额） 贷：非同级财政拨款预算收入
(2)	收到应收的款项时	按照实际收到的金额	借：银行存款 贷：其他应收款	
(3)	期末/年末结转	专项资金	借：非同级财政拨款收入 贷：本期盈余	借：非同级财政拨款预算收入 贷：非财政拨款结转——本年收支结转
		非专项资金		借：非同级财政拨款预算收入 贷：其他结余
			投资收益	投资预算收益
(1)	出售或到期收回短期债券本息		借：银行存款 投资收益（借差） 贷：短期投资（成本）投资收益（贷差）	借：资金结存——货币资金（实际收到的款项） 投资预算收益（借差） 贷：投资支出/其他结余（投资成本） 投资预算收益（贷差）
(2)	持有的分期付息、一次还本的长期债券投资	确认应收未收利息	借：应收利息 贷：投资收益	
		实际收到利息时	借：银行存款 贷：应收利息	借：资金结存——货币资金 贷：投资预算收益
(3)	持有的一次还本付息的长期债券投资	计算确定的应收未收利息，增加长期债券投资的账面余额	借：长期债券投资——应计利息 贷：投资收益	

续表

序号	业务和事项内容		账务处理	
			财务会计（收入）	预算会计（预算收入）
（4）	出售长期债券投资或到期收回长期债券投资本息		借：银行存款 　　投资收益（借差） 贷：长期债券投资 　　应收利息 　　投资收益（贷差）	借：资金结存——货币资金（实际收到的款项） 　　投资预算收益（借差） 贷：投资支出/其他结余投资预算收益（贷差）
（5）	成本法下长期股权投资持有期间，被投资单位宣告分派利润或股利	确认宣告分派的利润或股利中属于单位应享有的份额	借：应收股利 贷：投资收益	
		取得分派的利润或股利，按照实际收到的金额	借：银行存款 贷：应收股利	借：资金结存——货币资金 贷：投资预算收益
（6）	采用权益法核算的长期股权投资持有期间	确认应享有或应分担的被投资单位实现的净损益的份额	借：长期股权投资——损益调整 贷：投资收益（被投资单位实现净利润） 借：投资收益（被投资单位发生净亏损） 贷：长期股权投资——损益调整	
		收到被投资单位发放的现金股利	借：应收股利 贷：长期股权投资——损益调整 借：银行存款 贷：应收股利	借：资金结存——货币资金 贷：投资预算收益
		被投资单位发生净亏损，但以后年度又实现净利润的，按规定恢复确认投资收益	借：长期股权投资——损益调整 贷：投资收益	

续表

序号	业务和事项内容		账务处理	
			财务会计（收入）	预算会计（预算收入）
(7)	期末/年末结转	投资收益为贷方余额时	借：投资收益 　贷：本期盈余	借：投资预算收益 　贷：其他结余
		投资收益为借方余额时	借：本期盈余 　贷：投资收益	借：其他结余 　贷：投资预算收益
			捐赠收入	其他预算收入
(1)	接受捐赠的货币资金	按照实际收到的金额	借：银行存款/库存现金 　贷：捐赠收入	借：资金结存——货币资金 　贷：其他预算收入——捐赠收入
(2)	接受捐赠的存货、固定资产等	按照确定的成本	借：库存物品/固定资产等 　贷：银行存款等（相关税费支出） 　　　捐赠收入	借：其他支出（支付的相关税费等） 　贷：资金结存
		如按照名义金额入账	借：库存物品/固定资产等（名义金额） 　贷：捐赠收入 借：其他费用 　贷：银行存款等（相关税费支出）	借：其他支出（支付的相关税费等） 　贷：资金结存
(3)	期末/年末结转	专项资金	借：捐赠收入 　贷：本期盈余	借：其他预算收入——捐赠收入 　贷：非财政拨款结转——本年收支结转
		非专项资金		借：其他预算收入——捐赠收入 　贷：其他结余
			利息收入	其他预算收入
(1)	确认银行存款利息收入	实际收到利息时	借：银行存款 　贷：利息收入	借：资金结存——货币资金 　贷：其他预算收入——利息收入
(2)	期末/年末结转		借：利息收入 　贷：本期盈余	借：其他预算收入——利息收入 　贷：其他结余
			租金收入	其他预算收入

续表

序号	业务和事项内容		账务处理	
			财务会计（收入）	预算会计（预算收入）
(1)	预收租金方式	收到预付的租金时	借：银行存款等 　　贷：预收账款	借：资金结存——货币资金 　　贷：其他预算收入——租金收入
		按照直线法分期确认租金收入时	借：预收账款 　　贷：租金收入	
(2)	后付租金方式	确认租金收入时	借：应收账款 　　贷：租金收入	
		收到租金时	借：银行存款等 　　贷：应收账款	借：资金结存——货币资金 　　贷：其他预算收入——租金收入
(3)	分期收取租金	按期收取租金	借：银行存款等 　　贷：租金收入	借：资金结存——货币资金 　　贷：其他预算收入——租金收入
(4)	期末/年末结转		借：租金收入 　　贷：本期盈余	借：其他预算收入——租金收入 　　贷：其他结余
			其他收入	其他预算收入
(1)	现金盘盈收入	属于无法查明原因的部分	借：待处理财产损溢 　　贷：其他收入	
(2)	科技成果转化收入	按照规定留归本单位的	借：银行存款等 　　贷：其他收入	借：资金结存——货币资金 　　贷：其他预算收入
(3)	行政单位收回已核销的其他应收款	按照实际收回的金额	借：银行存款等 　　贷：其他收入	借：资金结存——货币资金 　　贷：其他预算收入
(4)	无法偿付的应付及预收款项		借：应付账款/预收账款/其他应付款/长期应付款 　　贷：其他收入	

续表

序号	业务和事项内容		账务处理	
			财务会计（收入）	预算会计（预算收入）
（5）	置换换出资产评估增值	按照换出资产评估价值高于资产账面价值的金额	借：有关科目 　贷：其他收入	
（6）	其他情况	按照应收或实际收到的金额	借：其他应收款/银行存款/库存现金等 　贷：其他收入	借：资金结存——货币资金（按照实际收到的金额） 　贷：其他预算收入
（7）	期末/年末结转	专项资金	借：其他收入 　贷：本期盈余	借：其他预算收入 　贷：非财政拨款结转——本年收支结转
		非专项资金		借：其他预算收入 　贷：其他结余

第二节　政府会计费用、支出的核算

费用是指报告期内导致政府会计主体净资产减少的、含有服务潜力或者经济利益的经济资源的流出。费用的确认应当同时满足以下条件：

①与费用相关的含有服务潜力或者经济利益的经济资源很可能流出政府会计主体；

②含有服务潜力或者经济利益的经济资源流出会导致政府会计主体资产减少或者负债增加；

③流出金额能够可靠地计量。

《政府会计准则——基本准则》第四十七条规定，符合费用定义和费用确认条件的项目，应当列入收入费用表。

政府会计主体关于费用的核算属于财务会计范畴。费用主要包括业务活动费用、单位管理费用、经营费用、资产处置费用、上缴上级费用、对附属单位补助费用、所得税费用、其他费用。

政府会计主体关于支出的核算属于预算会计范畴。支出指预算支出，预算支出是指政府会计主体在预算年度内依法发生并纳入预算管理的现金流出。预算支出一般在实际支付时予以确认，以实际支付的金额计量。预算支出主要包括行政支出、事业支出、经营支出、上缴上级支出、对附属单位补助支出、投资支出、债务还本支出、其他支出。

一、费用的核算

(一) 业务活动费用

1. 科目设置

单位应当设置"业务活动费用"总账科目。该科目核算单位为实现其职能目标,依法履职或开展专业业务活动及其辅助活动所发生的各项费用。"业务活动费用"科目应当按照项目、服务或者业务类别、支付对象等进行明细核算。为了满足成本核算需要,"业务活动费用"科目下还可按照"工资福利费用""商品和服务费用""对个人和家庭的补助费用""对企业补助费用""固定资产折旧费""无形资产摊销费""公共基础设施折旧(摊销)费""保障性住房折旧费""计提专用基金"等成本项目设置明细科目,归集能够直接计入业务活动或采用一定方法计算后计入业务活动的费用。

2. 业务活动费用的主要账务处理

①为履职或开展业务活动人员计提的薪酬,按照计算确定的金额,借记"业务活动费用"科目,贷记"应付职工薪酬"科目。

②为履职或开展业务活动发生的外部人员劳务费,按照计算确定的金额,借记"业务活动费用"科目,按照代扣代缴个人所得税的金额,贷记"其他应交税费——应交个人所得税"科目,按照扣税后应付或实际支付的金额,贷记"其他应付款""财政拨款收入""零余额账户用款额度""银行存款"等科目。

③为履职或开展业务活动领用库存物品,以及动用发出相关政府储备物资,按照领用库存物品或发出相关政府储备物资的账面余额,借记"业务活动费用"科目,贷记"库存物品""政府储备物资"科目。

④为履职或开展业务活动使用的固定资产、无形资产以及为所控制的公共基础设施、保障性住房计提的折旧、摊销,按照计提金额,借记"业务活动费用"科目,贷记"固定资产累计折旧""无形资产累计摊销""公共基础设施累计折旧(摊销)""保障性住房累计折旧"科目。

⑤为履职或开展业务活动发生的城市维护建设税、教育费附加、地方教育附加、车船税、房产税、城镇土地使用税等,按照计算确定应交纳的金额,借记"业务活动费用"科目,贷记"其他应交税费"等科目。

⑥为履职或开展业务活动发生其他各项费用时,按照费用确认金额,借记"业务活动费用"科目,贷记"财政拨款收入""零余额账户用款额度""银行存款""应付账款""其他应付款""其他应收款"等科目。

⑦按照规定从收入中提取专用基金并计入费用的,一般按照预算会计下基于预算收入计算提取的金额,借记"业务活动费用"科目,贷记"专用基金"科目。国家另有规定的,从其规定。

⑧发生当年购货退回等业务,对于已计入本年业务活动费用的,按照收回或应收的金额,借记"财政拨款收入""零余额账户用款额度""银行存款""其他应收款"等科目,贷记"业务活动费用"科目。

⑨期末，将"业务活动费用"科目本期发生额转入本期盈余，借记"本期盈余"科目，贷记"业务活动费用"科目。期末结转后，"业务活动费用"科目应无余额。

（二）单位管理费用

1. 科目设置

事业单位应当设置"单位管理费用"总账科目。该科目核算事业单位本级行政及后勤管理部门开展管理活动发生的各项费用，包括单位行政及后勤管理部门发生的人员经费、公用经费、资产折旧（摊销）等费用，以及由单位统一负担的离退休人员经费、工会经费、诉讼费、中介费等。

"单位管理费用"科目应当按照项目、费用类别、支付对象等进行明细核算。为了满足成本核算需要，"单位管理费用"科目下还可按照"工资福利费用""商品和服务费用""对个人和家庭的补助费用""固定资产折旧费""无形资产摊销费"等成本项目设置明细科目，归集能够直接计入单位管理活动或采用一定方法计算后计入单位管理活动的费用。

2. 单位管理费用的主要账务处理

①为管理活动人员计提的薪酬，按照计算确定的金额，借记"单位管理费用"科目，贷记"应付职工薪酬"科目。

②为开展管理活动发生的外部人员劳务费，按照计算确定的费用金额，借记"单位管理费用"科目，按照代扣代缴个人所得税的金额，贷记"其他应交税费——应交个人所得税"科目，按照扣税后应付或实际支付的金额，贷记"其他应付款""财政拨款收入""零余额账户用款额度""银行存款"等科目。

③开展管理活动内部领用库存物品，按照领用物品实际成本，借记"单位管理费用"科目，贷记"库存物品"科目。

④为管理活动使用固定资产、无形资产计提的折旧、摊销，按照应提折旧、摊销额，借记"单位管理费用"科目，贷记"固定资产累计折旧""无形资产累计摊销"科目。

⑤为开展管理活动发生城市维护建设税、教育费附加、地方教育附加、车船税、房产税、城镇土地使用税等，按照计算确定应交纳的金额，借记"单位管理费用"科目，贷记"其他应交税费"等科目。

⑥为开展管理活动发生的其他各项费用，按照费用确认金额，借记"单位管理费用"科目，贷记"财政拨款收入""零余额账户用款额度""银行存款""其他应付款""其他应收款"等科目。

⑦发生当年购货退回等业务，对于已计入本年单位管理费用的，按照收回或应收的金额，借记"财政拨款收入""零余额账户用款额度""银行存款""其他应收款"等科目，贷记"单位管理费用"科目。

⑧期末，将"单位管理费用"科目本期发生额转入本期盈余，借记"本期盈余"科目，贷记"单位管理费用"科目。期末结转后，"单位管理费用"科目应无余额。

(三) 经营费用

1. 科目设置

事业单位应当设置"经营费用"总账科目。该科目核算事业单位在专业业务活动及其辅助活动之外开展非独立核算经营活动发生的各项费用。

"经营费用"科目应当按照经营活动类别、项目、支付对象等进行明细核算。为了满足成本核算需要,"经营费用"科目下还可按照"工资福利费用""商品和服务费用""对个人和家庭的补助费用""固定资产折旧费""无形资产摊销费"等成本项目设置明细科目,归集能够直接计入单位经营活动或采用一定方法计算后计入单位经营活动的费用。

2. 经营费用的主要账务处理

①为经营活动人员计提的薪酬,按照计算确定的金额,借记"经营费用"科目,贷记"应付职工薪酬"科目。

②开展经营活动领用或发出库存物品,按照物品实际成本,借记"经营费用"科目,贷记"库存物品"科目。

③为经营活动使用固定资产、无形资产计提的折旧、摊销,按照应提折旧、摊销额,借记"经营费用"科目,贷记"固定资产累计折旧""无形资产累计摊销"科目。

④开展经营活动发生城市维护建设税、教育费附加、地方教育附加、车船税、房产税、城镇土地使用税等,按照计算确定应交纳的金额,借记"经营费用"科目,贷记"其他应交税费"等科目。

⑤发生与经营活动相关的其他各项费用时,按照费用确认金额,借记"经营费用"科目,贷记"银行存款""其他应付款""其他应收款"等科目。涉及增值税业务的,相关账务处理参见"应交增值税"科目的相关内容。

⑥发生当年购货退回等业务,对于已计入本年经营费用的,按照收回或应收的金额,借记"银行存款""其他应收款"等科目,贷记"经营费用"科目。

⑦期末,将"经营费用"科目本期发生额转入本期盈余,借记"本期盈余"科目,贷记"经营费用"科目。期末结转后,"经营费用"科目应无余额。

(四) 资产处置费用

1. 科目设置

单位应当设置"资产处置费用"总账科目。该科目核算单位经批准处置资产时发生的费用,包括转销的被处置资产价值,以及在处置过程中发生的相关费用或者处置收入小于相关费用形成的净支出。资产处置的形式按照规定包括无偿调拨、出售、出让、转让、置换、对外捐赠、报废、毁损以及货币性资产损失核销等。"资产处置费用"科目应当按照处置资产的类别、资产处置的形式等进行明细核算。

单位在资产清查中查明的资产盘亏、毁损以及资产报废等,应当先通过"待处理财产损溢"科目进行核算,再将处理资产价值和处理净支出计入"资产处置费用"科目。短期投资、长期股权投资、长期债券投资的处置,按照相关资产科目的规定进行账务处理。

2. 资产处置费用的主要账务处理

(1) 不通过"待处理财产损溢"科目核算的资产处置

①按照规定报经批准处置资产时,按照处置资产的账面价值,借记"资产处置费用"科目(处置固定资产、无形资产、公共基础设施、保障性住房的,还应借记"固定资产累计折旧""无形资产累计摊销""公共基础设施累计折旧(摊销)""保障性住房累计折旧"科目),按照处置资产的账面余额,贷记"库存物品""固定资产""无形资产""公共基础设施""政府储备物资""文物文化资产""保障性住房""其他应收款""在建工程"等科目。

②处置资产过程中仅发生相关费用的,按照实际发生金额,借记"资产处置费用"科目,贷记"银行存款""库存现金"等科目。

③处置资产过程中取得收入的,按照取得的价款,借记"库存现金""银行存款"等科目,按照处置资产过程中发生的相关费用,贷记"银行存款""库存现金"等科目,按照其差额,借记"资产处置费用"科目或贷记"应缴财政款"等科目。涉及增值税业务的,相关账务处理参见"应交增值税"科目的相关内容。

(2) 通过"待处理财产损溢"科目核算的资产处置

①单位账款核对中发现的现金短缺,属于无法查明原因的,报经批准核销时,借记"资产处置费用"科目,贷记"待处理财产损溢"科目。

②单位资产清查过程中盘亏或者毁损、报废的存货、固定资产、无形资产、公共基础设施、政府储备物资、文物文化资产、保障性住房等,报经批准处理时,按照处理资产价值,借记"资产处置费用"科目,贷记"待处理财产损溢——待处理财产价值"科目。处理收支结清时,处理过程中所取得收入小于所发生相关费用的,按照相关费用减去处理收入后的净支出,借记"资产处置费用"科目,贷记"待处理财产损溢——处理净收入"科目。

③期末,将"资产处置费用"科目本期发生额转入本期盈余,借记"本期盈余"科目,贷记"资产处置费用"科目。期末结转后,"资产处置费用"科目无余额。

(五) 上缴上级费用

1. 科目设置

事业单位应当设置"上缴上级费用"总账科目。该科目核算事业单位按照财政部门和主管部门的规定上缴上级单位款项发生的费用。"上缴上级费用"科目应当按照收缴款项单位、缴款项目等进行明细核算。期末结转后,"上缴上级费用"科目无余额。

2. 上缴上级费用的主要账务处理

①事业单位发生上缴上级支出的,按照实际上缴的金额或者按照规定计算出应当上缴上级单位的金额,借记"上缴上级费用"科目,贷记"银行存款""其他应付款"等科目。

②期末,将"上缴上级费用"科目本期发生额转入本期盈余,借记"本期盈余"科目,贷记"上缴上级费用"科目。

(六) 对附属单位补助费用

1. 科目设置

事业单位应当设置"对附属单位补助费用"总账科目。该科目核算事业单位用财政拨款收入之外的收入对附属单位补助发生的费用。"对附属单位补助费用"科目应当按照接受补助单位、补助项目等进行明细核算。期末结转后,"对附属单位补助费用"科目无余额。

2. 对附属单位补助费用的主要账务处理

①事业单位发生对附属单位补助支出的,按照实际补助的金额或者按照规定计算出应当对附属单位补助的金额,借记"对附属单位补助费用"科目,贷记"银行存款""其他应付款"等科目。

②期末,将"对附属单位补助费用"科目本期发生额转入本期盈余,借记"本期盈余"科目,贷记"对附属单位补助费用"科目。

(七)所得税费用

1. 科目设置

事业单位应当设置"所得税费用"总账科目。该科目核算有企业所得税缴纳义务的事业单位按规定缴纳企业所得税所形成的费用。年末结转后,"所得税费用"科目无余额。

2. 所得税费用的主要账务处理

①发生企业所得税纳税义务的,按照税法规定计算的应交税金数额,借记"所得税费用"科目,贷记"其他应交税费——单位应交所得税"科目。

②实际缴纳时,按照缴纳金额,借记"其他应交税费——单位应交所得税"科目,贷记"银行存款"科目。

③年末,将"所得税费用"科目本年发生额转入本期盈余,借记"本期盈余"科目,贷记"所得税费用"科目。

(八)其他费用

1. 科目设置

单位应当设置"其他费用"总账科目。该科目核算单位发生的除业务活动费用、单位管理费用、经营费用、资产处置费用、上缴上级费用、附属单位补助费用、所得税费用以外的各项费用,包括利息费用、坏账损失、罚没支出、现金资产捐赠支出以及相关税费、运输费等。"其他费用"科目应当按照其他费用的类别等进行明细核算。单位发生的利息费用较多的,可以单独设置"利息费用"科目。期末结转后,"其他费用"科目无余额。

2. 其他费用的主要账务处理

(1) 利息费用

按期计算确认借款利息费用时,按照计算确定的金额,借记"在建工程"科目或"其他费用"科目,贷记"应付利息""长期借款——应计利息"科目。

(2) 坏账损失

年末,事业单位按照规定对收回后不需上缴财政的应收账款和其他应收款计提坏账准备时,按照计提金额,借记"其他费用"科目,贷记"坏账准备"科目;冲减多提的坏账准备时,按照冲减金额,借记"坏账准备"科目,贷记"其他费用"科目。

(3) 罚没支出

单位发生罚没支出的,按照实际缴纳或应当缴纳的金额,借记"其他费用"科目,贷记"银行存款""库存现金""其他应付款"等科目。

(4) 现金资产捐赠

单位对外捐赠现金资产的,按照实际捐赠的金额,借记"其他费用"科目,贷记"银行存款""库存现金"等科目。

(5) 其他相关费用

单位接受捐赠(或无偿调入)以名义金额计量的存货、固定资产、无形资产,以及成本无法可靠取得的公共基础设施、文物文化资产等发生的相关税费、运输费等,按照实际支付的金额,借记"其他费用"科目,贷记"财政拨款收入""零余额账户用款额度""银行存款""库存现金"等科目。

单位发生的与受托代理资产相关的税费、运输费、保管费等,按照实际支付或应付的金额,借记"其他费用"科目,贷记"零余额账户用款额度""银行存款""库存现金""其他应付款"等科目。

(6) 期末

期末,将"其他费用"科目本期发生额转入本期盈余,借记"本期盈余"科目,贷记"其他费用"科目。

二、预算支出的核算

(一) 行政支出

1. 科目设置

行政单位应当设置"行政支出"总账科目。该科目核算行政单位因履行其职责实际发生的各项现金流出。"行政支出"科目应当分别按照"财政拨款支出""非财政专项资金支出"和"其他资金支出","基本支出"和"项目支出"等进行明细核算,并按照《政府收支分类科目》中"支出功能分类科目"的项级科目进行明细核算;"基本支出"和"项目支出"明细科目下应当按照《政府收支分类科目》中"部门预算支出经济分类科目"的款级科目进行明细核算,同时在"项目支出"明细科目下按照具体项目进行明细核算。

有一般公共预算财政拨款、政府性基金预算财政拨款等两种或两种以上财政拨款的行政单位,还应当在"财政拨款支出"明细科目下按照财政拨款的种类进行明细核算。

对于预付款项,可通过在"行政支出"科目下设置"待处理"明细科目进行核算,待确认具体支出项目后再转入"行政支出"科目下相关明细科目。年末结账前,应将"行政支出"科目下的"待处理"明细科目余额全部转入"行政支出"科目下相关明细科目。年末结转后,"行政支出"科目无余额。

2. 行政支出的主要账务处理

①支付单位职工薪酬。向单位职工个人支付薪酬时,按照实际支付的金额,借记"行政支出"科目,贷记"财政拨款预算收入""资金结存"科目。

按照规定代扣代缴个人所得税以及代扣代缴或为职工缴纳职工社会保险费、住房公积金等时，按照实际缴纳的金额，借记"行政支出"科目，贷记"财政拨款预算收入""资金结存"科目。

②支付外部人员劳务费。按照实际支付给外部人员个人的金额，借记"行政支出"科目，贷记"财政拨款预算收入""资金结存"科目。

按照规定代扣代缴个人所得税时，按照实际缴纳的金额，借记"行政支出"科目，贷记"财政拨款预算收入""资金结存"科目。

③为购买存货、固定资产、无形资产以及为在建工程等支付相关款项时，按照实际支付的金额，借记"行政支出"科目，贷记"财政拨款预算收入""资金结存"科目。

④发生预付账款时，按照实际支付的金额，借记"行政支出"科目，贷记"财政拨款预算收入""资金结存"科目。

对于暂付款项，在支付款项时可不进行预算会计处理，待结算或报销时，按照结算或报销的金额，借记"行政支出"科目，贷记"资金结存"科目。

⑤发生其他各项支出时，按照实际支付的金额，借记"行政支出"科目，贷记"财政拨款预算收入""资金结存"科目。

⑥因购货退回等发生款项退回，或者发生差错更正的，属于当年支出收回的，按照收回或更正金额，借记"财政拨款预算收入""资金结存"科目，贷记"行政支出"科目。

⑦年末，将"行政支出"科目本年发生额中的财政拨款支出转入财政拨款结转，借记"财政拨款结转——本年收支结转"科目，贷记"行政支出"科目下各财政拨款支出明细科目；将"行政支出"科目本年发生额中的非财政专项资金支出转入非财政拨款结转，借记"非财政拨款结转——本年收支结转"科目，贷记"行政支出"科目下各非财政专项资金支出明细科目；将"行政支出"科目本年发生额中的其他资金支出（非财政、非专项资金支出）转入其他结余，借记"其他结余"科目，贷记"行政支出"科目下其他资金支出明细科目。

（二）事业支出

1. 科目设置

事业单位应当设置"事业支出"总账科目。该科目核算事业单位开展专业业务活动及其辅助活动实际发生的各项现金流出。

事业单位发生教育、科研、医疗、行政管理、后勤保障等活动的，可在"事业支出"科目下设置相应的明细科目进行核算，或单设"教育支出""科研支出""医疗支出""行政管理支出""后勤保障支出"等一级会计科目进行核算。

"事业支出"科目应当分别按照"财政拨款支出""非财政专项资金支出"和"其他资金支出"，"基本支出"和"项目支出"等进行明细核算，并按照《政府收支分类科目》中"支出功能分类科目"的项级科目进行明细核算；"基本支出"和"项目支出"明细科目下应当按照《政府收支分类科目》中"部门预算支出经济分类科目"的款级科目进行明细核算，同时在"项目支出"明细科目下按照具体项目进行明细核算。

有一般公共预算财政拨款、政府性基金预算财政拨款等两种或两种以上财政拨款的事业单位，还应当在"财政拨款支出"明细科目下按照财政拨款的种类进行明细核算。

对于预付款项，可通过在"事业支出"科目下设置"待处理"明细科目进行明细核算，待确认具体支出项目后再转入"事业支出"科目下相关明细科目。年末结账前，应将"事业支出"科目"待处理"明细科目余额全部转入"事业支出"科目下相关明细科目。

2. 事业支出的主要账务处理

①支付单位职工（经营部门职工除外）薪酬。向单位职工个人支付薪酬时，按照实际支付的数额，借记"事业支出"科目，贷记"财政拨款预算收入""资金结存"科目。

按照规定代扣代缴个人所得税以及代扣代缴或为职工缴纳职工社会保险费、住房公积金等时，按照实际缴纳的金额，借记"事业支出"科目，贷记"财政拨款预算收入""资金结存"科目。

②为专业业务活动及其辅助活动支付外部人员劳务费。按照实际支付给外部人员个人的金额，借记"事业支出"科目，贷记"财政拨款预算收入""资金结存"科目。

按照规定代扣代缴个人所得税时，按照实际缴纳的金额，借记"事业支出"科目，贷记"财政拨款预算收入""资金结存"科目。

③开展专业业务活动及其辅助活动过程中为购买存货、固定资产、无形资产以及为在建工程等支付相关款项时，按照实际支付的金额，借记"事业支出"科目，贷记"财政拨款预算收入""资金结存"科目。

④开展专业业务活动及其辅助活动过程中发生预付账款时，按照实际支付的金额，借记"事业支出"科目，贷记"财政拨款预算收入""资金结存"科目。

对于暂付款项，在支付款项时可不进行预算会计处理，待结算或报销时，按照结算或报销的金额，借记"事业支出"科目，贷记"资金结存"科目。

⑤开展专业业务活动及其辅助活动过程中缴纳的相关税费以及发生的其他各项支出，按照实际支付的金额，借记"事业支出"科目，贷记"财政拨款预算收入""资金结存"科目。

⑥开展专业业务活动及其辅助活动过程中因购货退回等发生款项退回，或者发生差错更正的，属于当年支出收回的，按照收回或更正金额，借记"财政拨款预算收入""资金结存"科目，贷记"事业支出"科目。

⑦年末，将"事业支出"科目本年发生额中的财政拨款支出转入财政拨款结转，借记"财政拨款结转——本年收支结转"科目，贷记"事业支出"科目下各财政拨款支出明细科目；将"事业支出"科目本年发生额中的非财政专项资金支出转入非财政拨款结转，借记"非财政拨款结转——本年收支结转"科目，贷记"事业支出"科目下各非财政专项资金支出明细科目；将"事业支出"科目本年发生额中的其他资金支出（非财政、非专项资金支出）转入其他结余，借记"其他结余"科目，贷记"事业支出"科目下其他资金支出明细科目。年末结转后，"事业支出"科目无余额。

（三）经营支出

1. 科目设置

事业单位应当设置"经营支出"总账科目。该科目核算事业单位在专业业务活动及其辅助活动之外开展非独立核算经营活动实际发生的各项现金流出。

"经营支出"科目应当按照经营活动类别、项目以及《政府收支分类科目》中"支出功能分类科目"的项级科目和"部门预算支出经济分类科目"的款级科目等进行明细核算。

对于预付款项,可通过在"经营支出"科目下设置"待处理"明细科目进行明细核算,待确认具体支出项目后再转入"经营支出"科目下相关明细科目。年末结账前,应将"经营支出"科目"待处理"明细科目余额全部转入"经营支出"科目下相关明细科目。

2. 经营支出的主要账务处理

①支付经营部门职工薪酬。向职工个人支付薪酬时,按照实际的金额,借记"经营支出"科目,贷记"资金结存"科目。

按照规定代扣代缴个人所得税以及代扣、代缴或为职工缴纳职工社会保险费、住房公积金时,按照实际缴纳的金额,借记"经营支出"科目,贷记"资金结存"科目。

②为经营活动支付外部人员劳务费。按照实际支付给外部人员个人的金额,借记"经营支出"科目,贷记"资金结存"科目。

按照规定代扣代缴个人所得税时,按照实际缴纳的金额,借记"经营支出"科目,贷记"资金结存"科目。

③开展经营活动过程中为购买存货、固定资产、无形资产以及为在建工程等支付相关款项时,按照实际支付的金额,借记"经营支出"科目,贷记"资金结存"科目。

④开展经营活动过程中发生预付账款时,按照实际支付的金额,借记"经营支出"科目,贷记"资金结存"科目。

对于暂付款项,在支付款项时可不进行预算会计处理,待结算或报销时,按照结算或报销的金额,借记"经营支出"科目,贷记"资金结存"科目。

⑤因开展经营活动缴纳的相关税费以及发生的其他各项支出,按照实际支付的金额,借记"经营支出"科目,贷记"资金结存"科目。

⑥开展经营活动中因购货退回等发生款项退回,或者发生差错更正的,属于当年支出收回的,按照收回或更正金额,借记"资金结存"科目,贷记"经营支出"科目。

⑦年末,将"经营支出"科目本年发生额转入经营结余,借记"经营结余"科目,贷记"经营支出"科目。年末结转后,"经营支出"科目无余额。

（四）上缴上级支出

1. 科目设置

事业单位应当设置"上缴上级支出"总账科目。该科目核算事业单位按照财政部门和主管部门的规定上缴上级单位款项发生的现金流出。"上缴上级支出"科目应当按照收缴款项单位、缴款项目以及《政府收支分类科目》中"支出功能分类科目"的项级科目和"部门预算支出经济分类科目"的款级科目等进行明细核算。年末结转后,"上缴上级支出"科目无余额。

2. 上缴上级支出的主要账务处理

①按照规定将款项上缴上级单位的,按照实际上缴的金额,借记"上缴上级支出"科目,贷记"资金结存"科目。

②年末，将"上缴上级支出"科目本年发生额转入其他结余，借记"其他结余"科目，贷记"上缴上级支出"科目。

(五) 对附属单位补助支出

1. 科目设置

事业单位应当设置"对附属单位补助支出"总账科目。该科目核算事业单位用财政拨款预算收入之外的收入对附属单位进行补助发生的现金流出。"对附属单位补助支出"科目应当按照接受补助单位、补助项目以及《政府收支分类科目》中"支出功能分类科目"的项级科目和"部门预算支出经济分类科目"的款级科目等进行明细核算。年末结转后，"对附属单位补助支出"科目无余额。

2. 对附属单位补助支出的主要账务处理

①发生对附属单位补助支出的，按照实际补助的金额，借记"对附属单位补助支出"科目，贷记"资金结存"科目。

②年末，将"对附属单位补助支出"科目本年发生额转入其他结余，借记"其他结余"科目，贷记"对附属单位补助支出"科目。

(六) 投资支出

1. 科目设置

事业单位应当设置"投资支出"总账科目。该科目核算事业单位以货币资金对外投资发生的现金流出。"投资支出"科目应当按照投资类型、投资对象以及《政府收支分类科目》中"支出功能分类科目"的项级科目和"部门预算支出经济分类科目"的款级科目等进行明细核算。年末结转后，"投资支出"科目无余额。

2. 投资支出的主要账务处理

①以货币资金对外投资时，按照投资金额和支付的相关税费金额的合计数，借记"投资支出"科目，贷记"资金结存"科目。

②出售、对外转让或到期收回本年度以货币资金取得的对外投资的，如果按规定将投资收益纳入单位预算，按照实际收到的金额，借记"资金结存"科目，按照取得投资时"投资支出"科目的发生额，贷记"投资支出"科目，按照其差额，贷记或借记"投资预算收益"科目；如果按规定将投资收益上缴财政的，按照取得投资时"投资支出"科目的发生额，借记"资金结存"科目，贷记"投资支出"科目。

③出售、对外转让或到期收回以前年度以货币资金取得的对外投资的，如果按规定将投资收益纳入单位预算，按照实际收到的金额，借记"资金结存"科目，按照取得投资时"投资支出"科目的发生额，贷记"其他结余"科目，按照其差额，贷记或借记"投资预算收益"科目；如果按规定将投资收益上缴财政的，按照取得投资时"投资支出"科目的发生额，借记"资金结存"科目，贷记"其他结余"科目。

④年末，将本科目本年发生额转入其他结余，借记"其他结余"科目，贷记本科目。

(七) 债务还本支出

1. 科目设置

事业单位应当设置"债务还本支出"总账科目。该科目核算事业单位偿还自身承担的纳入预算管理的从金融机构举借的债务本金的现金流出。"债务还本支出"科目应当按照贷款单位、贷款种类以及《政府收支分类科目》中"支出功能分类科目"的项级科目和"部门预算支出经济分类科目"的款级科目等进行明细核算。年末结转后,"债务还本支出"科目无余额。

2. 债务还本支出的主要账务处理

①偿还各项短期或长期借款时,按照偿还的借款本金,借记"债务还本支出"科目,贷记"资金结存"科目。

②年末,将"债务还本支出"科目本年发生额转入其他结余,借记"其他结余"科目,贷记"债务还本支出"科目。

(八) 其他支出

1. 科目设置

单位应当设置"其他支出"总账科目。该科目核算单位除行政支出、事业支出、经营支出、上缴上级支出、对附属单位补助支出、投资支出、债务还本支出以外的各项现金流出,包括利息支出、对外捐赠现金支出、现金盘亏损失、接受捐赠(调入)和对外捐赠(调出)非现金资产发生的税费支出、资产置换过程中发生的相关税费支出、罚没支出等。

"其他支出"科目应当按照其他支出的类别,"财政拨款支出""非财政专项资金支出"和"其他资金支出",《政府收支分类科目》中"支出功能分类科目"的项级科目和"部门预算支出经济分类科目"的款级科目等进行明细核算。其他支出中如有专项资金支出,还应按照具体项目进行明细核算。

有一般公共预算财政拨款、政府性基金预算财政拨款等两种或两种以上财政拨款的事业单位,还应当在"财政拨款支出"明细科目下按照财政拨款的种类进行明细核算。单位发生利息支出、捐赠支出等其他支出金额较大或业务较多的,可单独设置"利息支出""捐赠支出"等科目。

2. 其他支出的主要账务处理

①支付银行借款利息时,按照实际支付金额,借记"其他支出"科目,贷记"资金结存"科目。

②对外捐赠现金资产时,按照捐赠金额,借记"其他支出"科目,贷记"资金结存——货币资金"科目。

③每日现金账款核对中如发现现金短缺,按照短缺的现金金额,借记"其他支出"科目,贷记"资金结存——货币资金"科目;经核实,属于应当由有关人员赔偿的,按照收到的赔偿金额,借记"资金结存——货币资金"科目,贷记"其他支出"科目。

④接受捐赠(无偿调入)非现金资产发生的归属于捐入方(调入方)的相关税费、运

输费等,以及对外捐赠(无偿调出)非现金资产发生的归属于捐出方(调出方)的相关税费、运输费等,按照实际支付金额,借记"其他支出"科目,贷记"资金结存"科目。

⑤资产置换过程中发生的相关税费,按照实际支付金额,借记"其他支出"科目,贷记"资金结存"科目。

⑥发生罚没等其他支出时,按照实际支出金额,借记"其他支出"科目,贷记"资金结存"科目。

⑦年末,将"其他支出"科目本年发生额中的财政拨款支出转入财政拨款结转,借记"财政拨款结转——本年收支结转"科目,贷记"其他支出"科目下各财政拨款支出明细科目;将"其他支出"科目本年发生额中的非财政专项资金支出转入非财政拨款结转,借记"非财政拨款结转——本年收支结转"科目,贷记"其他支出"科目下各非财政专项资金支出明细科目;将"其他支出"科目本年发生额中的其他资金支出(非财政非专项资金支出)转入其他结余,借记"其他结余"科目,贷记"其他支出"科目下各其他资金支出明细科目。年末结转后,"其他支出"科目无余额。

三、费用/预算支出主要业务和事项的账务处理

费用/预算支出主要业务和事项的账务处理如表 8-2 所示。

表 8-2 费用/预算支出主要业务和事项的账务处理

序号	业务和事项内容		账务处理	
			财务会计(费用)	预算会计(预算支出)
			业务活动费用	行政支出/事业支出
(1)	为履职或开展业务活动人员计提并支付职工薪酬	计提时,按照计算的金额	借:业务活动费用 贷:应付职工薪酬	

		实际支付给职工并代扣个人所得税时	借:应付职工薪酬
			  贷:财政拨款收入/零余额账户用款额度/银行存款等
			    其他应交税费——应交个人所得税
				借:行政支出/事业支出(按照支付给个人部分)
				  贷:财政拨款预算收入/资金结存

		实际缴纳税款时	借:其他应交税费——应交个人所得税
			  贷:银行存款/零余额账户用款额度等
				借:行政支出/事业支出(按照实际缴纳额)
				  贷:资金结存等

续表

序号	业务和事项内容		账务处理	
			财务会计（费用）	预算会计（预算支出）
(2)	为履职或开展业务活动发生的外部人员劳务费	计提时，按照计算的金额	借：业务活动费用 贷：其他应付款	
		实际支付并代扣个人所得税时	借：其他应付款 贷：财政拨款收入/零余额账户用款额度/银行存款等 其他应交税费——应交个人所得税	借：行政支出/事业支出（按照实际支付给个人部分） 贷：财政拨款预算收入/资金结存
		实际缴纳税款时	借：其他应交税费——应交个人所得税 贷：银行存款/零余额账户用款额度等	借：行政支出/事业支出（按照实际缴纳额） 贷：资金结存等
(3)	为履职或开展业务活动发生的预付款项和暂付款项	预付账款 支付款项时	借：预付账款 贷：财政拨款收入/零余额账户用款额度/银行存款等	借：行政支出/事业支出 贷：财政拨款预算收入/资金结存
		预付账款 结算时	借：业务活动费用 贷：预付账款 财政拨款收入/零余额账户用款额度/银行存款等（补付金额）	借：行政支出/事业支出 贷：财政拨款预算收入/资金结存（补付金额）
		暂付款项 支付款项时	借：其他应收款 贷：银行存款等	
		暂付款项 结算或报销时	借：业务活动费用 贷：其他应收款	借：行政支出/事业支出 贷：资金结存等

续表

序号	业务和事项内容		账务处理	
			财务会计（费用）	预算会计（预算支出）
(4)	为履职或开展业务活动购买资产或支付在建工程款等	按照实际支付或应付的价款	借：库存物品/固定资产/无形资产/在建工程等 贷：财政拨款收入/零余额账户用款额度/银行存款/应付账款等	
(5)	为履职或开展业务活动领用库存物品	按照领用库存物品的成本	借：业务活动费用 贷：库存物品等	
(6)	为履职或开展业务活动计提的固定资产、无形资产、公共基础设施、保障性住房的折旧（摊销）	按照计提的折旧、摊销额	借：业务活动费用 贷：固定资产累计折旧/无形资产累计摊销/公共基础设施累计折旧（摊销）/保障性住房累计折旧	—
(7)	为履职或开展业务活动发生应负担的税金及附加时	确认其他应交税费时	借：业务活动费用 贷：其他应交税费	
		支付其他应交税费时	借：其他应交税费 贷：银行存款等	借：行政支出/事业支出 贷：资金结存等
(8)	为履职或开展业务活动发生的其他各项费用	按照费用确认金额	借：业务活动费用 贷：财政拨款收入/零余额账户用款额度/银行存款/应付账款/其他应付款等	借：行政支出/事业支出（按照实际支付的金额） 贷：财政拨款预算收入/资金结存
(9)	计提专用基金	从收入中按照一定比例提取基金并计入费用	借：业务活动费用 贷：专用基金	

续表

序号	业务和事项内容		账务处理	
			财务会计（费用）	预算会计（预算支出）
(10)	购货退回等	当年发生的	借：财政拨款收入/零余额账户用款额度/银行存款/应收账款等 贷：库存物品/业务活动费用	借：财政拨款预算收入/资金结存 贷：行政支出/事业支出
(11)	期末/年末结转		借：本期盈余 贷：业务活动费用	借：财政拨款结转——本年收支结转（财政拨款支出） 非财政拨款结转——本年收支结转（非同级财政专项资金支出） 其他结余（非同级财政、非专项资金支出） 贷：行政支出/事业支出
			单位管理费用	事业支出
(1)	管理活动人员职工薪酬	计提时，按照计算的金额	借：单位管理费用 贷：应付职工薪酬	
		实际支付给职工并代扣个人所得税时	借：应付职工薪酬 贷：财政拨款收入/零余额账户用款额度/银行存款等 其他应交税费——应交个人所得税	借：事业支出（按照支付给个人部分） 贷：财政拨款预算收入/资金结存
		实际缴纳税款时	借：其他应交税费——应交个人所得税 贷：银行存款/零余额账户用款额度等	借：事业支出（按照实际缴纳额） 贷：资金结存等

续表

序号	业务和事项内容		账务处理	
			财务会计（费用）	预算会计（预算支出）
（2）	为开展管理活动发生的外部人员劳务费	计提时，按照计算的金额	借：单位管理费用 　　贷：其他应付款	
		实际支付并代扣个人所得税时	借：其他应付款 　　贷：财政拨款收入/ 　　　　零余额账户用款 　　　　额度/银行存 　　　　款等 　　　　其他应交税费—— 　　　　应交个人所得税	借：事业支出（按照实际支付给个人部分） 　　贷：财政拨款预算收入/资金结存
		实际支付税款时	借：其他应交税费——应交个人所得税 　　贷：银行存款/零余额账户用款额度等	借：事业支出（按照实际缴纳额） 　　贷：资金结存等
（3）	开展管理活动发生的预付款项和暂付款项	预付账款 支付款项时	借：预付账款 　　贷：财政拨款收入/ 　　　　零余额账户用款 　　　　额度/银行存 　　　　款等	借：事业支出 　　贷：财政拨款预算收入/资金结存
		预付账款 结算时	借：单位管理费用 　　贷：预付账款 　　　　财政拨款收入/ 　　　　零余额账户用款 　　　　额度/银行存款 　　　　等（补付金额）	借：事业支出 　　贷：财政拨款预算收入/资金结存（补付金额）
		暂付款项 支付款项时	借：其他应收款 　　贷：银行存款等	
		暂付款项 结算或报销时	借：单位管理费用 　　贷：其他应收款	借：事业支出 　　贷：资金结存等

续表

序号	业务和事项内容		账务处理	
			财务会计（费用）	预算会计（预算支出）
（4）	发生的其他与管理活动相关的各项费用		借：单位管理费用 贷：财政拨款收入/零余额账户用款额度/银行存款/应付账款等	借：事业支出（按照实际支付的金额） 贷：财政拨款预算收入/资金结存
（5）	为开展管理活动购买资产或支付在建工程款	按照实际支付或应付的价款	借：库存物品/固定资产/无形资产/在建工程等 贷：财政拨款收入/零余额账户用款额度/银行存款/应付账款等	借：事业支出（按照实际支付价款） 贷：财政拨款预算收入/资金结存
（6）	管理活动所用固定资产、无形资产计提的折旧、摊销	按照计提的折旧、摊销额	借：单位管理费用 贷：固定资产累计折旧/无形资产累计摊销	
（7）	开展管理活动内部领用库存物品	按照库存物品的成本	借：单位管理费用 贷：库存物品	
（8）	开展管理活动发生应负担的税金及附加时	按照计算确定应交纳的金额	借：单位管理费用 贷：其他应交税费	
		实际缴纳时	借：其他应交税费 贷：银行存款等	借：事业支出 贷：资金结存等
（9）	购货退回等	当年发生的	借：财政拨款收入/零余额账户用款额度/银行存款/应收账款等 贷：库存物品/单位管理费用等	借：财政拨款预算收入/资金结存 贷：事业支出
（10）	期末/年末结转		借：本期盈余 贷：单位管理费用	借：财政拨款结转——本年收支结转（财政拨款支出） 非财政拨款结转——本年收支结转（非财政专项资金支出） 其他结余（非财政、非专项资金支出） 贷：事业支出

续表

序号	业务和事项内容		账务处理	
			财务会计（费用）	预算会计（预算支出）
			经营费用	经营支出
(1)	为经营活动人员支付职工薪酬	计提时，按照计算的金额	借：经营费用 　贷：应付职工薪酬	
		实际支付给职工时	借：应付职工薪酬 　贷：财政拨款收入/零余额账户用款额度/银行存款等 　　　其他应交税费——应交个人所得税	借：经营支出（按照支付给个人部分） 　贷：资金结存——货币资金
		实际支付税款时	借：其他应交税费——应交个人所得税 　贷：银行存款等	借：经营支出（按照实际缴纳额） 　贷：资金结存——货币资金
(2)	为开展经营活动购买资产或支付在建工程款	按照实际支付或应付的金额	借：库存物品/固定资产/无形资产/在建工程 　贷：银行存款/应付账款等	借：经营支出（按照实际支付金额） 　贷：资金结存——货币资金
(3)	开展经营活动内部领用材料或出售发出物品等	按照实际成本	借：经营费用 　贷：库存物品	
(4)	开展经营活动发生的预付款项	预付时，按照预付的金额	借：预付账款 　贷：银行存款等	借：经营支出 　贷：资金结存——货币资金
		结算时	借：经营费用 　贷：预付账款 　　　银行存款等（补付金额）	借：经营支出 　贷：资金结存——货币资金（补付金额）

续表

序号	业务和事项内容		账务处理	
			财务会计（费用）	预算会计（预算支出）
（5）	开展经营活动发生应负担的税金及附加时	按照计算确定的缴纳金额	借：经营费用 　贷：其他应交税费	
		实际缴纳时	借：其他应交税费 　贷：银行存款等	借：经营支出 　贷：资金结存——货币资金
（6）	开展经营活动发生的其他各项费用		借：经营费用 　贷：银行存款/应付账款等	借：经营支出（按照实际支付的金额） 　贷：资金结存——货币资金
（7）	经营活动用固定资产、无形资产计提的折旧、摊销	按照计提的折旧、摊销额	借：经营费用 　贷：固定资产累计折旧/无形资产累计摊销	
（8）	计提专用基金	按照预算收入的一定比例计提并列入费用	借：经营费用 　贷：专用基金	
（9）	购货退回等	当年发生的	借：银行存款/应收账款等 　贷：库存物品/经营费用等	借：资金结存——货币资金（按照实际收到的金额） 　贷：经营支出
（10）	期末/年末结转		借：本期盈余 　贷：经营费用	借：经营结余 　贷：经营支出

续表

序号	业务和事项内容		账务处理	
			财务会计（费用）	预算会计（预算支出）
			资产处置费用	其他支出
(1)	不通过"待处理财产损溢"科目核算的资产处置	转销被处置资产账面价值	借：资产处置费用 　　固定资产累计折旧/ 　　无形资产累计摊销/ 　　公共基础设施累计折旧（摊销）/保障性住房累计折旧 贷：库存物品/固定资产/无形资产/公共基础设施/政府储备物资/文物文化资产/保障性住房/在建工程等（账面余额）	
		处置资产过程中仅发生相关费用的	借：资产处置费用 贷：银行存款/库存现金等	借：其他支出 贷：资金结存
		处置资产过程中取得收入的	借：库存现金/银行存款等（取得的价款） 贷：银行存款/库存现金等（支付的相关费用） 　　应缴财政款	
(2)	通过"待处理财产损溢"科目核算的资产处置	账款核对中发现的现金短缺，无法查明原因的，报经批准核销时	借：资产处置费用 贷：待处理财产损溢	

续表

序号	业务和事项内容		账务处理	
			财务会计（费用）	预算会计（预算支出）
(2)	通过"待处理财产损溢"科目核算的资产处置	盘亏、毁损、报废的资产	经批准处理时 借：资产处置费用 　贷：待处理财产损溢——待处理财产价值	
			处理过程中发生的费用大于取得收入的 借：资产处置费用 　贷：待处理财产损溢——处理净收入	借：其他支出（净支出） 　贷：资金结存
(3)	期末结转		借：本期盈余 　贷：资产处置费用	
				投资支出
(1)	以货币资金对外投资时		借：短期投资/长期股权投资/长期债券投资 　贷：银行存款	借：投资支出 　贷：资金结存——货币资金
(2)	出售、对外转让或到期收回本年度以货币资金取得的对外投资	实际取得价款大于投资成本的	借：银行存款等（实际取得或收回的金额） 　贷：短期投资/长期债券投资等（账面余额） 　　应收利息（账面余额） 　　投资收益	借：资金结存——货币资金 　贷：投资支出（投资成本） 　　投资预算收益
		实际取得价款小于投资成本的	借：银行存款等（实际取得或收回的金额） 　　投资收益 　贷：短期投资/长期债券投资等（账面余额） 　　应收利息（账面余额）	借：资金结存——货币资金 　　投资预算收益 　贷：投资支出（投资成本）

续表

序号	业务和事项内容	账务处理	
		财务会计（费用）	预算会计（预算支出）
(3)	年末结转		借：其他结余 　　贷：投资支出
		上缴上级费用	上缴上级支出
(1)	按照实际上缴的金额或者按照规定计算出应当上缴的金额	借：上缴上级费用 　　贷：银行存款/其他应付款等	借：上缴上级支出（实际上缴的金额） 　　贷：资金结存——货币资金
(2)	实际上缴应缴的金额	借：其他应付款 　　贷：银行存款等	
(3)	期末/年末结转	借：本期盈余 　　贷：上缴上级费用	借：其他结余 　　贷：上缴上级支出
		对附属单位补助费用	对附属单位补助支出
(1)	按照实际补助的金额或者按照规定计算出应当补助的金额	借：对附属单位补助费用 　　贷：银行存款/其他应付款等	
(2)	实际支出应补助的金额	借：其他应付款 　　贷：银行存款等	借：对附属单位补助支出（实际补助的金额） 　　贷：资金结存——货币资金
(3)	期末/年末结转	借：本期盈余 　　贷：对附属单位补助费用	借：其他结余 　　贷：对附属单位补助支出
		所得税费用	
(1)	发生企业所得税纳税义务	按照税法规定计算应交税金数额	借：所得税费用 　　贷：其他应交税费——单位应交所得税	
		实际缴纳时	借：其他应交税费——单位应交所得税 　　贷：银行存款等	借：非财政拨款结余——累计结余 　　贷：资金结存——货币资金

续表

序号	业务和事项内容		账务处理	
			财务会计（费用）	预算会计（预算支出）
(2)	年末结转		借：本期盈余 贷：所得税费用	
			其他费用	其他支出
(1)	利息费用	计算确定借款利息费用时	借：其他费用/在建工程 贷：应付利息/长期借款——应计利息	
		实际支付利息时	借：应付利息等 贷：银行存款等	借：其他支出 贷：资金结存——货币资金
(2)	现金资产对外捐赠	按照实际捐赠的金额	借：其他费用 贷：银行存款/库存现金等	借：其他支出 贷：资金结存——货币资金
(3)	坏账损失	按照规定对应收账款和其他应收款计提坏账准备	借：其他费用 贷：坏账准备	
		冲减多提的坏账准备时	借：坏账准备 贷：其他费用	
(4)	罚没支出	按照实际发生金额	借：其他费用 贷：银行存款/库存现金/其他应付款	借：其他支出 贷：资金结存——货币资金（实际支付金额）
(5)	其他相关税费、运输费等		借：其他费用 贷：零余额账户用款额度/银行存款等	借：其他支出 贷：资金结存
(6)	期末/年末结转		借：本期盈余 贷：其他费用	借：其他结余（非财政、非专项资金支出） 非财政拨款结转——本年收支结转（非财政专项资金支出） 贷：其他支出

本章小结

政府会计收入是指报告期内导致政府会计主体净资产增加的、含有服务潜力或者经济利益的经济资源的流入。费用是指报告期内导致政府会计主体净资产减少的、含有服务潜力或者经济利益的经济资源的流出。

预算收入是指政府会计主体在预算年度内依法取得的并纳入预算管理的现金流入。预算支出是指政府会计主体在预算年度内依法发生并纳入预算管理的现金流出。

政府会计主体关于收入、费用的核算属于财务会计范畴；关于预算收入、预算支出的核算属于预算会计范畴。

政府会计的收入主要包括财政拨款收入、事业收入、上级补助收入、附属单位上缴收入、经营收入、非同级财政拨款收入、投资收益、捐赠收入、利息收入、租金收入和其他收入。政府会计的费用主要包括业务活动费用、单位管理费用、经营费用、资产处置费用、上缴上级费用、对附属单位补助费用、所得税费用和其他费用。

预算收入主要包括财政拨款预算收入、事业预算收入、上级补助预算收入、附属单位上缴预算收入、经营预算收入、债务预算收入、非同级财政拨款预算收入、投资预算收益、其他预算收入。预算支出主要包括行政支出、事业支出、经营支出、上缴上级支出、对附属单位补助支出、投资支出、债务还本支出、其他支出。

政府会计收入的确认应当同时满足以下条件：

①与收入相关的含有服务潜力或者经济利益的经济资源很可能流入政府会计主体；

②含有服务潜力或者经济利益的经济资源流入会导致政府会计主体资产增加或者负债减少；

③流入金额能够可靠地计量。

政府会计费用的确认应当同时满足以下条件：

①与费用相关的含有服务潜力或者经济利益的经济资源很可能流出政府会计主体；

②含有服务潜力或者经济利益的经济资源流出会导致政府会计主体资产减少或者负债增加；

③流出金额能够可靠地计量。

政府预算会计的预算收入一般在实际收到时予以确认，以实际收到的金额计量；支出一般在实际支付时予以确认，以实际支付的金额计量。

复习思考题

1. 政府会计收入包括哪些内容？
2. 什么是费用？费用主要包括哪些？
3. 什么是预算收入？预算收入主要有哪些？
4. 什么是预算支出？预算支出主要包括哪些？

5. 什么是财政拨款收入？什么是非同级财政拨款收入？二者有什么区别？
6. 什么是事业收入？什么是经营收入？二者如何核算？
7. 什么是财政拨款预算收入？什么是非同级财政拨款预算收入？二者有什么区别？
8. 什么是上级补助收入？什么是上级补助预算收入？二者有什么区别？
9. 什么是上缴上级支出？什么是上缴上级费用？

第九章

政府会计资产的核算

资产、负债、净资产属于政府财务会计要素。

资产是指政府会计主体过去的经济业务或者事项形成的，由政府会计主体控制的，预期能够产生服务潜力或者带来经济利益流入的经济资源。政府会计主体的资产按照流动性，分为流动资产和非流动资产。

符合资产定义的经济资源，在同时满足以下条件时，确认为资产：

①与该经济资源相关的服务潜力很可能实现或者经济利益很可能流入政府会计主体；

②该经济资源的成本或者价值能够可靠地计量。

第一节 流动资产的核算

流动资产是指预计在1年内（含1年）耗用或者可以变现的资产，包括货币资金、短期投资、应收及预付款项、存货等。

一、库存现金的核算

1. 科目设置

单位应当设置"库存现金"总账科目。单位应当严格按照国家有关现金管理的规定收支现金，并按照制度规定核算现金的各项收支业务。"库存现金"科目下应当设置"受托代理资产"明细科目，核算单位受托代理、代管的现金。"库存现金"科目期末借方余额，反映单位实际持有的库存现金。

2. 库存现金的主要账务处理

①从银行等金融机构提取现金，按照实际提取的金额，借记"库存现金"科目，贷记"银行存款"科目；将现金存入银行等金融机构，按照实际存入金额，借记"银行存款"科

目，贷记"库存现金"科目。

根据规定从单位零余额账户提取现金，按照实际提取的金额，借记"库存现金"科目，贷记"零余额账户用款额度"科目；将现金退回单位零余额账户，按照实际退回的金额，借记"零余额账户用款额度"科目，贷记"库存现金"科目。

②因内部职工出差等原因借出的现金，按照实际借出的现金金额，借记"其他应收款"科目，贷记"库存现金"科目。

出差人员报销差旅费时，按照实际报销的金额，借记"业务活动费用""单位管理费用"等科目，按照实际借出的现金金额，贷记"其他应收款"科目，按照其差额，借记或贷记"库存现金"科目。

③因提供服务、物品或者其他事项收到现金，按照实际收到的金额，借记"库存现金"科目，贷记"事业收入""应收账款"等相关科目。涉及增值税业务的，相关账务处理参见"应交增值税"科目的相关内容。

因购买服务、物品或者其他事项支付现金，按照实际支付的金额，借记"业务活动费用""单位管理费用""库存物品"等相关科目，贷记"库存现金"科目。涉及增值税业务的，相关账务处理参见"应交增值税"科目的相关内容。

④以库存现金对外捐赠，按照实际捐出的金额，借记"其他费用"科目，贷记"库存现金"科目。

⑤收到受托代理、代管的现金，按照实际收到的金额，借记"库存现金"科目（受托代理资产），贷记"受托代理负债"科目；支付受托代理、代管的现金，按照实际支付的金额，借记"受托代理负债"科目，贷记"库存现金"科目（受托代理资产）。

单位应当设置库存现金日记账，由出纳人员根据收付款凭证，按照业务发生顺序逐笔登记。每日终了，应当计算当日的现金收入合计数、现金支出合计数和结余数，并将结余数与实际库存数相核对，做到账款相符。

每日账款核对中发现有待查明原因的现金短缺或溢余的，应当通过"待处理财产损溢"科目核算。属于现金溢余的，应当按照实际溢余的金额，借记"库存现金"科目，贷记"待处理财产损溢"科目；属于现金短缺的，应当按照实际短缺的金额，借记"待处理财产损溢"科目，贷记"库存现金"科目。待查明原因后及时进行账务处理，具体内容参见"待处理财产损溢"科目的相关内容。

现金收入业务繁多、单独设有收款部门的单位，收款部门的收款员应当将每天收取的现金连同收款凭据一并交财务部门核收记账，或者将每天收取的现金直接送存开户银行后，将收款凭据及向银行送存现金的凭证等一并交财务部门核收记账。

单位有外币现金的，应当分别按照人民币、外币种类设置库存现金日记账进行明细核算。有关外币现金业务的账务处理参见"银行存款"科目的相关规定。

库存现金的主要账务处理如表9-1所示。

表 9-1　库存现金的主要账务处理

序号	业务和事项内容		账务处理	
			财务会计	预算会计
			库存现金	
(1)	提现		借：库存现金 　贷：银行存款等	
	存现		借：银行存款等 　贷：库存现金	
(2)	差旅费	职工出差等借出现金	借：其他应收款 　贷：库存现金	
		出差人员报销差旅费	借：业务活动费用/单位管理费用等（实际报销金额） 　　库存现金（实际报销金额小于借款金额的差额） 　贷：其他应收款 或： 借：业务活动费用/单位管理费用等（实际报销金额） 　贷：其他应收款 　　库存现金（实际报销金额大于借款金额的差额）	借：行政支出/事业支出等（实际报销金额） 　贷：资金结存——货币资金
(3)	其他涉及现金的业务	因开展业务等其他事项收到现金	借：库存现金 　贷：事业收入/应收账款等	借：资金结存——货币资金 　贷：事业预算收入等
		因购买服务、商品或其他事项支出现金	借：业务活动费用/单位管理费用/其他费用/应付账款等 　贷：库存现金	借：行政支出/事业支出/其他支出等 　贷：资金结存——货币资金
		对外捐赠现金资产	借：其他费用 　贷：库存现金	借：其他支出 　贷：资金结存——货币资金

续表

序号	业务和事项内容		账务处理	
			财务会计	预算会计
(4)	受托代理、代管现金	收到现金	借：库存现金——受托代理资产 　贷：受托代理负债	
		支付现金	借：受托代理负债 　贷：库存现金——受托代理资产	
(5)	现金溢余	按照溢余金额转入待处理财产损溢	借：库存现金 　贷：待处理财产损溢	借：资金结存——货币资金 　贷：其他预算收入
		属于应支付给有关人员或单位的部分	借：待处理财产损溢 　贷：其他应付款 借：其他应付款 　贷：库存现金	借：其他预算收入 　贷：资金结存——货币资金
		属于无法查明原因的部分，报经批准后	借：待处理财产损溢 　贷：其他收入	
(6)	现金短缺	按照短缺金额转入待处理财产损溢	借：待处理财产损溢 　贷：库存现金	借：其他支出 　贷：资金结存——货币资金
		属于应由责任人赔偿的部分	借：其他应收款 　贷：待处理财产损溢 借：库存现金 　贷：其他应收款	借：资金结存——货币资金 　贷：其他支出
		属于无法查明原因的部分，报经批准后	借：资产处置费用 　贷：待处理财产损溢	

二、银行存款的核算

1. 科目设置

单位应当设置"银行存款"总账科目。该科目核算单位存入银行或者其他金融机构的各种存款。"银行存款"科目应当设置"受托代理资产"明细科目，核算单位受托代理、代管的银行存款。"银行存款"科目期末借方余额,反映单位实际存放在银行或其他金融机构的款项。

单位应当严格按照国家有关支付结算办法的规定办理银行存款收支业务,并按照制度规定核算银行存款的各项收支业务。

单位应当按照开户银行或其他金融机构、存款种类及币种等,分别设置银行存款日记账,由出纳人员根据收付款凭证,按照业务的发生顺序逐笔登记,每日终了应结出余额。银行存款日记账应定期与银行对账单核对,至少每月核对一次。月度终了,单位银行存款日记账账面余额与银行对账单余额之间如有差额,应当逐笔查明原因并进行处理,按月编制银行存款余额调节表,调节银行存款日记账,账面余额与银行对账单余额,使之相符。

2. 银行存款的主要账务处理

①将款项存入银行或者其他金融机构,按照实际存入的金额,借记"银行存款"科目,贷记"库存现金""应收账款""事业收入""经营收入""其他收入"等相关科目。涉及增值税业务的,相关账务处理参见"应交增值税"科目的相关内容。

②收到银行存款利息,按照实际收到的金额,借记"银行存款"科目,贷记"利息收入"科目。

③从银行等金融机构提取现金,按照实际提取的金额,借记"库存现金"科目,贷记"银行存款"科目。

④以银行存款支付相关费用,按照实际支付的金额,借记"业务活动费用""单位管理费用""其他费用"等相关科目,贷记"银行存款"科目。涉及增值税业务的,相关账务处理参见"应交增值税"科目的相关内容。

⑤以银行存款对外捐赠,按照实际捐出的金额,借记"其他费用"科目,贷记"银行存款"科目。

⑥收到受托代理、代管的银行存款,按照实际收到的金额,借记"银行存款"科目(受托代理资产),贷记"受托代理负债"科目;支付受托代理、代管的银行存款,按照实际支付的金额,借记"受托代理负债"科目,贷记"银行存款"科目(受托代理资产)。

⑦单位发生外币业务的,应当按照业务发生当日的即期汇率,将外币金额折算为人民币金额记账,并登记外币金额和汇率。期末,各种外币账户的期末余额,应当按照期末的即期汇率折算为人民币,作为外币账户期末人民币余额。调整后的各种外币账户人民币余额与原账面余额的差额,作为汇兑损益计入当期费用。

以外币购买物资、设备等,按照购入当日的即期汇率将支付的外币或应支付的外币折算为人民币金额,借记"库存物品"等科目,贷记"银行存款""应付账款"等科目的外币账户。涉及增值税业务的,相关账务处理参见"应交增值税"科目的相关内容。

销售物品、提供服务以外币收取相关款项等,按照收入确认当日的即期汇率,将收取的外币或应收取的外币折算为人民币金额,借记"银行存款""应收账款"等科目的外币账户,贷记"事业收入"等相关科目。

期末,根据各外币银行存款账户按照期末汇率调整后的人民币余额与原账面人民币余额的差额,作为汇兑损益,借记或贷记"银行存款"科目,贷记或借记"业务活动费用""单位管理费用"等科目。

"应收账款""应付账款"等科目有关外币账户期末汇率调整业务的账务处理参照本科目的相关内容。

银行存款的主要账务处理如表9-2所示。

表9-2 银行存款的主要账务处理

序号	业务和事项内容		账务处理	
			财务会计	预算会计
			银行存款	
(1)	将款项存入银行或其他金融机构		借:银行存款 　贷:库存现金/事业收入/其他收入等	借:资金结存——货币资金 　贷:事业预算收入/其他预算收入等
(2)	提现		借:库存现金 　贷:银行存款	
(3)	支付款项		借:业务活动费用/单位管理费用/其他费用等 　贷:银行存款	借:行政支出/事业支出/其他支出等 　贷:资金结存——货币资金
(4)	银行存款账户	收到银行存款利息	借:银行存款 　贷:利息收入	借:资金结存——货币资金 　贷:其他预算收入
		支付银行手续费等	借:业务活动费用/单位管理费用等 　贷:银行存款	借:行政支出/事业支出等 　贷:资金结存——货币资金
(5)	受托代理、代管银行存款	收到银行存款	借:银行存款——受托代理资产 　贷:受托代理负债	
		支付银行存款	借:受托代理负债 　贷:银行存款——受托代理资产	

续表

序号	业务和事项内容	账务处理	
		财务会计	预算会计
(6) 外币业务	以外币购买物资、劳务等	借：在途物品/库存物品等 贷：银行存款（外币账户）/应付账款等（外币账户）	借：事业支出等 贷：资金结存——货币资金
	以外币收取相关款项等	借：银行存款（外币账户）/应收账款等（外币账户） 贷：事业收入等	借：资金结存——货币资金 贷：事业预算收入等
	期末，根据各外币账户，把期末的即期汇率调整后的人民币余额与原账面人民币余额的差额，作为汇兑损益	借：银行存款/应收账款/应付账款等 贷：业务活动费用/单位管理费用等（汇兑收益） 借：业务活动费用/单位管理费用等（汇兑损失） 贷：银行存款/应收账款/应付账款等	借：资金结存——货币资金 贷：行政支出/事业支出等（汇兑收益） 借：行政支出/事业支出等（汇兑损失） 贷：资金结存——货币资金

三、零余额账户用款额度的核算

1. 科目设置

单位应当设置"零余额账户用款额度"总账科目。该科目核算实行国库集中支付的单位根据财政部门批复的用款计划收到和支用的零余额账户用款额度。"零余额账户用款额度"科目期末借方余额，反映单位尚未支用的零余额账户用款额度。年末注销单位零余额账户用款额度后，"零余额账户用款额度"科目应无余额。

2. 零余额账户用款额度的主要账务处理

①收到额度。单位收到财政授权支付到账通知书时，根据通知书所列金额，借记"零余额账户用款额度"科目，贷记"财政拨款收入"科目。

②支用额度。支付日常活动费用时，按照支付的金额，借记"业务活动费用""单位管理费用"等科目，贷记"零余额账户用款额度"科目。

购买库存物品或购建固定资产，按照实际发生的成本，借记"库存物品""固定资产""在建工程"等科目，按照实际支付或应付的金额，贷记"零余额账户用款额度""应付账款"等科目。涉及增值税业务的，相关账务处理参见"应交增值税"科目的相关内容。

从零余额账户提取现金时，按照实际提取的金额，借记"库存现金"科目，贷记"零余额账户用款额度"科目。

③因购货退回等发生财政授权支付额度退回的，按照退回的金额，借记"零余额账户用款额度"科目，贷记"库存物品"等科目。

④年末，根据代理银行提供的对账单作注销额度的相关账务处理，借记"财政应返还额度——财政授权支付"科目，贷记"零余额账户用款额度"科目。年末，单位本年度财政授权支付预算指标数大于零余额账户用款额度下达数的，根据未下达的用款额度，借记"财政应返还额度——财政授权支付"科目，贷记"财政拨款收入"科目；下年初，单位根据代理银行提供的上年度注销额度恢复到账通知书作恢复额度的相关账务处理，借记"零余额账户用款额度"科目，贷记"财政应返还额度——财政授权支付"科目。单位收到财政部门批复的上年未下达零余额账户用款额度，借记"零余额账户用款额度"科目，贷记"财政应返还额度——财政授权支付"科目。

零余额账户用款额度的主要账务处理如表9-3所示。

表9-3　零余额账户用款额度的主要账务处理

序号	业务和事项内容		账务处理	
			财务会计	预算会计
			零余额账户用款额度	
(1)	收到额度	收到财政授权支付到账通知书	借：零余额账户用款额度 贷：财政拨款收入	借：资金结存——零余额账户用款额度 贷：财政拨款预算收入
(2)	按照规定支用额度	支付日常活动费用	借：业务活动费用/单位管理费用等 贷：零余额账户用款额度	
		购买库存物品或购建固定资产等	借：库存物品/固定资产/在建工程等 贷：零余额账户用款额度	借：行政支出/事业支出等 贷：资金结存——零余额账户用款额度
(3)	提现	从零余额账户提取现金	借：库存现金 贷：零余额账户用款额度	借：资金结存——货币资金 贷：资金结存——零余额账户用款额度
		将现金退回单位零余额账户	借：零余额账户用款额度 贷：库存现金	借：资金结存——零余额账户用款额度 贷：资金结存——货币资金

续表

序号	业务和事项内容		账务处理	
			财务会计	预算会计
(4)	因购货退回等发生国库授权支付额度退回	本年度授权支付的款项	借：零余额账户用款额度 贷：库存物品等	借：资金结存——零余额账户用款额度 贷：行政支出/事业支出等
		以前年度授权支付的款项	借：零余额账户用款额度 贷：库存物品/以前年度盈余调整等	借：资金结存——零余额账户用款额度 贷：财政拨款结转——年初余额调整/财政拨款结余——年初余额调整
(5)	年末，注销额度	根据代理银行提供的对账单注销财政授权支付额度	借：财政应返还额度——财政授权支付 贷：零余额账户用款额度	借：资金结存——财政应返还额度 贷：资金结存——零余额账户用款额度
		本年度财政授权支付预算指标数大于零余额账户额度下达数的，根据未下达的用款额度处理	借：财政应返还额度——财政授权支付 贷：财政拨款收入	借：资金结存——财政应返还额度 贷：财政拨款预算收入
(6)	下年初，恢复额度	根据代理银行提供的额度恢复到账通知书恢复财政授权支付额度	借：零余额账户用款额度 贷：财政应返还额度——财政授权支付	借：资金结存——零余额账户用款额度 贷：资金结存——财政应返还额度
		收到财政部门批复的上年末未下达零余额账户用款额度	借：零余额账户用款额度 贷：财政应返还额度——财政授权支付	借：资金结存——零余额账户用款额度 贷：资金结存——财政应返还额度

四、财政应返还额度的核算

1. 科目设置

单位应当设置"财政应返还额度"总账科目。该科目核算实行国库集中支付的单位应收财政返还的资金额度，包括可以使用的以前年度财政直接支付资金额度和财政应返还的财政授权支付资金额度。"财政应返还额度"科目应当设置"财政直接支付""财政授权支付"两个明细科目进行明细核算。"财政应返还额度"科目期末借方余额，反映单位应收财政返还的资金额度。

2. 财政应返还额度的主要账务处理

(1) 财政直接支付

①年末，单位根据本年度财政直接支付预算指标数大于当年财政直接支付实际发生数的差额，借记"财政应返还额度"科目（财政直接支付），贷记"财政拨款收入"科目。

②单位使用以前年度财政直接支付额度支付款项时，借记"业务活动费用""单位管理费用"等科目，贷记"财政应返还额度"科目（财政直接支付）。

(2) 财政授权支付

①年末，根据代理银行提供的对账单作注销额度的相关账务处理，借记"财政应返还额度"科目（财政授权支付），贷记"零余额账户用款额度"科目。

②年末，单位本年度财政授权支付预算指标数大于零余额账户用款额度下达数的，根据未下达的用款额度，借记"财政应返还额度"科目（财政授权支付），贷记"财政拨款收入"科目。

③下年初，单位根据代理银行提供的上年度注销额度恢复到账通知书作恢复额度的相关账务处理，借记"零余额账户用款额度"科目，贷记"财政应返还额度"科目（财政授权支付）。单位收到财政部门批复的上年未下达零余额账户用款额度，借记"零余额账户用款额度"科目，贷记"财政应返还额度"科目（财政授权支付）。

财政应返还额度的主要账务处理如表 9-4 所示。

表 9-4 财政应返还额度的主要账务处理

序号	业务和事项内容		账务处理	
			财务会计	预算会计
			财政应返还额度	
(1)	财政直接支付方式下，确认财政应返还额度	年末，根据本年度预算指标数与当年实际支付数的差额	借：财政应返还额度——财政直接支付 贷：财政拨款收入	借：资金结存——财政应返还额度 贷：财政拨款预算收入
		下年度使用以前年度财政直接支付额度支付款项时	借：业务活动费用/单位管理费用/库存物品等 贷：财政应返还额度——财政直接支付	借：行政支出/事业支出等 贷：资金结存——财政应返还额度

续表

序号	业务和事项内容	账务处理	
		财务会计	预算会计
(2)	财政授权支付方式下，确认财政应返还额度	年末，本年度预算指标数大于额度下达数的，根据未下达的用款额度	借：财政应返还额度——财政授权支付 贷：财政拨款收入	借：资金结存——财政应返还额度 贷：财政拨款预算收入
		年末，根据代理银行提供的对账单作注销额度处理	借：财政应返还额度——财政授权支付 贷：零余额账户用款额度	借：资金结存——财政应返还额度 贷：资金结存——零余额账户用款额度
		下年初额度恢复和下年初收到财政部门批复的上年末未下达零余额账户用款额	借：零余额账户用款额度 贷：财政应返还额度——财政授权支付	借：资金结存——零余额账户用款额度 贷：资金结存——财政应返还额度

五、其他货币资金的核算

1. 科目设置

单位应当设置"其他货币资金"总账科目。该科目核算单位的外埠存款、银行本票存款、银行汇票存款、信用卡存款等各种其他货币资金。"其他货币资金"科目应当设置"外埠存款""银行本票存款""银行汇票存款""信用卡存款"等明细科目，进行明细核算。"其他货币资金"科目期末借方余额，反映单位实际持有的其他货币资金。

2. 其他货币资金的主要账务处理

①单位按照有关规定需要在异地开立银行账户，将款项委托本地银行汇往异地开立账户时，借记"其他货币资金"科目，贷记"银行存款"科目。

收到采购员交来供应单位发票账单等报销凭证时，借记"库存物品"等科目，贷记"其他货币资金"科目。

将多余的外埠存款转回本地银行时，根据银行的收账通知，借记"银行存款"科目，贷记"其他货币资金"科目。

②将款项交存银行取得银行本票、银行汇票，按照取得的银行本票、银行汇票金额，借记"其他货币资金"科目，贷记"银行存款"科目。

使用银行本票、银行汇票购买库存物品等资产时，按照实际支付金额，借记"库存物品"等科目，贷记"其他货币资金"科目。

如有余款或因本票、汇票超过付款期等原因而退回款项，按照退款金额，借记"银行存款"科目,贷记"其他货币资金"科目。

③将款项交存银行取得信用卡,按照交存金额,借记"其他货币资金"科目,贷记"银行存款"科目。

用信用卡购物或支付有关费用,按照实际支付金额,借记"单位管理费用""库存物品"等科目,贷记"其他货币资金"科目。

单位信用卡在使用过程中,需向其账户续存资金的,按照续存金汇票、银行本票等,应当按照规定及时转回,并按照上述规定进行相应账务处理。

其他货币资金的主要账务处理如表9-5所示。

表9-5 其他货币资金的主要账务处理

序号	业务和事项内容	账务处理	
		财务会计	预算会计
		其他货币资金	
(1)	形成其他货币资金	取得银行本票、银行汇票、信用卡时	借:其他货币资金——银行本票存款 ——银行汇票存款 ——信用卡存款 贷:银行存款	
(2)	发生支付	用银行本票、银行汇票、信用卡支付时	借:在途物品/库存物品等 贷:其他货币资金 ——银行本票存款 ——银行汇票存款 ——信用卡存款	借:事业支出等(实际支付金额) 贷:资金结存——货币资金
(3)	余款退回时	用银行本票、银行汇票、信用卡的余款退回时	借:银行存款 贷:其他货币资金 ——银行本票存款 ——银行汇票存款 ——信用卡存款	

六、短期投资的核算

1. 科目设置

事业单位应当设置"短期投资"总账科目。该科目核算事业单位按照规定取得的,持有时间不超过1年（含1年）的投资。"短期投资"科目期末借方余额，反映事业单位持有短期投资的成本。"短期投资"科目应当按照投资的种类等进行明细核算。

2. 短期投资的主要账务处理

①取得短期投资时，按照确定的投资成本，借记"短期投资"科目，贷记"银行存款"等科目。

收到取得投资时实际支付价款中包含的已到付息期但尚未领取的利息，按照实际收到的金额，借记"银行存款"科目，贷记"短期投资"科目。

②收到短期投资持有期间的利息，按照实际收到的金额，借记"银行存款"科目，贷记"投资收益"科目。

③出售短期投资或到期收回短期投资本息，按照实际收到的金额，借记"银行存款"科目，按照出售或收回短期投资的账面余额，贷记"短期投资"科目，按照其差额，借记或贷记"投资收益"科目。涉及增值税业务的，相关账务处理参见"应交增值税"科目的相关内容。

短期投资的主要账务处理如表9-6所示。

表9-6 短期投资的主要账务处理

序号	业务和事项内容		账务处理	
			财务会计	预算会计
			短期投资	
(1)	取得短期投资	取得短期投资时	借：短期投资 　　贷：银行存款等	借：投资支出 　　贷：资金结存——货币资金
		收到购买时已到付息期但未领取的利息时	借：银行存款 　　贷：短期投资	借：资金结存——货币资金 　　贷：投资支出
(2)	短期投资持有期间收到利息		借：银行存款 　　贷：投资收益	借：资金结存——货币资金 　　贷：投资预算收益
(3)	出售短期投资或到期收回短期投资本息		借：银行存款（实际收到的金额） 　　投资收益（借差） 　　贷：短期投资（账面余额） 　　投资收益（贷差）	借：资金结存——货币资金（实收款） 　　投资预算收益（实收款小于投资成本的差额） 　　贷：投资支出（出售或收回当年投资的）/其他结余（出售或收回以前年度投资的） 　　投资预算收益（实收款大于投资成本的差额）

七、应收票据的核算

1. 科目设置

事业单位应当设置"应收票据"总账科目。该科目核算事业单位因开展经营活动销售产品、提供有偿服务等而收到的商业汇票,包括银行承兑汇票和商业承兑汇票。"应收票据"科目期末借方余额,反映事业单位持有的商业汇票票面金额。

"应收票据"科目应当按照开出、承兑商业汇票的单位等进行明细核算。

事业单位应当设置应收票据备查簿,逐笔登记每一应收票据的种类、号数、出票日期、到期日、票面金额、交易合同号和付款人、承兑人、背书人姓名或单位名称、背书转让日、贴现日期、贴现率和贴现净额、收款日期、收回金额和退票情况等。应收票据到期结清票款或退票后,应当在备查簿内逐笔注销。

2. 应收票据的主要账务处理

①因销售产品、提供服务等收到商业汇票,按照商业汇票的票面金额,借记"应收票据"科目,按照确认的收入金额,贷记"经营收入"等科目。涉及增值税业务的,相关账务处理参见"应交增值税"科目的相关内容。

②持未到期的商业汇票向银行贴现,按照实际收到的金额(即扣除贴现息后的净额),借记"银行存款"科目,按照贴现息金额,借记"经营费用"等科目,按照商业汇票的票面金额,贷记"应收票据"科目(无追索权)或"短期借款"科目(有追索权)。

附追索权的商业汇票到期未发生追索事项的,按照商业汇票的票面金额,借记"短期借款"科目,贷记"应收票据"科目。

③将持有的商业汇票背书转让以取得所需物资时,按照取得物资的成本,借记"库存物品"等科目,按照商业汇票的票面金额,贷记"应收票据"科目,如有差额,借记或贷记"银行存款"等科目。涉及增值税业务的,相关账务处理参见"应交增值税"科目的相关内容。

④商业汇票到期时,应当分别以下情况处理:收回票款时,按照实际收到的商业汇票票面金额,借记"银行存款"科目,贷记"应收票据"科目;因付款人无力支付票款,收到银行退回的商业承兑汇票、委托收款凭证、未付票款通知书或拒付款证明等,按照商业汇票的票面金额,借记"应收账款"科目,贷记"应收票据"科目。

应收票据的主要账务处理如表9-7所示。

表9-7 应收票据的主要账务处理

序号	业务和事项内容	账务处理	
		财务会计	预算会计
		应收票据	
(1)	收到商业汇票	销售产品、提供服务等收到商业汇票时	借:应收票据 贷:经营收入等	

续表

序号	业务和事项内容	账务处理	
		财务会计	预算会计
(2)	商业汇票向银行贴现	持未到期的商业汇票向银行贴现	借：银行存款（贴现净额） 经营费用等（贴现利息） 贷：应收票据（不附追索权）/短期借款（附追索权）	借：资金结存——货币资金 贷：经营预算收入等（贴现净额）
		附追索权的商业汇票到期未发生追索事项	借：短期借款 贷：应收票据	
(3)	商业汇票背书转让	将持有的商业汇票背书转让以取得所需物资	借：库存物品等 贷：应收票据 银行存款（差额）	借：经营支出等（支付的金额） 贷：资金结存——货币资金
(4)	商业汇票到期	商业汇票到期，收回应收票据	借：银行存款 贷：应收票据	借：资金结存——货币资金 贷：经营预算收入等
		商业汇票到期，付款人无力支付票款时	借：应收账款 贷：应收票据	

八、应收账款的核算

1. 科目设置

事业单位应当设置"应收账款"总账科目。该科目核算事业单位提供服务、销售产品等应收取的款项，以及单位因出租资产、出售物资等应收取的款项。"应收账款"科目应当按照债务单位（或个人）进行明细核算。"应收账款"科目期末借方余额，反映单位尚未收回的应收账款。

2. 应收账款的主要账务处理

①应收账款收回后不需上缴财政。发生应收账款时，按照应收未收金额，借记"应收账款"科目，贷记"事业收入""经营收入""租金收入""其他收入"等科目。涉及增值税业务的，相关账务处理参见"应交增值税"科目的相关内容。

收回应收账款时,按照实际收到的金额,借记"银行存款"等科目,贷记"应收账款"科目。

②应收账款收回后需上缴财政。出租资产发生应收未收租金款项时,按照应收未收金额,借记"应收账款"科目,贷记"应缴财政款"科目。收回应收账款时,按照实际收到的金额,借记"银行存款"等科目,贷记"应收账款"科目。出售物资发生应收未收款项时,按照应收未收金额,借记"应收账款"科目,贷记"应缴财政款"科目。收回应收账款时,按照实际收到的金额,借记"银行存款"等科目,贷记"应收账款"科目。涉及增值税业务的,相关账务处理参见"应交增值税"科目的相关内容。

③事业单位应当于每年年末,对收回后不需上缴财政的应收账款进行全面检查,如发生不能收回的迹象,应当计提坏账准备。

对于账龄超过规定年限、确认无法收回的应收账款,按照规定报经批准后予以核销。按照核销金额,借记"坏账准备"科目,贷记"应收账款"科目。核销的应收账款应在备查簿中保留登记。

已核销不需上缴财政的应收账款在以后期间又收回的,按照实际收回金额,借记"应收账款"科目,贷记"坏账准备"科目;同时,借记"银行存款"等科目,贷记"应收账款"科目。

④单位应当于每年年末,对收回后应当上缴财政的应收账款进行全面检查。对于账龄超过规定年限、确认无法收回的应收账款,按照规定报经批准后予以核销。按照核销金额,借记"应缴财政款"科目,贷记"应收账款"科目。核销的应收账款应当在备查簿中保留登记。

已核销需上缴财政的应收账款在以后期间又收回的,按照实际收回金额,借记"银行存款"等科目,贷记"应缴财政款"科目。

应收账款的主要账务处理如表9-8所示。

表9-8 应收账款的主要账务处理

序号	业务和事项内容		账务处理	
			财务会计	预算会计
			应收账款	
(1)	发生应收账款时	应收账款收回后不需上缴财政	借:应收账款 贷:事业收入/经营收入/其他收入等	
		应收账款收回后需上缴财政	借:应收账款 贷:应缴财政款	

续表

序号	业务和事项内容	账务处理	
		财务会计	预算会计
(2)	收回应收账款时	应收账款收回后不需上缴财政 借：银行存款等 贷：应收账款	借：资金结存——货币资金等 贷：事业预算收入/经营预算收入/其他预算收入等
		应收账款收回后需上缴财政 借：银行存款等 贷：应收账款	
(3)	逾期无法收回的应收账款	报批后予以核销 借：坏账准备/应缴财政款 贷：应收账款	
		已核销不需上缴财政的应收账款在以后期间收回 借：应收账款 贷：坏账准备 借：银行存款 贷：应收账款	借：资金结存——货币资金 贷：非财政拨款结余等
		已核销需上缴财政的应收账款在以后期间收回 借：银行存款等 贷：应缴财政款	

九、应收股利的核算

1. 科目设置

事业单位应当设置"应收股利"总账科目。该科目核算事业单位持有长期股权投资应当收取的现金股利或应当分得的利润。"应收股利"科目应当按照被投资单位等进行明细核算。"应收股利"科目期末借方余额，反映事业单位应当收取但尚未收到的现金股利或利润。

2. 应收股利的主要账务处理

①取得长期股权投资，按照支付的价款中包含的已宣告但尚未发放的现金股利或利润，借记"应收股利"科目，按照确定的长期股权投资成本，借记"长期股权投资"科目，按照实际支付的金额，贷记"银行存款"等科目。

收到取得投资时实际支付价款中包含的已宣告但尚未发放的现金股利或利润时，按照收到的金额，借记"银行存款"科目，贷记"应收股利"科目。

②长期股权投资持有期间，被投资单位宣告发放现金股利或利润的，按照应享有的份额，借记"应收股利"科目，贷记"投资收益"（成本法下）或"长期股权投资"（权益法下）科目。

③实际收到现金股利或利润时，按照收到的金额，借记"银行存款"等科目，贷记"应收股利"科目。

应收股利的主要账务处理如表9-9所示。

表9-9 应收股利的主要账务处理

序号	业务和事项内容	账务处理	
		财务会计	预算会计
		应收股利	
(1) 取得长期股权投资	取得长期股权投资	借：长期股权投资 　　应收股利（取得投资支付价款中包含的已宣告但尚未发放的现金股利或利润） 贷：银行存款（取得投资支付的全部价款）	借：投资支出（取得投资支付的全部价款） 贷：资金结存——货币资金
	收到取得投资所支付价款中包含的已宣告但尚未发放的现金股利或利润时	借：银行存款 贷：应收股利	借：资金结存——货币资金 贷：投资支出等
(2) 持有投资期间	被投资单位宣告发放现金股利或利润	借：应收股利 贷：投资收益/长期股权投资	
	收到现金股利或利润时	借：银行存款 贷：应收股利	借：资金结存——货币资金 贷：投资预算收益

十、应收利息的核算

1. 科目设置

事业单位应当设置"应收利息"总账科目。该科目核算事业单位长期债券投资应当收取的利息。"应收利息"科目应当按照被投资单位等进行明细核算。"应收利息"科目期末借方余额，反映事业单位应收未收的长期债券投资利息。

事业单位购入的到期一次还本付息的长期债券投资持有期间的利息，应当通过"长期债券投资——应计利息"科目核算，不通过"应收利息"科目核算。

2. 应收利息的主要账务处理

①取得长期债券投资，按照确定的投资成本，借记"长期债券投资"科目，按照支付

的价款中包含的已到付息期但尚未领取的利息，借记"应收利息"科目，按照实际支付的金额，贷记"银行存款"等科目。

收到取得投资时实际支付价款中包含的已到付息期但尚未领取的利息时，按照收到的金额，借记"银行存款"等科目，贷记"应收利息"科目。

②按期计算确认长期债券投资利息收入时，对于分期付息、一次还本的长期债券投资，按照以票面金额和票面利率计算确定的应收未收利息金额，借记"应收利息"科目，贷记"投资收益"科目。

③实际收到应收利息时，按照收到的金额，借记"银行存款"等科目，贷记"应收利息"科目。

应收利息的主要账务处理如表 9-10 所示。

表 9-10　应收利息的主要账务处理

序号	业务和事项内容	账务处理	
		财务会计	预算会计
		应收利息	
(1) 取得债券投资	取得长期债券投资	借：长期债券投资 　　应收利息（取得投资支付价款中包含的已到付息期但尚未领取的利息） 贷：银行存款（取得投资支付的全部价款）	借：投资支出（取得投资支付的全部价款） 贷：资金结存——货币资金
	收到取得投资所支付价款中包含的已到付息期但尚未领取的利息时	借：银行存款 贷：应收利息	借：资金结存——货币资金 贷：投资支出等
(2) 持有投资期间	按期计提利息	借：应收利息（分期付息、到期还本债券计提的利息） 贷：投资收益	
	实际收到利息	借：银行存款 贷：应收利息	借：资金结存——货币资金 贷：投资预算收益

十一、其他应收款的核算

1. 科目设置

单位应当设置"其他应收款"总账科目。该科目核算单位除财政应返还额度、应收票据、应收账款、预付账款、应收股利、应收利息以外的其他各项应收及暂付款项,如职工预借的差旅费、已经偿还银行尚未报销的本单位公务卡欠款、拨付给内部有关部门的备用金、应向职工收取的各种垫付款项、支付的可以收回的订金或押金、应收的上级补助和附属单位上缴款项等。

"其他应收款"科目应当按照其他应收款的类别以及债务单位(或个人)进行明细核算。"其他应收款"科目期末借方余额,反映单位尚未收回的其他应收款。

2. 其他应收款的主要账务处理

①发生其他各种应收及暂付款项时,按照实际发生金额,借记"其他应收款"科目,贷记"零余额账户用款额度""银行存款""库存现金""上级补助收入""附属单位上缴收入"等科目。涉及增值税业务的,相关账务处理参见"应交增值税"科目的相关内容。

②收回其他各种应收及暂付款项时,按照收回的金额,借记"库存现金""银行存款"等科目,贷记"其他应收款"科目。

③单位内部实行备用金制度的,有关部门使用备用金以后应当及时到财务部门报销并补足备用金。财务部门核定并发放备用金时,按照实际发放金额,借记"其他应收款"科目,贷记"库存现金"等科目;根据报销金额用现金补足备用金定额时,借记"业务活动费用""单位管理费用"等科目,贷记"库存现金"等科目,报销数和拨补数都不再通过"其他应收款"科目核算。

④偿还尚未报销的本单位公务卡欠款时,按照偿还的款项,借记"其他应收款"科目,贷记"零余额账户用款额度""银行存款"等科目;持卡人报销时,按照报销金额,借记"业务活动费用""单位管理费用"等科目,贷记"其他应收款"科目。

⑤将预付账款账面余额转入其他应收款时,借记"其他应收款"科目,贷记"预付账款"科目。具体说明参见"预付账款"科目的相关内容。

⑥事业单位应当于每年年末,对其他应收款进行全面检查,如发生不能收回的迹象,应当计提坏账准备。

对于账龄超过规定年限、确认无法收回的其他应收款,按照规定报经批准后予以核销。按照核销金额,借记"坏账准备"科目,贷记"其他应收款"科目。核销的其他应收款应当在备查簿中保留登记。

已核销的其他应收款在以后期间又收回的,按照实际收回金额,借记"其他应收款"科目,贷记"坏账准备"科目;同时,借记"银行存款"等科目,贷记"其他应收款"科目。

⑦行政单位应当于每年年末,对其他应收款进行全面检查。对于超过规定年限、确认无法收回的其他应收款,应当按照有关规定报经批准后予以核销。核销的其他应收款应在备查

簿中保留登记。

经批准核销其他应收款时，按照核销金额，借记"资产处置费用"科目，贷记"其他应收款"科目。

已核销的其他应收款在以后期间又收回的，按照收回金额，借记"银行存款"等科目，贷记"其他收入"科目。

其他应收款的主要账务处理如表9-11所示。

表9-11 其他应收款的主要账务处理

序号	业务和事项内容		账务处理	
			财务会计	预算会计
			其他应收款	
(1)	发生暂付款项(包括偿还未报销的公务卡款项)	暂付款项时	借：其他应收款 贷：银行存款/库存现金/零余额账户用款额度等	
		报销时	借：业务活动费用/单位管理费用等（实际报销金额） 贷：其他应收款	借：行政支出/事业支出等（实际报销金额） 贷：资金结存
		收回暂付款项时	借：库存现金/银行存款等 贷：其他应收款	
(2)	发生其他各种应收款项	确认其他应收款时	借：其他应收款 贷：上级补助收入/附属单位上缴收入/其他收入等	
		收到其他应收款项时	借：银行存款/库存现金等 贷：其他应收款	借：资金结存——货币资金 贷：上级补助预算收入/附属单位上缴预算收入/其他预算收入等

续表

序号	业务和事项内容		账务处理	
			财务会计	预算会计
(3)	拨付给内部有关部门的备用金	财务部门核定并发放备用金时	借：其他应收款 　　贷：库存现金	
		根据报销数用现金补足备用金定额时	借：业务活动费用/单位管理费用等 　　贷：库存现金	借：行政支出/事业支出等 　　贷：资金结存——货币资金
(4)	逾期无法收回的其他应收款	经批准核销时	借：坏账准备（事业单位）/资产处置费用（行政单位） 　　贷：其他应收款	
		已核销的其他应收款在以后期间收回	事业单位： 借：其他应收款 　　贷：坏账准备 借：银行存款等 　　贷：其他应收款 行政单位： 借：银行存款等 　　贷：其他收入	借：资金结存——货币资金 　　贷：其他预算收入

十二、预付账款的核算

1. 科目设置

单位应当设置"预付账款"总账科目。该科目核算单位按照购货、服务合同或协议规定预付给供应单位（或个人）的款项，以及按照合同规定向承包工程的施工企业预付的备料款和工程款。

"预付账款"科目应当按照供应单位（或个人）及具体项目进行明细核算；对于基本建设项目发生的预付账款，还应当在"预付账款"科目所属基建项目明细科目下设置"预付备料款""预付工程款""其他预付款"等明细科目，进行明细核算。"预付账款"科目期末借方余额，反映单位实际预付但尚未结算的款项。

2. 预付账款的主要账务处理

①根据购货、服务合同或协议规定预付款项时，按照预付金额，借记"预付账款"科目，贷记"财政拨款收入""零余额账户用款额度""银行存款"等科目。

②收到所购资产或服务时，按照购入资产或服务的成本，借记"库存物品""固定资

产""无形资产""业务活动费用"等相关科目，按照相关预付账款的账面余额，贷记"预付账款"科目，按照实际补付的金额，贷记"财政拨款收入""零余额账户用款额度""银行存款"等科目。涉及增值税业务的，相关账务处理参见"应交增值税"科目的相关内容。

③根据工程进度结算工程价款及备料款时，按照结算金额，借记"在建工程"科目，按照相关预付账款的账面余额，贷记"预付账款"科目，按照实际补付的金额，贷记"财政拨款收入""零余额账户用款额度""银行存款"等科目。

④发生预付账款退回的，按照实际退回金额，借记"财政拨款收入（本年直接支付）""财政应返还额度（以前年度直接支付）""零余额账户用款额度""银行存款"等科目，贷记"预付账款"科目。

⑤单位应当于每年年末，对预付账款进行全面检查。如果有确凿证据表明预付账款不再符合预付款项性质，或者因供应单位破产、撤销等原因可能无法收到所购货物、服务的，应当先将其转入其他应收款，再按照规定进行处理。将预付账款账面余额转入其他应收款时，借记"其他应收款"科目，贷记"预付账款"科目。

预付账款的主要账务处理如表 9-12 所示。

表 9-12 预付账款的主要账务处理

序号	业务和事项内容	账务处理	
		财务会计	预算会计
		预付账款	
（1）	发生预付账款时	借：预付账款 贷：财政拨款收入/零余额账户用款额度/银行存款等	借：行政支出/事业支出等 贷：财政拨款预算收入/资金结存
（2）	收到所购物资或劳务，以及根据工程进度结算工程价款等时	借：业务活动费用/库存物品/固定资产/在建工程等 贷：预付账款 零余额账户用款额度/财政拨款收入/银行存款等（补付款项）	借：行政支出/事业支出等（补付款项） 贷：财政拨款预算收入/资金结存

续表

序号	业务和事项内容	账务处理	
		财务会计	预算会计
（3）预付账款退回	当年预付账款退回	借：财政拨款收入/零余额账户用款额度/银行存款等 贷：预付账款	借：财政拨款预算收入/资金结存 贷：行政支出/事业支出等
	以前年度预付账款退回	借：财政应返还额度/零余额账户用款额度/银行存款等 贷：预付账款	借：资金结存 贷：财政拨款结余——年初余额调整/财政拨款结转——年初余额调整等
（4）	逾期无法收回的预付账款转为其他应收款	借：其他应收款 贷：预付账款	

十三、坏账准备的核算

1. 科目设置

事业单位应当设置"坏账准备"总账科目。该科目核算事业单位对收回后不需上缴财政的应收账款和其他应收款提取的坏账准备。"坏账准备"科目应当分别按照"应收账款"和"其他应收款"进行明细核算。"坏账准备"科目期末贷方余额，反映事业单位提取的坏账准备金额。

事业单位应当于每年年末，对收回后不需上缴财政的应收账款和其他应收款进行全面检查，分析其可收回性，对预计可能产生的坏账损失计提坏账准备、确认坏账损失。

事业单位可以采用应收款项余额百分比法、账龄分析法、个别认定法等方法计提坏账准备。坏账准备计提方法一经确定，不得随意变更。如需变更，应当按照规定报经批准，并在财务报表附注中予以说明。

2. 坏账准备的主要账务处理

①提取坏账准备时，借记"其他费用"科目，贷记"坏账准备"科目；冲减坏账准备时，借记"坏账准备"科目，贷记"其他费用"科目。

②对于账龄超过规定年限并确认无法收回的应收账款、其他应收款，应当按照有关规定报经批准后，按照无法收回的金额，借记"坏账准备"科目，贷记"应收账款""其他应收款"科目。

③已核销的应收账款、其他应收款在以后期间又收回的，按照实际收回金额，借记"应收账款""其他应收款"科目，贷记"坏账准备"科目；同时，借记"银行存款"等科目，贷记"应收账款""其他应收款"科目。

坏账准备的主要账务处理如表9-13所示。

表 9-13 坏账准备主要账务处理

序号	业务和事项内容		账务处理	
			财务会计	预算会计
			坏账准备	
(1)	年末全面分析不需上缴财政的应收账款和其他应收款	计提坏账准备，确认坏账损失	借：其他费用 　贷：坏账准备	
		冲减坏账准备	借：坏账准备 　贷：其他费用	
(2)	逾期无法收回的应收账款和其他应收款	报批后予以核销	借：坏账准备 　贷：应收账款/其他应收款	
		已核销不需上缴财政的应收款项在以后收回	借：应收账款/其他应收款 　贷：坏账准备 借：银行存款 　贷：应收账款/其他应收款	借：资金结存——货币资金等 　贷：非财政拨款结余等

十四、在途物品的核算

1. 科目设置

单位应当设置"在途物品"总账科目。该科目核算单位采购材料等物资时货款已付或已开出商业汇票但尚未验收入库的在途物品的采购成本。"在途物品"科目可按照供应单位和物品种类进行明细核算。"在途物品"科目期末借方余额，反映单位在途物品的采购成本。

2. 在途物品的主要账务处理

①购入材料等物品，按照确定的物品采购成本的金额，借记"在途物品"科目，按照实际支付的金额，贷记"财政拨款收入""零余额账户用款额度""银行存款"等科目。涉及增值税业务的，相关账务处理参见"应交增值税"科目的相关内容。

②所购材料等物品到达验收入库，按照确定的库存物品成本金额，借记"库存物品"科目，按照物品采购成本金额，贷记"在途物品"科目，按照使得入库物品达到目前场所和状态所发生的其他支出，贷记"银行存款"等科目。

十五、库存物品的核算

1. 科目设置

单位应当设置"库存物品"总账科目。该科目核算单位在开展业务活动及其他活动中为耗用或出售而储存的各种材料、产品、包装物、低值易耗品，以及达不到固定资产标准的用具、装具、动植物等的成本。已完成的测绘、地质勘察、设计成果等的成本，也通过"库存物品"科目核算。"库存物品"科目应当按照库存物品的种类、规格、保管地点等进行明细核算。单位储存的低值易耗品、包装物较多的，可以在"库存物品"科目（低值易耗品、包装物）下按照"在库""在用"和"摊销"等进行明细核算。"库存物品"科目期末借方余额，反映单位库存物品的实际成本。

单位随买随用的零星办公用品，可以在购进时直接列作费用，不通过"库存物品"科目核算。单位控制的政府储备物资，应当通过"政府储备物资"科目核算，不通过"库存物品"科目核算。单位受托存储保管的物资和受托转赠的物资，应当通过"受托代理资产"科目核算，不通过"库存物品"科目核算。单位为在建工程购买和使用的材料物资，应当通过"工程物资"科目核算，不通过"库存物品"科目核算。

2. 库存物品的主要账务处理

（1）取得的库存物品，按照其取得时的成本入账

①外购的库存物品验收入库，按照确定的成本，借记"库存物品"科目，贷记"财政拨款收入""零余额账户用款额度""银行存款""应付账款""在途物品"等科目。涉及增值税业务的，相关账务处理参见"应交增值税"科目的相关内容。

②自制的库存物品加工完成并验收入库，按照确定的成本，借记"库存物品"科目，贷记"加工物品——自制物品"科目。

③委托外单位加工收回的库存物品验收入库，按照确定的成本，借记"库存物品"科目，贷记"加工物品——委托加工物品"等科目。

④接受捐赠的库存物品验收入库，按照确定的成本，借记"库存物品"科目，按照发生的相关税费、运输费等，贷记"银行存款"等科目，按照其差额，贷记"捐赠收入"科目。接受捐赠的库存物品按照名义金额入账的，按照名义金额，借记"库存物品"科目，贷记"捐赠收入"科目；同时，按照发生的相关税费、运输费等，借记"其他费用"科目，贷记"银行存款"等科目。

⑤无偿调入的库存物品验收入库，按照确定的成本，借记"库存物品"科目，按照发生的相关税费、运输费等，贷记"银行存款"等科目，按照其差额，贷记"无偿调拨净资产"科目。

⑥置换换入的库存物品验收入库，按照确定的成本，借记"库存物品"科目，按照换出资产的账面余额，贷记相关资产科目（换出资产为固定资产、无形资产的，还应当借记"固定资产累计折旧""无形资产累计摊销"科目），按照置换过程中发生的其他相关支出，贷记"银行存款"等科目，按照借、贷方差额，借记"资产处置费用"科目或贷记"其他收入"科目。涉及补价的，分别以下情况处理：

a. 支付补价的，按照确定的成本，借记"库存物品"科目，按照换出资产的账面余额，贷记相关资产科目（换出资产为固定资产、无形资产的，还应当借记"固定资产累计折旧"、"无形资产累计摊销"科目），按照支付的补价和置换过程中发生的其他相关支出，

贷记"银行存款"等科目，按照借、贷方差额，借记"资产处置费用"科目或贷记"其他收入"科目。

b. 收到补价的，按照确定的成本，借记"库存物品"科目，按照收到的补价，借记"银行存款"等科目，按照换出资产的账面余额，贷记相关资产科目（换出资产为固定资产、无形资产的，还应当借记"固定资产累计折旧""无形资产累计摊销"科目），按照置换过程中发生的其他相关支出，贷记"银行存款"等科目，按照补价扣减其他相关支出后的净收入，贷记"应缴财政款"科目，按照借、贷方差额，借记"资产处置费用"科目或贷记"其他收入"科目。

（2）库存物品在发出时，分别以下情况处理：

①单位开展业务活动等领用、按照规定自主出售发出或加工发出库存物品，按照领用、出售等发出物品的实际成本，借记"业务活动费用""单位管理费用""经营费用""加工物品"等科目，贷记"库存物品"科目。

②采用一次转销法摊销低值易耗品、包装物的，在首次领用时将其账面余额一次性摊销计入有关成本费用，借记有关科目，贷记"库存物品"科目。采用五五摊销法摊销低值易耗品、包装物的，首次领用时，将其账面余额的 50% 摊销计入有关成本费用，借记有关科目，贷记"库存物品"科目；使用完时，将剩余的账面余额转销计入有关成本费用，借记有关科目，贷记"库存物品"科目。

③经批准对外出售的库存物品（不含可自主出售的库存物品）发出时，按照库存物品的账面余额，借记"资产处置费用"科目，贷记"库存物品"科目；同时，按照收到的价款，借记"银行存款"等科目，按照处置过程中发生的相关费用，贷记"银行存款"等科目，按照其差额，贷记"应缴财政款"科目。

④经批准对外捐赠的库存物品发出时，按照库存物品的账面余额和对外捐赠过程中发生的归属于捐出方的相关费用合计数，借记"资产处置费用"科目，按照库存物品账面余额，贷记"库存物品"科目，按照对外捐赠过程中发生的归属于捐出方的相关费用，贷记"银行存款"等科目。

⑤经批准无偿调出的库存物品发出时，按照库存物品的账面余额，借记"无偿调拨净资产"科目，贷记"库存物品"科目；同时，按照无偿调出过程中发生的归属于调出方的相关费用，借记"资产处置费用"科目，贷记"银行存款"等科目。

⑥经批准置换换出的库存物品，参照"库存物品"科目有关置换换入库存物品的规定进行账务处理。

（3）单位应当定期对库存物品进行清查盘点，每年至少盘点一次。对于发生的库存物品盘盈、盘亏或者报废、毁损，应当先通过"待处理财产损溢"科目核算，按照规定报经批准后及时进行后续账务处理。

①盘盈的库存物品，其成本按照有关凭据注明的金额确定；没有相关凭据、但按照规定经过资产评估的，其成本按照评估价值确定；没有相关凭据、也未经过评估的，其成本按照重置成本确定。如无法采用上述方法确定盘盈的库存物品成本的，按照名义金额（1元）入账。

②盘盈的库存物品，按照确定的入账成本，借记"库存物品"科目，贷记"待处理财产损溢"科目。

③盘亏或者毁损、报废的库存物品，按照待处理库存物品的账面余额，借记"待处理财产损溢"科目，贷记"库存物品"科目。

④属于增值税一般纳税人的单位，若因非正常原因导致的库存物品盘亏或毁损，还应当将与该库存物品相关的增值税进项税额转出，按照其增值税进项税额，借记"待处理财产损溢"科目，贷记"应交增值税——应交税金（进项税额转出）"科目。

在途物品、库存物品的主要账务处理如表9-14所示。

表9-14 在途物品、库存物品的主要账务处理

序号	业务和事项内容		账务处理	
			财务会计	预算会计
			在途物品	
(1)	购入材料等物资，结算凭证收到货未到，款已付或已开出商业汇票		借：在途物品 贷：财政拨款收入/零余额账户用款额度/银行存款/应付票据等	借：行政支出/事业支出/经营支出等 贷：财政拨款预算收入/资金结存
(2)	所购材料等物资到达验收入库		借：库存物品 贷：在途物品	
			库存物品	
(1)	取得库存物品	外购的库存品验收入库	借：库存物品 贷：财政拨款收入/财政应返还额度/零余额账户用款额度/银行存款/应付账款等	借：行政支出/事业支出/经营支出等 贷：财政拨款预算收入/资金结存
		自制的库存品加工完成、验收入库	借：库存物品——相关明细科目 贷：加工物品——自制物品	
		委托外单位加工收回的库存物品	借：库存物品——相关明细科目 贷：加工物品——委托加工物品	

续表

序号	业务和事项内容		账务处理	
			财务会计	预算会计
(1)	取得库存物品	置换换入的库存物品	借：库存物品（换出资产评估价值+其他相关支出） 固定资产累计折旧/无形资产累计摊销 资产处置费用（借差） 贷：库存物品/固定资产/无形资产等（账面余额） 银行存款等（其他相关支出） 其他收入（贷差）	借：其他支出（实际支付的其他相关支出） 贷：资金结存
		涉及支付补价的	借：库存物品（换出资产评估价值+其他相关支出+支付的补价） 固定资产累计折旧/无形资产累计摊销 资产处置费用（借差） 贷：库存物品/固定资产/无形资产等（账面余额） 银行存款等（其他相关支出+支付的补价） 其他收入（贷差）	借：其他支出（实际支付的补价和其他相关支出） 贷：资金结存

续表

序号	业务和事项内容	账务处理	
		财务会计	预算会计
(1) 取得库存物品	涉及收到补价的	借：库存物品（换出资产评估价值＋其他相关支出−收到的补价） 银行存款等（收到的补价） 固定资产累计折旧/无形资产累计摊销 资产处置费用（借差） 贷：库存物品/固定资产/无形资产等（账面余额） 银行存款等（其他相关支出） 应缴财政款（收到的补价−其他相关支出） 其他收入（贷差）	借：其他支出（其他相关支出大于收到的补价的差额） 贷：资金结存
	接受捐赠的库存物品	借：库存物品（按照确定的成本） 贷：银行存款等（相关税费） 捐赠收入	借：其他支出（实际支付的相关税费） 贷：资金结存
	无偿调入的库存物品	借：库存物品（按照确定的成本） 贷：银行存款等（相关税费） 无偿调拨净资产	借：其他支出（实际支付的相关税费） 贷：资金结存
	按照名义金额入账的接收捐赠、无偿调入的库存物品	借：库存物品（名义金额） 贷：捐赠收入（接受捐赠）/无偿调拨净资产（无偿调入）	

续表

序号	业务和事项内容		账务处理	
			财务会计	预算会计
(1)	取得库存物品	发生的相关税费、运输费等	借：其他费用 　贷：银行存款等	借：其他支出 　贷：资金结存
(2)	发出库存物品	开展业务活动、按照规定自主出售或加工物品等领用、发出库存物品时	借：业务活动费用/单位管理费用/经营费用/加工物品等 　贷：库存物品（按照领用、发出成本）	
		经批准对外捐赠的库存物品发出时	借：资产处置费用 　贷：库存物品（账面余额） 　　银行存款（归属于捐出方的相关费用）	借：其他支出（实际支付的相关费用） 　贷：资金结存
		经批准无偿调出的库存物品发出时	借：无偿调拨净资产 　贷：库存物品（账面余额） 借：资产处置费用 　贷：银行存款等（归属于调出方的相关费用）	借：其他支出（实际支付的相关费用） 　贷：资金结存
		经批准对外出售（自主出售除外）的库存物品发出时	借：资产处置费用 　贷：库存物品（账面余额） 借：银行存款等（收到的价款） 　贷：银行存款等（发生的相关税费） 　　应缴财政款	
		经批准置换出库存物品	参照置换换入"库存物品"的处理	

续表

序号	业务和事项内容		账务处理	
			财务会计	预算会计
(3)	库存物品定期盘点及毁损、报废	盘盈的库存物品	借：库存物品 　贷：待处理财产损溢	
		盘亏或者毁损、报废的库存物品转入待处理资产	借：待处理财产损溢 　贷：库存物品（账面余额）	
		增值税一般纳税人购进的非自用材料发生盘亏或者毁损、报废的	借：待处理财产损溢 　贷：应交增值税——应交税金（进项税额转出）	

十六、加工物品的核算

1. 科目设置

单位应当设置"加工物品"总账科目。该科目核算单位自制或委托外单位加工的各种物品的实际成本。未完成的测绘、地质勘察、设计成果的实际成本，也通过本科目核算。"加工物品"科目应当设置"自制物品""委托加工物品"两个一级明细科目，并按照物品类别、品种、项目等设置明细账，进行明细核算。"加工物品"科目下"自制物品"一级明细科目下应当设置"直接材料""直接人工""其他直接费用"等二级明细科目归集自制物品发生的直接材料、直接人工（专门从事物品制造人员的人工费）等直接费用；对于自制物品发生的间接费用，应当在"加工物品"科目下"自制物品"一级明细科目下单独设置"间接费用"二级明细科目予以归集，期末，再按照一定的分配标准和方法，分配计入有关物品的成本。"加工物品"科目期末借方余额，反映单位自制或委托外单位加工但尚未完工的各种物品的实际成本。

2. 加工物品的主要账务处理

（1）自制物品

①为自制物品领用材料等，按照材料成本，借记"加工物品"科目（自制物品——直接材料），贷记"库存物品"科目。专门从事物品制造的人员发生的直接人工费用，按照实际发生的金额，借记"加工物品"科目（自制物品——直接人工），贷记"应付职工薪酬"科目。

②为自制物品发生的其他直接费用，按照实际发生的金额，借记"加工物品"科目（自制物品——其他直接费用），贷记"零余额账户用款额度""银行存款"等科目。

③为自制物品发生的间接费用，按照实际发生的金额，借记"加工物品"科目（自制物品——间接费用），贷记"零余额账户用款额度""银行存款""应付职工薪酬""固定资产累计折旧""无形资产累计摊销"等科目。间接费用一般按照生产人员工资、生产人员工时、机器工时、耗用材料的数量或成本、直接费用（直接材料和直接人工）或产品产量等进行分配。

单位可根据具体情况自行选择间接费用的分配方法。分配方法一经确定，不得随意变更。

④已经制造完成并验收入库的物品，按照所发生的实际成本（包括耗用的直接材料费用、直接人工费用、其他直接费用和分配的间接费用），借记"库存物品"科目，贷记"加工物品"科目（自制物品）。

（2）委托加工物品

①发给外单位加工的材料等，按照其实际成本，借记"加工物品"科目（委托加工物品），贷记"库存物品"科目。支付加工费、运输费等费用，按照实际支付的金额，借记"加工物品"科目（委托加工物品），贷记"零余额账户用款额度""银行存款"等科目。涉及增值税业务的，相关账务处理参见"应交增值税"科目的相关内容。

②委托加工完成的材料等验收入库，按照加工前发出材料的成本和加工、运输成本等，借记"库存物品"等科目，贷记"加工物品"科目（委托加工物品）。

加工物品的主要账务处理如表 9-15 所示。

表 9-15 加工物品的主要账务处理

序号	业务和事项内容		账务处理	
			财务会计	预算会计
	加工物品			
(1)	自制物品	为自制物品领用材料时	借：加工物品——自制物品——直接材料 贷：库存物品（相关明细科目）	
		专门从事物资制造的人员发生的直接人工费用	借：加工物品——自制物品——直接人工 贷：应付职工薪酬	
		为自制物品发生其他直接费用和间接费用	借：加工物品——自制物品——其他直接费用/间接费用 贷：财政拨款收入/零余额账户用款额度/银行存款等	借：事业支出/经营支出等（实际支付金额） 贷：财政拨款预算收入/资金结存
		自制物品加工完成、验收入库	借：库存物品（相关明细科目） 贷：加工物品——自制物品——直接材料/直接人工/其他直接费用/间接费用	

续表

序号	业务和事项内容	账务处理	
		财务会计	预算会计
(2) 委托加工物品	发给外单位加工的材料	借：加工物品——委托加工物品 贷：库存物品（相关明细科目）	
	支付加工费用	借：加工物品——委托加工物品 贷：财政拨款收入/零余额账户用款额度/银行存款等	借：行政支出/事业支出/经营支出等 贷：财政拨款预算收入/资金结存
	委托加工完成的物品验收入库	借：库存物品（相关明细科目） 贷：加工物品——委托加工物品	

十七、待摊费用的核算

1. 科目设置

单位应当设置"待摊费用"总账科目。该科目核算单位已经支付，但应当由本期和以后各期分别负担的分摊期在1年以内（含1年）的各项费用，如预付航空保险费、预付租金等。待摊费用应当在其受益期限内分期平均摊销，如预付航空保险费应在保险期的有效期内、预付租金应在租赁期内分期平均摊销，计入当期费用。"待摊费用"科目应当按照待摊费用种类进行明细核算。"待摊费用"科目期末借方余额，反映单位各种已支付但尚未摊销的分摊期在1年以内（含1年）的费用。

摊销期限在1年以上的租入固定资产改良支出和其他费用，应当通过"长期待摊费用"科目核算，不通过"待摊费用"科目核算。

2. 待摊费用的主要账务处理

①发生待摊费用时，按照实际预付的金额，借记"待摊费用"科目，贷记"财政拨款收入""零余额账户用款额度""银行存款"等科目。

②按照受益期限分期平均摊销待摊费用时，按照摊销金额，借记"业务活动费用""单位管理费用""经营费用"等科目，贷记"待摊费用"科目。

③如果某项待摊费用已经不能使单位受益，应当将其摊余金额一次全部转入当期费用。按照摊销金额，借记"业务活动费用""单位管理费用""经营费用"等科目，贷记"待摊

费用"科目。

待摊费用的主要账务处理如表 9-16 所示。

表 9-16 待摊费用的主要账务处理

序号	业务事项内容	财务会计	预算会计
		待摊费用	
(1)	发生待摊费用时	借：待摊费用 贷：财政拨款收入/零余额账户用款额度/银行存款等	借：行政支出/事业支出等 贷：财政拨款预算收入/资金结存
(2)	按照受益期限分期平均摊销待摊费用时	借：业务活动费用/单位管理费用/经营费用等 贷：待摊费用（每期摊销金额）	
(3)	将摊余金额一次全部转入当期费用时	借：业务活动费用/单位管理费用/经营费用等 贷：待摊费用（全部未摊销金额）	

第二节 非流动资产的核算

非流动资产是指流动资产以外的资产，包括固定资产、在建工程、无形资产、长期投资、公共基础设施、政府储备资产、文物文化资产和保障性住房等。

一、长期股权投资的核算

1. 科目设置

事业单位应当设置"长期股权投资"总账科目。该科目核算事业单位按照规定取得的，持有时间超过 1 年（不含 1 年）的股权性质的投资。"长期股权投资"科目应当按照被投资单位和长期股权投资取得方式等进行明细核算。长期股权投资采用权益法核算的，还应当按照"成本""损益调整""其他权益变动"设置明细科目，进行明细核算。"长期股权投资"科目期末借方余额，反映事业单位持有的长期股权投资的价值。

2. 长期股权投资的主要账务处理

（1）取得长期股权投资

长期股权投资在取得时，应当按照其实际成本作为初始投资成本。

①以现金取得的长期股权投资，按照确定的投资成本，借记"长期股权投资"科目或

"长期股权投资"科目（成本），按照支付的价款中包含的已宣告但尚未发放的现金股利，借记"应收股利"科目，按照实际支付的全部价款，贷记"银行存款"等科目。

②实际收到取得投资时所支付价款中包含的已宣告但尚未发放的现金股利时，借记"银行存款"科目，贷记"应收股利"科目。

③以现金以外的其他资产置换取得的长期股权投资，参照"库存物品"科目中置换取得库存物品的相关规定进行账务处理。

④以未入账的无形资产取得的长期股权投资，按照评估价值加相关税费作为投资成本，借记"长期股权投资"科目，按照发生的相关税费，贷记"银行存款""其他应交税费"等科目，按其差额，贷记"其他收入"科目。

⑤接受捐赠的长期股权投资，按照确定的投资成本，借记"长期股权投资"科目或"长期股权投资"科目（成本），按照发生的相关税费，贷记"银行存款"等科目，按照其差额，贷记"捐赠收入"科目。

⑥无偿调入的长期股权投资，按照确定的投资成本，借记"长期股权投资"科目或"长期股权投资"科目（成本），按照发生的相关税费，贷记"银行存款"等科目，按照其差额，贷记"无偿调拨净资产"科目。

(2) 长期股权投资持有期间

长期股权投资持有期间，应当按照规定采用成本法或权益法进行核算。

①采用成本法核算。

被投资单位宣告发放现金股利或利润时，按照应收的金额，借记"应收股利"科目，贷记"投资收益"科目。收到现金股利或利润时，按照实际收到的金额，借记"银行存款"等科目，贷记"应收股利"科目。

②采用权益法核算。

a. 被投资单位实现净利润的，按照应享有的份额，借记"长期股权投资"科目（损益调整），贷记"投资收益"科目。被投资单位发生净亏损的，按照应分担的份额，借记"投资收益"科目，贷记"长期股权投资"科目（损益调整），但以"长期股权投资"科目的账面余额减记至零为限。发生亏损的被投资单位以后年度又实现净利润的，按照收益分享额弥补未确认的亏损分担额等后的金额，借记"长期股权投资"科目（损益调整），贷记"投资收益"科目。

b. 被投资单位宣告分派现金股利或利润的，按照应享有的份额，借记"应收股利"科目，贷记"长期股权投资"科目（损益调整）。

c. 被投资单位发生除净损益和利润分配以外的所有者权益变动的，按照应享有或应分担的份额，借记或贷记"权益法调整"科目，贷记或借记"长期股权投资"科目（其他权益变动）。

③成本法与权益法的转换

a. 单位因处置部分长期股权投资等原因而对处置后的剩余股权投资由权益法改按成本

法核算的,应当按照权益法下"长期股权投资"科目账面余额作为成本法下"长期股权投资"科目(成本)账面余额。其后,被投资单位宣告分派现金股利或利润时,属于单位已计入投资账面余额的部分,按照应分得的现金股利或利润份额,借记"应收股利"科目,贷记"长期股权投资"科目。

b. 单位因追加投资等原因对长期股权投资的核算从成本法改为权益法的,应当按照成本法下"长期股权投资"科目账面余额与追加投资成本的合计金额,借记"长期股权投资"科目(成本),按照成本法下"长期股权投资"科目账面余额,贷记"长期股权投资"科目,按照追加投资的成本,贷记"银行存款"等科目。

(3) 按照规定报经批准处置长期股权投资

按照规定报经批准出售(转让)长期股权投资时,应当区分长期股权投资取得方式分别进行处理。

①处置以现金取得的长期股权投资,按照实际取得的价款,借记"银行存款"等科目,按照被处置长期股权投资的账面余额,贷记"长期股权投资"科目,按照尚未领取的现金股利或利润,贷记"应收股利"科目,按照发生的相关税费等支出,贷记"银行存款"等科目,按照借、贷方差额,借记或贷记"投资收益"科目。

②处置以现金以外的其他资产取得的长期股权投资,按照被处置长期股权投资的账面余额,借记"资产处置费用"科目,贷记"长期股权投资"科目;同时,按照实际取得的价款,借记"银行存款"等科目,按照尚未领取的现金股利或利润,贷记"应收股利"科目,按照发生的相关税费等支出,贷记"银行存款"等科目,按照贷方差额,贷记"应缴财政款"科目。按照规定将处置时取得的投资收益纳入本单位预算管理的,应当按照所取得价款大于被处置长期股权投资账面余额、应收股利账面余额和相关税费支出合计的差额,贷记"投资收益"科目。

③因被投资单位破产清算等原因,有确凿证据表明长期股权投资发生损失,按照规定报经批准后予以核销时,按照予以核销的长期股权投资的账面余额,借记"资产处置费用"科目,贷记"长期股权投资"科目。

④报经批准置换转出长期股权投资时,参照"库存物品"科目中置换换入库存物品的规定进行账务处理。

⑤采用权益法核算的长期股权投资的处置,除进行上述账务处理外,还应结转原直接计入净资产的相关金额,借记或贷记"权益法调整"科目,贷记或借记"投资收益"科目。

长期股权投资的主要账务处理如表9-17所示。

表 9-17 长期股权投资的主要账务处理

序号	业务和事项内容	账务处理	
		财务会计	预算会计
		长期股权投资	
(1) 取得长期股权投资	以现金取得的长期股权投资	借：长期股权投资——成本/长期股权投资 应收股利（实际支付价款中包含的已宣告但尚未发放的股利或利润） 贷：银行存款等（实际支付的价款）	借：投资支出（实际收到的价款） 贷：资金结存——货币资金
	收到取得投资时实际支付价款中所包含的已宣告但尚未发放的股利或利润时	借：银行存款 贷：应收股利	借：资金结存——货币资金 贷：投资支出等
	以现金以外的其他资产置换取得的长期股权投资	参照"库存物品"科目中置换取得库存物品的账务处理	
	以未入账的无形资产取得的长期股权投资	借：长期股权投资 贷：银行存款/其他应交税费 其他收入	借：其他支出（支付的相关税费） 贷：资金结存
	接受捐赠的长期股权投资	借：长期股权投资——成本/长期股权投资 贷：银行存款等（相关税费） 捐赠收入	借：其他支出（支付的相关税费） 贷：资金结存

续表

序号	业务和事项内容			账务处理	
				财务会计	预算会计
（1）	取得长期股权投资	无偿调入的长期股权投资		借：长期股权投资 　贷：无偿调拨净资产 　　　银行存款等（相关税费）	借：其他支出（支付的相关税费） 　贷：资金结存
（2）	持有长期股权投资期间	成本法下	被投资单位宣告发放现金股利或利润时	借：应收股利 　贷：投资收益	
			收到被投资单位发放的现金股利或利润时	借：银行存款 　贷：应收股利	借：资金结存——货币资金 　贷：投资预算收益
		权益法下	被投资单位实现净利润，按照其份额	借：长期股权投资——损益调整 　贷：投资收益	
			被投资单位发生净亏损，按照其份额	借：投资收益 　贷：长期股权投资——损益调整	
			被投资单位发生净亏损，但以后年度又实现净利润的，按规定恢复确认投资收益的	借：长期股权投资——损益调整 　贷：投资收益	

第九章　政府会计资产的核算

201

续表

序号	业务和事项内容		账务处理	
			财务会计	预算会计
(2)	持有长期股权投资	权益法下 被投资单位宣告发放现金股利或利润，按照其份额	借：应收股利 　贷：长期股权投资——损益调整	
		被投资单位除净损益和利润分配以外的所有者权益变动时，按照其份额	借：长期股权投资——其他权益变动 　贷：权益法调整 或： 借：权益法调整 　贷：长期股权投资——其他权益变动	
		收到被投资单位发放的现金股利或利润	借：银行存款 　贷：应收股利	借：资金结存——货币资金 　贷：投资预算收益
		追加投资，成本法改为权益法	借：长期股权投资——成本 　贷：长期股权投资（成本法下账面余额） 　　银行存款等（追加投资）	借：投资支出（实际支付的金额） 　贷：资金结存——货币资金

续表

序号	业务和事项内容		账务处理	
			财务会计	预算会计
(2)	持有长期股权投资	权益法改为成本法	借：长期股权投资 　　贷：长期股权投资 　　　　——成本 　　　　——损益调整 　　　　——其他权益变动	
(3)	出售（转让）长期股权投资	处置以现金取得的长期股权投资	借：银行存款（实际取得价款） 　　投资收益（借差） 　　贷：长期股权投资（账面余额） 　　　　应收股利（尚未领取的现金股利或利润） 　　　　银行存款等（支付的相关税费） 　　　　投资收益（贷差）	借：资金结存——货币资金（取得价款扣减支付的相关税费后的金额） 　　贷：投资支出/其他结余（投资款） 　　　　投资预算收益
		处置以现金以外的其他资产取得的长期股权投资	借：资产处置费用 　　贷：长期股权投资 借：银行存款（实际取得价款） 　　贷：应收股利（尚未领取的现金股利或利润） 　　　　银行存款等（支付的相关税费） 　　　　应缴财政款	借：资金结存——货币资金 　　贷：投资预算收益（获得的现金股利或利润）

处置净收入上缴财政的

续表

序号	业务和事项内容		账务处理	
			财务会计	预算会计
(3)	出售（转让）长期股权投资	处置以现金以外的其他资产取得的长期股权投资	按照规定投资收益纳入单位预算管理的	借：资产处置费用 　　贷：长期股权投资 借：银行存款（实际取得价款） 　　贷：应收股利（尚未领取的现金股利或利润） 　　　　银行存款等（支付的相关税费） 　　　　投资收益（取得价款扣减投资账面余额、应收股利和相关税费后的差额） 　　　　应缴财政款（贷差）	借：资金结存——货币资金（取得价款扣减投资账面余额和相关税费后的差额） 　　贷：投资预算收益
(4)	其他方式处置长期股权投资	按照规定核销时		借：资产处置费用 　　贷：长期股权投资（账面余额）	
		置换转出时		参照"库存物品"科目中置换取得库存物品的账务处理	
(5)	权益法下，处置时结转原直接计入净资产的相关金额			借：权益法调整 　　贷：投资收益 或作相反分录	

二、长期债券投资的核算

1. 科目设置

事业单位应当设置"长期债券投资"总账科目。该科目核算事业单位按照规定取得的，持有时间超过1年（不含1年）的债券投资。"长期债券投资"科目应当设置"成本"和"应计利息"明细科目，并按照债券投资的种类进行明细核算。"长期债券投资"科目期末借方余额，反映事业单位持有的长期债券投资的价值。

2. 长期债券投资的主要账务处理

（1）取得长期债券投资

长期债券投资在取得时，应当按照其实际成本作为投资成本。

①取得的长期债券投资,按照确定的投资成本,借记"长期债券投资"科目(成本),按照支付的价款中包含的已到付息期但尚未领取的利息,借记"应收利息"科目,按照实际支付的金额,贷记"银行存款"等科目。

②实际收到取得债券时所支付价款中包含的已到付息期但尚未领取的利息时,借"银行存款"科目,贷记"应收利息"科目。

(2)长期债券投资持有期间

①长期债券投资持有期间,按期以债券票面金额与票面利率计算确认利息收入时,如为到期一次还本付息的债券投资,借记"长期债券投资"科目(应计利息),贷记"投资收益"科目;如为分期付息、到期一次还本的债券投资,借记"应收利息"科目,贷记"投资收益"科目。

②收到分期支付的利息时,按照实收的金额,借记"银行存款"等科目,贷记"应收利息"科目。

(3)收回(出售)长期债券投资

①到期收回长期债券投资,按照实际收到的金额,借记"银行存款"科目,按照长期债券投资的账面余额,贷记"长期债券投资"科目,按照相关应收利息金额,贷记"应收利息"科目,按照其差额,贷记"投资收益"科目。

②对外出售长期债券投资,按照实际收到的金额,借记"银行存款"科目,按照长期债券投资的账面余额,贷记"长期债券投资"科目,按照已记入"应收利息"科目但尚未收取的金额,贷记"应收利息"科目,按照其差额,贷记或借记"投资收益"科目。涉及增值税业务的,相关账务处理参见"应交增值税"科目的相关内容。

长期债券投资的主要账务处理如表 9-18 所示。

表 9-18 长期债券投资主要账务处理

序号	业务和事项内容	账务处理	
		财务会计	预算会计
		长期债券投资	
(1)	取得长期债券投资	取得长期债券投资时	借:长期债券投资——成本 应收利息(实际支付价款中包含的已到付息期但尚未领取的利息) 贷:银行存款等(实际支付价款)	借:投资支出(实际支付价款) 贷:资金结存——货币资金

续表

序号	业务和事项内容	账务处理	
		财务会计	预算会计
(1)	取得长期债券投资	收到取得投资所支付价款中包含的已到付息期但尚未领取的利息时	借：银行存款 贷：应收利息	借：资金结存——货币资金 贷：投资支出等
(2)	持有长期债券投资期间	按期以票面金额与票面利率计算确认利息收入时	借：应收利息（分期付息、到期还本）/长期债券投资——应计利息（到期一次还本付息） 贷：投资收益	
		实际收到分期支付的利息时	借：银行存款 贷：应收利息	借：资金结存——货币资金 贷：投资预算收益
(3)	收回（出售）长期股权投资	到期收回长期债券投资本息	借：银行存款等 贷：长期债券投资（账面余额） 应收利息投资收益	借：资金结存——货币资金 贷：投资支出/其他结余（投资成本） 投资预算收益
		对外出售长期债券投资	借：银行存款等（实际收到的款项） 投资收益（借差） 贷：长期债券投资（账面余额） 应收利息 投资收益（贷差）	借：资金结存——货币资金 贷：投资支出/其他结余（投资成本） 投资预算收益

三、固定资产的核算

1. 科目设置

单位应当设置"工程物资""在建工程""固定资产""固定资产累计折旧"等总账科目。

(1) "工程物资"科目

"工程物资"科目用于核算单位为在建工程准备的各种物资的成本，包括工程用材料、设备等。本科目可按照"库存材料""库存设备"等工程物资类别进行明细核算。本科目期末借方余额，反映单位为在建工程准备的各种物资的成本。

（2）"在建工程"科目

"在建工程"科目用于核算单位在建的建设项目工程的实际成本。单位在建的信息系统项目工程、公共基础设施项目工程、保障性住房项目工程的实际成本，也通过本科目核算。

本科目应当设置"建筑安装工程投资""设备投资""待摊投资""其他投资""待核销基建支出""基建转出投资"等明细科目，并按照具体项目进行明细核算。本科目期末借方余额，反映单位尚未完工的建设项目工程发生的实际成本。

① "建筑安装工程投资"明细科目，核算单位发生的构成建设项目实际支出的建筑工程和安装工程的实际成本，不包括被安装设备本身的价值以及按照合同规定支付给施工单位的预付备料款和预付工程款。本明细科目应当设置"建筑工程"和"安装工程"两个明细科目进行明细核算。

② "设备投资"明细科目，核算单位发生的构成建设项目实际支出的各种设备的实际成本。

③ "待摊投资"明细科目，核算单位发生的构成建设项目实际支出的、按照规定应当分摊计入有关工程成本和设备成本的各项间接费用和税费支出。本明细科目的具体核算内容包括以下方面：

a. 勘察费、设计费、研究试验费、可行性研究费及项目其他前期费用；

b. 土地征用及迁移补偿费、土地复垦及补偿费、森林植被恢复费及其他为取得土地使用权、租用权而发生的费用；

c. 土地使用税、耕地占用税、契税、车船税、印花税及按照规定缴纳的其他税费；

d. 项目建设管理费、代建管理费、临时设施费、监理费、招投标费、社会中介审计（审查）费及其他管理性质的费用；其中，项目建设管理费是指项目建设单位从项目筹建之日起至办理竣工财务决算之日止发生的管理性质的支出，包括不在原单位发工资的工作人员工资及相关费用、办公费、办公场地租用费、差旅交通费、劳动保护费、工具用具使用费、固定资产使用费、招募生产工人费、技术图书资料费（含软件）、业务招待费、施工现场津贴、竣工验收费等；

e. 项目建设期间发生的各类专门借款利息支出或融资费用；

f. 工程检测费、设备检验费、负荷联合试车费及其他检验检测类费用；

g. 固定资产损失、器材处理亏损、设备盘亏及毁损、单项工程或单位工程报废、毁损净损失及其他损失；

h. 系统集成等信息工程的费用支出；

i. 其他待摊性质支出。

本明细科目应当按照上述费用项目进行明细核算，其中有些费用（如项目建设管理费等），还应当按照更为具体的费用项目进行明细核算。

④ "其他投资"明细科目，核算单位发生的构成建设项目实际支出的房屋购置支出，

基本畜禽、林木等购置、饲养、培育支出，办公生活用家具、器具购置支出，软件研发和不能计入设备投资的软件购置等支出；单位为进行可行性研究而购置的固定资产，以及取得土地使用权支付的土地出让金，也通过本明细科目核算。本明细科目应当设置"房屋购置""基本畜禽支出""林木支出""办公生活用家具、器具购置""可行性研究固定资产购置""无形资产"等明细科目。

⑤"待核销基建支出"明细科目，核算建设项目发生的江河清障、航道清淤、飞播造林、补助群众造林、水土保持、城市绿化、取消项目的可行性研究费以及项目整体报废等不能形成资产部分的基建投资支出。本明细科目应按照待核销基建支出的类别进行明细核算。

⑥"基建转出投资"明细科目，核算为建设项目配套而建成的、产权不归属本单位的专用设施的实际成本。本明细科目应按照转出投资的类别进行明细核算。

(3)"固定资产"科目

"固定资产"科目用于核算单位固定资产的原值。本科目应当按照固定资产类别和项目进行明细核算。本科目期末借方余额，反映单位固定资产的原值。固定资产一般分为六类：房屋及构筑物；专用设备；通用设备；文物和陈列品；图书、档案；家具、用具、装具及动植物。

固定资产核算时，应当考虑以下情况：购入需要安装的固定资产，应当先通过"在建工程"科目核算，安装完毕交付使用时再转入本科目核算；以借入、经营租赁租入方式取得的固定资产，不通过本科目核算，应当设置备查簿进行登记；采用融资租赁租入方式取得的固定资产，通过本科目核算，并在本科目下设置"融资租入固定资产"明细科目；经批准在境外购买具有所有权的土地，作为固定资产，通过本科目核算，单位应当在本科目下设置"境外土地"明细科目，进行相应明细核算。

(4)"固定资产累计折旧"科目

"固定资产累计折旧"科目核算单位计提的固定资产累计折旧。本科目应当按照所对应固定资产的明细分类进行明细核算。本科目期末贷方余额，反映单位计提的固定资产折旧的累计数。

公共基础设施和保障性住房计提的累计折旧或摊销，应当分别通过"公共基础设施累计折旧（摊销）"科目和"保障性住房累计折旧"科目核算，不通过本科目核算。

单位计提融资租入固定资产折旧时，应当采用与自有固定资产相一致的折旧政策。能够合理确定租赁期届满时将会取得租入固定资产所有权的，应当在租入固定资产尚可使用年限内计提折旧；无法合理确定租赁期届满时能够取得租入固定资产所有权的，应当在租赁期与租入固定资产尚可使用年限两者中较短的期间内计提折旧。

2. 固定资产相关的账务处理

(1) 工程物资的主要账务处理

①购入为工程准备的物资，按照确定的物资成本，借记"工程物资"科目，贷记"财政拨款收入""零余额账户用款额度""银行存款""应付账款"等科目。

②领用工程物资，按照物资成本，借记"在建工程"科目，贷记"工程物资"科目；工程完工后将领出的剩余物资退库时编制相反的会计分录。工程完工后将剩余的工程物资转

作本单位存货等的，按照物资成本，借记"库存物品"等科目，贷记"工程物资"科目。

涉及增值税业务的，相关账务处理参见"应交增值税"科目的相关内容。

（2）在建工程的主要账务处理

①建筑安装工程投资。

a. 将固定资产等资产转入改建、扩建等时，按照固定资产等资产的账面价值，借记"在建工程"科目（建筑安装工程投资），按照已计提的折旧或摊销，借记"固定资产累计折旧"等科目，按照固定资产等资产的原值，贷记"固定资产"等科目。

固定资产等资产改建、扩建过程中涉及替换（或拆除）原资产的某些组成部分的，按照被替换（或拆除）部分的账面价值，借记"待处理财产损溢"科目，贷记"在建工程"科目（建筑安装工程投资）。

b. 单位对于发包建筑安装工程，根据建筑安装工程价款结算账单与施工企业结算工程价款时，按照应承付的工程价款，借记"在建工程"科目（建筑安装工程投资），按照预付工程款余额，贷记"预付账款"科目，按照其差额，贷记"财政拨款收入""零余额账户用款额度""银行存款""应付账款"等科目。

c. 单位自行施工的小型建筑安装工程，按照发生的各项支出金额，借记"在建工程"科目（建筑安装工程投资），贷记"工程物资""零余额账户用款额度""银行存款""应付职工薪酬"等科目。

d. 工程竣工，办妥竣工验收交接手续交付使用时，按照建筑安装工程成本（含应分摊的待摊投资），借记"固定资产"等科目，贷记"在建工程"科目（建筑安装工程投资）。

②设备投资。

a. 购入设备时，按照购入成本，借记"在建工程"科目（设备投资），贷记"财政拨款收入""零余额账户用款额度""银行存款"等科目；采用预付款方式购入设备的，有关预付款的账务处理参照本科目有关"建筑安装工程投资"明细科目的规定。

b. 设备安装完毕，办妥竣工验收交接手续交付使用时，按照设备投资成本（含设备安装工程成本和分摊的待摊投资），借记"固定资产"等科目，贷记"在建工程"科目（设备投资、建筑安装工程投资——安装工程）。

c. 将不需要安装的设备和达不到固定资产标准的工具、器具交付使用时，按照相关设备、工具、器具的实际成本，借记"固定资产""库存物品"科目，贷记"在建工程"科目（设备投资）。

③待摊投资。

建设工程发生的构成建设项目实际支出的、按照规定应当分摊计入有关工程成本和设备成本的各项间接费用和税费支出，先在"在建工程"科目（待摊投资）中归集；建设工程办妥竣工验收手续交付使用时，按照合理的分配方法，摊入相关工程成本、在安装设备成本等。

a. 单位发生的构成待摊投资的各类费用，按照实际发生金额，借记"在建工程"科目（待摊投资），贷记"财政拨款收入""零余额账户用款额度""银行存款""应付利息""长期借款""其他应交税费""固定资产累计折旧""无形资产累计摊销"等科目。

b. 对于建设过程中试生产、设备调试等产生的收入，按照取得的收入金额，借记"银行存款"等科目，按照依据有关规定应当冲减建设工程成本的部分，贷记"在建工程"科目（待摊投资），按照其差额贷记"应缴财政款"或"其他收入"科目。

c. 由于自然灾害、管理不善等造成的单项工程或单位工程报废或毁损，扣除残料价值和过失人或保险公司等赔款后的净损失，报经批准后计入继续施工的工程成本的，按照工程成本扣除残料价值和过失人或保险公司等赔款后的净损失，借记"在建工程"科目（待摊投资），按照残料变价收入、过失人或保险公司赔款等，借记"银行存款""其他应收款"等科目，按照报废或毁损的工程成本，贷记"在建工程"科目（建筑安装工程投资）。

d. 工程交付使用时，按照合理的分配方法分配待摊投资，借记"在建工程"科目（建筑安装工程投资、设备投资），贷记"在建工程"科目（待摊投资）。

待摊投资的分配方法，可按照下列公式计算：

按照实际分配率分配。适用于建设工期较短、整个项目的所有单项工程一次竣工的建设项目。相关计算公式如下：

实际分配率＝"待摊投资"明细科目余额÷（"建筑工程"明细科目余额＋"安装工程"明细科目余额＋"设备投资"明细科目余额）×100%

按照概算分配率分配。适用于建设工期长、单项工程分期分批建成投入使用的建设项目。相关计算公式如下：

概算分配率＝（概算中各待摊投资项目的合计数－其中可直接分配部分）÷（概算中建筑工程、安装工程和设备投资合计）×100%

某项固定资产应分配的待摊投资＝该项固定资产的建筑工程成本或该项固定资产（设备）的采购成本和安装成本合计×分配率

④其他投资。

a. 单位为建设工程发生的房屋购置支出，基本畜禽、林木等的购置、饲养、培育支出，办公生活用家具、器具购置支出，软件研发和不能计入设备投资的软件购置等支出，按照实际发生金额，借记"在建工程"科目（其他投资），贷记"财政拨款收入""零余额账户用款额度""银行存款"等科目。

b. 工程完成将形成的房屋、基本畜禽、林木等各种财产以及无形资产交付使用时，按照其实际成本，借记"固定资产""无形资产"等科目，贷记"在建工程"科目（其他投资）。

⑤待核销基建支出。

a. 建设项目发生的江河清障、航道清淤、飞播造林、补助群众造林、水土保持、城市绿化等不能形成资产的各类待核销基建支出，按照实际发生金额，借记"在建工程"科目（待核销基建支出），贷记"财政拨款收入""零余额账户用款额度""银行存款"等科目。

b. 取消的建设项目发生的可行性研究费，按照实际发生金额，借记"在建工程"科目（待核销基建支出，贷记"在建工程"科目（待摊投资）。

c. 由于自然灾害等发生的建设项目整体报废所形成的净损失，报经批准后转入待核销基建支出，按照项目整体报废所形成的净损失，借记"在建工程"科目（待核销基建支出），按照报废工程回收的残料变价收入、保险公司赔款等，借记"银行存款""其他应收款"等科目，按照报废的工程成本，贷记"在建工程"科目（建筑安装工程投资等）。

d. 建设项目竣工验收交付使用时，对发生的待核销基建支出进行冲销，借记"资产处置费用"科目，贷记"在建工程"科目（待核销基建支出）。

⑥基建转出投资。

为建设项目配套而建成的、产权不归属本单位的专用设施，在项目竣工验收交付使用时，按照转出的专用设施的成本，借记"在建工程"科目（基建转出投资），贷记"在建工程"科目（建筑安装工程投资）；同时，借记"无偿调拨净资产"科目，贷记"在建工程"科目（基建转出投资）。

(3) 固定资产的主要账务处理

①取得固定资产。

固定资产在取得时，应当按照成本进行初始计量。

a. 购入不需安装的固定资产验收合格时，按照确定的固定资产成本，借记"固定资产"科目，贷记"财政拨款收入""零余额账户用款额度""应付账款""银行存款"等科目。

b. 购入需要安装的固定资产，在安装完毕交付使用前通过"在建工程"科目核算，安装完毕交付使用时再转入"固定资产"科目。

c. 购入固定资产扣留质量保证金的，应当在取得固定资产时，按照确定的固定资产成本，借记"固定资产"科目（不需安装）或"在建工程"科目（需要安装），按照实际支付或应付的金额，贷记"财政拨款收入"、"零余额账户用款额度"、"应付账款"（不含质量保证金）、"银行存款"等科目，按照扣留的质量保证金数额，贷记"其他应付款"（扣留期在1年以内（含1年））或"长期应付款"（扣留期超过1年）科目。质保期满支付质量保证金时，借记"其他应付款""长期应付款"科目，贷记"财政拨款收入""零余额账户用款额度""银行存款"等科目。

d. 自行建造的固定资产交付使用时，按照在建工程成本，借记"固定资产"科目，贷记"在建工程"科目。已交付使用但尚未办理竣工决算手续的固定资产，按照估计价值入账，待办理竣工决算后再按照实际成本调整原来的暂估价值。

e. 融资租赁方式取得的固定资产，其成本按照租赁协议或者合同确定的租赁价款、相关税费以及固定资产交付使用前发生的可归属于该项资产的运输费、途中保险费、安装调试费等确定。融资租入的固定资产，按照确定的成本，借记"固定资产"科目（不需安装）或"在建工程"科目（需安装），按照租赁协议或者合同确定的租赁付款额，贷记"长期应付款"科目，按照支付的运输费、途中保险费、安装调试费等金额，贷记"财政拨款收入""零余额账户用款额度""银行存款"等科目。定期支付租金时，按照实际支付金额，借记"长期应付款"科目，贷记"财政拨款收入""零余额账户用款额度""银行存款"等科目。

f. 按照规定跨年度分期付款购入固定资产的账务处理，参照融资租入固定资产的相关账务处理。

g. 接受捐赠的固定资产，按照确定的固定资产成本，借记"固定资产"科目（不需安装)或"在建工程"科目(需安装),按照发生的相关税费、运输费等,贷记"零余额账户用款额度""银行存款"等科目,按照其差额,贷记"捐赠收入"科目。接受捐赠的固定资产按照名义金额入账的,按照名义金额,借记"固定资产"科目,贷记"捐赠收入"科目;按照发生的相关税费、运输费等,借记"其他费用"科目,贷记"零余额账户用款额度""银行存款"等科目。

h. 无偿调入的固定资产,按照确定的固定资产成本,借记"固定资产"科目(不需安装)或"在建工程"科目(需安装),按照发生的相关税费、运输费等,贷记"零余额账户用款额度""银行存款"等科目,按照其差额,贷记"无偿调拨净资产"科目。

i. 置换取得的固定资产,参照"库存物品"科目中置换取得库存物品的相关规定进行账务处理。固定资产取得时涉及增值税业务的,相关账务处理参见"应交增值税"科目的相关内容。

②与固定资产有关的后续支出。

符合固定资产确认条件的后续支出。通常情况下,将固定资产转入改建、扩建时,按照固定资产的账面价值,借记"在建工程"科目,按照固定资产已计提折旧,借记"固定资产累计折旧"科目,按照固定资产的账面余额,贷记"固定资产"科目。为增加固定资产使用效能或延长其使用年限而发生的改建、扩建等后续支出,借记"在建工程"科目,贷记"财政拨款收入""零余额账户用款额度""银行存款"等科目。固定资产改建、扩建等完成交付使用时,按照在建工程成本,借记"固定资产"科目,贷记"在建工程"科目。

不符合固定资产确认条件的后续支出。为保证固定资产正常使用发生的日常维修等支出,借记"业务活动费用""单位管理费用"等科目,贷记"财政拨款收入""零余额账户用款额度""银行存款"等科目。

③处置固定资产。

a. 报经批准出售、转让固定资产,按照被出售、转让固定资产的账面价值,借记"资产处置费用"科目,按照固定资产已计提的折旧,借记"固定资产累计折旧"科目,按照固定资产账面余额,贷记"固定资产"科目;同时,按照收到的价款,借记"银行存款"等科目,按照处置过程中发生的相关费用,贷记"银行存款"等科目,按照其差额,贷记"应缴财政款"科目。

b. 报经批准对外捐赠固定资产,按照固定资产已计提的折旧,借记"固定资产累计折旧"科目,按照被处置固定资产账面余额,贷记"固定资产"科目,按照捐赠过程中发生的归属于捐出方的相关费用,贷记"银行存款"等科目,按照其差额,借记"资产处置费用"科目。

c. 报经批准无偿调出固定资产,按照固定资产已计提的折旧,借记"固定资产累计折旧"科目,按照被处置固定资产账面余额,贷记"固定资产"科目,按照其差额,借记"无偿调拨净资产"科目;同时,按照无偿调出过程中发生的归属于调出方的相关费用,借记"资产处置费用"科目,贷记"银行存款"等科目。

d. 报经批准置换换出固定资产,参照"库存物品"中置换换入库存物品的规定进行账务处理。固定资产处置时涉及增值税业务的,相关账务处理参见"应交增值税"科目的相关内容。

④固定资产的定期盘点清查。

单位应当定期对固定资产进行清查盘点,每年至少盘点一次。对于发生的固定资产盘盈、盘亏或毁损、报废,应当先记入"待处理财产损溢"科目,按照规定报经批准后及时进行后续账务处理。

a. 盘盈的固定资产,其成本按照有关凭据注明的金额确定;没有相关凭据,但按照规定经过资产评估的,其成本按照评估价值确定;没有相关凭据,也未经过评估的,其成本按照重置成本确定。如无法采用上述方法确定盘盈固定资产成本的,按照名义金额(人民币1元)入账。盘盈的固定资产,按照确定的入账成本,借记"固定资产"科目,贷记"待处理财产损溢"科目。

b. 盘亏、毁损或报废的固定资产,按照待处理固定资产的账面价值,借记"待处理财产损溢"科目,按照已计提折旧,借记"固定资产累计折旧"科目,按照固定资产的账面余额,贷记"固定资产"科目。

(4) 固定资产累计折旧的主要账务处理

①按月计提固定资产折旧时,按照应计提折旧金额,借记"业务活动费用""单位管理费用""经营费用""加工物品""在建工程"等科目,贷记"固定资产累计折旧"科目。

②经批准处置或处理固定资产时,按照所处置或处理固定资产的账面价值,借记"资产处置费用""无偿调拨净资产""待处理财产损溢"等科目,按照已计提折旧,借记"固定资产累计折旧"科目,按照固定资产的账面余额,贷记"固定资产"科目。

与固定资产相关的主要账务处理如表 9-19 所示。

表 9-19　与固定资产相关的主要账务处理

序号	业务和事项内容		账务处理	
			财务会计	预算会计
			固定资产	
(1)	取得固定资产	外购的固定资产不需安装的	借：固定资产 贷：财政拨款收入/零余额账户用款额度/应付账款/银行存款等	借：行政支出/事业支出/经营支出等 贷：财政拨款预算收入/资金结存
		①外购的固定资产需要安装的	借：在建工程 贷：财政拨款收入/零余额账户用款额度/应付账款/银行存款等	借：行政支出/事业支出/经营支出等 贷：财政拨款预算收入/资金结存
		安装完工交付使用时	借：固定资产 贷：在建工程	

续表

序号	业务和事项内容		账务处理	
			财务会计	预算会计
(1) 取得固定资产		购入固定资产扣留质量保证金的	借：固定资产（不需安装）/在建工程（需要安装） 贷：财政拨款收入/零余额账户用款额度/应付账款/银行存款等 其他应付款（扣留期在1年以内（含1年））/长期应付款（扣留期超过1年）	借：行政支出/事业支出/经营支出等（购买固定资产实际支付的金额） 贷：财政拨款预算收入/资金结存
		质保期满支付质量保证金时	借：其他应付款/长期应付款 贷：财政拨款收入/零余额账户用款额度/银行存款等	借：行政支出/事业支出/经营支出等 贷：财政拨款预算收入/资金结存
		自行建造的固定资产，工程完工交付使用时	借：固定资产 贷：在建工程	
		融资租入（或跨年度分期付款购入）的固定资产	借：固定资产（不需安装）/在建工程（需安装） 贷：长期应付款（协议或合同确定的租赁价款） 财政拨款收入/零余额账户用款额度/银行存款等（实际支付的相关税费、运输费等）	借：行政支出/事业支出/经营支出等（实际支付的相关税费、运输费等） 贷：财政拨款预算收入/资金结存

续表

序号	业务和事项内容		账务处理	
			财务会计	预算会计
(1)	取得固定资产	定期支付租金（或分期付款）时	借：长期应付款 贷：财政拨款收入/零余额账户用款额度/银行存款等	借：行政支出/事业支出/经营支出等 贷：财政拨款预算收入/资金结存
		接受捐赠的固定资产	借：固定资产（不需安装）/在建工程（需安装） 贷：银行存款/零余额账户用款额度等（发生的相关税费、运输费等） 捐赠收入（差额）	借：其他支出（支付的相关税费、运输费等） 贷：资金结存
		接受捐赠的固定资产按照名义金额入账的	借：固定资产（名义金额） 贷：捐赠收入 借：其他费用 贷：银行存款/零余额账户用款额度等（发生的相关税费、运输费等）	借：其他支出（支付的相关税费、运输费等） 贷：资金结存
		无偿调入的固定资产	借：固定资产（不需安装）/在建工程（需安装） 贷：银行存款/零余额账户用款额度等（发生的相关税费、运输费等） 无偿调拨净资产（差额）	借：其他支出（支付的相关税费、运输费等） 贷：资金结存
		置换取得的固定资产	参照"库存物品"科目中置换取得库存物品的账务处理	

续表

序号	业务和事项内容		账务处理	
			财务会计	预算会计
（2）	与固定资产有关的后续支出	符合固定资产确认条件的（增加固定资产使用效能或延长其使用年限而发生的改建、扩建等后续支出）	借：在建工程（固定资产账面价值） 　　固定资产累计折旧 贷：固定资产（账面余额）	
			借：在建工程 贷：财政拨款收入/零余额账户用款额度/应付账款/银行存款等	借：行政支出/事业支出/经营支出等 贷：财政拨款预算收入/资金结存
		不符合固定资产确认条件的	借：业务活动费用/单位管理费用/经营费用等 贷：财政拨款收入/零余额账户用款额度/银行存款等	借：行政支出/事业支出/经营支出等 贷：财政拨款预算收入/资金结存
（3）	处置固定资产	出售、转让固定资产	借：资产处置费用 　　固定资产累计折旧 贷：固定资产（账面余额）	
			借：银行存款（处置固定资产收到的价款） 贷：应缴财政款 　　银行存款等（发生的相关费用）	

续表

序号	业务和事项内容		账务处理	
			财务会计	预算会计
(3)	处置固定资产	对外捐赠固定资产	借：资产处置费用 　　固定资产累计折旧 贷：固定资产（账面余额） 　　银行存款等（归属于捐出方的相关费用）	借：其他支出（归属于捐出方的相关费用） 贷：资金结存
		无偿调出固定资产	借：无偿调拨净资产 　　固定资产累计折旧 贷：固定资产（账面余额）	
			借：资产处置费用 贷：银行存款等（归属于调出方的相关费用）	借：其他支出 贷：资金结存
		置换换出固定资产	参照"库存物品"科目中置换取得库存物品的规定进行账务处理	
(4)	固定资产的定期盘点清查	盘盈的固定资产	借：固定资产 贷：待处理财产损溢	
		盘亏、毁损或报废的固定资产	借：待处理财产损溢（账面价值） 　　固定资产累计折旧 贷：固定资产（账面余额）	

固定资产累计折旧

序号	业务和事项内容	财务会计	预算会计
(1)	按月计提固定资产折旧时	借：业务活动费用/单位管理费用/经营费用等 贷：固定资产累计折旧	

续表

序号	业务和事项内容		账务处理	
			财务会计	预算会计
(2)	处置固定资产时		借：待处理财产损溢/无偿调拨净资产/资产处置费用等 　　固定资产累计折旧 贷：固定资产（账面余额）	涉及资金支付的，参照"固定资产"科目相关账务处理
		工程物资		
(1)	取得工程物资	购入工程物资	借：工程物资 贷：财政拨款收入/零余额账户用款额度/银行存款/应付账款/其他应付款等	借：行政支出/事业支出/经营支出等（实际支付的款项） 贷：财政拨款预算收入/资金结存
(2)	领用工程物资		借：在建工程 贷：工程物资	
(3)	剩余工程物资	剩余工程物资转为存货	借：库存物品 贷：工程物资	
		在建工程		
(1)	建筑安装工程投资	将固定资产等转入改建、扩建时	借：在建工程——建筑安装工程投资 贷：固定资产等 　　固定资产累计折旧等	
		发包工程预付工程款时	借：预付账款——预付工程款 贷：财政拨款收入/零余额账户用款额度/银行存款等	借：行政支出/事业支出等 贷：财政拨款预算收入/资金结存

续表

序号	业务和事项内容		账务处理	
			财务会计	预算会计
(1)	建筑安装工程投资	按照进度结算工程款时	借：在建工程——建筑安装工程投资 贷：预付账款——预付工程款 　　财政拨款收入/零余额账户用款额度/银行存款/应付账款等	借：行政支出/事业支出等（补付款项） 贷：财政拨款预算收入/资金结存
		自行施工小型建筑安装工程发生支出时	借：在建工程——建筑安装工程投资 贷：工程物资/零余额账户用款额度/银行存款/应付职工薪酬等	借：行政支出/事业支出等（实际支付的款项） 贷：资金结存等
		改扩建过程中替换（拆除）原资产某些组成部分的	借：待处理财产损溢 贷：在建工程——建筑安装工程投资	
		工程竣工验收交付使用时	借：固定资产等 贷：在建工程——建筑安装工程投资	
(2)	设备投资	购入设备时	借：在建工程——设备投资 贷：财政拨款收入/零余额账户用款额度/应付账款/银行存款等	借：行政支出/事业支出等（实际支付的款项） 贷：财政拨款预算收入/资金结存
		安装完毕，交付使用时	借：固定资产等 贷：在建工程——设备投资等 　　——建筑安装工程投资——安装工程	

续表

序号	业务和事项内容	账务处理	
		财务会计	预算会计
(2)	设备投资	将不需要安装设备和达不到固定资产标准的工具器具交付使用时	借：固定资产/库存物资 　贷：在建工程——设备投资	
(3)	待摊投资	发生构成待摊投资的各类费用时	借：在建工程——待摊投资 　贷：财政拨款收入/零余额账户用款额度/银行存款/应付利息/长期借款/其他应交税费等	借：行政支出/事业支出等（实际支付的款项） 　贷：财政拨款预算收入/资金结存
		对于建设过程中试生产、设备调试等产生的收入	借：银行存款等 　贷：在建工程——待摊投资（按规定冲减工程成本的部分） 　　应缴财政款/其他收入（差额）	借：资金结存 　贷：其他预算收入
		经批准将单项工程或单位工程报废净损失计入继续施工的工程成本的	借：在建工程——待摊投资 　　银行存款/其他应收款等（残料变价收入、赔款等） 　贷：在建工程——建筑安装工程投资（毁损报废工程成本）	

续表8

序号	业务和事项内容	账务处理	
		财务会计	预算会计
(3)	待摊投资	工程交付使用时，按照一定的分配方法进行待摊投资分配	借：在建工程——建筑安装工程投资 　　　——设备投资 贷：在建工程——待摊投资	
(4)	其他投资	发生其他投资支出时	借：在建工程——其他投资 贷：财政拨款收入/零余额账户用款额度/银行存款等	借：行政支出/事业支出等（实际支付的款项） 贷：财政拨款预算收入/资金结存
		资产交付使用时	借：固定资产/无形资产等 贷：在建工程——其他投资	
(5)	基建转出投资	建造的产权不归属本单位的专用设施转出时	借：在建工程——基建转出投资 贷：在建工程——建筑安装工程投资	
		冲销转出的在建工程时	借：无偿调拨净资产 贷：在建工程——基建转出投资	
(6)	待核销基建支出	发生各类待核销基建支出时	借：在建工程——待核销基建支出 贷：财政拨款收入/零余额账户用款额度/银行存款等	借：行政支出/事业支出（实际支付的款项） 贷：财政拨款预算收入/资金结存
		取消的项目发生的可行性研究费	借：在建工程——待核销基建支出 贷：在建工程——待摊投资	

续表

序号	业务和事项内容	账务处理	
		财务会计	预算会计
(6) 待核销基建支出	由于自然灾害等原因发生的项目整体报废所形成的净损失	借：在建工程——待核销基建支出 银行存款/其他应收款等（残料变价收入、保险赔款等） 贷：在建工程——建筑安装工程投资等	
	经批准冲销待核销基建支出时	借：资产处置费用 贷：在建工程——待核销基建支出	

四、无形资产的核算

1. 科目设置

单位应当设置"研发支出""无形资产""无形资产累计摊销"等总账科目。

(1) "研发支出"科目

"研发支出"科目核算单位自行研究开发项目研究阶段和开发阶段发生的各项支出。本科目应当按照自行研究开发项目，分别对"研究支出""开发支出"进行明细核算。本科目期末借方余额，反映单位预计能达到预定用途的研究开发项目在开发阶段发生的累计支出数。建设项目中的软件研发支出，应当通过"在建工程"科目核算，不通过本科目核算。

(2) "无形资产"科目

"无形资产"科目核算单位无形资产的原值。本科目应当按照无形资产的类别、项目等进行明细核算。本科目期末借方余额，反映单位无形资产的成本。非大批量购入、单价小于1 000元的无形资产，可以于购买的当期将其成本直接计入当期费用。

(3) "无形资产累计摊销"科目

"无形资产累计摊销"科目核算单位对使用年限有限的无形资产计提的累计摊销。本科目应当按照所对应无形资产的明细分类进行明细核算。本科目期末贷方余额，反映单位计提的无形资产摊销累计数。

2. 无形资产相关的账务处理

(1) 研发支出的主要账务处理

①研究阶段支出。

自行研究开发项目研究阶段的支出，应当先在"研发支出"科目中归集。按照从事研究及其辅助活动人员计提的薪酬，研究活动领用的库存物品，发生的与研究活动相关的管理费、间接费和其他各项费用，借记"研发支出"科目（研究支出），贷记"应付职工薪酬"

"库存物品""财政拨款收入""零余额账户用款额度""固定资产累计折旧""银行存款"等科目。期（月）末，应当将"研发支出"科目中归集的研究阶段的支出金额转入当期费用，借记"业务活动费用"等科目，贷记"研发支出"科目（研究支出）。

②开发阶段支出。

自行研究开发项目开发阶段的支出，先通过"研发支出"科目进行归集。按照从事开发及其辅助活动人员计提的薪酬，开发活动领用的库存物品，发生的与开发活动相关的管理费、间接费和其他各项费用，借记"研发支出"科目（开发支出），贷记"应付职工薪酬""库存物品""财政拨款收入""零余额账户用款额度""固定资产累计折旧""银行存款"等科目。自行研究开发项目完成，达到预定用途形成无形资产的，按照"研发支出"科目归集的开发阶段的支出金额，借记"无形资产"科目，贷记"研发支出"科目（开发支出）。

单位应于每年年度终了评估研究开发项目是否能达到预定用途，如预计不能达到预定用途（如无法最终完成开发项目并形成无形资产的），应当将已发生的开发支出金额全部转入当期费用，借记"业务活动费用"等科目，贷记"研发支出"科目（开发支出）。

自行研究开发项目时涉及增值税业务的，相关账务处理参见"应交增值税"科目。

(2) 无形资产的主要账务处理

①取得无形资产。

无形资产在取得时，应当按照成本进行初始计量。

a. 外购的无形资产，按照确定的成本，借记"无形资产"科目，贷记"财政拨款收入""零余额账户用款额度""应付账款""银行存款"等科目。

b. 委托软件公司开发软件，视同外购无形资产进行处理。合同中约定预付开发费用的，按照预付金额，借记"预付账款"科目，贷记"财政拨款收入""零余额账户用款额度""银行存款"等科目。软件开发完成交付使用并支付剩余或全部软件开发费用时，按照软件开发费用总额，借记"无形资产"科目，按照相关预付账款金额，贷记"预付账款"科目，按照支付的剩余金额，贷记"财政拨款收入""零余额账户用款额度""银行存款"等科目。

c. 自行研究开发形成的无形资产，按照研究开发项目进入开发阶段后至达到预定用途前所发生的支出总额，借记"无形资产"科目，贷记"研发支出——开发支出"科目。自行研究开发项目尚未进入开发阶段，或者确实无法区分研究阶段支出和开发阶段支出，但按照法律程序已申请取得无形资产的，按照依法取得时发生的注册费、聘请律师费等费用，借记"无形资产"科目，贷记"财政拨款收入""零余额账户用款额度""银行存款"等科目。

d. 接受捐赠的无形资产，按照确定的无形资产成本，借记"无形资产"科目，按照发生的相关税费等，贷记"零余额账户用款额度""银行存款"等科目，按照其差额，贷记"捐赠收入"科目。接受捐赠的无形资产按照名义金额入账的，按照名义金额，借记"无形资产"科目，贷记"捐赠收入"科目；同时，按照发生的相关税费等，借记"其他费用"科目，贷记"零余额账户用款额度""银行存款"等科目。

e. 无偿调入的无形资产，按照确定的无形资产成本，借记"无形资产"科目，按照发生的相关税费等，贷记"零余额账户用款额度""银行存款"等科目，按照其差额，贷记"无偿调拨净资产"科目。

f. 置换取得的无形资产，参照"库存物品"科目中置换取得库存物品的相关规定进行账务处理。

无形资产取得时涉及增值税业务的，相关账务处理参见"应交增值税"科目的相关内容。

②与无形资产有关的后续支出

a. 符合无形资产确认条件的后续支出

为增加无形资产的使用效能，对其进行升级改造或扩展其功能时，如需暂停对无形资产进行摊销的，按照无形资产的账面价值，借记"在建工程"科目，按照无形资产已摊销金额，借记"无形资产累计摊销"科目，按照无形资产的账面余额，贷记"无形资产"科目。

无形资产后续支出符合无形资产确认条件的，按照支出的金额，借记"无形资产"科目（无须暂停摊销的）或"在建工程"科目（需暂停摊销的），贷记"财政拨款收入""零余额账户用款额度""银行存款"等科目。

暂停摊销的无形资产升级改造或扩展功能等完成交付使用时，按照在建工程成本，借记"无形资产"科目，贷记"在建工程"科目。

b. 不符合无形资产确认条件的后续支出

为保证无形资产正常使用发生的日常维护等支出，借记"业务活动费用""单位管理费用"等科目，贷记"财政拨款收入""零余额账户用款额度""银行存款"等科目。

③处置无形资产。

a. 报经批准出售、转让无形资产，按照被出售、转让无形资产的账面价值，借记"资产处置费用"科目，按照无形资产已计提的摊销，借记"无形资产累计摊销"科目，按照无形资产账面余额，贷记"无形资产"科目；同时，按照收到的价款，借记"银行存款"等科目，按照处置过程中发生的相关费用，贷记"银行存款"等科目，按照其差额，贷记"应缴财政款"（按照规定应上缴无形资产转让净收入的）或"其他收入"（按照规定将无形资产转让收入纳入本单位预算管理的）科目。

b. 报经批准对外捐赠无形资产，按照无形资产已计提的摊销，借记"无形资产累计摊销"科目，按照被处置无形资产账面余额，贷记"无形资产"科目，按照捐赠过程中发生的归属于捐出方的相关费用，贷记"银行存款"等科目，按照其差额，借记"资产处置费用"科目。

c. 报经批准无偿调出无形资产，按照无形资产已计提的摊销，借记"无形资产累计摊销"科目，按照被处置无形资产账面余额，贷记"无形资产"科目，按照其差额，借记"无偿调拨净资产"科目；同时，按照无偿调出过程中发生的归属于调出方的相关费用，借记"资产处置费用"科目，贷记"银行存款"等科目。

d. 报经批准置换换出无形资产，参照"库存物品"科目中置换换入库存物品的规定进行账务处理。

e. 无形资产预期不能为单位带来服务潜力或经济利益，按照规定报经批准核销时，按照待核销无形资产的账面价值，借记"资产处置费用"科目，按照已计提摊销，借记"无形资产累计摊销"科目，按照无形资产的账面余额，贷记"无形资产"科目。

无形资产处置时涉及增值税业务的，相关账务处理参见"应交增值税"科目的相关内容。

④无形资产的定期盘点清查。

单位应当定期对无形资产进行清查盘点,每年至少盘点一次。单位资产清查盘点过程中发现的无形资产盘盈、盘亏等,参照"固定资产"科目相关规定进行账务处理。

(3)无形资产累计摊销的主要账务处理

①按月对无形资产进行摊销时,按照应摊销金额,借记"业务活动费用""单位管理费用""加工物品""在建工程"等科目,贷记"无形资产累计摊销"科目。

②经批准处置无形资产时,按照所处置无形资产的账面价值,借记"资产处置费用""无偿调拨净资产""待处理财产损溢"等科目,按照已计提摊销,借记"无形资产累计摊销"科目,按照无形资产的账面余额,贷记"无形资产"科目。

与无形资产相关的主要账务处理如表9-20所示。

表9-20 与无形资产相关的主要账务处理

序号	业务和事项内容		账务处理	
			财务会计	预算会计
			无形资产	
(1)	取得无形资产	外购无形资产入账	借:无形资产 贷:财政拨款收入/零余额账户用款额度/应付账款/银行存款等	借:行政支出/事业支出/经营支出等 贷:财政拨款预算收入/资金结存
		委托软件公司开发的软件,按照合同约定预付开发费时	借:预付账款 贷:财政拨款收入/零余额账户用款额度/银行存款等	借:行政支出/事业支出/经营支出等(预付的款项) 贷:财政拨款预算收入/资金结存
		委托开发的软件交付使用,并支付剩余或全部软件开发费用时	借:无形资产(开发费总额) 贷:预付账款 财政拨款收入/零余额账户用款额度/银行存款等(支付的剩余款项)	借:行政支出/事业支出/经营支出等(支付的剩余款项金额) 贷:财政拨款预算收入/资金结存
		自行开发,开发完成达到预定用途形成无形资产的	借:无形资产 贷:研发支出——开发支出	

续表

序号	业务和事项内容	账务处理	
		财务会计	预算会计
(1) 取得无形资产	自行研究开发无形资产尚未进入开发阶段,或者确实无法区分研究阶段支出和开发阶段支出,但按照法律程序已申请取得无形资产的	借:无形资产(依法取得时发生的注册费、聘请律师费等费用) 贷:财政拨款收入/零余额账户用款额度/银行存款等	借:行政支出/事业支出/经营支出等 贷:财政拨款预算收入/资金结存
	置换取得的无形资产	参照"库存物品"科目中置换取得库存物品的相关规定进行账务处理	
	接受捐赠的无形资产	借:无形资产 贷:银行存款/零余额账户用款额度等(发生的相关税费等) 捐赠收入(差额)	借:其他支出(支付的相关税费等) 贷:资金结存
	接受捐赠的无形资产按照名义金额入账的	借:无形资产(名义金额) 贷:捐赠收入 借:其他费用 贷:银行存款/零余额账户用款额度等(发生的相关税费等)	借:其他支出(支付的相关税费费等) 贷:资金结存
	无偿调入的无形资产	借:无形资产 贷:银行存款/零余额账户用款额度等(发生的相关税费等) 无偿调拨净资产(差额)	借:其他支出(支付的相关税费等) 贷:资金结存

续表

序号	业务和事项内容		账务处理	
			财务会计	预算会计
(2)	与无形资产有关的后续支出	符合无形资产确认条件的后续支出（如为增加无形资产的使用效能而发生的后续支出）	借：在建工程 　　无形资产累计摊销 　贷：无形资产 借：在建工程（需暂停摊销的）/无形资产（无须暂停摊销的） 　　无形资产累计摊销 　贷：财政拨款收入/零余额账户用款额度/银行存款等	借：行政支出/事业支出/经营支出等（实际支付的资金） 　贷：财政拨款预算收入/资金结存
		不符合无形资产确认条件的后续支出（为维护无形资产的正常使用而发生的后续支出）	借：业务活动费用/单位管理费用/经营费用等 　贷：财政拨款收入/零余额账户用款额度/银行存款等	借：行政支出/事业支出/经营支出等 　贷：财政拨款预算收入/资金结存
(3)	处置无形资产	出售、转让无形资产	借：资产处置费用 　　无形资产累计摊销 　贷：无形资产 借：银行存款等（收到的价款） 　贷：银行存款等（发生的相关费用） 　　应缴财政款/其他收入	借：资金结存 　贷：其他预算收入（转让收入按照规定纳入本单位预算）
		对外捐赠无形资产	借：资产处置费用 　　无形资产累计摊销 　贷：无形资产（账面余额） 　　银行存款等（归属于捐出方的相关费用）	借：其他支出（归属于捐出方的相关费用） 　贷：资金结存

续表

序号	业务和事项内容		账务处理	
			财务会计	预算会计
(3)	处置无形资产	无偿调出无形资产	借：无偿调拨净资产 　　无形资产累计摊销 　贷：无形资产（账面余额） 借：资产处置费用 　贷：银行存款等（相关费用）	借：其他支出（归属于调出方的相关费用） 　贷：资金结存
		置换换出无形资产	参照"库存物品"科目中置换取得库存物品的规定进行账务处理	
		经批准核销无形资产时	借：资产处置费用 　　无形资产累计摊销 　贷：无形资产（账面余额）	
	无形资产累计摊销			
(1)	按月进行无形资产摊销时		借：业务活动费用/单位管理费用/加工物品等 　贷：无形资产累计摊销	
(2)	处置无形资产时		借：资产处置费用/无偿调拨净资产等 　　无形资产累计摊销 　贷：无形资产（账面余额）	
	研发支出			

续表

序号	业务和事项内容		账务处理	
			财务会计	预算会计
	单位自行研究开发无形资产	自行研究开发项目研究阶段的支出 / 应当按照合理的方法先归集	借：研发支出——研究支出 　　贷：应付职工薪酬/库存物品/财政拨款收入/零余额账户用款额度/银行存款等	借：事业支出/经营支出等（实际支付的款项） 　　贷：财政拨款预算收入/资金结存
		期（月）末转入当期费用	借：业务活动费用等 　　贷：研发支出——研究支出	
		自行研究开发项目开发阶段的支出	借：研发支出——开发支出 　　贷：应付职工薪酬/库存物品/财政拨款收入/零余额账户用款额度/银行存款等	借：事业支出/经营支出等（实际支付的款项） 　　贷：财政拨款预算收入/资金结存
		自行研究开发项目完成，达到预定用途形成无形资产	借：无形资产 　　贷：研发支出——开发支出	
		年末经评估，研发项目预计不能达到预定用途	借：业务活动费用等 　　贷：研发支出——开发支出	

五、公共基础设施的核算

1. 科目设置

单位应当设置"公共基础设施""公共基础设施累计折旧（摊销）"等总账科目。

（1）"公共基础设施"科目

"公共基础设施"科目用于核算单位控制的公共基础设施的原值。本科目应当按照公共基础设施的类别、项目等进行明细核算。单位应当根据行业主管部门对公共基础设施的分类规定，制定适合于本单位管理的公共基础设施目录、分类方法，作为进行公共基础设施核算的依据。本科目期末借方余额，反映公共基础设施的原值。

（2）"公共基础设施累计折旧（摊销）"科目

"公共基础设施累计折旧（摊销）"科目用于核算单位计提的公共基础设施累计折旧和累计摊销。本科目应当按照所对应公共基础设施的明细分类进行明细核算。本科目期末贷方余额，反映单位提取的公共基础设施折旧和摊销的累计数。

2. 公共基础设施的相关账务处理

（1）取得公共基础设施

公共基础设施在取得时，应当按照其成本入账。

①自行建造的公共基础设施完工交付使用时，按照在建工程的成本，借记"公共基础设施"科目，贷记"在建工程"科目。已交付使用但尚未办理竣工决算手续的公共基础设施，按照估计价值入账，待办理竣工决算后再按照实际成本调整原来的暂估价值。

②接受其他单位无偿调入的公共基础设施，按照确定的成本，借记"公共基础设施"科目，按照发生的归属于调入方的相关费用，贷记"财政拨款收入""零余额账户用款额度""银行存款"等科目，按照其差额，贷记"无偿调拨净资产"科目。无偿调入的公共基础设施成本无法可靠取得的，按照发生的相关税费、运输费等金额，借记"其他费用"科目，贷记"财政拨款收入""零余额账户用款额度""银行存款"等科目。

③接受捐赠的公共基础设施，按照确定的成本，借记"公共基础设施"科目，按照发生的相关费用，贷记"财政拨款收入""零余额账户用款额度""银行存款"等科目，按照其差额，贷记"捐赠收入"科目。接受捐赠的公共基础设施成本无法可靠取得的，按照发生的相关税费等金额，借记"其他费用"科目，贷记"财政拨款收入""零余额账户用款额度""银行存款"等科目。

④外购的公共基础设施，按照确定的成本，借记"公共基础设施"科目，贷记"财政拨款收入""零余额账户用款额度""银行存款"等科目。

对于成本无法可靠取得的公共基础设施，单位应当设置备查簿进行登记，待成本能够可靠确定后按照规定及时入账。

（2）与公共基础设施有关的后续支出

①将公共基础设施转入改建、扩建时，按照公共基础设施的账面价值，借记"在建工程"科目，按照公共基础设施已计提折旧，借记"公共基础设施累计折旧（摊销）"科目，按照公共基础设施的账面余额，贷记"公共基础设施"科目。

②为增加公共基础设施使用效能或延长其使用年限而发生的改建、扩建等后续支出，借记"在建工程"科目，贷记"财政拨款收入""零余额账户用款额度""银行存款"等科目。公共基础设施改建、扩建完成，竣工验收交付使用时，按照在建工程成本，借记"公共基础设施"科目，贷记"在建工程"科目。

③为保证公共基础设施正常使用发生的日常维修等支出，借记"业务活动费用""单位管理费用"等科目，贷记"财政拨款收入""零余额账户用款额度""银行存款"等科目。

(3) 处置公共基础设施

①报经批准对外捐赠公共基础设施,按照公共基础设施已计提的折旧或摊销,借记"公共基础设施累计折旧(摊销)"科目,按照被处置公共基础设施账面余额,贷记"公共基础设施"科目,按照捐赠过程中发生的归属于捐出方的相关费用,贷记"银行存款"等科目,按照其差额,借记"资产处置费用"科目。

②报经批准无偿调出公共基础设施,按照公共基础设施已计提的折旧或摊销,借记"公共基础设施累计折旧(摊销)"科目,按照被处置公共基础设施账面余额,贷记"公共基础设施"科目,按照其差额,借记"无偿调拨净资产"科目;同时,按照无偿调出过程中发生的归属于调出方的相关费用,借记"资产处置费用"科目,贷记"银行存款"等科目。

(4) 公共基础设施的定期盘点清查

单位应当定期对公共基础设施进行清查盘点。对于发生的公共基础设施盘盈、盘亏、毁损或报废,应当先记入"待处理财产损溢"科目,按照规定报经批准后及时进行后续账务处理。

①盘盈的公共基础设施,其成本按照有关凭据注明的金额确定;没有相关凭据,但按照规定经过资产评估的,其成本按照评估价值确定;没有相关凭据,也未经过评估的,其成本按照重置成本确定。盘盈的公共基础设施成本无法可靠取得的,单位应当设置备查簿进行登记,待成本确定后按照规定及时入账。盘盈的公共基础设施,按照确定的入账成本,借记"公共基础设施"科目,贷记"待处理财产损溢"科目。

②盘亏、毁损或报废的公共基础设施,按照待处置公共基础设施的账面价值,借记"待处理财产损溢"科目,按照已计提折旧或摊销,借记"公共基础设施累计折旧(摊销)"科目,按照公共基础设施的账面余额,贷记"公共基础设施"科目。

(5) 公共基础设施累计折旧(摊销)的主要账务处理

①按月计提公共基础设施折旧时,按照应计提的折旧额,借记"业务活动费用"科目,贷记"公共基础设施累计折旧"科目。

②按月对确认为公共基础设施的单独计价入账的土地使用权进行摊销时,按照应计提的摊销额,借记"业务活动费用"科目,贷记"公共基础设施累计摊销"科目。

③处置公共基础设施时,按照所处置公共基础设施的账面价值,借记"资产处置费用""无偿调拨净资产""待处理财产损溢"等科目,按照已提取的折旧和摊销,借记"公共基础设施累计折旧(摊销)"科目,按照公共基础设施账面余额,贷记"公共基础设施"科目。

六、政府储备物资的核算

1. 科目设置

单位应当设置"政府储备物资"总账科目,该科目核算单位控制的政府储备物资的成本。"政府储备物资"科目应当按照政府储备物资的种类、品种、存放地点等进行明细核算。单位根据需要,可在"政府储备物资"科目下设置"在库""发出"等明细科目进行明细核算。"政府储备物资"科目期末借方余额,反映政府储备物资的成本。

对政府储备物资不负有行政管理职责但接受委托具体负责执行其存储保管等工作的单位,其受托代储的政府储备物资应当通过"受托代理资产"科目核算,不通过"政府储备物资"科目核算。

2. 政府储备物资的主要账务处理

（1）取得政府储备物资

政府储备物资取得时，应当按照其成本入账。

①购入的政府储备物资验收入库，按照确定的成本，借记"政府储备物资"科目，贷记"财政拨款收入""零余额账户用款额度""银行存款"等科目。

②涉及委托加工政府储备物资业务的，相关账务处理参照"加工物品"科目的相关内容。

③接受捐赠的政府储备物资验收入库，按照确定的成本，借记"政府储备物资"科目，按照单位承担的相关税费、运输费等，贷记"零余额账户用款额度""银行存款"等科目，按照其差额，贷记"捐赠收入"科目。

④接受无偿调入的政府储备物资验收入库，按照确定的成本，借记"政府储备物资"科目，按照单位承担的相关税费、运输费等，贷记"零余额账户用款额度""银行存款"等科目，按照其差额，贷记"无偿调拨净资产"科目。

（2）发出政府储备物资

①因动用而发出无须收回的政府储备物资的，按照发出物资的账面余额，借记"业务活动费用"科目，贷记"政府储备物资"科目。

②因动用而发出需要收回或者预期可能收回的政府储备物资的，在发出物资时，按照发出物资的账面余额，借记"政府储备物资"科目（发出），贷记"政府储备物资"科目（在库）；按照规定的质量验收标准收回物资时，按照收回物资原账面余额，借记"政府储备物资"科目（在库），按照未收回物资的原账面余额，借记"业务活动费用"科目，按照物资发出时登记在"政府储备物资"科目所属"发出"明细科目中的余额，贷记"政府储备物资"科目（发出）。

③因行政管理主体变动等原因而将政府储备物资调拨给其他主体的，按照无偿调出政府储备物资的账面余额，借记"无偿调拨净资产"科目，贷记"政府储备物资"科目。

④对外销售政府储备物资并将销售收入纳入单位预算统一管理的，发出物资时，按照发出物资的账面余额，借记"业务活动费用"科目，贷记"政府储备物资"科目；实现销售收入时，按照确认的收入金额，借记"银行存款""应收账款"等科目，贷记"事业收入"等科目。对外销售政府储备物资并按照规定将销售净收入上缴财政的，发出物资时，按照发出物资的账面余额，借记"资产处置费用"科目，贷记"政府储备物资"科目；取得销售价款时，按照实际收到的款项金额，借记"银行存款"等科目，按照发生的相关税费，贷记"银行存款"等科目，按照销售价款大于所承担的相关税费后的差额，贷记"应缴财政款"科目。

（3）政府储备物资的定期盘点清查

单位应当定期对政府储备物资进行清查盘点，每年至少盘点一次。对于发生的政府储备物资盘盈、盘亏或者报废、毁损，应当先记入"待处理财产损溢"科目，按照规定报经批准后及时进行后续账务处理。

①盘盈的政府储备物资，按照确定的入账成本，借记"政府储备物资"科目，贷记

"待处理财产损溢"科目。

②盘亏或者毁损、报废的政府储备物资，按照待处理政府储备物资的账面余额，借记"待处理财产损溢"科目，贷记"政府储备物资"科目。

七、文物文化资产的核算

1. 科目设置

单位应当设置"文物文化资产"总账科目，该科目核算单位为满足社会公共需求而控制的文物文化资产的成本。"文物文化资产"科目应当按照文物文化资产的类别、项目等进行明细核算。"文物文化资产"科目期末借方余额，反映文物文化资产的成本。

单位为满足自身开展业务活动或其他活动需要而控制的文物和陈列品，应当通过"固定资产"科目核算，不通过"文物文化资产"科目核算。

2. 文物文化资产的主要账务处理

（1）取得文物文化资产

文物文化资产在取得时，应当按照其成本入账。

①外购的文物文化资产，其成本包括购买价款、相关税费以及可归属于该项资产达到预定用途前所发生的其他支出（如运输费、安装费、装卸费等）。外购的文物文化资产，按照确定的成本，借记"文物文化资产"科目，贷记"财政拨款收入""零余额账户用款额度""银行存款"等科目。

②接受其他单位无偿调入的文物文化资产，其成本按照该项资产在调出方的账面价值加上归属于调入方的相关费用确定。调入的文物文化资产，按照确定的成本，借记"文物文化资产"科目，按照发生的归属于调入方的相关费用，贷记"零余额账户用款额度""银行存款"等科目，按照其差额，贷记"无偿调拨净资产"科目。无偿调入的文物文化资产成本无法可靠取得的，按照发生的归属于调入方的相关费用，借记"其他费用"科目，贷记"零余额账户用款额度""银行存款"等科目。

③接受捐赠的文物文化资产，其成本按照有关凭据注明的金额加上相关费用确定；没有相关凭据可供取得，但按照规定经过资产评估的，其成本按照评估价值加上相关费用确定；没有相关凭据可供取得，也未经评估的，其成本比照同类或类似资产的市场价格加上相关费用确定。接受捐赠的文物文化资产，按照确定的成本，借记"文物文化资产"科目，按照发生的相关税费、运输费等金额，贷记"零余额账户用款额度""银行存款"等科目，按照其差额，贷记"捐赠收入"科目。接受捐赠的文物文化资产成本无法可靠取得的，按照发生的相关税费、运输费等金额，借记"其他费用"科目，贷记"零余额账户用款额度""银行存款"等科目。

④对于成本无法可靠取得的文物文化资产，单位应当设置备查簿进行登记，待成本能够可靠确定后按照规定及时入账。

与文物文化资产有关的后续支出，参照"公共基础设施"科目相关规定进行处理。

（2）按照规定报经批准处置文物文化资产

①报经批准对外捐赠文物文化资产，按照被处置文物文化资产账面余额和捐赠过程中发生的归属于捐出方的相关费用合计数，借记"资产处置费用"科目，按照被处置文物文化

资产账面余额,贷记"文物文化资产"科目,按照捐赠过程中发生的归属于捐出方的相关费用,贷记"银行存款"等科目。

②报经批准无偿调出文物文化资产,按照被处置文物文化资产账面余额,借记"无偿调拨净资产"科目,贷记"文物文化资产"科目;同时,按照无偿调出过程中发生的归属于调出方的相关费用,借记"资产处置费用"科目,贷记"银行存款"等科目。

(3) 文物文化资产的定期盘点清查

单位应当定期对文物文化资产进行清查盘点,每年至少盘点一次。对于发生的文物文化资产盘盈、盘亏、毁损或报废等,参照"公共基础设施"科目相关规定进行账务处理。

八、保障性住房的核算

1. 科目设置

单位应当设置"保障性住房""保障性住房累计折旧"总账科目。

(1)"保障性住房"科目

"保障性住房"科目用于核算单位为满足社会公共需求而控制的保障性住房的原值。本科目按照保障性住房的类别、项目等进行明细核算。本科目期末借方余额,反映保障性住房的原值。

(2)"保障性住房累计折旧"

"保障性住房累计折旧"科目用于核算单位计提的保障性住房的累计折旧。本科目应当按照所对应保障性住房的类别进行明细核算。本科目期末贷方余额,反映单位计提的保障性住房折旧累计数。单位应当参照《企业会计准则第3号——固定资产》及其应用指南的相关规定,按月对其控制的保障性住房计提折旧。

2. 保障性住房的相关账务处理

(1) 取得保障性住房

保障性住房在取得时,应当按其成本入账。

①外购的保障性住房,其成本包括购买价款、相关税费以及可归属于该项资产达到预定用途前发生的其他支出。外购的保障性住房,按照确定的成本,借记"保障性住房"科目,贷记"财政拨款收入""零余额账户用款额度""银行存款"等科目。

②自行建造的保障性住房交付使用时,按照在建工程成本,借记"保障性住房"科目,贷记"在建工程"科目。已交付使用但尚未办理竣工决算手续的保障性住房,按照估计价值入账,待办理竣工决算后再按照实际成本调整原来的暂估价值。

③接受其他单位无偿调入的保障性住房,其成本按照该项资产在调出方的账面价值加上归属于调入方的相关费用确定。无偿调入的保障性住房,按照确定的成本,借记"保障性住房"科目,按照发生的归属于调入方的相关费用,贷记"零余额账户用款额度""银行存款"等科目,按照其差额,贷记"无偿调拨净资产"科目。

④接受捐赠、融资租赁取得的保障性住房,参照"固定资产"科目相关规定进行处理。

⑤与保障性住房有关的后续支出,参照"固定资产"科目相关规定进行处理。

(2) 出租保障性住房

按照规定出租保障性住房并将出租收入上缴同级财政,按照收取的租金金额,借"银行存款"等科目,贷记"应缴财政款"科目。

(3) 处置保障性住房

①报经批准无偿调出保障性住房,按照保障性住房已计提的折旧,借记"保障性住房累计折旧"科目,按照被处置保障性住房账面余额,贷记"保障性住房"科目,按照其差额,借记"无偿调拨净资产"科目;同时,按照无偿调出过程中发生的归属于调出方的相关费用,借记"资产处置费用"科目,贷记"银行存款"等科目。

②报经批准出售保障性住房,按照被出售保障性住房的账面价值,借记"资产处置费用"科目,按照保障性住房已计提的折旧,借记"保障性住房累计折旧"科目,按照保障性住房账面余额,贷记"保障性住房"科目;同时,按照收到的价款,借记"银行存款"等科目,按照出售过程中发生的相关费用,贷记"银行存款"等科目,按照其差额,贷记"应缴财政款"科目。

(4) 保障性住房的定期盘点清查

单位应当定期对保障性住房进行清查盘点。对于发生的保障性住房盘盈、盘亏、毁损或报废等,参照"固定资产"科目相关规定进行账务处理。

(5) 保障性住房累计折旧的账务处理

①按月计提保障性住房折旧时,按照应计提的折旧额,借记"业务活动费用"科目,贷记"保障性住房累计折旧"科目。

②报经批准处置保障性住房时,按照所处置保障性住房的账面价值,借记"资产处置费用""无偿调拨净资产""待处理财产损溢"等科目,按照已计提折旧,借记"保障性住房累计折旧"科目,按照保障性住房的账面余额,贷记"保障性住房"科目。

与公共基础设施、政府储备物资、保障性住房相关的主要账务处理如表9-21所示。

表9-21 与公共基础设施、政府储备物资、保障性住房相关的主要账务处理

序号	业务和事项内容	账务处理		
			财务会计	预算会计
		公共基础设施		
(1)	取得公共基础设施	自行建造公共基础设施完工交付使用时	借:公共基础设施 贷:在建工程	
		接受无偿调入的公共基础设施	借:公共基础设施 贷:无偿调拨净资产 财政拨款收入/ 零余额账户用款 额度/银行存款 等(发生的归属于调入方的相关费用)	借:其他支出(支付的归属于调入方的相关费用) 贷:财政拨款预算收入/资金结存

续表

序号	业务和事项内容		账务处理	
			财务会计	预算会计
(1)	取得公共基础设施	无偿调入的公共基础设施成本无法可靠取得的	借：其他费用（发生的归属于调入方的相关费用） 贷：财政拨款收入/零余额账户用款额度/银行存款等	
		接受捐赠的公共基础设施	借：公共基础设施 贷：捐赠收入 　　财政拨款收入/零余额账户用款额度/银行存款等（发生的归属于捐入方的相关费用）	借：其他支出（支付的归属于捐入方的相关费用） 贷：财政拨款预算收入/资金结存
		接受捐赠的公共基础设施成本无法可靠取得的	借：其他费用（发生的归属于捐入方的相关费用） 贷：财政拨款收入/零余额账户用款额度/银行存款等	
		外购的公共基础设施	借：公共基础设施 贷：财政拨款收入/零余额账户用款额度/应付账款/银行存款等	借：行政支出/事业支出 贷：财政拨款预算收入/资金结存

续表

序号	业务和事项内容	账务处理	
		财务会计	预算会计
(2)	与公共基础设施有关的后续支出	为增加公共基础设施使用效能或延长其使用年限而发生的改建、扩建等后续支出	借：在建工程 　　公共基础设施累计折旧（摊销） 　贷：公共基础设施（账面余额） 借：在建工程（发生的相关后续支出） 　贷：财政拨款收入/零余额账户用款额度/应付账款/银行存款等	借：行政支出/事业支出（实际支付的款项） 　贷：财政拨款预算收入/资金结存
		为维护公共基础设施的正常使用而发生的日常维修、养护等后续支出	借：业务活动费用 　贷：财政拨款收入/零余额账户用款额度/银行存款等	借：行政支出/事业支出（实际支付的款项） 　贷：财政拨款预算收入/资金结存
(3)	处置公共基础设施	对外捐赠公共基础设施	借：资产处置费用 　　公共基础设施累计折旧（摊销） 　贷：公共基础设施（账面余额） 　　银行存款等（归属于捐出方的相关费用）	借：其他支出（支付的归属于捐出方的相关费用） 　贷：资金结存等
		无偿调出公共基础设施	借：无偿调拨净资产 　　公共基础设施累计折旧（摊销） 　贷：公共基础设施（账面余额） 借：资产处置费用 　贷：银行存款等（归属于调出方的相关费用）	借：其他支出（支付的归属于调出方的相关费用） 　贷：资金结存等

续表

序号	业务和事项内容	账务处理	
		财务会计	预算会计
(4)	报废、毁损的公共基础设施	借：待处理财产损溢 　　公共基础设施累计折旧（摊销） 贷：公共基础设施（账面余额）	
(1)	按月计提公共基础设施折旧或摊销时	公共基础设施累计折旧（摊销） 借：业务活动费用 贷：公共基础设施累计折旧（摊销）	
(2)	处置公共基础设施时	借：待处理财产损溢 　　公共基础设施累计折旧（摊销） 贷：公共基础设施（账面余额）	
(1)	取得政府储备物资	政府储备物资	
	购入的政府储备物资	借：政府储备物资 贷：财政拨款收入/零余额账户用款额度/应付账款/银行存款等	借：行政支出/事业支出 贷：财政拨款预算收入/资金结存
	接受捐赠的政府储备物资	借：政府储备物资 贷：捐赠收入 　　财政拨款收入/零余额账户用款额度/银行存款（捐入方承担的相关税费）	借：其他支出（捐入方承担的相关税费） 贷：财政拨款预算收入/资金结存
	无偿调入的政府储备物资	借：政府储备物资 贷：无偿调拨净资产 　　财政拨款收入/零余额账户用款额度/银行存款（调入方承担的相关税费）	借：其他支出（调入方承担的相关税费） 贷：财政拨款预算收入/资金结存

续表

序号	业务和事项内容		账务处理	
			财务会计	预算会计
(2)	发出政府储备物资	动用发出无须收回的政府储备物资	借：业务活动费用 　贷：政府储备物资 　　（账面余额）	
		动用发出需要收回或预期可能收回的政府储备物资	发出物资时 借：政府储备物资——发出 　贷：政府储备物资——在库	
		按照规定的质量验收标准收回物资时	借：政府储备物资——在库（收回物资的账面余额）业务活动费用（未收回物资的账面余额） 　贷：政府储备物资——发出	
		因行政管理主体变动等原因而将政府储备物资调拨给其他主体的	借：无偿调拨净资产 　贷：政府储备物资 　　（账面余额）	
		对外销售政府储备物资 按照规定物资销售收入纳入本单位预算的	借：业务活动费用 　贷：政府储备物资 借：银行存款/应收账款等 　贷：事业收入等 借：业务活动费用 　贷：银行存款等（发生的相关税费）	借：资金结存（收到的销售价款） 　贷：事业预算收入等 借：行政支出/事业支出 　贷：资金结存（支付的相关税费）

续表

序号	业务和事项内容		账务处理	
			财务会计	预算会计
（2）	发出政府储备物资	按照规定销售收入扣除相关税费后上缴财政的	借：资产处置费用 　　贷：政府储备物资 借：银行存款等（收到的销售价款） 　　贷：银行存款（发生的相关税费） 　　　　应缴财政款	
（3）	政府储备物资盘盈、盘亏、报废或毁损	盘盈的政府储备物资	借：政府储备物资 　　贷：待处理财产损溢	
		盘亏、报废或毁损的政府储备物资	借：待处理财产损溢 　　贷：政府储备物资	
文物文化资产				
（1）	取得文物文化资产	外购的文物文化资产	借：文物文化资产 　　贷：财政拨款收入/零余额账户用款额度/应付账款/银行存款等	借：行政支出/事业支出 　　贷：财政拨款预算收入/资金结存
		接受无偿调入的文物文化资产	借：文物文化资产 　　贷：无偿调拨净资产 　　　　财政拨款收入/零余额账户用款额度/银行存款等（发生的归属于调入方的相关费用）	借：其他支出（支付的归属于调入方的相关费用） 　　贷：财政拨款预算收入/资金结存
		无偿调入的文物文化资产成本无法可靠取得的	借：其他费用（发生的归属于调入方的相关费用） 　　贷：财政拨款收入/零余额账户用款额度/银行存款等	

续表

序号	业务和事项内容		账务处理	
			财务会计	预算会计
(1)	取得文物文化资产	接受捐赠的文物文化资产	借：文物文化资产 贷：捐赠收入 财政拨款收入/零余额账户用款额度/银行存款（发生的归属于捐入方的相关费用）	借：其他支出（支付的归属于捐入方的相关费用） 贷：资金结存等
		接受捐赠的文物文化资产成本无法可靠取得的	借：其他费用（发生的归属于调入方的相关费用） 贷：财政拨款收入/零余额账户用款额度/银行存款等	
(2)	处置文物文化资产	对外捐赠文物文化资产	借：资产处置费用 贷：文物文化资产（账面余额） 银行存款等（归属于捐出方的相关费用）	借：其他支出（支付的归属于捐出方的相关费用） 贷：资金结存等
		无偿调出文物文化资产	借：无偿调拨净资产 贷：文物文化资产（账面余额） 借：资产处置费用 贷：银行存款等（归属于调出方的相关费用）	借：其他支出（支付的归属于调出方的相关费用） 贷：资金结存等

续表

序号	业务和事项内容		账务处理	
			财务会计	预算会计
(3)	盘点文物文化资产	盘盈时	借：文物文化资产 　贷：待处理财产损溢	
		盘亏、毁损、报废时	借：待处理财产损溢 　贷：文物文化资产 　　（账面余额）	
			保障性住房	
(1)	取得保障性住房	外购的保障性住房	借：保障性住房 　贷：财政拨款收入/零余额账户用款额度/银行存款等	借：行政支出/事业支出 　贷：财政拨款预算收入/资金结存
		自行建造的保障性住房，工程完工交付使用时	借：保障性住房 　贷：在建工程	
		无偿调入的保障性住房	借：保障性住房 　贷：银行存款/零余额账户用款额度等（发生的相关费用）无偿调拨净资产（差额）	借：其他支出（支付的相关税费） 　贷：资金结存等
(2)	出租保障性住房	按照收取或应收的租金金额	借：银行存款/应收账款 　贷：应缴财政款	
(3)	处置保障性住房	出售保障性住房	借：资产处置费用 　　保障性住房累计折旧 　贷：保障性住房（账面余额） 借：银行存款（处置保障性住房收到的价款） 　贷：应缴财政款 　　银行存款等（发生的相关费用）	

续表

序号	业务和事项内容	账务处理	
		财务会计	预算会计
(3)	处置保障性住房 / 无偿调出保障性住房	借：无偿调拨净资产 　　保障性住房累计折旧 　贷：保障性住房（账面余额）	
		借：资产处置费用 　贷：银行存款等（归属于调出方的相关费用）	借：其他支出 　贷：资金结存等
(4)	保障性住房的定期盘点清查	盘盈的保障性住房 借：保障性住房 　贷：待处理财产损溢	
		盘亏、毁损或报废的保障性住房 借：待处理财产损溢（账面价值） 　　保障性住房累计折旧 　贷：保障性住房（账面余额）	
		保障性住房累计折旧	
(1)	按月计提保障性住房折旧时	借：业务活动费用 　贷：保障性住房累计折旧	
(2)	处置保障性住房时	借：待处理财产损溢/无偿调拨净资产/资产处置费用等 　　保障性住房累计折旧 　贷：保障性住房（账面余额）	涉及资金支付的，参照"保障性住房"科目的相关账务处理

九、受托代理资产的核算

1. 科目设置

单位应当设置"受托代理资产"总账科目，该科目核算单位接受委托方委托管理的各项资产，包括受托指定转赠的物资、受托存储保管的物资等的成本。单位管理的罚没物资也通过"受托代理资产"科目核算。"受托代理资产"科目应当按照资产的种类和委托人进行明细核算；属于转赠资产的，还应当按照受赠人进行明细核算。"受托代理资产"科目期末借方余额，反映单位受托代理实物资产的成本。

单位收到的受托代理资产为现金和银行存款的，不通过"受托代理资产"科目核算，应当通过"库存现金""银行存款"科目进行核算。

2. 受托代理资产的主要账务处理

（1）受托转赠物资

①接受委托人委托需要转赠给受赠人的物资，其成本按照有关凭据注明的金额确定。接受委托转赠的物资验收入库，按照确定的成本，借记"受托代理资产"科目，贷记"受托代理负债"科目。受托协议约定由受托方承担相关税费、运输费等的，还应当按照实际支付的相关税费、运输费等金额，借记"其他费用"科目，贷记"银行存款"等科目。

②将受托转赠物资交付受赠人时，按照转赠物资的成本，借记"受托代理负债"科目，贷记"受托代理资产"科目。

③转赠物资的委托人取消了对捐赠物资的转赠要求，且不再收回捐赠物资的，应当将转赠物资转为单位的存货、固定资产等。按照转赠物资的成本，借记"受托代理负债"科目，贷记"受托代理资产"科目；同时，借记"库存物品""固定资产"等科目，贷记"其他收入"科目。

（2）受托存储保管物资

①接受委托人委托存储保管的物资，其成本按照有关凭据注明的金额确定。接受委托储存的物资验收入库，按照确定的成本，借记"受托代理资产"科目，贷记"受托代理负债"科目。发生由受托单位承担的与受托存储保管的物资相关的运输费、保管费等费用时，按照实际发生的费用金额，借记"其他费用"等科目，贷记"银行存款"等科目。

②根据委托人要求交付或发出受托存储保管的物资时，按照发出物资的成本，借记"受托代理负债"科目，贷记"受托代理资产"科目。

（3）罚没物资

①取得罚没物资时，其成本按照有关凭据注明的金额确定。罚没物资验收（入库），按照确定的成本，借记"受托代理资产"科目，贷记"受托代理负债"科目。罚没物资成本无法可靠确定的，单位应当设置备查簿进行登记。

②按照规定处置或移交罚没物资时，按照罚没物资的成本，借记"受托代理负债"科目，贷记"受托代理资产"科目。处置时取得款项的，按照实际取得的款项金额，借记"银行存款"等科目，贷记"应缴财政款"等科目。

③单位受托代理的其他实物资产，参照"受托代理资产"科目有关受托转赠物资、受托存储保管物资的规定进行账务处理。

受托代理资产的主要账务处理如表9-22所示。

表 9-22 受托代理资产的主要账务处理

序号	业务和事项内容		账务处理	
			财务会计	预算会计
			受托代理资产	
(1)	受托转赠物资	接受委托人委托需要转赠给受赠人的物资	借：受托代理资产 　贷：受托代理负债	
		受托协议约定由受托方承担相关税费、运输费的	借：其他费用 　贷：财政拨款收入/零余额账户用款额度/银行存款等	借：其他支出（实际支付的相关税费、运输费等） 　贷：财政拨款预算收入/资金结存
		将受托转赠物资交付受赠人时	借：受托代理负债 　贷：受托代理资产	
		转赠物资的委托人取消了对捐赠物资的转赠要求，且不再收回捐赠物资的	借：受托代理负债 　贷：受托代理资产 借：库存物品/固定资产等 　贷：其他收入	
(2)	受托储存保管物资	接受委托人委托储存保管的物资	借：受托代理资产 　贷：受托代理负债	
		支付由受托单位承担的与受托储存保管的物资相关的运输费、保管费等	借：其他费用等 　贷：财政拨款收入/零余额账户用款额度/银行存款等	借：其他支出等（实际支付的运输费、保管费等） 　贷：财政拨款预算收入/资金结存
		根据委托人要求交付受托储存保管的物资时	借：受托代理负债 　贷：受托代理资产	

续表

序号	业务和事项内容		账务处理	
			财务会计	预算会计
(3)	罚没物资	取得罚没物资时	借：受托代理资产 　贷：受托代理负债	
		按照规定处置罚没物资时	借：受托代理负债 　贷：受托代理资产	
		处置时取得款项的	借：银行存款等 　贷：应缴财政款	

十、长期待摊费用的核算

1. 科目设置

单位应当设置"长期待摊费用"总账科目。该科目核算单位已经支出，但应由本期和以后各期负担的分摊期限在 1 年以上（不含 1 年）的各项费用，如以经营租赁方式租入的固定资产发生的改良支出等。"长期待摊费用"科目应当按照费用项目进行明细核算。"长期待摊费用"科目期末借方余额，反映单位尚未摊销完毕的长期待摊费用。

2. 长期待摊费用的主要账务处理

①发生长期待摊费用时，按照支出金额，借记"长期待摊费用"科目，贷记"财政拨款收入""零余额账户用款额度""银行存款"等科目。

②按照受益期间摊销长期待摊费用时，按照摊销金额，借记"业务活动费用""单位管理费用""经营费用"等科目，贷记"长期待摊费用"科目。

③如果某项长期待摊费用已经不能使单位受益，应当将其摊余金额一次全部转入当期费用。按照摊销金额，借记"业务活动费用""单位管理费用""经营费用"等科目，贷记"长期待摊费用"科目。

长期待摊费用的主要账务处理如表 9-23 所示。

表 9-23　长期待摊费用的主要账务处理

序号	业务和事项内容	账务处理	
		财务会计	预算会计
		长期待摊费用	
(1)	发生长期待摊费用	借：长期待摊费用 　贷：财政拨款收入/零余额账户用款额度/银行存款等	借：行政支出/事业支出等 　贷：财政拨款预算收入/资金结存

续表

序号	业务和事项内容	账务处理	
		财务会计	预算会计
（2）	按期摊销或一次转销长期待摊费用剩余账面余额	借：业务活动费用/单位管理费用/经营费用等 贷：长期待摊费用	

十一、待处理财产损溢的核算

1. 科目设置

单位应当设置"待处理财产损溢"总账科目。该科目核算单位在资产清查过程中查明的各种资产盘盈、盘亏和报废、毁损的价值。"待处理财产损溢"科目应当按照待处理的资产项目进行明细核算；对于在资产处理过程中取得收入或发生相关费用的项目，还应当设置"待处理财产价值""处理净收入"明细科目，进行明细核算。单位资产清查中查明的资产盘盈、盘亏、报废和毁损，一般应当先记入"待处理财产损溢"科目，按照规定报经批准后及时进行账务处理。"待处理财产损溢"科目期末如为借方余额，反映尚未处理完毕的各种资产的净损失；期末如为贷方余额，反映尚未处理完毕的各种资产净溢余。年末结账前一般应处理完毕，经批准处理后，"待处理财产损溢"科目一般应无余额。

2. 待处理财产损溢的主要账务处理

（1）账款核对时发现的库存现金短缺或溢余

①每日账款核对中发现现金短缺或溢余，属于现金短缺，按照实际短缺的金额，借记"待处理财产损溢"科目，贷记"库存现金"科目；属于现金溢余，按照实际溢余的金额，借记"库存现金"科目，贷记"待处理财产损溢"科目。

②如为现金短缺，属于应由责任人赔偿或向有关人员追回的，借记"其他应收款"科目，贷记"待处理财产损溢""待处理财产损溢"科目；属于无法查明原因的，报经批准核销时，借记"资产处置费用"科目，贷记"待处理财产损溢"科目。

③如为现金溢余，属于应支付给有关人员或单位的，借记"待处理财产损溢"科目，贷记"其他应付款"科目；属于无法查明原因的，报经批准后，借记"待处理财产损溢"科目，贷记"其他收入"科目。

（2）资产清查过程中发现的存货、固定资产、无形资产、公共基础设施、政府储备物资、文物文化资产、保障性住房等各种资产盘盈、盘亏或报废、毁损

①盘盈的各类资产转入待处理资产时，按照确定的成本，借记"库存物品""固定资产""无形资产""公共基础设施""政府储备物资""文物文化资产""保障性住房"等科目，贷记"待处理财产损溢"科目。按照规定报经批准后处理时，对于盘盈的流动资产，借记"待处理财产损溢"科目，贷记"单位管理费用"（事业单位）或"业务活动费用"（行政单位）科目。对于盘盈的非流动资产，如属于本年度取得的，按照当年新取得相关资产进行账务处理；如属于以前年度取得的，按照前期差错处理，借记"待处理财产损溢"

科目，贷记"以前年度盈余调整"科目。

②盘亏或者毁损、报废的各类资产转入待处理资产时，借记"待处理财产损溢"科目（待处理财产价值）（盘亏、毁损、报废固定资产、无形资产、公共基础设施、保障性住房的，还应借记"固定资产累计折旧""无形资产累计摊销""公共基础设施累计折旧（摊销）""保障性住房累计折旧"科目），贷记"库存物品""固定资产""无形资产""公共基础设施""政府储备物资""文物文化资产""保障性住房""在建工程"等科目。涉及增值税业务的，相关账务处理参见"应交增值税"科目的相关内容。报经批准处理时，借记"资产处置费用"科目，贷记"待处理财产损溢"科目（待处理财产价值）。

③处理毁损、报废实物资产过程中取得的残值或残值变价收入、保险理赔和过失人赔偿等，借记"库存现金""银行存款""库存物品""其他应收款"等科目，贷记"待处理财产损溢"科目（处理净收入）；处理毁损、报废实物资产过程中发生的相关费用，借记"待处理财产损溢"科目（处理净收入），贷记"库存现金""银行存款"等科目。

④处理收支结清，如果处理收入大于相关费用的，按照处理收入减去相关费用后的净收入，借记"待处理财产损溢"科目（处理净收入），贷记"应缴财政款"等科目；如果处理收入小于相关费用的，按照相关费用减去处理收入后的净支出，借记"资产处置费用"科目，贷记"待处理财产损溢"科目（处理净收入）。

待处理财产损溢的主要账务处理如表9-24所示。

表9-24 待处理财产损溢的主要账务处理

序号	业务和事项内容		账务处理	
			财务会计	预算会计
			待处理财产损溢	
（1）	账款核对时发现的现金短缺或溢余		参照"库存现金"科目的账务处理	
（2）	盘盈的非现金资产	转入待处理财产时	借：库存物品/固定资产/无形资产/公共基础设施/政府储备物资/文物文化资产/保障性住房等 贷：待处理财产损溢	
		报经批准后处理时 对于流动资产	借：待处理财产损溢 贷：单位管理费用（事业单位） 　　业务活动费用（行政单位）	
		对于非流动资产	借：待处理财产损溢 贷：以前年度盈余调整（属于以前年度取得的）	

续表

序号	业务和事项内容		账务处理	
			财务会计	预算会计
(3)	盘亏或毁损、报废的非现金资产	转入待处理财产时	借：待处理财产损溢——待处理财产价值 　　固定资产累计折旧/公共基础设施累计折旧（摊销）/无形资产累计摊销/保障性住房累计折旧 贷：库存物品/固定资产/公共基础设施/无形资产/政府储备物资/文物文化资产/保障性住房等	
		报经批准处理时	借：资产处置费用 贷：待处理财产损溢——待处理财产价值	
		处理毁损、报废实物资产过程中取得的残值或残值变价收入、保险理赔或过失人赔偿等	借：库存现金/银行存款/库存物品/其他应收款等 贷：待处理财产损溢——处理净收入	
		处理毁损、报废实物资产过程中发生的相关费用	借：待处理财产损溢——处理净收入 贷：库存现金/银行存款等	
		处理收支结清，处理收入大于相关费用的	借：待处理财产损溢——处理净收入 贷：应缴财政款	
		处理收支结清，处理收入小于相关费用的	借：资产处置费用 贷：待处理财产损溢——处理净收入	借：其他支出 贷：资金结存等（支付的处理净支出）

本章小结

资产是指政府会计主体过去的经济业务或者事项形成的，由政府会计主体控制的，预期能够产生服务潜力或者带来经济利益流入的经济资源。政府会计主体的资产按照流动性分为流动资产和非流动资产。流动资产是指预计在1年内（含1年）耗用或者可以变现的资产，包括货币资金、短期投资、应收及预付款项、存货等。非流动资产是指流动资产以外的资产，包括固定资产、在建工程、无形资产、长期投资、公共基础设施、政府储备资产、文物文化资产、保障性住房和自然资源资产等。

符合资产定义的经济资源，在同时满足以下条件时，确认为资产：

①与该经济资源相关的服务潜力很可能实现或者经济利益很可能流入政府会计主体；

②该经济资源的成本或者价值能够可靠地计量。

复习思考题

1. 什么是政府会计主体的资产？与企业资产有何区别？
2. 如何确定政府会计主体的资产？
3. 什么是政府会计主体的存货？与企业存货有何区别？
4. 什么是公共基础设施？如何核算？
5. 什么是政府储备资产？如何核算？
6. 什么是文物文化资产？如何核算？
7. 什么是受托代理资产？如何核算？
8. 政府储备物资与存货有何异同？
9. 公共基础设施与固定资产有何异同？
10. 保障性住房与公共基础设施有何异同？

第十章

政府会计负债的核算

负债属于政府财务会计要素。负债是指政府会计主体过去的经济业务或者事项形成的，预期会导致经济资源流出政府会计主体的现时义务。政府会计主体的负债按照流动性，分为流动负债和非流动负债。

符合负债定义的义务，在同时满足以下条件时，确认为负债：

①履行该义务很可能导致含有服务潜力或者经济利益的经济资源流出政府会计主体；

②该义务的金额能够可靠地计量。

第一节 流动负债的核算

流动负债是指预计在1年内（含1年）偿还的负债，包括应付及预收款项、应付职工薪酬、应缴款项等。

一、短期借款的核算

1. 科目设置

事业单位应设置"短期借款"总账科目，该科目用于核算事业单位经批准向银行或其他金融机构等借入的期限在1年内（含1年）的各种借款。"短期借款"科目应当按照债权人和借款种类进行明细核算。"短期借款"科目期末贷方余额，反映事业单位尚未偿还的短期借款本金。

2. 短期借款的主要账务处理

①借入各种短期借款时，按照实际借入的金额，借记"银行存款"科目，贷记"短期借款"科目。

②银行承兑汇票到期，本单位无力支付票款的，按照应付票据的账面余额，借记"应付票据"科目，贷记"短期借款"科目。

③归还短期借款时,借记"短期借款"科目,贷记"银行存款"科目。

二、应交增值税的核算

1. 科目设置

单位应设置"应交增值税"总账科目,该科目用于核算单位按照税法规定计算应交的增值税。属于增值税一般纳税人的单位,应当在"应交增值税"科目下设置"应交税金""未交税金""预交税金""待抵扣进项税额""待认证进项税额""待转销项税额""简易计税""转让金融商品应交增值税""代扣代交增值税"等明细科目。"应交增值税"科目期末贷方余额,反映单位应交未交的增值税;期末如为借方余额,反映单位尚未抵扣或多交的增值税。

①"应交税金"明细科目,应当设置"进项税额""已交税金""转出未交增值税""减免税款""销项税额""进项税额转出""转出多交增值税"等专栏。其中:

"进项税额"专栏,记录单位购进货物、加工修理修配劳务、服务、无形资产或不动产而支付或负担的、准予从当期销项税额中抵扣的增值税额;

"已交税金"专栏,记录单位当月已交的应交增值税额;

"转出未交增值税"和"转出多交增值税"专栏,分别记录一般纳税人月度终了转出当月应交未交或多交的增值税额;

"减免税款"专栏,记录单位按照现行增值税制度规定准予减免的增值税额;

"销项税额"专栏,记录单位销售货物、加工修理修配劳务、服务、无形资产或不动产应收取的增值税额;

"进项税额转出"专栏,记录单位购进货物、加工修理修配劳务、服务、无形资产或不动产等发生非正常损失以及其他原因而不应从销项税额中抵扣、按照规定转出的进项税额。

②"未交税金"明细科目,核算单位月度终了从"应交税金"或"预缴税金"明细科目转入当月应交未交、多交或预缴的增值税额,以及当月缴纳以前期间未交的增值税额。

③"预交税金"明细科目,核算单位转让不动产、提供不动产经营租赁服务等,以及其他按照现行增值税制度规定应预缴的增值税额。

"待抵扣进项税额"明细科目,核算单位已取得增值税扣税凭证并经税务机关认证,按照现行增值税制度规定准予以后期间从销项税额中抵扣的进项税额。

⑤"待认证进项税额"明细科目,核算单位由于未经税务机关认证而不得从当期销项税额中抵扣的进项税额。包括:一般纳税人已取得增值税扣税凭证并按规定准予从销项税额中抵扣,但尚未经税务机关认证的进项税额;一般纳税人已申请稽核但尚未取得稽核相符结果的海关缴款书进项税额。

⑥"待转销项税额"明细科目,核算单位销售货物、加工修理修配劳务、服务、无形资产或不动产,已确认相关收入(或利得)但尚未发生增值税纳税义务而需于以后期间确认为销项税额的增值税额。

⑦"简易计税"明细科目,核算单位采用简易计税方法发生的增值税计提、扣减、预缴、缴纳等业务。

⑧"转让金融商品应交增值税"明细科目,核算单位转让金融商品发生的增值税额。

⑨"代扣代交增值税"明细科目,核算单位购进在境内未设经营机构的境外单位或个人在境内的应税行为代扣代缴的增值税。

属于增值税小规模纳税人的单位只需在"应交增值税"科目下设置"转让金融商品应交增值税""代扣代交增值税"明细科目。

2. 应交增值税的主要账务处理

(1) 单位取得资产或接受劳务等业务

①采购等业务进项税额允许抵扣。

单位购买用于增值税应税项目的资产或服务等时,按照应计入相关成本费用或资产的金额,借记"业务活动费用""在途物品""库存物品""工程物资""在建工程""固定资产""无形资产"等科目,按照当月已认证的可抵扣增值税额,借记"应交增值税"科目(应交税金——进项税额),按照当月未认证的可抵扣增值税额,借记"应交增值税"科目(待认证进项税额),按照应付或实际支付的金额,贷记"应付账款""应付票据""银行存款""零余额账户用款额度"等科目。发生退货的,如原增值税专用发票已进行认证,应根据税务机关开具的红字增值税专用发票编制相反的会计分录;如原增值税专用发票未进行认证,应将发票退回并编制相反的会计分录。

小规模纳税人购买资产或服务等时不能抵扣增值税,发生的增值税计入资产成本或相关成本费用。

②采购等业务进项税额不得抵扣。

单位购进资产或服务等,用于简易计税方法计税项目、免征增值税项目、集体福利或个人消费等,其进项税额按照现行增值税制度规定不得从销项税额中抵扣的,取得增值税专用发票时,应按照增值税发票注明的金额,借记相关成本费用或资产科目,按照待认证的增值税进项税额,借记"应交增值税"科目(待认证进项税额),按照实际支付或应付的金额,贷记"银行存款""应付账款""零余额账户用款额度"等科目。经税务机关认证为不可抵扣进项税时,借记"应交增值税"科目(应交税金——进项税额)科目,贷记"应交增值税"科目(待认证进项税额),同时,将进项税额转出,借记相关成本费用科目,贷记"应交增值税"科目(应交税金——进项税额转出)。

③购进不动产或不动产在建工程的进项税额按照规定分年抵扣。

单位取得应税项目为不动产或者不动产在建工程,其进项税额按照现行增值税制度规定自取得之日起分2年从销项税额中抵扣的,应当按照取得成本,借记"固定资产""在建工程"等科目,按照当期可抵扣的增值税额,借记"应交增值税"科目(应交税金——进项税额),按照以后期间可抵扣的增值税额,借记"应交增值税"科目(待抵扣进项税额),按照应付或实际支付的金额,贷记"应付账款""应付票据""银行存款""零余额账户用款额度"等科目。尚未抵扣的进项税额待以后期间允许抵扣时,按照允许抵扣的金额,借记"应交增值税"科目(应交税金——进项税额),贷记"应交增值税"科目(待抵扣进项税额)。

④进项税额抵扣情况发生改变

单位因发生非正常损失或改变用途等,原已计入进项税额、待抵扣进项税额或待认证进项税额的增值税,但按照现行增值税制度规定不得从销项税额中抵扣的,借记"待处理财产损益""固定资产""无形资产"等科目,贷记"应交增值税"科目(应交税金——进项税额转出)、"应交增值税"科目(待抵扣进项税额)或"应交增值税"科目(待认证进项税额);原不得抵扣且未抵扣进项税额的固定资产、无形资产等,因改变用途等用于允许抵扣进项税额的应税项目的,应按照允许抵扣的进项税额,借记"应交增值税"科目(应交税金——进项税额),贷记"固定资产""无形资产"等科目。固定资产、无形资产等经上述调整后,应按照调整后的账面价值在剩余尚可使用年限内计提折旧或摊销。

单位购进时已全额计入进项税额的货物或服务等转用于不动产在建工程的,对于结转以后期间抵扣的进项税额,应借记"应交增值税"科目(待抵扣进项税额),贷记"应交增值税"科目(应交税金——进项税额转出)。

⑤购买方作为扣缴义务人。

按照现行增值税制度规定,境外单位或个人在境内发生应税行为,在境内未设有经营机构的,以购买方为增值税扣缴义务人。境内一般纳税人购进服务或资产时,按照应计入相关成本费用或资产的金额,借记"业务活动费用""在途物品""库存物品""工程物资""在建工程""固定资产""无形资产"等科目,按照可抵扣的增值税额,借记"应交增值税"科目(应交税金——进项税额)(小规模纳税人应借记相关成本费用或资产科目),按照应付或实际支付的金额,贷记"银行存款""应付账款"等科目,按照应代扣代缴的增值税额,贷记"应交增值税"科目(代扣代交增值税)。实际缴纳代扣代缴增值税时,按照代扣代缴的增值税额,借记"应交增值税"科目(代扣代交增值税),贷记"银行存款""零余额账户用款额度"等科目。

(2) 单位销售资产或提供服务等业务

①销售资产或提供服务业务。

单位销售货物或提供服务,应当按照应收或已收的金额,借记"应收账款""应收票据""银行存款"等科目,按照确认的收入金额,贷记"经营收入""事业收入"等科目,按照现行增值税制度规定计算的销项税额(或采用简易计税方法计算的应纳增值税额),贷记"应交增值税"科目(应交税金——销项税额)或"应交增值税"科目(简易计税)(小规模纳税人应贷记"应交增值税"科目)。发生销售退回的,应根据按照规定开具的红字增值税专用发票编制相反的会计分录。

按照相关制度及相关政府会计准则确认收入的时点早于按照增值税制度确认增值税纳税义务发生时点的,应将相关销项税额计入"应交增值税"科目(待转销项税额),待实际发生纳税义务时再转入"应交增值税"科目(应交税金——销项税额)或"应交增值税"科目(简易计税)。

按照增值税制度确认增值税纳税义务发生时点早于按照相关制度及相关政府会计准则确认收入的时点的,应按照应纳增值税额,借记"应收账款"科目,贷记"应交增值税"科目(应交税金——销项税额)或"应交增值税"科目(简易计税)。

②金融商品转让按照规定以盈亏相抵后的余额作为销售额。

金融商品实际转让月末,如产生转让收益,则按照应纳税额,借记"投资收益"科目,贷记"应交增值税"科目（转让金融商品应交增值税）；如产生转让损失，则按照可结转下月抵扣税额，借记"应交增值税"科目（转让金融商品应交增值税），贷记"投资收益"科目。缴纳增值税时，应借记"应交增值税"科目（转让金融商品应交增值税），贷记"银行存款"等科目。年末，"应交增值税"科目（转让金融商品应交增值税）如有借方余额，则借记"投资收益"科目，贷记"应交增值税"科目（转让金融商品应交增值税）。

（3）月末转出多交增值税和未交增值税

月度终了，单位应当将当月应交未交的增值税自"应交税金"明细科目转入"未交税金"明细科目；将多交的增值税自"未交税金"明细科目转出。对于当月应交未交的增值税，借记"应交增值税"科目（应交税金——转出未交增值税），贷记"应交增值税"科目（未交税金）；对于当月多交的增值税，借记"应交增值税"科目（未交税金），贷记"应交增值税"科目（应交税金——转出多交增值税）。

（4）交纳增值税

①缴纳当月应交增值税：单位缴纳当月应交的增值税，借记"应交增值税"科目（应交税金——已交税金）（小规模纳税人借记"应交增值税"科目），贷记"银行存款"等科目。

②缴纳以前期间未交增值税：单位缴纳以前期间未交的增值税，借记"应交增值税"科目（未交税金）（小规模纳税人借记"应交增值税"科目），贷记"银行存款"等科目。

③预缴增值税：单位预缴增值税时，借记"应交增值税"科目（预交税金），贷记"银行存款"等科目。月末，单位应将"预交税金"明细科目余额转入"未交税金"明细科目，借记"应交增值税"科目（未交税金），贷记"应交增值税"科目（预交税金）。

④减免增值税：对于当期直接减免的增值税，借记"应交增值税"科目（应交税金——减免税款），贷记"业务活动费用""经营费用"等科目。

按照现行增值税制度规定，单位初次购买增值税税控系统专用设备支付的费用以及缴纳的技术维护费允许在增值税应纳税额中全额抵减的，按照规定抵减的增值税应纳税额，借记"应交增值税"科目（应交税金——减免税款）（小规模纳税人借记"应交增值税"科目），贷记"业务活动费用""经营费用"等科目。

三、其他应交税费的核算

1. 科目设置

单位应设置"其他应交税费"总账科目，该科目用于核算单位按照税法等规定计算应缴纳的除增值税以外的各种税费，包括城市维护建设税、教育费附加、地方教育附加、车船税、房产税、城镇土地使用税和企业所得税等。单位代扣代缴的个人所得税，也通过"其他应交税费"科目核算。"其他应交税费"科目应当按照应缴纳的税费种类进行明细核算。"其他应交税费"科目期末贷方余额，反映单位应交未交的除增值税以外的税费金额；期末如为借方余额，反映单位多缴纳的除增值税以外的税费金额。

单位应缴纳的印花税不需要预提应交税费，直接通过"业务活动费用""单位管理费用""经营费用"等科目核算，不通过"其他应交税费"科目核算。

2. 其他应交税费的主要账务处理

①发生城市维护建设税、教育费附加、地方教育附加、车船税、房产税、城镇土地使用税等纳税义务的，按照税法规定计算的应交税费金额，借记"业务活动费用""单位管理费用""经营费用"等科目，贷记"其他应交税费"科目（应交城市维护建设税、应交教育费附加、应交地方教育附加、应交车船税、应交房产税、应交城镇土地使用税等）。

②按照税法规定计算应代扣代缴职工（含长期聘用人员）的个人所得税，借记"应付职工薪酬"科目，贷记"其他应交税费"科目（应交个人所得税）。

按照税法规定计算应代扣代缴支付给职工（含长期聘用人员）以外人员劳务费的个人所得税，借记"业务活动费用""单位管理费用"等科目，贷记"其他应交税费"科目（应交个人所得税）。

③发生企业所得税纳税义务的，按照税法规定计算的应交所得税额，借记"所得税费用"科目，贷记"其他应交税费"科目（单位应交所得税）。

④单位实际缴纳上述各种税费时，借记"其他应交税费"科目（应交城市维护建设税、应交教育费附加、应交地方教育附加、应交车船税、应交房产税、应交城镇土地使用税、应交个人所得税、单位应交所得税等），贷记"财政拨款收入""零余额账户用款额度""银行存款"等科目。

四、应缴财政款

1. 科目设置

单位应设置"应缴财政款"总账科目，该科目用于核算单位取得或应收的按照规定应当上缴财政的款项，包括应缴国库的款项和应缴财政专户的款项。"应缴财政款"科目应当按照应缴财政款项的类别进行明细核算。"应缴财政款"科目期末贷方余额，反映单位应当上缴财政但尚未缴纳的款项。年终清缴后，"应缴财政款"科目一般应无余额。

单位按照国家税法等有关规定应当缴纳的各种税费，通过"应交增值税""其他应交税费"科目核算，不通过"应缴财政款"科目核算。

2. 应缴财政款的主要账务处理

①单位取得或应收按照规定应缴财政的款项时，借记"银行存款""应收账款"等科目，贷记"应缴财政款"科目。

②单位处置资产取得的应上缴财政的处置净收入的账务处理，参见"待处理财产损溢"等科目的相关内容。

③单位上缴应缴财政的款项时，按照实际上缴的金额，借记"应缴财政款"科目，贷记"银行存款"等科目。

五、应付职工薪酬

1. 科目设置

单位应设置"应付职工薪酬"总账科目，该科目用于核算单位按照有关规定应付给职工（含长期聘用人员）以及为职工支付的各种薪酬，包括基本工资、国家统一规定的津贴补贴、规范津贴补贴（绩效工资）、改革性补贴、社会保险费（如职工基本养老保险费、职业年金、基本医疗保险费等）、住房公积金等。"应付职工薪酬"科目应当根据国家有关规定按照"基本工资"（含离退休费）、"国家统一规定的津贴补贴"、"规范津贴补贴（绩效工资）"、"改革性补贴"、"社会保险费"、"住房公积金"、"其他个人收入"等进行明细核算。其中，"社会保险费""住房公积金"明细科目核算的内容包括单位从职工工资中代扣代交的社会保险费、住房公积金，以及单位为职工计算交纳的社会保险费、住房公积金。"应付职工薪酬"科目期末贷方余额，反映单位应付未付的职工薪酬。

2. 应付职工薪酬的主要账务处理

①计算确认当期应付职工薪酬（含单位为职工计算交纳的社会保险费、住房公积金）。计提从事专业及其辅助活动人员的职工薪酬，借记"业务活动费用""单位管理费用"科目，贷记"应付职工薪酬"科目；计提应由在建工程、加工物品、自行研发无形资产负担的职工薪酬，借记"在建工程""加工物品""研发支出"等科目，贷记"应付职工薪酬"科目；计提从事专业及其辅助活动之外的经营活动人员的职工薪酬，借记"经营费用"科目，贷记"应付职工薪酬"科目；因解除与职工的劳动关系而给予的补偿，借记"单位管理费用"等科目，贷记本科目。

②向职工支付工资、津贴补贴等薪酬时，按照实际支付的金额，借记"应付职工薪酬"科目，贷记"财政拨款收入""零余额账户用款额度""银行存款"等科目。

③按照税法规定代扣职工个人所得税时，借记"应付职工薪酬"科目（基本工资），贷记"其他应交税费——应交个人所得税"科目；从应付职工薪酬中代扣为职工垫付的水电费、房租等费用时，按照实际扣除的金额，借记"应付职工薪酬"科目（基本工资），贷记"其他应收款"等科目；从应付职工薪酬中代扣社会保险费和住房公积金，按照代扣的金额，借记"应付职工薪酬"科目（基本工资），贷记"应付职工薪酬"科目（社会保险费、住房公积金）。

④按照国家有关规定交纳职工社会保险费和住房公积金时，按照实际支付的金额，借记"应付职工薪酬"科目（社会保险费、住房公积金），贷记"财政拨款收入""零余额账户用款额度""银行存款"等科目。

⑤从应付职工薪酬中支付其他款项的，借记"应付职工薪酬"科目，贷记"零余额账户用款额度""银行存款"等科目。

六、应付票据

1. 科目设置

事业单位应设置"应付票据"总账科目，该科目用于核算事业单位因购买材料、物资等而开出、承兑的商业汇票，包括银行承兑汇票和商业承兑汇票。"应付票据"科目按照债权人进行明细核算。事业单位应当设置"应付票据备查簿"，详细登记每一应付票据的种类、号数、出票日期、到期日、票面金额、交易合同号、收款人姓名或单位名称，以及付款日期和金额等。应付票据到期结清票款后，应当在备查簿内逐笔注销。"应付票据"科目期末贷方余额，反映事业单位开出、承兑的尚未到期的应付票据金额。

2. 应付票据的主要账务处理

①开出、承兑商业汇票时，借记"库存物品""固定资产"等科目，贷记"应付票据"科目。涉及增值税业务的，相关账务处理参见"应交增值税"科目的相关内容。以商业汇票抵付应付账款时，借记"应付账款"科目，贷记"应付票据"科目。

②支付银行承兑汇票的手续费时，借记"业务活动费用""经营费用"等科目，贷记"银行存款""零余额账户用款额度"等科目。

③商业汇票到期时，应当分别以下情况处理：

a. 收到银行支付到期票据的付款通知时，借记"应付票据"科目，贷记"银行存款"科目；

b. 银行承兑汇票到期，单位无力支付票款的，按照应付票据账面余额，借记"应付票据"科目，贷记"短期借款"科目；

c. 商业承兑汇票到期，单位无力支付票款的，按照应付票据账面余额，借记"应付票据"科目，贷记"应付账款"科目。

七、应付账款

1. 科目设置

单位应设置"应付账款"总账科目，该科目用于核算单位因购买物资、接受服务、开展工程建设等而应付的偿还期限在1年以内（含1年）的款项。"应付账款"科目按照债权人进行明细核算。对于建设项目，还应设置"应付器材款""应付工程款"等明细科目，并按照具体项目进行明细核算。"应付账款"科目期末贷方余额，反映单位尚未支付的应付账款金额。

2. 应付账款的主要账务处理

①收到所购材料、物资、设备或服务以及确认完成工程进度但尚未付款时，根据发票及账单等有关凭证，按照应付未付款项的金额，借记"库存物品""固定资产""在建工程"等科目，贷记"应付账款"科目。涉及增值税业务的，相关账务处理参见"应交增值税"科目的相关内容。

②偿付应付账款时，按照实际支付的金额，借记"应付账款"科目，贷记"财政拨款收入""零余额账户用款额度""银行存款"等科目。

③开出、承兑商业汇票抵付应付账款时，借记"应付账款"科目，贷记"应付票据"科目。

④无法偿付或债权人豁免偿还的应付账款，应当按照规定报经批准后进行账务处理。经批准核销时，借记"应付账款"科目，贷记"其他收入"科目。核销的应付账款应在备查簿中保留登记。

八、应付政府补贴款

1. 科目设置

行政单位应设置"应付政府补贴款"总账科目，该科目用于核算负责发放政府补贴的行政单位，按照规定应当支付给政府补贴接受者的各种政府补贴款。"应付政府补贴款"科目按照应支付的政府补贴种类进行明细核算。行政单位还应当根据需要按照补贴接受者进行明细核算，或者建立备查簿对补贴接受者予以登记。"应付政府补贴款"科目期末贷方余额，反映行政单位应付未付的政府补贴金额。

2. 应付政府补贴款的主要账务处理

①发生应付政府补贴款时，按照依规定计算确定的应付政府补贴金额，借记"业务活动费用"科目，贷记"应付政府补贴款"科目。

②支付应付政府补贴款时，按照支付金额，借记"应付政府补贴款"科目，贷记"零余额账户用款额度""银行存款"等科目。

九、应付利息

1. 科目设置

事业单位应设置"应付利息"总账科目，该科目用于核算事业单位按照合同约定应支付的借款利息，包括短期借款、分期付息到期还本的长期借款等应支付的利息。"应付利息"科目按照债权人等进行明细核算。"应付利息"科目期末贷方余额，反映事业单位应付未付的利息金额。

2. 应付利息的主要账务处理

①为建造固定资产、公共基础设施等借入的专门借款的利息，属于建设期间发生的，按期计提利息费用时，按照计算确定的金额，借记"在建工程"科目，贷记"应付利息"科目；不属于建设期间发生的，按期计提利息费用时，按照计算确定的金额，借记"其他费用"科目，贷记"应付利息"科目。

②对于其他借款，按期计提利息费用时，按照计算确定的金额，借记"其他费用"科目，贷记"应付利息"科目。

③实际支付应付利息时，按照支付的金额，借记"应付利息"科目，贷记"银行存款"等科目。

十、预收账款

1. 科目设置

事业单位应设置"预收账款"总账科目，该科目用于核算事业单位预先收取但尚未结算的款项。"预收账款"科目按照债权人进行明细核算。"预收账款"科目期末贷方余额，反映事业单位预收但尚未结算的款项金额。

2. 预收账款的主要账务处理

①从付款方预收款项时，按照实际预收的金额，借记"银行存款"等科目，贷记"预收账款"科目。

②确认有关收入时，按照预收账款账面余额，借记"预收账款"科目，按照应确认的收入金额，贷记"事业收入""经营收入"等科目，按照付款方补付或退回付款方的金额，借记或贷记"银行存款"等科目。涉及增值税业务的，相关账务处理参见"应交增值税"

科目的相关内容。

③无法偿付或债权人豁免偿还的预收账款,应当按照规定报经批准后进行账务处理。经批准核销时,借记"预收账款"科目,贷记"其他收入"科目。核销的预收账款应在备查簿中保留登记。

十一、其他应付款

1. 科目设置

单位应设置"其他应付款"总账科目,该科目用于核算单位除应交增值税、其他应交税费、应缴财政款、应付职工薪酬、应付票据、应付账款、应付政府补贴款、应付利息、预收账款以外,其他各项偿还期限在1年内(含1年)的应付及暂收款项,如收取的押金、存入保证金、已经报销但尚未偿还银行的本单位公务卡欠款等。同级政府财政部门预拨的下期预算款和没有纳入预算的暂付款项,以及采用实拨资金方式通过本单位转拨给下属单位的财政拨款,也通过本科目核算。"其他应付款"科目应当按照其他应付款的类别以及债权人等进行明细核算。"其他应付款"科目期末贷方余额,反映单位尚未支付的其他应付款金额。

2. 其他应付款的主要账务处理

①发生其他应付及暂收款项时,借记"银行存款"等科目,贷记"其他应付款"科目。支付(或退回)其他应付及暂收款项时,借记"其他应付款"科目,贷记"银行存款"等科目。将暂收款项转为收入时,借记"其他应付款"科目,贷记"事业收入"等科目。

②收到同级政府财政部门预拨的下期预算款和没有纳入预算的暂付款项,按照实际收到的金额,借记"银行存款"等科目,贷记"其他应付款"科目;待到下一预算期或批准纳入预算时,借记"其他应付款"科目,贷记"财政拨款收入"科目。

③采用实拨资金方式通过本单位转拨给下属单位的财政拨款,按照实际收到的金额,借记"银行存款"科目,贷记"其他应付款"科目;向下属单位转拨财政拨款时,按照转拨的金额,借记"其他应付款"科目,贷记"银行存款"科目。

④本单位公务卡持卡人报销时,按照审核报销的金额,借记"业务活动费用""单位管理费用"等科目,贷记"其他应付款"科目;偿还公务卡欠款时,借记"其他应付款"科目,贷记"零余额账户用款额度"等科目。

⑤涉及质保金形成其他应付款的,相关账务处理参见"固定资产"科目。

⑥无法偿付或债权人豁免偿还的其他应付款项,应当按照规定报经批准后进行账务处理。经批准核销时,借记"其他应付款"科目,贷记"其他收入"科目。核销的其他应付款应在备查簿中保留登记。

十二、预提费用

1. 科目设置

单位应设置"预提费用"总账科目,该科目用于核算单位预先提取的已经发生但尚未支付的费用,如预提租金费用等。事业单位按规定从科研项目收入中提取的项目间接费用或管理费，也通过"预提费用"科目核算。"预提费用"科目应当按照预提费用的种类进行明细核算。对于提取的项目间接费用或管理费，应当在"预提费用"科目下设置"项目间接费用或管理费"明细科目，并按项目进行明细核算。"预提费用"科目期末贷方余额，反映单位已预提但尚未支付的各项费用。

事业单位计提的借款利息费用，通过"应付利息""长期借款"科目核算，不通过"预提费用"科目核算。

2. 预提费用的主要账务处理

（1）项目间接费用或管理费

①按规定从科研项目收入中提取项目间接费用或管理费时，按照提取的金额，借记"单位管理费用"科目，贷记"预提费用"科目（项目间接费用或管理费）。

②实际使用计提的项目间接费用或管理费时，按照实际支付的金额，借"预提费用"科目（项目间接费用或管理费），贷记"银行存款""库存现金"等科目。

（2）其他预提费用

①按期预提租金等费用时，按照预提的金额，借记"业务活动费用""单位管理费用""经营费用"等科目，贷记"预提费用"科目。

②实际支付款项时，按照支付金额，借记"预提费用"科目，贷记"零余额账户用款额度""银行存款"等科目。

第二节　非流动负债的核算

一、长期借款的核算

1. 科目设置

事业单位应设置"长期借款"总账科目，该科目用于核算事业单位经批准向银行或其他金融机构等借入的期限超过1年（不含1年）的各种借款本息。"长期借款"科目应当设置"本金"和"应计利息"明细科目，并按照贷款单位和贷款种类进行明细核算。对于建设项目借款，还应按照具体项目进行明细核算。"长期借款"科目期末贷方余额，反映事业单位尚未偿还的长期借款本息金额。

2. 长期借款的主要账务处理

①借入各项长期借款时，按照实际借入的金额，借记"银行存款"科目，贷记"长期借款"科目（本金）。

②为建造固定资产、公共基础设施等应支付的专门借款利息，按期计提利息时，分别以下情况处理：

a. 属于工程项目建设期间发生的利息，计入工程成本，按照计算确定的应支付的利息金额，借记"在建工程"科目，贷记"应付利息"科目；

b. 属于工程项目完工交付使用后发生的利息，计入当期费用，按照计算确定的应支付的利息金额，借记"其他费用"科目，贷记"应付利息"科目。

③按期计提其他长期借款的利息时，按照计算确定的应支付的利息金额，借记"其他费用"科目，贷记"应付利息"科目（分期付息、到期还本借款的利息）或"长期借款"科目（应计利息）（到期一次还本付息借款的利息）。

④到期归还长期借款本金、利息时，借记"长期借款"科目（本金、应计利息），贷记"银行存款"科目。

二、长期应付款的核算

1. 科目设置

单位应设置"长期应付款"总账科目，该科目用于核算单位发生的偿还期限超过1年（不含1年）的应付款项，如以融资租赁方式取得固定资产应付的租赁费等。"长期应付款"科目应当按照长期应付款的类别以及债权人进行明细核算。"长期应付款"科目期末贷方余额，反映单位尚未支付的长期应付款金额。

2. 长期应付款的主要账务处理

①发生长期应付款时，借记"固定资产""在建工程"等科目，贷记"长期应付款"科目。

②支付长期应付款时，按照实际支付的金额，借记"长期应付款"科目，贷记"财政拨款收入""零余额账户用款额度""银行存款"等科目。涉及增值税业务的，相关账务处理参见"应交增值税"科目的相关内容。

③无法偿付或债权人豁免偿还的长期应付款，应当按照规定报经批准后进行账务处理。经批准核销时，借记"长期应付款"科目，贷记"其他收入"科目。核销的长期应付款应在备查簿中保留登记。

④涉及质保金形成长期应付款的，相关账务处理参见"固定资产"科目的相关内容。

三、预计负债的核算

1. 科目设置

单位应设置"预计负债"总账科目，该科目用于核算单位对因或有事项所产生的现时义务而确认的负债，如对未决诉讼等确认的负债。"预计负债"科目应当按照预计负债的项目进行明细核算。"预计负债"科目期末贷方余额，反映单位已确认但尚未支付的预计负债金额。

2. 预计负债的主要账务处理

①确认预计负债时，按照预计的金额，借记"业务活动费用""经营费用""其他费用"等科目，贷记"预计负债"科目。

②实际偿付预计负债时，按照偿付的金额，借记"预计负债"科目，贷记"银行存款""零余额账户用款额度"等科目。

③根据确凿证据需要对已确认的预计负债账面余额进行调整的，按照调整增加的金额，借记有关科目，贷记"预计负债"科目；按照调整减少的金额，借记"预计负债"科目，贷记有关科目。

四、受托代理负债的核算

单位应设置"受托代理负债"科目,该科目用于核算单位接受委托取得受托代理资产时形成的负债。"受托代理负债"科目的账务处理参见"受托代理资产""库存现金""银行存款"等科目的账务处理。"受托代理负债"科目期末贷方余额,反映单位尚未交付或发出受托代理资产形成的受托代理负债金额。

政府会计负债的主要业务和事项的账务处理如表10-1所示。

表10-1 政府会计负债的主要业务和事项的账务处理

序号	业务和事项内容			账务处理	
				财务会计	预算会计
				短期借款	
(1)	借入各种短期借款			借:银行存款 贷:短期借款	借:资金结存——货币资金 贷:债务预算收入
(2)	银行承兑汇票到期,本单位无力支付票款			借:应付票据 贷:短期借款	借:经营支出等 贷:债务预算收入
(3)	归还短期借款			借:短期借款 贷:银行存款	借:债务还本支出 贷:资金结存——货币资金
				应交增值税	
(1)	增值税一般纳税人	购入资产或接受劳务	购入应税资产或服务时	借:业务活动费用/在途物品/库存物品/工程物资/在建工程/固定资产/无形资产等 应交增值税——应交税金(进项税额)(当月已认证可抵扣) 应交增值税——待认证进项税额(当月未认证可抵扣) 贷:银行存款/零余额账户用款额度等(实际支付的金额)/ 应付票据(开出并承兑的商业汇票)/ 应付账款等(应付的金额)	借:事业支出/经营支出等 贷:资金结存等(实际支付的金额)

续表

序号	业务和事项内容		账务处理	
			财务会计	预算会计
(1)	增值税一般纳税人	购入资产或接受劳务	经税务机关认证为不可抵扣进项税额时	借：应交增值税——应交税金（进项税额） 贷：应交增值税——待认证进项税额 同时： 借：业务活动费用等 贷：应交增值税——应交税金（进项税额转出）	
			购进应税不动产或在建工程，按规定分年抵扣进项税额的	借：固定资产/在建工程等 应交增值税——应交税金（进项税额）（当期可抵扣） 应交增值税——待抵扣进项税额（以后期间可抵扣） 贷：银行存款/零余额账户用款额度等（实际支付的金额）/ 应付票据（开出并承兑的商业汇票）/ 应付账款等（应付的金额）	借：事业支出/经营支出等 贷：资金结存等（实际支付的金额）
			尚未抵扣的进项税额以后期间抵扣时	借：应交增值税——应交税金（进项税额） 贷：应交增值税——待抵扣进项税额	

续表

序号	业务和事项内容		账务处理	
			财务会计	预算会计
(1)	增值税一般纳税人	购入资产或接受劳务	购进属于增值税应税项目的资产后，发生非正常损失或改变用途的	借：待处理财产损溢/固定资产/无形资产等（按照现行增值税制度规定不得从销项税额中抵扣的进项税额） 贷：应交增值税——应交税金（进项税额转出）/应交增值税——待认证进项税额/应交增值税——待抵扣进项税额	
			原不得抵扣且未抵扣进项税额的固定资产、无形资产等，因改变用途等用于允许抵扣进项税额的应税项目	借：应交增值税——应交税金（进项税额）（可以抵扣的进项税额） 贷：固定资产/无形资产等	
			购进时已全额计入进项税额的货物或服务等转用于不动产在建工程的，对于结转以后期间抵扣的进项税额	借：应交增值税——待抵扣进项税额 贷：应交增值税——应交税金（进项税额）	

续表

序号	业务和事项内容			账务处理	
				财务会计	预算会计
(1)	增值税一般纳税人	购入资产或接受劳务	购进资产或服务时作为扣缴义务人	借：业务活动费用/在途物品/库存物品/工程物资/固定资产/无形资产等 应交增值税——应交税金（进项税额）（当期可抵扣） 贷：银行存款（实际支付的金额） 应付账款等 应交增值税——代扣代交增值税	借：事业支出/经营支出等 贷：资金结存（实际支付的金额）
				实际缴纳代扣代缴增值税时 借：应交增值税——代扣代交增值税 贷：银行存款、零余额账户用款额度等	借：事业支出/经营支出等 贷：资金结存（实际支付的金额）
		销售应税产品或提供应税服务	销售应税产品或提供应税服务时	借：银行存款/应收账款/应收票据等（包含增值税的价款总额） 贷：事业收入/经营收入等（扣除增值税销项税额后的价款） 应交增值税——应交税金（销项税额）/ 应交增值税——简易计税	借：资金结存（实际收到的含税金额） 贷：事业预算收入/经营预算收入等

续表

序号	业务和事项内容			账务处理	
				财务会计	预算会计
(1)	增值税一般纳税人	购入资产或接受劳务	转让金融商品 产生收益	借：投资收益（按净收益计算的应纳增值税） 贷：应交增值税——转让金融商品应交增值税	
			转让金融商品 产生损失	借：应交增值税——转让金融商品应交增值税 贷：投资收益（按净损失计算的应纳增值税）	
			交纳增值税时	借：应交增值税——转让金融商品应交增值税 贷：银行存款等	借：投资预算收益等 贷：资金结存（实际支付的金额）
			年末，如有借方余额	借：投资收益 贷：应交增值税——转让金融商品应交增值税	
			月末转出本月未交增值税	借：应交增值税——应交税金（转出未交增值税） 贷：应交增值税——未交税金	
		未交增值税	月末转出本月多交增值税	借：应交增值税——未交税金 贷：应交增值税——应交税金（转出多交增值税）	

续表

序号	业务和事项内容		账务处理	
			财务会计	预算会计
(1)	增值税一般纳税人	缴纳增值税	本月缴纳本月增值税时	借：应交增值税——应交税金（已交税金） 贷：银行存款/零余额账户用款额度等	借：事业支出/经营支出等 贷：资金结存
			本月缴纳以前期间未交增值税	借：应交增值税——未交税金 贷：银行存款/零余额账户用款额度等	借：事业支出/经营支出等 贷：资金结存
			按规定预缴增值税	预缴时： 借：应交增值税——预交税金 贷：银行存款/零余额账户用款额度等 月末： 借：应交增值税——未交税金 贷：应交增值税——预交税金	借：事业支出/经营支出等 贷：资金结存
			当期直接减免的增值税应纳税额	借：应交增值税——应交税金（减免税款） 贷：业务活动费用/经营费用等	
(2)	增值税小规模纳税人	购入应税资产或服务时	购入应税资产或服务时	借：业务活动费用/在途物品/库存物品等（按价税合计金额） 贷：银行存款等（实际支付的金额）/应付票据（开出并承兑的商业汇票）/应付账款等（应付的金额）	借：事业支出/经营支出等 贷：资金结存（实际支付的金额）

续表

序号	业务和事项内容			账务处理	
				财务会计	预算会计
（2）	增值税小规模纳税人	购入应税资产或服务时	购进资产或服务时作为扣缴义务人	借：在途物品/库存物品/固定资产/无形资产等 　　贷：应付账款/银行存款等 　　　　应交增值税——代扣代交增值税 实际缴纳增值税时参见一般纳税人的账务处理	借：事业支出/经营支出等 　　贷：资金结存（实际支付的金额）
		销售应税资产	销售资产或提供应税服务	借：银行存款/应收账款/应收票据（包含增值税的价款总额） 　　贷：事业收入/经营收入等（扣除增值税金额后的价款） 　　　　应交增值税	借：资金结存（实际收到的含税金额） 　　贷：事业预算收入/经营预算收入等
		提供应税服务	转让金融商品	产生收益：借：投资收益（按净收益计算的应纳增值税） 　　贷：应交增值税——转让金融商品应交增值税 产生损失：借：应交增值税——转让金融商品应交增值税 　　贷：投资收益（按净损失计算的应纳增值税）	
				实际缴纳时：参见一般纳税人的账务处理	

续表

序号	业务和事项内容		账务处理	
			财务会计	预算会计
(2)	增值税小规模纳税人	缴纳增值税时	借：应交增值税 　贷：银行存款等	借：事业支出/经营支出等 　贷：资金结存
		减免增值税	借：应交增值税 　贷：业务活动费用/经营费用等	
其他应交税费				
(1)	城市维护建设税、教育费附加、地方教育附加、车船税、房产税、城镇土地使用税等	发生相关税费时，按照税法规定计算的应交税费金额	借：业务活动费用/单位管理费用/经营费用等 　贷：其他应交税费——应交城市维护建设税/应交教育费附加/应交地方教育附加/应交车船税/应交房产税/应交城镇土地使用税等	
		实际缴纳时	借：其他应交税费——应交城市维护建设税/应交教育费附加/应交地方教育附加/应交车船税/应交房产税/应交城镇土地使用税等 　贷：银行存款等	借：事业支出/经营支出等 　贷：资金结存

续表

序号	业务和事项内容		账务处理	
			财务会计	预算会计
(2)	代扣代缴职工个人所得税	计算应代扣代缴职工的个人所得税金额	借：应付职工薪酬 　　贷：其他应交税费—— 　　　　应交个人所得税	
		计算应代扣代缴职工以外其他人员个人所得税	借：业务活动费用/单位管理费用等 　　贷：其他应交税费—— 　　　　应交个人所得税	
		实际缴纳时	借：其他应交税费——应交个人所得税 　　贷：财政拨款收入/零余额账户用款额度/银行存款等	借：行政支出/事业支出/经营支出等 　　贷：财政拨款预算收入/资金结存
(3)	发生企业所得税纳税义务	按照税法规定计算的应交税费金额	借：所得税费用 　　贷：其他应交税费—— 　　　　单位应交所得税	
		实际缴纳时	借：其他应交税费——单位应交所得税 　　贷：银行存款等	借：非财政拨款结余 　　贷：资金结存
	应缴财政款			
(1)	取得或应收按照规定应缴财政的款项时		借：银行存款/应收账款等 　　贷：应缴财政款	
(2)	处置资产取得应上缴财政的处置净收入的		参照"待处理财产损溢"科目的相关账务处理	
(3)	上缴财政款项时		借：应缴财政款 　　贷：银行存款等	

续表

序号	业务和事项内容		账务处理	
			财务会计	预算会计
			应付职工薪酬	
(1)	计算确认当期应付职工薪酬	从事专业及其辅助活动人员的职工薪酬	借：业务活动费用/单位管理费用 　贷：应付职工薪酬	
		应由在建工程、加工物品、自行研发无形资产负担的职工薪酬	借：在建工程/加工物品/研发支出等 　贷：应付职工薪酬	
		从事专业及其辅助活动以外的经营活动人员的职工薪酬	借：经营费用 　贷：应付职工薪酬	
		因解除与职工的劳动关系而给予的补偿	借：单位管理费用 　贷：应付职工薪酬	
(2)	向职工支付工资、津贴补贴等薪酬		借：应付职工薪酬 　贷：财政拨款收入/零余额账户用款额度/银行存款等	借：行政支出/事业支出/经营支出等 　贷：财政拨款预算收入/资金结存
(3)	从职工薪酬中代扣各种款项	代扣代缴个人所得税	借：应付职工薪酬——基本工资 　贷：其他应交税费——应交个人所得税	
		代扣社会保险费和住房公积金	借：应付职工薪酬——基本工资 　贷：应付职工薪酬——社会保险费/住房公积金	
		代扣为职工垫付的水电费、房租等费用时	借：应付职工薪酬——基本工资 　贷：其他应收款等	

续表

序号	业务和事项内容	账务处理	
		财务会计	预算会计
(4)	按照规定缴纳职工社会保险费和住房公积金	借：应付职工薪酬——社会保险费/住房公积金 贷：财政拨款收入/零余额账户用款额度/银行存款等	借：行政支出/事业支出/经营支出等 贷：财政拨款预算收入/资金结存
(5)	从应付职工薪酬中支付其他款项	借：应付职工薪酬 贷：零余额账户用款额度/银行存款等	借：行政支出/事业支出/经营支出等 贷：资金结存等
		应付票据	
(1)	开出、承兑商业汇票	借：库存物品/固定资产等 贷：应付票据	
(2)	以商业汇票抵付应付账款时	借：应付账款 贷：应付票据	
(3)	支付银行承兑汇票的手续费	借：业务活动费用/经营费用等 贷：银行存款等	借：事业支出/经营支出 贷：资金结存——货币资金
(4)	商业汇票到期时 — 收到银行支付到期票据的付款通知时	借：应付票据 贷：银行存款	借：事业支出/经营支出 贷：资金结存——货币资金
	商业汇票到期时 — 银行承兑汇票到期，本单位无力支付票款	借：应付票据 贷：短期借款	借：事业支出/经营支出 贷：债务预算收入
	商业汇票到期时 — 商业承兑汇票到期，本单位无力支付票款	借：应付票据 贷：应付账款	
		应付账款	
(1)	购入物资、设备或服务以及完成工程进度但尚未付款	借：库存物品/固定资产/在建工程等 贷：应付账款	

续表

序号	业务和事项内容	账务处理	
		财务会计	预算会计
(2)	偿付应付账款	借：应付账款 贷：财政拨款收入/零余额账户用款额度/银行存款等	借：行政支出/事业支出等 贷：财政拨款预算收入/资金结存
(3)	开出、承兑商业汇票抵付应付账款	借：应付账款 贷：应付票据	
(4)	无法偿付或债权人豁免偿还的应付账款	借：应付账款 贷：其他收入	
	应付政府补贴款		
(1)	发生（确认）应付政府补贴款	借：业务活动费用 贷：应付政府补贴款	
(2)	支付应付政府补贴款时	借：应付政府补贴款 贷：零余额账户用款额度/银行存款等	借：行政支出 贷：资金结存等
	应付利息		
(1)	按期计提利息费用	借：在建工程/其他费用 贷：应付利息	
(2)	实际支付利息时	借：应付利息 贷：银行存款等	借：其他支出 贷：资金结存——货币资金
	预收账款		
(1)	从付款方预收款项时	借：银行存款等 贷：预收账款	借：资金结存——货币资金 贷：事业预算收入/经营预算收入等
(2)	确认有关收入时	借：预收账款 　　银行存款（收到补付款） 贷：事业收入/经营收入等 　　银行存款（退回预收款）	借：资金结存——货币资金 贷：事业预算收入/经营预算收入等（收到补付款） 退回预收款的金额编制相反会计分录

续表

序号	业务和事项内容	账务处理	
		财务会计	预算会计
(3)	无法偿付或债权人豁免偿还的预收账款	借：预收账款 　贷：其他收入	
		其他应付款	
(1)	发生暂收款项	取得暂收款项时	借：银行存款等 　贷：其他应付款	
		确认收入时	借：其他应付款 　贷：事业收入等	借：资金结存 　贷：事业预算收入等
		退回（转拨）暂收款时	借：其他应付款 　贷：银行存款等	
(2)	收到同级财政部门预拨的下期预算款和没有纳入预算的暂付款项	按照实际收到的金额	借：银行存款等 　贷：其他应付款	
		待到下一预算期或批准纳入预算时	借：其他应付款 　贷：财政拨款收入	借：资金结存 　贷：财政拨款预算收入
(3)	发生其他应付义务	确认其他应付款项时	借：业务活动费用/单位管理费用等 　贷：其他应付款	
		支付其他应付款项	借：其他应付款 　贷：银行存款等	借：行政支出/事业支出等 　贷：资金结存
(4)	无法偿付或债权人豁免偿还的其他应付款项	借：其他应付款 　贷：其他收入	
		预提费用	
(1)	按规定计提项目间接费用或管理费时	借：单位管理费用 　贷：预提费用——项目间接费用或管理费	借：非财政拨款结转——项目间接费用或管理费 　贷：非财政拨款结余——项目间接费用或管理费
(2)	实际使用计提的项目间接费用或管理费时	借：预提费用——项目间接费用或管理费 　贷：银行存款/库存现金	借：事业支出等 　贷：资金结存

续表

序号	业务和事项内容		账务处理	
			财务会计	预算会计
(3)	按照规定预提每期租金等费用		借：业务活动费用/单位管理费用/经营费用等 贷：预提费用	
(4)	实际支付预提的租金等费用时		借：预提费用 贷：银行存款等	借：行政支出/事业支出/经营支出等 贷：资金结存
	长期借款			
(1)	借入各项长期借款时		借：银行存款 贷：长期借款——本金	借：资金结存——货币资金 贷：债务预算收入（本金）
(2)	为购建固定资产、公共基础设施等应支付的专门借款利息	属于工程项目建设期间发生的	借：在建工程 贷：应付利息（分期付息、到期还本） 长期借款——应计利息（到期一次还本付息）	
		属于工程项目完工交付使用后发生的	借：其他费用 贷：应付利息（分期付息、到期还本） 长期借款——应计利息（到期一次还本付息）	
		实际支付利息时	借：应付利息 贷：银行存款等	借：其他支出 贷：资金结存

续表

序号	业务和事项内容		账务处理	
			财务会计	预算会计
(3)	其他长期借款利息	计提利息时	借：其他费用 　　贷：应付利息（分期付息、到期还本） 　　　　长期借款——应计利息（到期一次还本付息）	
		分期实际支付利息时	借：应付利息 　　贷：银行存款等	借：其他支出 　　贷：资金结存
(4)	归还长期借款本息		借：长期借款 　　——本金 　　——应计利息（到期一次还本付息） 　　贷：银行存款	借：债务还本支出（支付的本金） 　　贷：资金结存 借：其他支出（支付的利息） 　　贷：资金结存
	长期应付款			
(1)	发生长期应付款时		借：固定资产/在建工程等 　　贷：长期应付款	
(2)	支付长期应付款		借：长期应付款 　　贷：财政拨款收入/零余额账户用款额度/银行存款	借：行政支出/事业支出/经营支出等 　　贷：财政拨款预算收入/资金结存
(3)	无法偿付或债权人豁免偿还的长期应付款		借：长期应付款 　　贷：其他收入	
	预计负债			
(1)	确认预计负债		借：业务活动费用/经营费用/其他费用等 　　贷：预计负债	

续表

序号	业务和事项内容	账务处理	
		财务会计	预算会计
（2）	实际偿付预计负债	借：预计负债 贷：银行存款等	借：事业支出/经营支出/其他支出等 贷：资金结存
（3）	对预计负债账面余额进行调整	借：业务活动费用/经营费用/其他费用等 贷：预计负债 编制相反会计分录	
		受托代理负债	
	参照"受托代理资产""库存现金""银行存款"等科目的相关账务处理		

本章小结

负债属于政府财务会计要素。负债是指政府会计主体过去的经济业务或者事项形成的，预期会导致经济资源流出政府会计主体的现时义务。政府会计主体的负债按照流动性，分为流动负债和非流动负债。流动负债是指预计在1年内（含1年）偿还的负债，包括应付及预收款项、应付职工薪酬、应缴款项等。非流动负债是指流动负债以外的负债，包括长期借款、长期应付款、预计负债、受托代理负债等。

符合负债定义的义务，在同时满足以下条件时，确认为负债：
①履行该义务很可能导致含有服务潜力或者经济利益的经济资源流出政府会计主体；
②该义务的金额能够可靠地计量。

复习思考题

1. 什么是政府负债？如何确认？
2. 什么是流动负债？什么是非流动负债？分别包括哪些？
3. 什么是行政事业单位的应缴款项？一般包括哪些？
4. 什么是受托代理负债？如何核算？
5. 什么是预计负债？如何核算？

第十一章

政府会计净资产及预算结余的核算

第一节 净资产的核算

净资产属于政府财务会计要素。净资产是指政府会计主体资产扣除负债后的净额，主要包括累计盈余、专用基金、权益法调整、本期盈余、本年盈余分配、无偿调拨净资产以前年度盈余调整。

净资产金额取决于资产和负债的计量。《政府会计准则——基本准则》第四十一条规定，净资产项目应当列入资产负债表。

一、累计盈余

1. 科目设置

单位应设置"累计盈余"总账科目，该科目用于核算单位历年实现的盈余扣除盈余分配后滚存的金额，以及因无偿调入调出资产产生的净资产变动额。按照规定上缴、缴回、单位间调剂结转结余资金产生的净资产变动额，以及对以前年度盈余的调整金额，也通过"累计盈余"科目核算。"累计盈余"科目年末余额，反映单位未分配盈余（或未弥补亏损）以及无偿调拨净资产变动的累计数。

2. 累计盈余的主要账务处理

①年末，将"本年盈余分配"科目的余额转入累计盈余，借记或贷记"本年盈余分配"科目，贷记或借记"累计盈余"科目。

②年末，将"无偿调拨净资产"科目的余额转入累计盈余，借记或贷记"无偿调拨净资产"科目，贷记或借记"累计盈余"科目。

③按照规定上缴财政拨款结转结余、缴回非财政拨款结转资金、向其他单位调出财政拨款结转资金时，按照实际上缴、缴回、调出金额，借记"累计盈余"科目，贷记"财政应

返还额度""零余额账户用款额度""银行存款"等科目。

④按照规定从其他单位调入财政拨款结转资金时，按照实际调入金额，借记"零余额账户用款额度""银行存款"等科目，贷记"累计盈余"科目。

⑤将"以前年度盈余调整"科目的余额转入"累计盈余"科目，借记或贷记"以前年度盈余调整"科目，贷记或借记"累计盈余"科目。

⑥按照规定使用专用基金购置固定资产、无形资产的，按照固定资产、无形资产成本金额，借记"固定资产""无形资产"科目，贷记"银行存款"等科目；同时，按照专用基金使用金额，借记"专用基金"科目，贷记"累计盈余"科目。

二、专用基金

1. 科目设置

事业单位应设置"专用基金"总账科目，该科目用于核算事业单位按照规定提取或设置的具有专门用途的净资产，主要包括职工福利基金、科技成果转换基金等。"专用基金"科目应当按照专用基金的类别进行明细核算。"专用基金"科目期末贷方余额，反映事业单位累计提取或设置的尚未使用的专用基金。

2. 专用基金的主要账务处理

①年末，根据有关规定从本年度非财政拨款结余或经营结余中提取专用基金的，按照预算会计下计算的提取金额，借记"本年盈余分配"科目，贷记"专用基金"科目。

②根据有关规定从收入中提取专用基金并计入费用的，一般按照预算会计下基于预算收入计算提取的金额，借记"业务活动费用"等科目，贷记"专用基金"科目。国家另有规定的，从其规定。

③根据有关规定设置的其他专用基金，按照实际收到的基金金额，借记"银行存款"等科目，贷记"专用基金"科目。

④按照规定使用提取的专用基金时，借记"专用基金"科目，贷记"银行存款"等科目。

⑤使用提取的专用基金购置固定资产、无形资产的，按照固定资产、无形资产成本金额，借记"固定资产""无形资产"科目，贷记"银行存款"等科目；同时，按照专用基金使用金额，借记"专用基金"科目，贷记"累计盈余"科目。

三、权益法调整

1. 科目设置

事业单位应设置"权益法调整"总账科目，该科目用于核算事业单位持有的长期股权投资采用权益法核算时，按照被投资单位除净损益和利润分配以外的所有者权益变动份额调整长期股权投资账面余额而计入净资产的金额。"权益法调整"科目应当按照被投资单位进行明细核算。"权益法调整"科目期末余额，反映事业单位在被投资单位除净损益和利润分配以外的所有者权益变动中累积享有（或分担）的份额。

2. 权益法调整的主要账务处理

①年末，按照被投资单位除净损益和利润分配以外的所有者权益变动应享有（或应分担）的份额，借记或贷记"长期股权投资——其他权益变动"科目，贷记或借记"权益法调整"科目。

②采用权益法核算的长期股权投资，因被投资单位除净损益和利润分配以外的所有者权益变动而将应享有（或应分担）的份额计入单位净资产的，处置该项投资时，按照原计入净资产的相应部分金额，借记或贷记"权益法调整"科目，贷记或借记"投资收益"科目。

四、本期盈余

1. 科目设置

单位应设置"本期盈余"总账科目，该科目用于核算单位本期各项收入、费用相抵后的余额。"本期盈余"科目期末如为贷方余额，反映单位自年初至当期期末累计实现的盈余；如为借方余额，反映单位自年初至当期期末累计发生的亏损。年末结账后，"本期盈余"科目无余额。

2. 本期盈余的主要账务处理

①期末，将各收入类科目的本期发生额转入本期盈余，借记"财政拨款收入""事业收入""上级补助收入""附属单位上缴收入""经营收入""非同级财政拨款收入""投资收益""捐赠收入""利息收入""租金收入""其他收入"科目，贷记"本期盈余"科目；将各费用类科目本期发生额转入本期盈余，借记"本期盈余"科目，贷记"业务活动费用""单位管理费用""经营费用""所得税费用""资产处置费用""上缴上级费用""对附属单位补助费用""其他费用"科目。

②年末，完成上述结转后，将"本期盈余"科目余额转入"本年盈余分配"科目，借记或贷记"本期盈余"科目，贷记或借记"本年盈余分配"科目。年末结账后，"本期盈余"科目无余额。

五、本年盈余分配

1. 科目设置

单位应设置"本年盈余分配"总账科目，该科目用于核算单位本年度盈余分配的情况和结果。年末结账后，"本年盈余分配"科目无余额。

2. 本年盈余分配的主要账务处理

①年末，将"本期盈余"科目余额转入"本年盈余分配"科目，借记或贷记"本期盈余"科目，贷记或借记"本年盈余分配"科目。

②年末，根据有关规定从本年度非财政拨款结余或经营结余中提取专用基金的，按照预算会计下计算的提取金额，借记"本年盈余分配"科目，贷记"专用基金"科目。

③年末，按照规定完成上述①、②处理后，将"本年盈余分配"科目余额转入累计盈余，借记或贷记"本年盈余分配"科目，贷记或借记"累计盈余"科目。年末结账后，"本

年盈余分配"科目无余额。

六、无偿调拨净资产

1. 科目设置

单位应设置"无偿调拨净资产"总账科目，该科目用于核算单位无偿调入或调出非现金资产所引起的净资产变动金额。年末结账后，"无偿调拨净资产"科目无余额。

2. 无偿调拨净资产的主要账务处理

①按照规定取得无偿调入的存货、长期股权投资、固定资产、无形资产、公共基础设施、政府储备物资、文物文化资产、保障性住房等，按照确定的成本，借记"库存物品""长期股权投资""固定资产""无形资产""公共基础设施""政府储备物资""文物文化资产""保障性住房"等科目，按照调入过程中发生的归属于调入方的相关费用，贷记"零余额账户用款额度""银行存款"等科目，按照其差额，贷记"无偿调拨净资产"科目。

②按照规定经批准无偿调出存货、长期股权投资、固定资产、无形资产、公共基础设施、政府储备物资、文物文化资产、保障性住房等，按照调出资产的账面余额或账面价值，借记"无偿调拨净资产"科目，按照固定资产累计折旧、无形资产累计摊销、公共基础设施累计折旧或摊销、保障性住房累计折旧的金额，借记"固定资产累计折旧""无形资产累计摊销""公共基础设施累计折旧（摊销）""保障性住房累计折旧"科目，按照调出资产的账面余额，贷记"库存物品""长期股权投资""固定资产""无形资产""公共基础设施""政府储备物资""文物文化资产""保障性住房"等科目；同时，按照调出过程中发生的归属于调出方的相关费用，借记"资产处置费用"科目，贷记"零余额账户用款额度""银行存款"等科目。

③年末，将"无偿调拨净资产"科目余额转入累计盈余，借记或贷记"无偿调拨净资产"科目，贷记或借记"累计盈余"科目。年末结账后，"无偿调拨净资产"科目无余额。

七、以前年度盈余调整

1. 科目设置

单位应设置"以前年度盈余调整"总账科目，该科目用于核算单位本年度发生的调整以前年度盈余的事项，包括本年度发生的重要前期差错更正涉及调整以前年度盈余的事项。"以前年度盈余调整"科目结转后无余额。

2. 以前年度盈余调整的主要账务处理

①调整增加以前年度收入时，按照调整增加的金额，借记有关科目，贷记"以前年度盈余调整"科目。调整减少以前年度收入的，编制相反会计分录。

②调整增加以前年度费用时，按照调整增加的金额，借记"以前年度盈余调整"科目，贷记有关科目。调整减少以前年度费用的，编制相反会计分录。

③盘盈的各种非流动资产，报经批准后处理时，借记"待处理财产损溢"科目，贷记"以前年度盈余调整"科目。

④经上述调整后,应将"以前年度盈余调整"科目的余额转入累计盈余,借记或贷记"累计盈余"科目,贷记或借记"以前年度盈余调整"科目。"以前年度盈余调整"科目结转后无余额。

第二节 预算结余的核算

预算结余属于政府预算会计要素。预算结余是指政府会计主体预算年度内预算收入扣除预算支出后的资金余额,以及历年滚存的资金余额,具体包括资金结存、财政拨款结转、财政拨款结余、非财政拨款结转、非财政拨款结余、专用结余、经营结余、其他结余、非财政拨款结余分配。

预算结余分为结余资金和结转资金。结余资金是指年度预算执行终了,预算收入实际完成数扣除预算支出和结转资金后剩余的资金。结转资金是指预算安排项目的支出年终尚未执行完毕或者因故未执行,且下年需要按原用途继续使用的资金。

《政府会计准则——基本准则》第二十五条规定,符合预算收入、预算支出和预算结余定义及其确认条件的项目应当列入政府决算报表。

一、资金结存

1. 科目设置

单位应设置"资金结存"总账科目,该科目用于核算单位纳入部门预算管理的资金的流入、流出、调整和滚存等情况。"资金结存"科目年末借方余额,反映单位预算资金的累计滚存情况。"资金结存"科目应当设置下列明细科目:

①"零余额账户用款额度":本明细科目用于核算实行国库集中支付的单位根据财政部门批复的用款计划收到和支用的零余额账户用款额度;年末结账后,本明细科目应无余额;

②"货币资金":本明细科目核算单位以库存现金、银行存款、其他货币资金形态存在的资金;本明细科目年末借方余额,反映单位尚未使用的货币资金;

③"财政应返还额度":本明细科目核算实行国库集中支付的单位可以使用的以前年度财政直接支付资金额度和财政应返还的财政授权支付资金额度;本明细科目下可设置"财政直接支付""财政授权支付"两个明细科目进行明细核算;本明细科目年末借方余额,反映单位应收财政返还的资金额度。

2. 资金结存的主要账务处理

①财政授权支付方式下,单位根据代理银行转来的财政授权支付额度到账通知书,按照通知书中的授权支付额度,借记"资金结存"科目(零余额账户用款额度),贷记"财政拨款预算收入"科目。

以国库集中支付以外的其他支付方式取得预算收入时,按照实际收到的金额,借记"资金结存"科目(货币资金),贷记"财政拨款预算收入""事业预算收入""经营预算收入"等科目。

②财政授权支付方式下，发生相关支出时，按照实际支付的金额，借记"行政支出""事业支出"等科目，贷记"资金结存"科目（零余额账户用款额度）。

从零余额账户提取现金时，借记"资金结存"科目（货币资金），贷记"资金结存"科目（零余额账户用款额度）。退回现金时，编制相反会计分录。

使用以前年度财政直接支付额度发生支出时，按照实际支付金额，借记"行政支出""事业支出"等科目，贷记"资金结存"科目（财政应返还额度）。

国库集中支付以外的其他支付方式下，发生相关支出时，按照实际支付的金额，借记"事业支出""经营支出"等科目，贷记"资金结存"科目（货币资金）。

③按照规定上缴财政拨款结转结余资金或注销财政拨款结转结余资金额度的，按照实际上缴资金数额或注销的资金额度数额，借记"财政拨款结转——归集上缴"或"财政拨款结余——归集上缴"科目，贷记"资金结存"科目（财政应返还额度、零余额账户用款额度、货币资金）。

按规定向原资金拨入单位缴回非财政拨款结转资金的，按照实际缴回资金数额，借记"非财政拨款结转——缴回资金"科目，贷记"资金结存"科目（货币资金）。

收到从其他单位调入的财政拨款结转资金的，按照实际调入资金数额，借记"资金结存"科目（财政应返还额度、零余额账户用款额度、货币资金），贷记"财政拨款结转——归集调入"科目。

④按照规定使用专用基金时，按照实际支付金额，借记"专用结余"科目（从非财政拨款结余中提取的专用基金）或"事业支出"等科目（从预算收入中计提的专用基金），贷记"资金结存"科目（货币资金）。

⑤因购货退回、发生差错更正等退回国库直接支付、授权支付款项，或者收回货币资金的，属于本年度支付的，借记"财政拨款预算收入"科目或"资金结存"科目（零余额账户用款额度、货币资金），贷记相关支出科目；属于以前年度支付的，借记"资金结存"科目（财政应返还额度、零余额账户用款额度、货币资金），贷记"财政拨款结转""财政拨款结余""非财政拨款结转""非财政拨款结余"科目。

⑥有企业所得税缴纳义务的事业单位缴纳企业所得税时，按照实际缴纳金额，借记"非财政拨款结余——累计结余"科目，贷记"资金结存"科目（货币资金）。

⑦年末，根据本年度财政直接支付预算指标数与当年财政直接支付实际支出数的差额，借记"资金结存"科目（财政应返还额度），贷记"财政拨款预算收入"科目。

⑧年末，单位依据代理银行提供的对账单作注销额度的相关账务处理，借记"资金结存"科目（财政应返还额度），贷记"资金结存"科目（零余额账户用款额度）；本年度财政授权支付预算指标数大于零余额账户用款额度下达数的，根据未下达的用款额度，借记"资金结存"科目（财政应返还额度），贷记"财政拨款预算收入"科目。

下年初，单位依据代理银行提供的额度恢复到账通知书作恢复额度的相关账务处理，借记"资金结存"科目（零余额账户用款额度），贷记"资金结存"科目（财政应返还额度)。单位收到财政部门批复的上年年末未下达零余额账户用款额度的,借记"资金结存"科目(零余额账户用款额度),贷记"资金结存"科目(财政应返还额度)。

二、财政拨款结转

1. 科目设置

单位应设置"财政拨款结转"总账科目,该科目用于核算单位取得的同级财政拨款结转资金的调整、结转和滚存情况。"财政拨款结转"科目年末贷方余额,反映单位滚存的财政拨款结转资金数额。"财政拨款结转"科目应当设置下列明细科目:

(1) 与会计差错更正、以前年度支出收回相关的明细科目

"年初余额调整"科目:本明细科目用于核算单位因会计差错更正、以前年度支出收回等原因,需要调整财政拨款结转的金额;年末结账后,本明细科目应无余额。

(2) 与财政拨款调拨业务相关的明细科目

① "归集调入"科目:本明细科目用于核算单位按照规定从其他单位调入财政拨款结转资金时,实际调增的额度数额或调入的资金数额;年末结账后,本明细科目应无余额。

② "归集调出"科目:本明细科目用于核算单位按照规定向其他单位调出财政拨款结转资金时,实际调减的额度数额或调出的资金数额;年末结账后,本明细科目应无余额。

③ "归集上缴"科目:本明细科目用于核算单位按照规定上缴财政拨款结转资金时,实际核销的额度数额或上缴的资金数额;年末结账后,本明细科目应无余额。

④ "单位内部调剂"科目:本明细科目用于核算单位经财政部门批准对财政拨款结余资金改变用途,调整用于本单位其他未完成项目等的调整金额;年末结账后,本明细科目应无余额。

(3) 与年末财政拨款结转业务相关的明细科目

① "本年收支结转"科目:本明细科目用于核算单位本年度财政拨款收支相抵后的余额;年末结账后,本明细科目应无余额。

② "累计结转"科目:本明细科目用于核算单位滚存的财政拨款结转资金;本明细科目年末贷方余额,反映单位财政拨款滚存的结转资金数额。

单位核算与财政拨款结转相关的业务,还应当设置"基本支出结转""项目支出结转"两个明细科目,并在"基本支出结转"明细科目下按照"人员经费""日常公用经费"进行明细核算,在"项目支出结转"明细科目下按照具体项目进行明细核算;同时,"财政拨款结转"科目还应按照《政府收支分类科目》中"支出功能分类科目"的相关科目进行明细核算。有一般公共预算财政拨款、政府性基金预算财政拨款等两种或两种以上财政拨款的,还应当在"财政拨款结转"科目下按照财政拨款的种类进行明细核算。

2. 财政拨款结转的主要账务处理

(1) 与会计差错更正、以前年度支出收回相关的账务处理

①因发生会计差错更正退回以前年度国库直接支付、授权支付款项或财政性货币资金,

或者因发生会计差错更正增加以前年度国库直接支付、授权支付支出或财政性货币资金支出，属于以前年度财政拨款结转资金的，借记或贷记"资金结存——财政应返还额度、零余额账户用款额度、货币资金"科目，贷记或借记"财政拨款结转"科目（年初余额调整）。

②因购货退回、预付款项收回等发生以前年度支出又收回国库直接支付、授权支付款项或收回财政性货币资金，属于以前年度财政拨款结转资金的，借记"资金结存——财政应返还额度、零余额账户用款额度、货币资金"科目，贷记"财政拨款结转"科目（年初余额调整）。

（2）与财政拨款结转结余资金调整业务相关的账务处理

①按照规定从其他单位调入财政拨款结转资金的，按照实际调增的额度数额或调入的资金数额，借记"资金结存——财政应返还额度、零余额账户用款额度、货币资金"科目，贷记"财政拨款结转"科目（归集调入）。

②按照规定向其他单位调出财政拨款结转资金的，按照实际调减的额度数额或调出的资金数额，借记"财政拨款结转"科目（归集调出），贷记"资金结存——财政应返还额度、零余额账户用款额度、货币资金"科目。

③按照规定上缴财政拨款结转资金或注销财政拨款结转资金额度的，按照实际上缴资金数额或注销的资金额度数额，借记"财政拨款结转"科目（归集上缴），贷记"资金结存——财政应返还额度、零余额账户用款额度、货币资金"科目。

④经财政部门批准对财政拨款结余资金改变用途，调整用于本单位基本支出或其他未完成项目支出的，按照批准调剂的金额，借记"财政拨款结余——单位内部调剂"科目，贷记"财政拨款结转"科目（单位内部调剂）。

（3）与年末财政拨款结转和结余业务相关的账务处理

①年末，将财政拨款预算收入本年发生额转入"财政拨款结转"科目，借记"财政拨款预算收入"科目，贷记"财政拨款结转"科目（本年收支结转）；将各项支出中财政拨款支出本年发生额转入"财政拨款结转"科目，借记"财政拨款结转"科目（本年收支结转），贷记各项支出（财政拨款支出）科目。

②年末冲销有关明细科目余额，将"财政拨款结转"科目（本年收支结转、年初余额调整、归集调入、归集调出、归集上缴、单位内部调剂）余额转入"财政拨款结转"科目（累计结转）。结转后，"财政拨款结转"科目除"累计结转"明细科目外，其他明细科目应无余额。

③年末完成上述结转后，应当对财政拨款结转各明细项目执行情况进行分析，按照有关规定将符合财政拨款结余性质的项目余额转入财政拨款结余，借记"财政拨款结转"科目（累计结转），贷记"财政拨款结余——结转转入"科目。

三、财政拨款结余

1. 科目设置

单位应设置"财政拨款结余"总账科目,该科目用于核算单位取得的同级财政拨款项目支出结余资金的调整、结转和滚存情况。"财政拨款结余"科目年末贷方余额,反映单位滚存的财政拨款结余资金数额。"财政拨款结余"科目应当设置下列明细科目:

(1) 与会计差错更正、以前年度支出收回相关的明细科目

"年初余额调整"科目:本明细科目用于核算单位因会计差错更正、以前年度支出收回等原因,需要调整财政拨款结余的金额;年末结账后,本明细科目应无余额。

(2) 与财政拨款结余资金调整业务相关的明细科目

①"归集上缴"科目:本明细科目用于核算单位按照规定上缴财政拨款结余资金时,实际核销的额度数额或上缴的资金数额;年末结账后,本明细科目应无余额。

②"单位内部调剂"科目:本明细科目用于核算单位经财政部门批准对财政拨款结余资金改变用途,调整用于本单位其他未完成项目等的调整金额;年末结账后,本明细科目应无余额。

(3) 与年末财政拨款结余业务相关的明细科目

①"结转转入"科目:本明细科目用于核算单位按照规定转入财政拨款结余的财政拨款结转资金;年末结账后,本明细科目应无余额。

②"累计结余"科目:本明细科目用于核算单位滚存的财政拨款结余资金;本明细科目年末贷方余额,反映单位财政拨款滚存的结余资金数额。

"财政拨款结余"科目还应当按照具体项目、《政府收支分类科目》中"支出功能分类科目"的相关科目等进行明细核算。有一般公共预算财政拨款、政府性基金预算财政拨款等两种或两种以上财政拨款的,还应当在"财政拨款结余"科目下按照财政拨款的种类进行明细核算。

2. 财政拨款结余的主要账务处理

(1) 与会计差错更正、以前年度支出收回相关的账务处理

①因发生会计差错更正退回以前年度国库直接支付、授权支付款项或财政性货币资金,或者因发生会计差错更正增加以前年度国库直接支付、授权支付支出或财政性货币资金支出,属于以前年度财政拨款结余资金的,借记或贷记"资金结存——财政应返还额度、零余额账户用款额度、货币资金"科目,贷记或借记"财政拨款结余"科目(年初余额调整)。

②因购货退回、预付款项收回等发生以前年度支出又收回国库直接支付、授权支付款项或收回财政性货币资金,属于以前年度财政拨款结余资金的,借记"资金结存——财政应返还额度、零余额账户用款额度、货币资金"科目,贷记"财政拨款结余"科目(年初余额调整)。

(2) 与财政拨款结余资金调整业务相关的账务处理

①经财政部门批准对财政拨款结余资金改变用途,调整用于本单位基本支出或其他未完成项目支出的,按照批准调剂的金额,借记"财政拨款结余"科目(单位内部调剂),贷记"财政拨款结转——单位内部调剂"科目。

②按照规定上缴财政拨款结余资金或注销财政拨款结余资金额度的,按照实际上缴资金数额或注销的资金额度数额,借记"财政拨款结余"科目(归集上缴),贷记"资金结存——财政应返还额度、零余额账户用款额度、货币资金"科目。

(3) 与年末财政拨款结转和结余业务相关的账务处理

①年末,对财政拨款结转各明细项目执行情况进行分析,按照有关规定将符合财政拨款结余性质的项目余额转入财政拨款结余,借记"财政拨款结转——累计结转"科目,贷记"财政拨款结余"科目(结转转入)。

②年末冲销有关明细科目余额,将"财政拨款结余"科目(年初余额调整、归集上缴、单位内部调剂、结转转入)余额转入"财政拨款结余"科目(累计结余)。结转后,"财政拨款结余"科目除"累计结余"明细科目外,其他明细科目应无余额。

四、非财政拨款结转

1. 科目设置

单位应设置"非财政拨款结转"总账科目,该科目用于核算单位除财政拨款收支、经营收支以外各非同级财政拨款专项资金的调整、结转和滚存情况。"非财政拨款结转"科目年末贷方余额,反映单位滚存的非同级财政拨款专项结转资金数额。"非财政拨款结转"科目应当设置下列明细科目:

①"年初余额调整"科目:本明细科目用于核算单位因会计差错更正、以前年度支出收回等原因,需要调整非财政拨款结转的资金;年末结账后,本明细科目应无余额。

②"缴回资金"科目:本明细科目用于核算单位按照规定缴回非财政拨款结转资金时,实际缴回的资金数额;年末结账后,本明细科目应无余额。

③"项目间接费用或管理费"科目:本明细科目用于核算单位取得的科研项目预算收入中,按照规定计提项目间接费用或管理费的数额;年末结账后,本明细科目应无余额。

④"本年收支结转"科目:本明细科目用于核算单位本年度非同级财政拨款专项收支相抵后的余额;年末结账后,本明细科目应无余额。

⑤"累计结转"科目:本明细科目用于核算单位滚存的非同级财政拨款专项结转资金;本明细科目年末贷方余额,反映单位非同级财政拨款滚存的专项结转资金数额。

"非财政拨款结转"科目还应当按照具体项目、《政府收支分类科目》中"支出功能分类科目"的相关科目等进行明细核算。

2. 非财政拨款结转的主要账务处理

①按照规定从科研项目预算收入中提取项目管理费或间接费时,按照提取金额,借记

"非财政拨款结转"科目（项目间接费用或管理费），贷记"非财政拨款结余——项目间接费用或管理费"科目。

②因会计差错更正收到或支出非同级财政拨款货币资金，属于非财政拨款结转资金的，按照收到或支出的金额，借记或贷记"资金结存——货币资金"科目，贷记或借记"非财政拨款结转"科目（年初余额调整）。

因收回以前年度支出等收到非同级财政拨款货币资金，属于非财政拨款结转资金的，按照收到的金额，借记"资金结存——货币资金"科目，贷记"非财政拨款结转"科目（年初余额调整）。

③按照规定缴回非财政拨款结转资金的，按照实际缴回资金数额，借记"非财政拨款结转"科目（缴回资金），贷记"资金结存——货币资金"科目。

④年末，将事业预算收入、上级补助预算收入、附属单位上缴预算收入、非同级财政拨款预算收入、债务预算收入、其他预算收入本年发生额中的专项资金收入转入"非财政拨款结转"科目，借记"事业预算收入""上级补助预算收入""附属单位上缴预算收入""非同级财政拨款预算收入""债务预算收入""其他预算收入"科目下各专项资金收入明细科目，贷记"非财政拨款结转"科目（本年收支结转）；将行政支出、事业支出、其他支出本年发生额中的非财政拨款专项资金支出转入"非财政拨款结转"科目，借记"非财政拨款结转"科目（本年收支结转），贷记"行政支出""事业支出""其他支出"科目下各非财政拨款专项资金支出明细科目。

⑤年末冲销有关明细科目余额，将"非财政拨款结转"科目（年初余额调整、项目间接费用或管理费、缴回资金、本年收支结转）余额转入"非财政拨款结转"科目（累计结转）。结转后，"非财政拨款结转"科目除"累计结转"明细科目外，其他明细科目应无余额。

⑥年末完成上述结转后，应当对非财政拨款专项结转资金各项目情况进行分析，将留归本单位使用的非财政拨款专项（项目已完成）剩余资金转入非财政拨款结余，借记"非财政拨款结转"科目（累计结转），贷记"非财政拨款结余——结转转入"科目。

五、非财政拨款结余

1. 科目设置

单位应设置"非财政拨款结余"总账科目，该科目用于核算单位历年滚存的非限定用途的非同级财政拨款结余资金，主要为非财政拨款结余扣除结余分配后滚存的金额。"非财政拨款结余"科目年末贷方余额，反映单位非同级财政拨款结余资金的累计滚存数额。"非财政拨款结余"科目应当设置下列明细科目：

①"年初余额调整"科目：本明细科目用于核算单位因会计差错更正、以前年度支出收回等原因，需要调整非财政拨款结余的资金；年末结账后，本明细科目应无余额。

②"项目间接费用或管理费"科目：本明细科目用于核算单位取得的科研项目预算收

入中,按照规定计提的项目间接费用或管理费数额;年末结账后,本明细科目应无余额。

③"结转转入"科目:本明细科目用于核算单位按照规定留归单位使用,由单位统筹调配,纳入单位非财政拨款结余的非同级财政拨款专项剩余资金;年末结账后,本明细科目应无余额。

④"累计结余"科目:本明细科目用于核算单位历年滚存的非同级财政拨款、非专项结余资金;本明细科目年末贷方余额,反映单位非同级财政拨款滚存的非专项结余资金数额。

"非财政拨款结余"科目还应当按照《政府收支分类科目》中"支出功能分类科目"的相关科目进行明细核算。

2. 非财政拨款结余的主要账务处理

①按照规定从科研项目预算收入中提取项目管理费或间接费时,借记"非财政拨款结转——项目间接费用或管理费"科目,贷记"非财政拨款结余"科目(项目间接费用或管理费)。

②有企业所得税缴纳义务的事业单位实际缴纳企业所得税时,按照缴纳金额,借记"非财政拨款结余"科目(累计结余),贷记"资金结存——货币资金"科目。

③因会计差错更正收到或支出非同级财政拨款货币资金,属于非财政拨款结余资金的,按照收到或支出的金额,借记或贷记"资金结存——货币资金"科目,贷记或借记"非财政拨款结余"科目(年初余额调整)。

因收回以前年度支出等收到非同级财政拨款货币资金,属于非财政拨款结余资金的,按照收到的金额,借记"资金结存——货币资金"科目,贷记"非财政拨款结余"科目(年初余额调整)。

④年末,将留归本单位使用的非财政拨款专项(项目已完成)剩余资金转入"非财政拨款结余"科目,借记"非财政拨款结转——累计结转"科目,贷记"非财政拨款结余"科目(结转转入)。

⑤年末冲销有关明细科目余额,将"非财政拨款结余"科目(年初余额调整、项目间接费用或管理费、结转转入)余额结转入"非财政拨款结余"科目(累计结余)。结转后,"非财政拨款结余"科目除"累计结余"明细科目外,其他明细科目应无余额。

⑥年末,事业单位将"非财政拨款结余分配"科目余额转入非财政拨款结余。"非财政拨款结余分配"科目为借方余额的,借记"非财政拨款结余"科目(累计结余),贷记"非财政拨款结余分配"科目;"非财政拨款结余分配"科目为贷方余额的,借记"非财政拨款结余分配"科目,贷记"非财政拨款结余"科目(累计结余)。

年末,行政单位将"其他结余"科目余额转入非财政拨款结余。"其他结余"科目为借方余额的,借记"非财政拨款结余"科目(累计结余),贷记"其他结余"科目;"其他结余"科目为贷方余额的,借记"其他结余"科目,贷记"非财政拨款结余"科目(累计结余)。

六、专用结余

1. 科目设置

事业单位应设置"专用结余"总账科目,该科目用于核算事业单位按照规定从非财政拨款结余中提取的具有专门用途的资金的变动和滚存情况。"专用结余"科目应当按照专用结余的类别进行明细核算。"专用结余"科目年末贷方余额,反映事业单位从非同级财政拨款结余中提取的专用基金的累计滚存数额。

2. 专用结余的主要账务处理

①根据有关规定从本年度非财政拨款结余或经营结余中提取基金的,按照提取金额,借记"非财政拨款结余分配"科目,贷记"专用结余"科目。

②根据规定使用从非财政拨款结余或经营结余中提取的专用基金时,按照使用金额,借记"专用结余"科目,贷记"资金结存——货币资金"科目。

七、经营结余

1. 科目设置

事业单位应设置"经营结余"总账科目,该科目用于核算事业单位本年度经营活动收支相抵后余额弥补以前年度经营亏损后的余额。"经营结余"科目可以按照经营活动类别进行明细核算。年末结账后,"经营结余"科目一般无余额;如为借方余额,反映事业单位累计发生的经营亏损。

2. 经营结余的主要账务处理

①年末,将经营预算收入本年发生额转入"经营结余"科目,借记"经营预算收入"科目,贷记"经营结余"科目;将经营支出本年发生额转入"经营结余"科目,借记"经营结余"科目,贷记"经营支出"科目。

②年末,完成上述结转后,如"经营结余"科目为贷方余额,将"经营结余"科目贷方余额转入"非财政拨款结余分配"科目,借记"经营结余"科目,贷记"非财政拨款结余分配"科目;如"经营结余"科目为借方余额,为经营亏损,不予结转。

八、其他结余

1. 科目设置

单位应设置"其他结余"总账科目,该科目用于核算单位本年度除财政拨款收支、非同级财政专项资金收支和经营收支以外各项收支相抵后的余额。年末结账后,"其他结余"科目应无余额。

2. 其他结余的主要账务处理

①年末,将事业预算收入、上级补助预算收入、附属单位上缴预算收入、非同级财政拨款预算收入、债务预算收入、其他预算收入本年发生额中的非专项资金收入以及投资预算收益本年发生额转入"其他结余"科目,借记"事业预算收入""上级补助预算收入""附属

单位上缴预算收入""非同级财政拨款预算收入""债务预算收入""其他预算收入"科目下各非专项资金收入明细科目和"投资预算收益"科目，贷记"其他结余"科目（"投资预算收益"科目本年发生额为借方净额时，借记"其他结余"科目，贷记"投资预算收益"科目）；将行政支出、事业支出、其他支出本年发生额中的非同级财政、非专项资金支出，以及上缴上级支出、对附属单位补助支出、投资支出、债务还本支出本年发生额转入"其他结余"科目，借记"其他结余"科目，贷记"行政支出""事业支出""其他支出"科目下各非同级财政、非专项资金支出明细科目和"上缴上级支出""对附属单位补助支出""投资支出""债务还本支出"科目。

②年末，完成上述结转后，行政单位将"其他结余"科目余额转入"非财政拨款结余——累计结余"科目；事业单位将"其他结余"科目余额转入"非财政拨款结余分配"科目。当"其他结余"科目为贷方余额时，借记"其他结余"科目，贷记"非财政拨款结余——累计结余"或"非财政拨款结余分配"科目；当"其他结余"科目为借方余额时，借记"非财政拨款结余——累计结余"或"非财政拨款结余分配"科目，贷记"其他结余"科目。

九、非财政拨款结余分配

1. 科目设置

事业单位应设置"非财政拨款结余分配"总账科目，该科目用于核算事业单位本年度非财政拨款结余分配的情况和结果。年末结账后，"非财政拨款结余分配"科目无余额。

2. 非财政拨款结余分配的主要账务处理

①年末，将"其他结余"科目余额转入"非财政拨款结余分配"科目，当"其他结余"科目为贷方余额时，借记"其他结余"科目，贷记"非财政拨款结余分配"科目；当"其他结余"科目为借方余额时，借记"非财政拨款结余分配"科目，贷记"其他结余"科目。

②年末，将"经营结余"科目贷方余额转入"非财政拨款结余分配"科目，借记"经营结余"科目，贷记"非财政拨款结余分配"科目。

③根据有关规定提取专用基金的，按照提取的金额，借记"非财政拨款结余分配"科目，贷记"专用结余"科目。

④年末，按照规定完成上述处理后，将"非财政拨款结余分配"科目余额转入非财政拨款结余。当"非财政拨款结余分配"科目为借方余额时，借记"非财政拨款结余——累计结余"科目，贷记"非财政拨款结余分配"科目；当"非财政拨款结余分配"科目为贷方余额时，借记"非财政拨款结余分配"科目，贷记"非财政拨款结余——累计结余"科目。

净资产和预算结余的主要业务和事项的账务处理如表11-1所示。

表11-1 净资产及预算结余的主要业务和事项的账务处理

序号	业务和事项内容	账务处理 财务会计	账务处理 预算会计
一、净资产类			
		累计盈余	
(1)	年末，将"本年盈余分配"科目余额转入累计盈余	借：本年盈余分配 　　贷：累计盈余 或编制相反会计分录	
(2)	年末，将"无偿调拨净资产"科目余额转入累计盈余	借：无偿调拨净资产 　　贷：累计盈余 或编制相反会计分录	
(3)	按照规定上缴财政拨款结转结余、缴回非财政拨款结转资金、向其他单位调出财政拨款结转资金时	借：累计盈余 　　贷：财政应返还额度/零余额账户用款额度/银行存款等	参照"财政拨款结转""财政拨款结余""非财政拨款结转"等科目进行账务处理
(4)	按照规定从其他单位调入财政拨款结转资金时	借：零余额账户用款额度/银行存款等 　　贷：累计盈余	借：资金结存——零余额账户用款额度/货币资金 　　贷：财政拨款结转——归集调入
(5)	将"以前年度盈余调整"科目的余额转入累计盈余	借：以前年度盈余调整 　　贷：累计盈余 编制相反会计分录	
(6)	使用专用基金购置固定资产、无形资产的	相关账务处理参见"专用基金"科目的相关内容	
		专用基金	
(1)	年末，按照规定从本年度非财政拨款结余或经营结余中提取专用基金	借：本年盈余分配 　　贷：专用基金（按照预算会计下计算的提取金额）	借：非财政拨款结余分配 　　贷：专用结余

续表

序号	业务和事项内容	账务处理	
		财务会计	预算会计
(2)	根据规定从收入中提取专用基金并计入费用	借：业务活动费用 贷：专用基金（一般按照预算收入计算提取的金额）	
(3)	根据有关规定设置的其他专用基金	借：银行存款等 贷：专用基金	
(4)	按照规定使用专用基金	借：专用基金 贷：银行存款等 购置固定资产、无形资产的： 借：固定资产/无形资产 贷：银行存款等 借：专用基金 贷：累计盈余	使用从收入中提取并列入费用的专用基金： 借：事业支出等 贷：资金结存 使用从非财政拨款结余或经营结余中提取的专用基金： 借：专用结余 贷：资金结存——货币资金
		权益法调整	
(1)	资产负债表日	按照被投资单位除净损益和利润分配以外的所有者权益变动的份额（增加） 借：长期股权投资——其他权益变动 贷：权益法调整	
		按照被投资单位除净损益和利润分配以外的所有者权益变动的份额（减少） 借：权益法调整 贷：长期股权投资——其他权益变动	

续表

序号	业务和事项内容		账务处理	
			财务会计	预算会计
(2)	处置长期股权投资时	"权益法调整"科目为借方余额	借：投资收益 　　贷：权益法调整（与所处置投资对应部分的金额）	
		"权益法调整"科目为贷方余额	借：权益法调整（与所处置投资对应部分的金额） 　　贷：投资收益	
(1)	期末结转	结转收入	本期盈余 借：财政拨款收入/事业收入/上级补助收入/附属单位上缴收入/经营收入/非同级财政拨款收入/投资收益/捐赠收入/利息收入/租金收入/其他收入 　　贷：本期盈余 "投资收益"科目为发生额借方净额时，编制相反会计分录	
		结转费用	借：本期盈余 　　贷：业务活动费用/单位管理费用/经营费用/资产处置费用/上缴上级费用/对附属单位补助费用/所得税费用/其他费用	

续表

序号	业务和事项内容		账务处理	
			财务会计	预算会计
(2)	年末结转	"本期盈余"科目为贷方余额时	借：本期盈余 贷：本年盈余分配	
		"本期盈余"科目为借方余额时	借：本年盈余分配 贷：本期盈余	
			本年盈余分配	
(1)	年末，将"本期盈余"科目余额转入本年盈余分配	"本期盈余"科目为贷方余额时	借：本期盈余 贷：本年盈余分配	
		"本期盈余"科目为借方余额时	借：本年盈余分配 贷：本期盈余	
(2)	年末，按照有关规定提取专用基金	按照预算会计下计算的提取金额	借：本年盈余分配 贷：专用基金	借：非财政拨款结余分配 贷：专用结余
(3)	年末，将"本年盈余分配"科目余额转入累计盈余	"本年盈余分配"科目为贷方余额时	借：本年盈余分配 贷：累计盈余	
		"本年盈余分配"科目为借方余额时	借：累计盈余 贷：本年盈余分配	
			无偿调拨净资产	
(1)	取得无偿调入的资产时		借：库存物品/固定资产/无形资产/长期股权投资/公共基础设施/政府储备物资/保障性住房等 贷：无偿调拨净资产零余额账户用款额度/银行存款等（发生的归属于调入方的相关费用）	借：其他支出（发生的归属于调入方的相关费用） 贷：资金结存等

续表

序号	业务和事项内容		账务处理	
			财务会计	预算会计
(2)	经批准无偿调出资产时		借：无偿调拨净资产 　　固定资产累计折旧/ 　　无形资产累计摊销/ 　　公共基础设施累计折旧（摊销）/保障性住房累计折旧 　贷：库存物品/固定资产/无形资产/长期股权投资/公共基础设施/政府储备物资等（账面余额） 借：资产处置费用 　贷：银行存款/零余额账户用款额度等（发生的归属于调出方的相关费用）	借：其他支出（发生的归属于调出方的相关费用） 　贷：资金结存等
(3)	年末，将"无偿调拨资产"科目余额转入累计盈余	"无偿调拨资产"科目余额在贷方时	借：无偿调拨净资产 　贷：累计盈余	
		"无偿调拨资产"科目余额在借方时	借：累计盈余 　贷：无偿调拨净资产	
			以前年度盈余调整	
(1)	调整以前年度收入	增加以前年度收入时	借：有关资产或负债科目 　贷：以前年度盈余调整	借：资金结存（实际收到的金额） 　贷：财政拨款结转/财政拨款结余/非财政拨款结转/非财政拨款结余（年初余额调整）
		减少以前年度收入时	借：以前年度盈余调整 　贷：有关资产或负债科目	借：财政拨款结转/财政拨款结余/非财政拨款结转/非财政拨款结余（年初余额调整） 　贷：资金结存（实际支付的金额）

续表

序号	业务和事项内容		账务处理	
			财务会计	预算会计
(2)	调整以前年度费用	增加以前年度费用时	借：以前年度盈余调整 贷：有关资产或负债科目	借：财政拨款结转/财政拨款结余/非财政拨款结转/非财政拨款结余（年初余额调整） 贷：资金结存（实际支付的金额）
		减少以前年度费用时	借：有关资产或负债科目 贷：以前年度盈余调整	借：资金结存（实际收到的金额） 贷：财政拨款结转/财政拨款结余/非财政拨款结转/非财政拨款结余（年初余额调整）
(3)	盘盈非流动资产	报经批准处理时	借：待处理财产损溢 贷：以前年度盈余调整	
(4)	将"以前年度盈余调整"科目余额转入累计盈余	"以前年度盈余调整"科目为借方余额时	借：累计盈余 贷：以前年度盈余调整	
		"以前年度盈余调整"科目为贷方余额时	借：以前年度盈余调整 贷：累计盈余	

二、预算结余类

				资金结存
(1)	取得预算收入	财政授权支付方式下	借：零余额账户用款额度 贷：财政拨款收入	借：资金结存——零余额账户用款额度 贷：财政拨款预算收入
		国库集中支付以外的其他支付方式下	借：银行存款 贷：财政拨款收入/事业收入/经营收入等	借：资金结存——货币资金 贷：财政拨款预算收入/事业预算收入/经营预算收入等

续表

序号	业务和事项内容		账务处理	
			财务会计	预算会计
(2)	发生预算支出时	财政授权支付方式	借：业务活动费用/单位管理费用/库存物品/固定资产等 贷：零余额账户用款额度	借：行政支出/事业支出等 贷：资金结存——零余额账户用款额度
		从零余额账户提取现金	借：库存现金 贷：零余额账户用款额度	借：资金结存——货币资金 贷：资金结存——零余额账户用款额度
		使用以前年度财政直接支付额度	借：业务活动费用/单位管理费用/库存物品/固定资产等 贷：财政应返还额度	借：行政支出/事业支出等 贷：资金结存——财政应返还额度
		国库集中支付以外的其他方式	借：业务活动费用/单位管理费用/库存物品/固定资产等 贷：银行存款/库存现金等	借：事业支出/经营支出等 贷：资金结存——货币资金
(3)	按照规定使用提取的专用基金	一般情况下购买固定资产、无形资产等	借：专用基金 贷：银行存款等 借：固定资产/无形资产等 贷：银行存款等 借：专用基金 贷：累计盈余	使用从非财政拨款结余或经营结余中计提的专用基金 借：专用结余 贷：资金结存——货币资金 使用从收入中计提并计入费用的专用基金 借：事业支出等 贷：资金结存——货币资金

续表

序号	业务和事项内容	账务处理	
		财务会计	预算会计
(4) 预算结转结余调整	按照规定上缴财政拨款结转结余资金或注销财政拨款结转结余额度的	借：累计盈余 贷：财政应返还额度/零余额账户用款额度/银行存款	借：财政拨款结转——归集上缴/财政拨款结余——归集上缴 贷：资金结存——财政应返还额度/零余额账户用款额度/货币资金
	按照规定缴回非财政拨款结转资金的	借：累计盈余 贷：银行存款	借：非财政拨款结转——缴回资金 贷：资金结存——货币资金
	收到调入的财政拨款结转资金的	借：财政应返还额度/零余额账户用款额度/银行存款 贷：累计盈余	借：资金结存——财政应返还额度/零余额账户用款额度/货币资金 贷：财政拨款结转——归集调入
(5) 因购货退回、发生差错更正等退回国库直接支付、授权支付款项，或者收回货币资金的	属于本年度的	借：财政拨款收入/零余额账户用款额度/银行存款等 贷：业务活动费用/库存物品等	借：财政拨款预算收入/资金结存——零余额账户用款额度、货币资金 贷：行政支出/事业支出等
	属于以前年度的	借：财政应返还额度/零余额账户用款额度/银行存款等 贷：以前年度盈余调整	借：资金结存——财政应返还额度/零余额账户用款额度/货币资金 贷：财政拨款结转/财政拨款结余/非财政拨款结转/非财政拨款结余（年初余额调整）
(6)	有企业所得税缴纳义务的事业单位实际缴纳企业所得税时	借：其他应交税费——单位应交所得税 贷：银行存款等	借：非财政拨款结余——累计结余 贷：资金结存——货币资金
(7) 年末确认未下达的财政用款额度	财政直接支付方式	借：财政应返还额度——财政直接支付 贷：财政拨款收入	借：资金结存——财政应返还额度 贷：财政拨款预算收入
	财政授权支付方式	借：财政应返还额度——财政授权支付 贷：财政拨款收入	

续表

序号	业务和事项内容		账务处理	
			财务会计	预算会计
(8)	年末注销零余额账户用款额度		借：财政应返还额度——财政授权支付 贷：零余额账户用款额度	借：资金结存——财政应返还额度 贷：资金结存——零余额账户用款额度
	下年初，恢复零余额账户用款额度或收到上年末未下达的零余额账户用款额度的		借：零余额账户用款额度 贷：财政应返还额度——财政授权支付	借：资金结存——零余额账户用款额度 贷：资金结存——财政应返还额度
				财政拨款结转
(1)	因会计差错更正、购货退回、预付款项收回等发生以前年度调整事项	调整增加相关资产	借：零余额账户用款额度/银行存款等 贷：以前年度盈余调整	借：资金结存——零余额账户用款额度/货币资金等 贷：财政拨款结转——年初余额调整
		因会计差错更正调整减少相关资产	借：以前年度盈余调整 贷：零余额账户用款额度/银行存款等	借：财政拨款结转——年初余额调整 贷：资金结存——零余额账户用款额度/货币资金等
(2)	从其他单位调入财政拨款结转资金	按照实际调增的额度数额或调入的资金数额	借：财政应返款额度/零余额账户用款额度/银行存款 贷：累计盈余	借：资金结存——财政应返还额度/零余额账户用款额度/货币资金 贷：财政拨款结转——归集调入
(3)	向其他单位调出财政拨款结转资金	按照实际调减的额度数额或调减的资金数额	借：累计盈余 贷：财政应返还额度/零余额账户用款额度/银行存款	借：财政拨款结转——归集调出 贷：资金结存——财政应返还额度/零余额账户用款额度/货币资金
(4)	按照规定上缴财政拨款结转资金或注销财政拨款结转额度	按照实际上缴资金数额或注销的资金额度	借：累计盈余 贷：财政应返还额度/零余额账户用款额度/银行存款	借：财政拨款结转——归集上缴 贷：资金结存——财政应返还额度/零余额账户用款额度/货币资金

续表

序号	业务和事项内容		账务处理	
			财务会计	预算会计
(5)	单位内部调剂财政拨款结余资金	按照调整的金额		借：财政拨款结余——单位内部调剂 　　贷：财政拨款结转——单位内部调剂
(6)	年末结转	结转财政拨款预算收入		借：财政拨款预算收入 　　贷：财政拨款结转——本年收支结转
		结转财政拨款预算支出		借：财政拨款结转——本年收支结转 　　贷：行政支出/事业支出等（财政拨款支出部分）
(7)	年末冲销"财政拨款结转"科目有关明细科目余额			借：财政拨款结转——年初余额调整（该明细科目为贷方余额时）/归集调入/单位内部调剂/本年收支结转（该明细科目为贷方余额时） 　　贷：财政拨款结转——累计结转 借：财政拨款结转——累计结转 　　贷：财政拨款结转——归集上缴/年初余额调整（该明细科目为借方余额时）/归集调出/本年收支结转（该明细科目为借方余额时）
(8)	将符合时政拨款结余性质的项目余额转入财政拨款结余	按照有关规定将符合财政拨款结余性质的项目余额转入财政拨款结余		借：财政拨款结转——累计结转 　　贷：财政拨款结余——结转转入

续表

序号	业务和事项内容		账务处理	
			财务会计	预算会计
				财政拨款结余
(1)	因购货退回、会计差错更正等发生以前年度调整事项	调整增加相关资产	借：零余额账户用款额度/银行存款等 贷：以前年度盈余调整	借：资金结存——零余额账户用款额度/货币资金等 贷：财政拨款结余——年初余额调整
		因会计差错更正调整减少相关资产	借：以前年度盈余调整 贷：零余额账户用款额度/银行存款等	借：财政拨款结余——年初余额调整 贷：资金结存——零余额账户用款额度/货币资金等
(2)	按照规定上缴财政拨款结余资金或注销财政拨款结余额度	按照实际上缴资金数额或注销的资金额度	借：累计盈余 贷：财政应返还额度/零余额账户用款额度/银行存款	借：财政拨款结余——归集上缴 贷：资金结存——财政应返还额度/零余额账户用款额度/货币资金
(3)	单位内部调剂财政拨款结余资金	按照调整的金额		借：财政拨款结余——单位内部调剂 贷：财政拨款结转——单位内部调剂
(4)	年末，将符合财政拨款结余性质的项目余额转入财政拨款结余			借：财政拨款结转——累计结转 贷：财政拨款结余——结转转入
(5)	年末冲销"财政拨款结余"科目有关明细科目余额			借：财政拨款结余——年初余额调整（该明细科目为贷方余额时） 贷：财政拨款结余——累计结余 借：财政拨款结余——累计结余 贷：财政拨款结余 ——年初余额调整（该明细科目为借方余额时） ——归集上缴 ——单位内部调剂 借：财政拨款结余——结转转入 贷：财政拨款结余——累计结余

续表

序号	业务和事项内容		账务处理	
			财务会计	预算会计
				非财政拨款结转
(1)	按照规定从科研项目预算收入中提取项目管理费或间接费		借：单位管理费用 贷：预提费用——项目间接费用或管理费	借：非财政拨款结转——项目间接费用或管理费 贷：非财政拨款结余——项目间接费用或管理费
(2)	因购货退回、会计差错更正等发生以前年度调整事项	调整增加相关资产	借：银行存款等 贷：以前年度盈余调整	借：资金结存——货币资金 贷：非财政拨款结转——年初余额调整
		调整减少相关资产	借：以前年度盈余调整 贷：银行存款等	借：非财政拨款结转——年初余额调整 贷：资金结存——货币资金
(3)	按照规定缴回非财政拨款结转资金	按照实际缴回资金	借：累计盈余 贷：银行存款等	借：非财政拨款结转——缴回资金 贷：资金结存——货币资金
(4)	年末结转	结转非财政拨款专项收入		借：事业预算收入/上级补助预算收入/附属单位上缴预算收入/非同级财政拨款预算收入/债务预算收入/其他预算收入 贷：非财政拨款结转——本年收支结转
		结转非财政拨款专项支出		借：非财政拨款结转——本年收支结转 贷：行政支出/事业支出/其他支出

续表

序号	业务和事项内容	账务处理	
		财务会计	预算会计
(5)	年末冲销"非财政拨款结转"科目相关明细科目金额		借：非财政拨款结转——年初余额调整（该明细科目为贷方余额时） ——本年收支结转（该明细科目为贷方余额时） 贷：非财政拨款结转——累计结转 借：非财政拨款结转——累计结转 贷：非财政拨款结转——年初余额调整（该明细科目为借方余额时） ——缴回资金 ——项目间接费用或管理费 ——本年收支结转（该明细科目为借方余额时）
(6)	将留归本单位使用的非财政拨款专项剩余资金转入非财政拨款结余		借：非财政拨款结转——累计结转 贷：非财政拨款结余——结转转入
			非财政拨款结余
(1)	按照规定从科研项目预算收入中提取项目管理费或间接费	借：单位管理费用 贷：预提费用——项目间接费用或管理费	借：非财政拨款结转——项目间接费用或管理费 贷：非财政拨款结余——项目间接费用或管理费
(2)	有企业所得税缴纳义务的事业单位实际缴纳企业所得税	借：其他应交税费——单位应交所得税 贷：银行存款等	借：非财政拨款结余——累计结余 贷：资金结存——货币资金

续表

序号	业务和事项内容		账务处理	
			财务会计	预算会计
(3)	因购货退回、会计差错更正等发生以前年度调整事项	调整增加相关资产	借：银行存款等 贷：以前年度盈余调整	借：资金结存——货币资金 　贷：非财政拨款结余——年初余额调整
		调整减少相关资产	借：以前年度盈余调整 贷：银行存款等	借：非财政拨款结余——年初余额调整 　贷：资金结存——货币资金
(4)	将留归本单位使用的非财政拨款专项剩余资金转入非财政拨款结余			借：非财政拨款结转——累计结转 　贷：非财政拨款结余——结转转入
(5)	年末冲销"非财政拨款结余"科目相关明细科目余额			借：非财政拨款结余——年初余额调整（该明细科目为贷方余额时） 　　——项目间接费用或管理费 　　——结转转入 　贷：非财政拨款结余——累计结余 借：非财政拨款结余——累计结余 　贷：非财政拨款结余——年初余额调整（该明细科目为借方余额时） 　　——缴回资金
(6)	年末结转	非财政拨款结余分配为贷方余额		借：非财政拨款结余分配 　贷：非财政拨款结余——累计结余
		非财政拨款结余分配为借方余额		借：非财政拨款结余——累计结余 　贷：非财政拨款结余分配

续表

序号	业务和事项内容		账务处理	
			财务会计	预算会计
				专用结余
(1)	计提专用基金	从预算收入中按照一定比例提取基金并计入费用	借：业务活动费用等 　　贷：专用基金	
		从本年度非财政拨款结余或经营结余中提取基金	借：本年盈余分配 　　贷：专用基金	借：非财政拨款结余分配 　　贷：专用结余
		根据有关规定设置的其他专用基金	借：银行存款等 　　贷：专用基金	
(2)	按照规定使用提取的专用基金		借：专用基金 　　贷：银行存款等 使用专用基金购置固定资产、无形资产的： 借：固定资产/无形资产 　　贷：银行存款等 借：专用基金 　　贷：累计盈余	使用从非财政拨款结余或经营结余中提取的基金 借：专用结余 　　贷：资金结存——货币资金 使用从预算收入中提取并计入费用的基金 借：事业支出等 　　贷：资金结存——货币资金
				经营结余
(1)	年末经营收支结转			借：经营预算收入 　　贷：经营结余 借：经营结余 　　贷：经营支出
(2)	年末转入结余分配			借：经营结余 　　贷：非财政拨款结余分配 年末结余在借方，则不予结转

续表

序号	业务和事项内容	账务处理	
		财务会计	预算会计
			其他结余
(1)	年末	结转预算收入（除财政拨款收入、非同级财政专项收入、经营收入以外）		借：事业预算收入/上级补助预算收入/附属单位上缴预算收入/非同级财政拨款预算收入/债务预算收入/其他预算收入（非专项资金收入部分） 　　投资预算收益（为贷方余额时） 贷：其他结余 借：其他结余 贷：投资预算收益（为借方余额时）
		结转预算支出（除同级财政拨款支出、非同级财政专项支出、经营支出以外）		借：其他结余 贷：行政支出/事业支出/其他支出（非财政、非专项资金支出部分） 　　上缴上级支出/对附属单位补助支出/投资支出/债务还本支出
(2)	行政单位转入非财政拨款结余	其他结余为贷方余额		借：其他结余 贷：非财政拨款结余——累计结余
		其他结余为借方余额		借：非财政拨款结余——累计结余 贷：其他结余
(3)	事业单位年末转入结余分配	其他结余为贷方余额		借：其他结余 贷：非财政拨款结余分配
		其他结余为借方余额		借：非财政拨款结余分配 贷：其他结余
				非财政拨款结余分配
(1)	事业单位年末结余转入	其他结余为借方余额时		借：非财政拨款结余分配 贷：其他结余
		其他结余为贷方余额时		借：其他结余 贷：非财政拨款结余分配

第十一章 政府会计净资产及预算结余的核算

续表

序号	业务和事项内容		账务处理	
			财务会计	预算会计
(1)	事业单位年末结余转入	经营结余为贷方余额时		借：经营结余 　　贷：非财政拨款结余分配
(2)	计提专用基金	从非财政拨款结余中提取		借：非财政拨款结余分配 　　贷：专用结余
(3)	事业单位转入非财政拨款结余	非财政拨款结余分配为贷方余额		借：非财政拨款结余分配 　　贷：非财政拨款结余——累计结余
		非财政拨款结余分配为借方余额		借：非财政拨款结余——累计结余 　　贷：非财政拨款结余分配

本章小结

净资产属于政府财务会计要素。净资产是指政府会计主体资产扣除负债后的净额，主要包括累计盈余、专用基金、权益法调整、本期盈余、本年盈余分配、无偿调拨净资产、以前年度盈余调整。

预算结余属于政府预算会计要素。预算结余是指政府会计主体预算年度内预算收入扣除预算支出后的资金余额，以及历年滚存的资金余额，具体包括资金结存、财政拨款结转、财政拨款结余、非财政拨款结转、非财政拨款结余、专用结余、经营结余、其他结余、非财政拨款结余分配。

预算结余分为结余资金和结转资金。结余资金是指年度预算执行终了，预算收入实际完成数扣除预算支出和结转资金后剩余的资金。结转资金是指预算安排项目的支出年终尚未执行完毕或者因故未执行，且下年需要按原用途继续使用的资金。

净资产金额取决于资产和负债的计量。《政府会计准则——基本准则》第四十一条规定，净资产项目应当列入资产负债表。《政府会计准则——基本准则》第二十五条规定，符合预算收入、预算支出和预算结余定义及其确认条件的项目应当列入政府决算报表。

复习思考题

1. 什么是净资产？什么是预算结余？二者有何区别？
2. 如何理解资金结存？
3. 什么是结余资金？什么是结转资金？二者有何区别？
4. 什么是财政拨款结转？什么是财政拨款结余？二者有何联系与区别？

5. 什么是专用基金？专用基金如何形成？其主要用途是什么？
6. 什么是非财政拨款结余分配？
7. 行政事业单位预算结余与企业会计利润有何不同？
8. 什么是非财政拨款结转？什么是非财政拨款结余？二者有何区别？

第十二章

行政事业单位财务报告与决算报告

第一节 行政事业单位财务报告与决算报告概述

一、行政事业单位财务报告与决算报告

(一) 行政事业单位财务报告

行政事业单位财务报告是反映行政事业单位某一特定日期的财务状况和某一会计期间的运行情况和现金流量等信息的总结性书面文件。行政事业单位财务报告包括财务报表和其他应当在财务报告中披露的相关信息和资料。其中，财务报表是对报告主体财务状况、运行情况和现金流量等信息的结构性表述。财务报表包括会计报表和附注。会计报表包括资产负债表、收入费用表、净资产变动表和现金流量表。附注是指对在会计报表中列示项目的文字描述或明细资料，以及对未能在会计报表中列示项目的进一步说明。

(二) 行政事业单位决算报告

行政事业单位决算报告是综合反映行政事业单位年度预算收支执行结果的总结性书面文件，包括决算报表和其他应当在决算报告中反映的相关信息和资料。决算报表即预算会计报表，包括预算收入支出表、预算结转结余变动表和财政拨款预算收入支出表。

行政事业单位财务报表及附注预算会计报表包括的内容及编制期如表12-1所示。

表 12-1 行政事业单位财务报表及附注、预算会计报表

编号	报表名称	编制期
财务报表		
会政财 01 表	资产负债表	月度、年度
会政财 02 表	收入费用表	月度、年度
会政财 03 表	净资产变动表	年度
会政财 04 表	现金流量表	年度
	附注	年度
预算会计报表		
会政预 01 表	预算收入支出表	年度
会政预 02 表	预算结转结余变动表	年度
会政预 03 表	财政拨款预算收入支出表	年度

二、行政事业单位会计报表的编制要求

政府会计主体应当按照规定编制财务报表和预算会计报表。

政府会计主体应当根据《政府会计制度》规定编制真实、完整的财务报表和预算会计报表，不得违反制度规定随意改变财务报表和预算会计报表的编制基础、编制依据、编制原则和方法，不得随意改变本制度规定的财务报表和预算会计报表有关数据的会计口径。政府会计主体应当至少按照年度编制财务报表和预算会计报表。

政府会计主体财务报表和预算会计报表应当根据登记完整、核对无误的账簿记录和其他有关资料编制，做到数字真实、计算准确、内容完整、编报及时。

政府会计主体财务报表和预算会计报表应当由单位负责人和主管会计工作的负责人、会计机构负责人（会计主管人员）签名并盖章。

（一）行政事业单位财务报表的编制要求

财务报表的编制主要以权责发生制为基础，以财务会计核算生成的数据为准。财务报表的目标是向财务报告使用者提供与政府的财务状况、运行情况（含运行成本，下同）和现金流量等有关的信息，反映政府会计主体公共受托责任履行情况，这有助于财务报告使用者作出决策或者进行监督和管理。政府财务报告使用者包括各级人民代表大会及其常务委员会、债权人、各级政府及其有关部门、政府会计主体自身和其他利益相关者。

财务报表由会计报表及其附注构成。会计报表一般包括资产负债表、收入费用表和净资产变动表。单位可根据实际情况自行选择编制现金流量表。

资产负债表是反映政府会计主体在某一特定日期的财务状况的报表。

收入费用表是反映政府会计主体在一定会计期间运行情况的报表。

现金流量表是反映政府会计主体在一定会计期间现金及现金等价物流入和流出情况的报表。

附注是对在资产负债表、收入费用表、现金流量表等报表中列示项目所作的进一步说明，以及对未能在这些报表中列示项目的说明。

(二) 行政事业单位预算会计报表的编制要求

预算会计报表的编制主要以收付实现制为基础，以预算会计核算生成的数据为准。预算会计报表的目标是向决算报告使用者提供与政府预算执行情况有关的信息，综合反映政府会计主体预算收支的年度执行结果，有助于决算报告使用者进行监督和管理，并为编制后续年度预算提供参考和依据。政府决算报告使用者包括各级人民代表大会及其常务委员会、各级政府及其有关部门、政府会计主体自身、社会公众和其他利益相关者。

第二节 资产负债表

一、资产负债表的含义

资产负债表是反映行政事业单位在某一特定日期财务状况的报表。资产负债表应当按照资产、负债和净资产分类列示。资产和负债应当按其流动性分别进行流动资产和非流动资产、流动负债和非流动负债列示。按照规定，行政事业单位资产负债表应当至少按照年度编制。

二、资产负债表的基本格式

资产负债表的基本格式如表12-2所示。

表12-2 资产负债表

会政财01表

编制单位：_____　　　　　____年___月___日　　　　　　单位：元

资产	期末余额	年初余额	负债和净资产	期末余额	年初余额
流动资产：			流动负债：		
货币资金			短期借款		
短期投资			应交增值税		
财政应返还额度			其他应交税费		
应收票据			应缴财政款		
应收账款净额			应付职工薪酬		
预付账款			应付票据		
应收股利			应付账款		
应收利息			应付政府补贴款		
其他应收款净额			应付利息		
存货			预收账款		
待摊费用			其他应付款		

续表

资产	期末余额	年初余额	负债和净资产	期末余额	年初余额
一年内到期的非流动资产			预提费用		
其他流动资产			一年内到期的非流动负债		
流动资产合计			其他流动负债		
非流动资产：			流动负债合计		
长期股权投资			非流动负债：		
长期债券投资			长期借款		
固定资产原值			长期应付款		
减：固定资产累计折旧			预计负债		
固定资产净值			其他非流动负债		
工程物资			非流动负债合计		
在建工程			受托代理负债		
无形资产原值			负债合计		
减：无形资产累计摊销					
无形资产净值					
研发支出					
公共基础设施原值					
减：公共基础设施累计折旧（摊销）					
公共基础设施净值					
政府储备物资					
文物文化资产					
保障性住房原值					
减：保障性住房累计折旧			净资产：		
保障性住房净值			累计盈余		
长期待摊费用			专用基金		
待处理财产损溢			权益法调整		
其他非流动资产			无偿调拨净资产*		—
非流动资产合计			本期盈余*		—
受托代理资产			净资产合计		
资产总计			负债和净资产总计		

注："*"标识项目为月报项目，年报中不需列示。

三、资产负债表的编制

资产负债表反映单位在某一特定日期全部资产、负债和净资产的情况。

(一) 资产负债表编制的基本要求

资产负债表"年初余额"栏内各项数字,应当根据上年年末资产负债表"期末余额"栏内数字填列。如果本年度资产负债表规定的项目的名称和内容同上年度不一致,应当对上年年末资产负债表项目的名称和数字按照本年度的规定进行调整,将调整后数字填入资产负债表"年初余额"栏内。如果本年度单位发生了因前期差错更正、会计政策变更等调整以前年度盈余的事项,还应当对"年初余额"栏中的有关项目金额进行相应调整。

资产负债表中"资产总计"项目期末(年初)余额应当与"负债和净资产总计"项目期末(年初)余额相等。

(二) 资产负债表"期末余额"栏的填列

1. 资产类项目

① "货币资金"项目,反映单位期末库存现金、银行存款、零余额账户用款额度、其他货币资金的合计数。本项目应当根据"库存现金""银行存款""零余额账户用款额度""其他货币资金"科目的期末余额的合计数填列;若单位存在通过"库存现金""银行存款"科目核算的受托代理资产还应当按照前述合计数扣减"库存现金""银行存款"科目下"受托代理资产"明细科目的期末余额后的金额填列。

② "短期投资"项目,反映事业单位期末持有的短期投资账面余额。本项目应当根据"短期投资"科目的期末余额填列。

③ "财政应返还额度"项目,反映单位期末财政应返还额度的金额。本项目应当根据"财政应返还额度"科目的期末余额填列。

④ "应收票据"项目,反映事业单位期末持有的应收票据的票面金额。本项目应当根据"应收票据"科目的期末余额填列。

⑤ "应收账款净额"项目,反映单位期末尚未收回的应收账款减去已计提的坏账准备后的净额。本项目应当根据"应收账款"科目的期末余额,减去"坏账准备"科目中对应收账款计提的坏账准备的期末余额后的金额填列。

⑥ "预付账款"项目,反映单位期末预付给商品或者劳务供应单位的款项。本项目应当根据"预付账款"科目的期末余额填列。

⑦ "应收股利"项目,反映事业单位期末因股权投资而应收取的现金股利或应当分得的利润。本项目应当根据"应收股利"科目的期末余额填列。

⑧ "应收利息"项目,反映事业单位期末因债券投资等而应收取的利息。事业单位购入的到期一次还本付息的长期债券投资持有期间应收的利息,不包括在本项目内。本项目应当根据"应收利息"科目的期末余额填列。

⑨ "其他应收款净额"项目,反映单位期末尚未收回的其他应收款减去已计提的坏账

准备后的净额。本项目应当根据"其他应收款"科目的期末余额减去"坏账准备"科目中对其他应收款计提的坏账准备的期末余额后的金额填列。

⑩ "存货"项目,反映单位期末存储的存货的实际成本。本项目应当根据"在途物品""库存物品""加工物品"科目的期末余额的合计数填列。

⑪ "待摊费用"项目,反映单位期末已经支出,但应当由本期和以后各期负担的分摊期在1年以内(含1年)的各项费用。本项目应当根据"待摊费用"科目的期末余额填列。

⑫ "一年内到期的非流动资产"项目,反映单位期末非流动资产项目中将在1年内(含1年)到期的金额,如事业单位将在1年内(含1年)到期的长期债券投资金额。本项目应当根据"长期债券投资"等科目的明细科目的期末余额分析填列。

⑬ "其他流动资产"项目,反映单位期末除本表中上述各项之外的其他流动资产的合计金额。本项目应当根据有关科目期末余额的合计数填列。

⑭ "流动资产合计"项目,反映单位期末流动资产的合计数。本项目应当根据本表中"货币资金""短期投资""财政应返还额度""应收票据""应收账款净额""预付账款""应收股利""应收利息""其他应收款净额""存货""待摊费用""一年内到期的非流动资产""其他流动资产"项目金额的合计数填列。

⑮ "长期股权投资"项目,反映事业单位期末持有的长期股权投资的账面余额。本项目应当根据"长期股权投资"科目的期末余额填列。

⑯ "长期债券投资"项目,反映事业单位期末持有的长期债券投资的账面余额。本项目应当根据"长期债券投资"科目的期末余额减去其中将于1年内(含1年)到期的长期债券投资余额后的金额填列。

⑰ "固定资产原值"项目,反映单位期末固定资产的原值。本项目应当根据"固定资产"科目的期末余额填列。

"固定资产累计折旧"项目,反映单位期末固定资产已计提的累计折旧金额。本项目应当根据"固定资产累计折旧"科目的期末余额填列。

"固定资产净值"项目,反映单位期末固定资产的账面价值。本项目应当根据"固定资产"科目期末余额减去"固定资产累计折旧"科目期末余额后的金额填列。

⑱ "工程物资"项目,反映单位期末为在建工程准备的各种物资的实际成本。本项目应当根据"工程物资"科目的期末余额填列。

⑲ "在建工程"项目,反映单位期末所有的建设项目工程的实际成本。本项目应当根据"在建工程"科目的期末余额填列。

⑳ "无形资产原值"项目,反映单位期末无形资产的原值。本项目应当根据"无形资产"科目的期末余额填列。

"无形资产累计摊销"项目,反映单位期末无形资产已计提的累计摊销金额。本项目应当根据"无形资产累计摊销"科目的期末余额填列。

"无形资产净值"项目,反映单位期末无形资产的账面价值。本项目应当根据"无形资产"科目期末余额减去"无形资产累计摊销"科目期末余额后的金额填列。

㉑"研发支出"项目，反映单位期末正在进行的无形资产开发项目开发阶段发生的累计支出数。本项目应当根据"研发支出"科目的期末余额填列。

㉒"公共基础设施原值"项目，反映单位期末控制的公共基础设施的原值。本项目应当根据"公共基础设施"科目的期末余额填列。

"公共基础设施累计折旧（摊销）"项目，反映单位期末控制的公共基础设施已计提的累计折旧和累计摊销金额。本项目应当根据"公共基础设施累计折旧（摊销）"科目的期末余额填列。

"公共基础设施净值"项目，反映单位期末控制的公共基础设施的账面价值。本项目应当根据"公共基础设施"科目期末余额减去"公共基础设施累计折旧（摊销）"科目期末余额后的金额填列。

㉓"政府储备物资"项目，反映单位期末控制的政府储备物资的实际成本。本项目应当根据"政府储备物资"科目的期末余额填列。

㉔"文物文化资产"项目，反映单位期末控制的文物文化资产的成本。本项目应当根据"文物文化资产"科目的期末余额填列。

㉕"保障性住房原值"项目，反映单位期末控制的保障性住房的原值。本项目应当根据"保障性住房"科目的期末余额填列。

"保障性住房累计折旧"项目，反映单位期末控制的保障性住房已计提的累计折旧金额。本项目应当根据"保障性住房累计折旧"科目的期末余额填列。

"保障性住房净值"项目，反映单位期末控制的保障性住房的账面价值。本项目应当根据"保障性住房"科目期末余额减去"保障性住房累计折旧"科目期末余额后的金额填列。

㉖"长期待摊费用"项目，反映单位期末已经支出，但应由本期和以后各期负担的分摊期限在1年以上（不含1年）的各项费用。本项目应当根据"长期待摊费用"科目的期末余额填列。

㉗"待处理财产损溢"项目，反映单位期末尚未处理完毕的各种资产的净损失或净溢余。本项目应当根据"待处理财产损溢"科目的期末贷方余额填列；如"待处理财产损溢"科目期末为借方余额，以"-"号填列。

㉘"其他非流动资产"项目，反映单位期末除本表中上述各项之外的其他非流动资产的合计数。本项目应当根据有关科目的期末余额合计数填列。

㉙"非流动资产合计"项目，反映单位期末非流动资产的合计数。本项目应当根据本表中"长期股权投资""长期债券投资""固定资产净值""工程物资""在建工程""无形资产净值""研发支出""公共基础设施净值""政府储备物资""文物文化资产""保障性住房净值""长期待摊费用""待处理财产损溢""其他非流动资产"项目金额的合计数填列。

㉚"受托代理资产"项目，反映单位期末受托代理资产的价值。本项目应当根据"受托代理资产"科目的期末余额与"库存现金""银行存款"科目下"受托代理资产"明细科目的期末余额的合计数填列。

㉛"资产总计"项目，反映单位期末资产的合计数。本项目应当根据本表中"流动资产合计""非流动资产合计""受托代理资产"项目金额的合计数填列。

2. 负债类项目

① "短期借款"项目，反映事业单位期末短期借款的余额。本项目应当根据"短期借款"科目的期末余额填列。

② "应交增值税"项目，反映单位期末应交未交的增值税税额。本项目应当根据"应交增值税"科目的期末余额填列，如"应交增值税"科目期末为借方余额，以"-"号填列。

③ "其他应交税费"项目，反映单位期末应交未交的除增值税以外的税费金额。本项目应当根据"其他应交税费"科目的期末余额填列，如"其他应交税费"科目期末为借方余额，以"-"号填列。

④ "应缴财政款"项目，反映单位期末应当上缴财政但尚未缴纳的款项。本项目应当根据"应缴财政款"科目的期末余额填列。

⑤ "应付职工薪酬"项目，反映单位期末按有关规定应付给职工及为职工支付的各种薪酬。本项目应当根据"应付职工薪酬"科目的期末余额填列。

⑥ "应付票据"项目，反映事业单位期末应付票据的金额。本项目应当根据"应付票据"科目的期末余额填列。

⑦ "应付账款"项目，反映单位期末应当支付但尚未支付的偿还期限在1年以内（含1年）的应付账款的金额。本项目应当根据"应付账款"科目的期末余额填列。

⑧ "应付政府补贴款"项目，反映负责发放政府补贴的行政单位期末按照规定应当支付给政府补贴接受者的各种政府补贴款余额。本项目应当根据"应付政府补贴款"科目的期末余额填列。

⑨ "应付利息"项目，反映事业单位期末按照合同约定应支付的借款利息。事业单位到期一次还本付息的长期借款利息不包括在本项目内。本项目应当根据"应付利息"科目的期末余额填列。

⑩ "预收账款"项目，反映事业单位期末预先收取但尚未确认收入和实际结算的款项余额。本项目应当根据"预收账款"科目的期末余额填列。

⑪ "其他应付款"项目，反映单位期末其他各项偿还期限在1年内（含1年）的应付及暂收款项余额。本项目应当根据"其他应付款"科目的期末余额填列。

⑫ "预提费用"项目，反映单位期末已预先提取的已经发生但尚未支付的各项费用。本项目应当根据"预提费用"科目的期末余额填列。

⑬ "一年内到期的非流动负债"项目，反映单位期末将于1年内（含1年）偿还的非流动负债的余额。本项目应当根据"长期应付款""长期借款"等科目的明细科目的期末余额分析填列。

⑭ "其他流动负债"项目，反映单位期末除本表中上述各项之外的其他流动负债的合计数。本项目应当根据有关科目的期末余额的合计数填列。

⑮"流动负债合计"项目,反映单位期末流动负债合计数。本项目应当根据本表"短期借款""应交增值税""其他应交税费""应缴财政款""应付职工薪酬""应付票据""应付账款""应付政府补贴款""应付利息""预收账款""其他应付款""预提费用""一年内到期的非流动负债""其他流动负债"项目金额的合计数填列。

⑯"长期借款"项目,反映事业单位期末长期借款的余额。本项目应当根据"长期借款"科目的期末余额减去其中将于1年内(含1年)到期的长期借款余额后的金额填列。

⑰"长期应付款"项目,反映单位期末长期应付款的余额。本项目应当根据"长期应付款"科目的期末余额减去其中将于1年内(含1年)到期的长期应付款余额后的金额填列。

⑱"预计负债"项目,反映单位期末已确认但尚未偿付的预计负债的余额。本项目应当根据"预计负债"科目的期末余额填列。

⑲"其他非流动负债"项目,反映单位期末除本表中上述各项之外的其他非流动负债的合计数。本项目应当根据有关科目的期末余额合计数填列。

⑳"非流动负债合计"项目,反映单位期末非流动负债合计数。本项目应当根据本表中"长期借款""长期应付款""预计负债""其他非流动负债"项目金额的合计数填列。

㉑"受托代理负债"项目,反映单位期末受托代理负债的金额。本项目应当根据"受托代理负债"科目的期末余额填列。

㉒"负债合计"项目,反映单位期末负债的合计数。本项目应当根据本表中"流动负债合计""非流动负债合计""受托代理负债"项目金额的合计数填列。

3. 净资产类项目

①"累计盈余"项目,反映单位期末未分配盈余(或未弥补亏损)以及无偿调拨净资产变动的累计数。本项目应当根据"累计盈余"科目的期末余额填列。

②"专用基金"项目,反映事业单位期末累计提取或设置但尚未使用的专用基金余额。本项目应当根据"专用基金"科目的期末余额填列。

③"权益法调整"项目,反映事业单位期末在被投资单位除净损益和利润分配以外的所有者权益变动中累积享有的份额。本项目应当根据"权益法调整"科目的期末余额填列,如"权益法调整"科目期末为借方余额,以"-"号填列。

④"无偿调拨净资产"项目,反映单位本年度截至报告期期末无偿调入的非现金资产价值扣减无偿调出的非现金资产价值后的净值。本项目仅在月度报表中列示,年度报表中不列示。月度报表中本项目应当根据"无偿调拨净资产"科目的期末余额填列;"无偿调拨净资产"科目期末为借方余额时,以"-"号填列。

⑤"本期盈余"项目,反映单位本年度截至报告期期末实现的累计盈余或亏损。本项目仅在月度报表中列示,年度报表中不列示。月度报表中本项目应当根据"本期盈余"科目的期末余额填列;"本期盈余"科目期末为借方余额时,以"-"号填列。

⑥"净资产合计"项目,反映单位期末净资产合计数。本项目应当根据本表中"累计盈余"、"专用基金"、"权益法调整"、"无偿调拨净资产"(月度报表)、"本期盈余"(月

度报表）项目金额的合计数填列。

⑦"负债和净资产总计"项目，应当按照本表中"负债合计""净资产合计"项目金额的合计数填列。

第三节　收入费用表

一、收入费用表的含义

收入费用表是反映行政事业单位在某一会计期间运行情况的报表，即反映行政事业单位在某一会计期间内发生的收入、费用及当期盈余情况。

二、收入费用表的基本格式

收入费用表的基本格式如表12-3所示。

表12-3　收入费用表

会政财02表

编制单位：_____　　　　　　　　　____年___月　　　　　　　　　单位：元

项目	本月数	本年累计数
一、本期收入		
（一）财政拨款收入		
其中：政府性基金收入		
（二）事业收入		
（三）上级补助收入		
（四）附属单位上缴收入		
（五）经营收入		
（六）非同级财政拨款收入		
（七）投资收益		
（八）捐赠收入		
（九）利息收入		
（十）租金收入		
（十一）其他收入		
二、本期费用		
（一）业务活动费用		
（二）单位管理费用		
（三）经营费用		

续表

项目	本月数	本年累计数
（四）资产处置费用		
（五）上缴上级费用		
（六）对附属单位补助费用		
（七）所得税费用		
（八）其他费用		
三、本期盈余		

三、收入费用表的编制

收入费用表反映单位在某一会计期间内发生的收入、费用及当期盈余情况。

（一）收入费用表编制的基本要求

收入费用表"本月数"栏反映各项目的本月实际发生数。编制年度收入费用表时，应当将本栏改为"本年数"，反映本年度各项目的实际发生数。

收入费用表"本年累计数"栏反映各项目自年初至报告期期末的累计实际发生数。编制年度收入费用表时，应当将本栏改为"上年数"，反映上年度各项目的实际发生数，"上年数"栏应当根据上年年度收入费用表中"本年数"栏内所列数字填列。

如果本年度收入费用表规定的项目的名称和内容同上年度不一致，应当对上年度收入费用表项目的名称和数字按照本年度的规定进行调整，将调整后的金额填入本年度收入费用表的"上年数"栏内。如果本年度单位发生了因前期差错更正、会计政策变更等调整以前年度盈余的事项，还应当对年度收入费用表中"上年数"栏中的有关项目金额进行相应调整。

（二）收入费用表"本月数"栏的填列

1. 收入类项目

①"本期收入"项目，反映单位本期收入总额。本项目应当根据本表中"财政拨款收入""事业收入""上级补助收入""附属单位上缴收入""经营收入""非同级财政拨款收入""投资收益""捐赠收入""利息收入""租金收入""其他收入"项目金额的合计数填列。

②"财政拨款收入"项目，反映单位本期从同级政府财政部门取得的各类财政拨款。本项目应当根据"财政拨款收入"科目的本期发生额填列。"政府性基金收入"项目，反映单位本期取得的财政拨款收入中属于政府性基金预算拨款的金额。本项目应当根据"财政拨款收入"科目相关明细科目的本期发生额填列。

③"事业收入"项目，反映事业单位本期开展专业业务活动及其辅助活动实现的收入。本项目应当根据"事业收入"科目的本期发生额填列。

④"上级补助收入"项目，反映事业单位本期从主管部门和上级单位收到或应收的非财政拨款收入。本项目应当根据"上级补助收入"科目的本期发生额填列。

⑤"附属单位上缴收入"项目,反映事业单位本期收到或应收的独立核算的附属单位按照有关规定上缴的收入。本项目应当根据"附属单位上缴收入"科目的本期发生额填列。

⑥"经营收入"项目,反映事业单位本期在专业业务活动及其辅助活动之外开展非独立核算经营活动实现的收入。本项目应当根据"经营收入"科目的本期发生额填列。

⑦"非同级财政拨款收入"项目,反映单位本期从非同级政府财政部门取得的财政拨款,不包括事业单位因开展科研及其辅助活动从非同级财政部门取得的经费拨款。本项目应当根据"非同级财政拨款收入"科目的本期发生额填列。

⑧"投资收益"项目,反映事业单位本期股权投资和债券投资所实现的收益或发生的损失。本项目应当根据"投资收益"科目的本期发生额填列;如为投资净损失,以"-"号填列。

⑨"捐赠收入"项目,反映单位本期接受捐赠取得的收入。本项目应当根据"捐赠收入"科目的本期发生额填列。

⑩"利息收入"项目,反映单位本期取得的银行存款利息收入。本项目应当根据"利息收入"科目的本期发生额填列。

⑪"租金收入"项目,反映单位本期经批准利用国有资产出租取得并按规定纳入本单位预算管理的租金收入。本项目应当根据"租金收入"科目的本期发生额填列。

⑫"其他收入"项目,反映单位本期取得的除以上收入项目外的其他收入的总额。本项目应当根据"其他收入"科目的本期发生额填列。

2. 费用类项目

①"本期费用"项目,反映单位本期费用总额。本项目应当根据本表中"业务活动费用""单位管理费用""经营费用""资产处置费用""上缴上级费用""对附属单位补助费用""所得税费用"和"其他费用"项目金额的合计数填列。

②"业务活动费用"项目,反映单位本期为实现其职能目标,依法履职或开展专业业务活动及其辅助活动所发生的各项费用。本项目应当根据"业务活动费用"科目本期发生额填列。

③"单位管理费用"项目,反映事业单位本期本级行政及后勤管理部门开展管理活动发生的各项费用,以及由单位统一负担的离退休人员经费、工会经费、诉讼费、中介费等。本项目应当根据"单位管理费用"科目的本期发生额填列。

④"经营费用"项目,反映事业单位本期在专业业务活动及其辅助活动之外开展非独立核算经营活动发生的各项费用。本项目应当根据"经营费用"科目的本期发生额填列。

⑤"资产处置费用"项目,反映单位本期经批准处置资产时转销的资产价值以及在处置过程中发生的相关费用或者处置收入小于处置费用形成的净支出。本项目应当根据"资产处置费用"科目的本期发生额填列。

⑥"上缴上级费用"项目,反映事业单位按照规定上缴上级单位款项发生的费用。本项目应当根据"上缴上级费用"科目的本期发生额填列。

⑦"对附属单位补助费用"项目,反映事业单位用财政拨款收入之外的收入对附属单

位补助发生的费用。本项目应当根据"对附属单位补助费用"科目的本期发生额填列。

⑧"所得税费用"项目，反映有企业所得税缴纳义务的事业单位本期计算应缴纳的企业所得税。本项目应当根据"所得税费用"科目的本期发生额填列。

⑨"其他费用"项目，反映单位本期发生的除以上费用项目外的其他费用的总额。本项目应当根据"其他费用"科目的本期发生额填列。

3. 盈余类项目

"本期盈余"项目，反映单位本期收入扣除本期费用后的净额。本项目应当根据本表中"本期收入"项目金额减去"本期费用"项目金额后的金额填列；如为负数，以"-"号填列。

第四节　净资产变动表

一、净资产变动表的含义

净资产变动表反映了行政事业单位在某一会计年度内净资产项目的变动情况。净资产变动表所提供的信息有助于报表信息使用者了解该单位在一定时期内净资产的变动与变动构成，有助于进行更全面的绩效考核。

二、净资产变动表的基本格式

净资产变动表的基本格式如表12-4所示。

表12-4　净资产变动表

会政财03表

编制单位：_____　　　　　____年___月　　　　　单位：元

项目	本年数				上年数			
	累计盈余	专用基金	权益法调整	净资产合计	累计盈余	专用基金	权益法调整	净资产合计
一、上年年末余额								
二、以前年度盈余调整（减少以"-"号填列）		—				—		
三、本年年初余额								
四、本年变动金额（减少以"-"号填列）								
（一）本年盈余		—				—		
（二）无偿调拨净资产		—				—		
（三）归集调整预算结转结余		—				—		

续表

项目	本年数				上年数			
	累计盈余	专用基金	权益法调整	净资产合计	累计盈余	专用基金	权益法调整	净资产合计
（四）提取或设置专用基金			—				—	
其中：从预算收入中提取		—	—			—	—	
从预算结余中提取			—				—	
设置的专用基金	—		—		—		—	
（五）使用专用基金			—				—	
（六）权益法调整	—	—			—	—		
五、本年年末余额								

注："—"标识单元格不需填列。

三、净资产变动表的编制

净资产变动表反映单位在某一会计年度内净资产项目的变动情况。

（一）净资产变动表编制的基本要求

净资产变动表"本年数"栏反映本年度各项目的实际变动数；"上年数"栏反映上年度各项目的实际变动数，应当根据上年度净资产变动表中"本年数"栏内所列数字填列。

如果上年度净资产变动表规定的项目的名称和内容与本年度不一致，应对上年度净资产变动表项目的名称和数字按照本年度的规定进行调整，将调整后金额填入本年度净资产变动表"上年数"栏内。

（二）净资产变动表"本年数"栏的填列

① "上年年末余额"行，反映单位净资产各项目上年年末的余额。本行各项目应当根据"累计盈余""专用基金""权益法调整"科目上年年末余额填列。

② "以前年度盈余调整"行，反映单位本年度调整以前年度盈余的事项对累计盈余进行调整的金额。本行"累计盈余"项目应当根据本年度"以前年度盈余调整"科目转入"累计盈余"科目的金额填列；如调整减少累计盈余，以"-"号填列。

③ "本年年初余额"行，反映经过以前年度盈余调整后，单位净资产各项目的本年年初余额。本行"累计盈余""专用基金""权益法调整"项目应当根据其各自在"上年年末余额"和"以前年度盈余调整"行对应项目金额的合计数填列。

④ "本年变动金额"行，反映单位净资产各项目本年变动总金额。本行"累计盈余""专用基金""权益法调整"项目应当根据其各自在"本年盈余""无偿调拨净资产""归集调整预算结转结余""提取或设置专用基金""使用专用基金""权益法调整"行对应项目金额的合计数填列。

a. "本年盈余"行，反映单位本年发生的收入、费用对净资产的影响。本行"累计盈余"项目应当根据年末由"本期盈余"科目转入"本年盈余分配"科目的金额填列；如转入时借记"本年盈余分配"科目，则以"-"号填列。

b. "无偿调拨净资产"行，反映单位本年无偿调入、调出非现金资产事项对净资产的影响。本行"累计盈余"项目应当根据年末由"无偿调拨净资产"科目转入"累计盈余"科目的金额填列；如转入时借记"累计盈余"科目，则以"-"号填列。

c. "归集调整预算结转结余"行，反映单位本年财政拨款结转结余资金归集调入、归集上缴或调出，以及非财政拨款结转资金缴回对净资产的影响。本行"累计盈余"项目应当根据"累计盈余"科目明细账记录分析填列；如归集调整减少预算结转结余，则以"-"号填列。

d. "提取或设置专用基金"行，反映单位本年提取或设置专用基金对净资产的影响。本行"累计盈余"项目应当根据"从预算结余中提取"行"累计盈余"项目的金额填列。本行"专用基金"项目应当根据"从预算收入中提取""从预算结余中提取""设置的专用基金"行"专用基金"项目金额的合计数填列。"从预算收入中提取"行，反映单位本年从预算收入中提取专用基金对净资产的影响。本行"专用基金"项目应当通过对"专用基金"科目明细账记录的分析，根据本年按有关规定从预算收入中提取基金的金额填列。"从预算结余中提取"行，反映单位本年根据有关规定从本年度非财政拨款结余或经营结余中提取专用基金对净资产的影响。本行"累计盈余""专用基金"项目应当通过对"专用基金"科目明细账记录的分析，根据本年按有关规定从本年度非财政拨款结余或经营结余中提取专用基金的金额填列；本行"累计盈余"项目以"-"号填列。"设置的专用基金"行，反映单位本年根据有关规定设置的其他专用基金对净资产的影响。本行"专用基金"项目应当通过对"专用基金"科目明细账记录的分析，根据本年按有关规定设置的其他专用基金的金额填列。

e. "使用专用基金"行，反映单位本年按规定使用专用基金对净资产的影响。本行"累计盈余""专用基金"项目应当通过对"专用基金"科目明细账记录的分析，根据本年按规定使用专用基金的金额填列；本行"专用基金"项目以"-"号填列。

f. "权益法调整"行，反映单位本年按照被投资单位除净损益和利润分配以外的所有者权益变动份额而调整长期股权投资账面余额对净资产的影响。本行"权益法调整"项目应当根据"权益法调整"科目本年发生额填列；若本年净发生额为借方时，以"-"号填列。

⑤ "本年年末余额"行，反映单位本年各净资产项目的年末余额。本行"累计盈余""专用基金""权益法调整"项目应当根据其各自在"本年年初余额""本年变动金额"行对应项目金额的合计数填列。

净资产变动表各行"净资产合计"项目，应当根据所在行"累计盈余""专用基金""权益法调整"项目金额的合计数填列。

第五节　现金流量表

一、现金流量表的含义

现金流量表是指行政事业单位编制的在某一会计年度内按照日常活动、投资活动、筹资活动的现金流量，分别反映现金流入和流出信息的报表。

现金流量表所指的现金流量是现金的流入和流出。

现金流量表所指的现金是单位的库存现金以及其他可以随时用于支付的款项，包括库存现金、可以随时用于支付的银行存款、其他货币资金、零余额账户用款额度、财政应返还额度，以及通过财政直接支付方式支付的款项。

二、现金流量表的基本格式

现金流量表的基本格式如表12-5所示。

表12-5　现金流量表

会政财04表

编制单位：_____　　　　　　　____年　　　　　　　　　　单位：元

项目	本年金额	上年金额
一、日常活动产生的现金流量：		
财政基本支出拨款收到的现金		
财政非资本性项目拨款收到的现金		
事业活动收到的除财政拨款以外的现金		
收到的其他与日常活动有关的现金		
日常活动的现金流入小计		
购买商品、接受劳务支付的现金		
支付给职工以及为职工支付的现金		
支付的各项税费		
支付的其他与日常活动有关的现金		
日常活动的现金流出小计		
日常活动产生的现金流量净额		
二、投资活动产生的现金流量：		
收回投资收到的现金		
取得投资收益收到的现金		
处置固定资产、无形资产、公共基础设施等收回的现金净额		
收到的其他与投资活动有关的现金		

续表

项目	本年金额	上年金额
投资活动的现金流入小计		
购建固定资产、无形资产、公共基础设施等支付的现金		
对外投资支付的现金		
上缴处置固定资产、无形资产、公共基础设施等净收入支付的现金		
支付的其他与投资活动有关的现金		
投资活动的现金流出小计		
投资活动产生的现金流量净额		
三、筹资活动产生的现金流量：		
财政资本性项目拨款收到的现金		
取得借款收到的现金		
收到的其他与筹资活动有关的现金		
筹资活动的现金流入小计		
偿还借款支付的现金		
偿还利息支付的现金		
支付的其他与筹资活动有关的现金		
筹资活动的现金流出小计		
筹资活动产生的现金流量净额		
四、汇率变动对现金的影响额		
五、现金净增加额		

三、现金流量表的编制

现金流量表反映单位在某一会计年度内现金流入和流出的信息。

（一）现金流量表编制的基本要求

现金流量表应当按照日常活动、投资活动、筹资活动的现金流量分别反映。

现金流量表"本年金额"栏反映各项目的本年实际发生数；"上年金额"栏反映各项目的上年实际发生数，应当根据上年现金流量表中"本年金额"栏内所列数字填列。单位应当采用直接法编制现金流量表。

（二）现金流量表"本年金额"栏的填列

1. 日常活动产生的现金流量

①"财政基本支出拨款收到的现金"项目，反映单位本年接受财政基本支出拨款取得的现金。本项目应当根据"零余额账户用款额度""财政拨款收入""银行存款"等科目及其所属明细科目的记录分析填列。

②"财政非资本性项目拨款收到的现金"项目，反映单位本年接受除用于购建固定资产、无形资产、公共基础设施等资本性项目以外的财政项目拨款取得的现金。本项目应当根据"银行存款""零余额账户用款额度""财政拨款收入"等科目及其所属明细科目的记录分析填列。

③"事业活动收到的除财政拨款以外的现金"项目，反映事业单位本年开展专业业务活动及其辅助活动取得的除财政拨款以外的现金。本项目应当根据"库存现金""银行存款""其他货币资金""应收账款""应收票据""预收账款""事业收入"等科目及其所属明细科目的记录分析填列。

④"收到的其他与日常活动有关的现金"项目，反映单位本年收到的除以上项目之外的与日常活动有关的现金。本项目应当根据"库存现金""银行存款""其他货币资金""上级补助收入""附属单位上缴收入""经营收入""非同级财政拨款收入""捐赠收入""利息收入""租金收入""其他收入"等科目及其所属明细科目的记录分析填列。

⑤"日常活动的现金流入小计"项目，反映单位本年日常活动产生的现金流入的合计数。本项目应当根据本表中"财政基本支出拨款收到的现金""财政非资本性项目拨款收到的现金""事业活动收到的除财政拨款以外的现金""收到的其他与日常活动有关的现金"项目金额的合计数填列。

⑥"购买商品、接受劳务支付的现金"项目，反映单位本年在日常活动中用于购买商品、接受劳务支付的现金。本项目应当根据"库存现金""银行存款""财政拨款收入""零余额账户用款额度""预付账款""在途物品""库存物品""应付账款""应付票据""业务活动费用""单位管理费用""经营费用"等科目及其所属明细科目的记录分析填列。

⑦"支付给职工以及为职工支付的现金"项目，反映单位本年支付给职工以及为职工支付的现金。本项目应当根据"库存现金""银行存款""零余额账户用款额度""财政拨款收入""应付职工薪酬""业务活动费用""单位管理费用""经营费用"等科目及其所属明细科目的记录分析填列。

⑧"支付的各项税费"项目，反映单位本年用于缴纳日常活动相关税费而支付的现金。本项目应当根据"库存现金""银行存款""零余额账户用款额度""应交增值税""其他应交税费""业务活动费用""单位管理费用""经营费用""所得税费用"等科目及其所属明细科目的记录分析填列。

⑨"支付的其他与日常活动有关的现金"项目，反映单位本年支付的除上述项目之外与日常活动有关的现金。本项目应当根据"库存现金""银行存款""零余额账户用款额度""财政拨款收入""其他应付款""业务活动费用""单位管理费用""经营费用""其他费用"等科目及其所属明细科目的记录分析填列。

⑩"日常活动的现金流出小计"项目，反映单位本年日常活动产生的现金流出的合计数。本项目应当根据本表中"购买商品、接受劳务支付的现金""支付给职工以及为职工支付的现金""支付的各项税费""支付的其他与日常活动有关的现金"项目金额的合计数填列。

⑪"日常活动产生的现金流量净额"项目，应当按照本表中"日常活动的现金流入小

计"项目金额减去"日常活动的现金流出小计"项目金额后的金额填列;如为负数,以"-"号填列。

2. 投资活动产生的现金流量

① "收回投资收到的现金"项目,反映单位本年出售、转让或者收回投资收到的现金。本项目应该根据"库存现金""银行存款""短期投资""长期股权投资""长期债券投资"等科目的记录分析填列。

② "取得投资收益收到的现金"项目,反映单位本年因对外投资而收到被投资单位分配的股利或利润,以及收到投资利息而取得的现金。本项目应当根据"库存现金""银行存款""应收股利""应收利息""投资收益"等科目的记录分析填列。

③ "处置固定资产、无形资产、公共基础设施等收回的现金净额"项目,反映单位本年处置固定资产、无形资产、公共基础设施等非流动资产所取得的现金,减去为处置这些资产而支付的有关费用之后的净额。由于自然灾害所造成的固定资产等长期资产损失而收到的保险赔款收入,也在本项目反映。本项目应当根据"库存现金""银行存款""待处理财产损溢"等科目的记录分析填列。

④ "收到的其他与投资活动有关的现金"项目,反映单位本年收到的除上述项目之外与投资活动有关的现金。对于金额较大的现金流入,应当单列项目反映。本项目应当根据"库存现金""银行存款"等有关科目的记录分析填列。

⑤ "投资活动的现金流入小计"项目,反映单位本年投资活动产生的现金流入的合计数。本项目应当根据本表中"收回投资收到的现金""取得投资收益收到的现金""处置固定资产、无形资产、公共基础设施等收回的现金净额""收到的其他与投资活动有关的现金"项目金额的合计数填列。

⑥ "购建固定资产、无形资产、公共基础设施等支付的现金"项目,反映单位本年购买和建造固定资产、无形资产、公共基础设施等非流动资产所支付的现金;融资租入固定资产支付的租赁费不在本项目反映,在筹资活动的现金流量中反映。本项目应当根据"库存现金""银行存款""固定资产""工程物资""在建工程""无形资产""研发支出""公共基础设施""保障性住房"等科目的记录分析填列。

⑦ "对外投资支付的现金"项目,反映单位本年为取得短期投资、长期股权投资、长期债券投资而支付的现金。本项目应当根据"库存现金""银行存款""短期投资""长期股权投资""长期债券投资"等科目的记录分析填列。

⑧ "上缴处置固定资产、无形资产、公共基础设施等净收入支付的现金"项目,反映本年单位将处置固定资产、无形资产、公共基础设施等非流动资产所收回的现金净额予以上缴财政所支付的现金。本项目应当根据"库存现金""银行存款""应缴财政款"等科目的记录分析填列。

⑨ "支付的其他与投资活动有关的现金"项目,反映单位本年支付的除上述项目之外与投资活动有关的现金。对于金额较大的现金流出,应当单列项目反映。本项目应当根据"库存现金""银行存款"等有关科目的记录分析填列。

⑩"投资活动的现金流出小计"项目,反映单位本年投资活动产生的现金流出的合计数。本项目应当根据本表中"购建固定资产、无形资产、公共基础设施等支付的现金""对外投资支付的现金""上缴处置固定资产、无形资产、公共基础设施等净收入支付的现金""支付的其他与投资活动有关的现金"项目金额的合计数填列。

⑪"投资活动产生的现金流量净额"项目,应当按照本表中"投资活动的现金流入小计"项目金额减去"投资活动的现金流出小计"项目金额后的金额填列;如为负数,以"-"号填列。

3. 筹资活动产生的现金流量

① "财政资本性项目拨款收到的现金"项目,反映单位本年接受用于购建固定资产、无形资产、公共基础设施等资本性项目的财政项目拨款取得的现金。本项目应当根据"银行存款""零余额账户用款额度""财政拨款收入"等科目及其所属明细科目的记录分析填列。

② "取得借款收到的现金"项目,反映事业单位本年举借短期借款、长期借款所收到的现金。本项目应当根据"库存现金""银行存款""短期借款""长期借款"等科目记录分析填列。

③ "收到的其他与筹资活动有关的现金"项目,反映单位本年收到的除上述项目之外与筹资活动有关的现金。对于金额较大的现金流入,应当单列项目反映。本项目应当根据"库存现金""银行存款"等有关科目的记录分析填列。

④ "筹资活动的现金流入小计"项目,反映单位本年筹资活动产生的现金流入的合计数。本项目应当根据本表中"财政资本性项目拨款收到的现金""取得借款收到的现金""收到的其他与筹资活动有关的现金"项目金额的合计数填列。

⑤ "偿还借款支付的现金"项目,反映事业单位本年偿还借款本金所支付的现金。本项目应当根据"库存现金""银行存款""短期借款""长期借款"等科目的记录分析填列。

⑥ "偿付利息支付的现金"项目,反映事业单位本年支付的借款利息等。本项目应当根据"库存现金""银行存款""应付利息""长期借款"等科目的记录分析填列。

⑦ "支付的其他与筹资活动有关的现金"项目,反映单位本年支付的除上述项目之外与筹资活动有关的现金,如融资租入固定资产所支付的租赁费。本项目应当根据"库存现金""银行存款""长期应付款"等科目的记录分析填列。

⑧ "筹资活动的现金流出小计"项目,反映单位本年筹资活动产生的现金流出的合计数。本项目应当根据本表中"偿还借款支付的现金""偿付利息支付的现金""支付的其他与筹资活动有关的现金"项目金额的合计数填列。

⑨ "筹资活动产生的现金流量净额"项目,应当按照本表中"筹资活动的现金流入小计"项目金额减去"筹资活动的现金流出小计"金额后的金额填列;如为负数,以"-"号填列。

4. 汇率变动对现金的影响额

"汇率变动对现金的影响额"项目,反映单位本年外币现金流量折算为人民币时,所采用的现金流量发生日的汇率折算的人民币金额与外币现金流量净额按期末汇率折算的人民币金额之间的差额。

5. 现金净增加额

"现金净增加额"项目，反映单位本年现金变动的净额。本项目应当根据本表中"日常活动产生的现金流量净额""投资活动产生的现金流量净额""筹资活动产生的现金流量净额"和"汇率变动对现金的影响额"项目金额的合计数填列；如为负数，以"-"号填列。

第六节 附 注

附注是对在会计报表中列示的项目所作的进一步说明，以及对未能在会计报表中列示项目的说明。附注是财务报表的重要组成部分。凡对报表使用者的决策有重要影响的会计信息，不论制度是否有明确规定，单位均应当充分披露。

会计报表附注的主要内容如下：

（一）单位的基本情况

单位的基本情况包括单位名称、基本介绍、业务情况等。

（二）会计报表编制基础

会计报表编制基础即本单位采用的是权责发生制还是收付实现制基础。

（三）遵循政府会计准则制度的声明

遵循政府会计准则制度的声明即表明本单位已遵循政府会计准则制度。

（四）重要会计政策和会计估计

单位应当采用与其业务特点相适应的具体会计政策，并充分披露报告期内采用的重要会计政策和会计估计。主要包括以下内容：

①会计期间。

②记账本位币，外币折算汇率。

③坏账准备的计提方法。

④存货类别、发出存货的计价方法、存货的盘存制度，以及低值易耗品和包装物的摊销方法。

⑤长期股权投资的核算方法。

⑥固定资产分类、折旧方法、折旧年限和年折旧率；融资租入固定资产的计价和折旧方法。

⑦无形资产的计价方法；使用寿命有限的无形资产，其使用寿命估计情况；使用寿命不确定的无形资产，其使用寿命不确定的判断依据；单位内部研究开发项目划分研究阶段和开发阶段的具体标准。

⑧公共基础设施的分类、折旧（摊销）方法、折旧（摊销）年限，以及其确定依据。

⑨政府储备物资分类，以及确定其发出成本所采用的方法。

⑩保障性住房的分类、折旧方法、折旧年限。

⑪其他重要的会计政策和会计估计。

⑫本期发生重要会计政策和会计估计变更的,变更的内容和原因、受其重要影响的报表项目名称和金额、相关审批程序,以及会计估计变更开始适用的时点。

(五) 会计报表重要项目说明

单位应当按照资产负债表和收入费用表项目列示顺序,采用文字和数据描述相结合的方式披露重要项目的明细信息。报表重要项目的明细金额合计,应当与报表项目金额相衔接。报表重要项目说明应包括但不限于下列内容。

(1) 货币资金的披露(披露格式如表 12-6 所示)

表 12-6 货币资金的披露格式

项目	期末余额	年初余额
库存现金		
银行存款		
其他货币资金		
合计		

(2) 应收账款按照债务人类别披露(披露格式如表 12-7 所示)

表 12-7 应收账款的披露格式

债务人类别	期末余额	年初余额
政府会计主体:		
部门内部单位		
单位 1		
……		
部门外部单位		
单位 1		
……		
其他:		
单位 1		
……		
合计		

注1:"部门内部单位"是指纳入单位所属部门财务报告合并范围的单位(下同)。

注2:有应收票据、预付账款、其他应收款,可比照应收账款进行披露。

(3) 存货的披露(披露格式如表 12-8 所示)

表 12-8 存货的披露格式

存货种类	期末余额	年初余额
1.		
…		
合计		

(4）其他流动资产的披露（披露格式如表12-9所示）

表12-9　其他流动资产的披露格式

项目	期末余额	年初余额
1.		
…		
合计		

注：有长期待摊费用、其他非流动资产的，可比照其他流动资产进行披露。

（5）长期投资的披露

①长期债券投资的披露格式如表12-10所示。

表12-10　长期债券投资的披露格式

债券发行主体	年初余额	本期增加额	本期减少额	期末余额
1.				
…				
合计				

注：有短期投资的，可比照长期债券投资进行披露。

②长期股权投资的披露格式如表12-11所示。

表12-11　长期股权投资的披露格式

被投资单位	核算方法	年初余额	本期增加额	本期减少额	期末余额
1.					
…					
合计					

（6）固定资产的披露

①固定资产的披露格式如表12-12所示。

表12-12　固定资产的披露格式

项目	年初余额	本期增加额	本期减少额	期末余额
一、原值合计				
其中：房屋及构筑物				
通用设备				
专用设备				
文物和陈列品				
图书、档案				
家具、用具、装具及动植物				

续表

项　　目	年初余额	本期增加额	本期减少额	期末余额
二、累计折旧合计				
其中：房屋及构筑物				
通用设备				
专用设备				
家具、用具、装具				
三、账面价值合计				
其中：房屋及构筑物				
通用设备				
专用设备				
文物和陈列品				
图书、档案				
家具、用具、装具及动植物				

（2）已提足折旧的固定资产名称、数量等情况。

（3）出租、出借固定资产以及固定资产对外投资等情况。

（7）在建工程的披露（披露格式如表12-13所示）

表12-13　在建工程的披露格式

项目	年初余额	本期增加额	本期减少额	期末余额
1.				
…				
合计				

（8）无形资产的披露

①无形资产的披露格式如表12-14所示。

表12-14　无形资产的披露格式

项目	年初余额	本期增加额	本期减少额	期末余额
一、原值合计				
1.				
…				
二、累计摊销合计				
1.				
…				
三、账面价值合计				
1.				
…				

①计入当期损益的研发支出金额、确认为无形资产的研发支出金额。

②无形资产出售、对外投资等处置情况。

（9）公共基础设施的披露

①公共基础设施的披露格式如表12-15所示。

表12-15 公共基础设施的披露格式

项目	年初余额	本期增加额	本期减少额	期末余额
原值合计				
市政基础设施				
1.				
…				
交通基础设施				
1.				
…				
水利基础设施				
1.				
…				
其他				
…				
累计折旧合计				
市政基础设施				
1.				
…				
交通基础设施				
1.				
…				
水利基础设施				
1.				
…				
其他				
…				
账面价值合计				
市政基础设施				
1.				
…				

续表

项目	年初余额	本期增加额	本期减少额	期末余额
交通基础设施				
1.				
...				
水利基础设施				
1.				
...				
其他				
...				

②确认为公共基础设施的单独计价入账的土地使用权的账面余额、累计摊销额及变动情况。

③已提取折旧继续使用的公共基础设施的名称、数量等。

(10) 政府储备物资的披露（披露格式如表12-16所示）

表12-16　政府储备物资的披露格式

物资类别	年初余额	本期增加额	本期减少额	期末余额
1.				
...				
合计				

注：如单位有因动用而发出需要收回或者预期可能收回，但期末尚未收回的政府储备物资，应当单独披露其期末账面余额。

(11) 受托代理资产的披露（披露格式如表12-17所示）

表12-17　受托代理资产的披露格式

资产类别	年初余额	本期增加额	本期减少额	期末余额
货币资金				
受托转赠物资				
受托存储保管物资				
罚没物资				
其他				
合计				

(12) 应付账款按照债权人类别的披露（披露格式如表12-18所示）

表 12-18　应付账款的披露

债权人类别	期末余额	年初余额
政府会计主体：		
部门内部单位		
单位1		
…		
部门外部单位		
单位1		
…		
其他：		
单位1		
…		
合计		

注：有应付票据、预收账款、其他应付款、长期应付款的，可比照应付账款进行披露。

（13）其他流动负债的披露（披露格式如表 12-19 所示）

表 12-19　其他流动负债的披露格式

项目	期末余额	年初余额
1.		
…		
合计		

注：有预计负债、其他非流动负债的，可比照其他流动负债进行披露。

（14）长期借款的披露

①长期借款按照债权人披露的格式如表 12-20 所示。

表 12-20　长期借款的披露格式

债权人	期末余额	年初余额
1.		
…		
合计		

注：有短期借款的，可比照长期借款进行披露。

②单位有基建借款的，应当分基建项目披露长期借款年初数、本年变动数、年末数及到期期限。

（15）事业收入按照收入来源的披露（披露格式见表 12-21）

表 12-21 事业收入的披露格式

收入来源	本期发生额	上期发生额
来自财政专户管理资金		
本部门内部单位		
单位1		
…		
本部门以外同级政府单位		
单位1		
…		
其他		
单位1		
…		
合计		

(16) 非同级财政拨款收入按收入来源的披露（披露格式如表 12-22 所示）

表 12-22 非同级财政拨款收入的披露格式

收入来源	本期发生额	上期发生额
本部门以外同级政府单位		
单位1		
…		
本部门以外非同级政府单位		
单位1		
…		
合计		

(17) 其他收入按照收入来源的披露（披露格式如表 12-23 所示）

表 12-23 其他收入的披露格式

收入来源	本期发生额	上期发生额
本部门内部单位		
单位1		
…		
本部门以外同级政府单位		
单位1		
…		
本部门以外非同级政府单位		

续表

收入来源	本期发生额	上期发生额
单位1		
…		
其他		
单位1		
…		
合计		

（18）业务活动费用

①业务活动费用按经济分类的披露格式如表12-24所示。

表12-24　业务活动费用按经济分类的披露格式

项目	本期发生额	上期发生额
工资福利费用		
商品和服务费用		
对个人和家庭的补助费用		
对企业补助费用		
固定资产折旧费		
无形资产摊销费		
公共基础设施折旧（摊销）费		
保障性住房折旧费		
计提专用基金		
…		
合　计		

注：有单位管理费用、经营费用的，可比照（业务活动费用）此表进行披露。

②业务活动费用按支付对象的披露格式如表12-25所示。

表12-25　业务活动费用按支付对象的披露格式

支付对象	本期发生额	上期发生额
本部门内部单位		
单位1		
…		
本部门以外同级政府单位		
单位1		
…		

续表

支付对象	本期发生额	上期发生额
其他		
单位1		
…		
合计		

注：有单位管理费用、经营费用的，可比照（业务活动费用）此表进行披露。

（19）其他费用按照类别的披露（披露格式如表12-26所示）

表12-26　其他费用的披露格式

费用类别	本期发生额	上期发生额
利息费用		
坏账损失		
罚没支出		
…		
合计		

（20）本期费用按照经济分类的披露（披露格式如表12-27所示）

表12-27　本期费用的披露格式

项目	本年数	上年数
工资福利费用		
商品和服务费用		
对个人和家庭的补助费用		
对企业补助费用		
固定资产折旧费		
无形资产摊销费		
公共基础设施折旧（摊销）费		
保障性住房折旧费		
计提专用基金		
所得税费用		
资产处置费用		
上缴上级费用		
对附属单位补助费用		
其他费用		
本期费用合计		

注：单位在按照制度规定编制收入费用表的基础上，可以根据需要按照此表披露的内容编制收入费用表。

(六) 本年盈余与预算结余的差异情况说明

为了反映单位财务会计和预算会计因核算基础和核算范围不同所产生的本年盈余数与本年预算结余数之间的差异，单位应当按照重要性原则，对本年度发生的各类影响收入（预算收入）和费用（预算支出）的业务进行适度归并和分析，披露将年度预算收入支出表中"本年预算收支差额"调节为年度收入费用表中"本期盈余"的信息。有关披露格式如表12-28所示。

表12-28 将本年预算收支差额调节为本期盈余的披露格式

项目	金额
一、本年预算结余（本年预算收支差额）	
二、差异调节	——
（一）重要事项的差异	
加：1. 当期确认为收入但没有确认为预算收入	
（1）应收款项、预收账款确认的收入	
（2）接受非货币性资产捐赠确认的收入	
2. 当期确认为预算支出但没有确认为费用	
（1）支付应付款项、预付账款的支出	
（2）为取得存货、政府储备物资等计入物资成本的支出	
（3）为购建固定资产等的资本性支出	
（4）偿还借款本息支出	
减：1. 当期确认为预算收入但没有确认为收入	
（1）收到应收款项、预收账款确认的预算收入	
（2）取得借款确认的预算收入	
2. 当期确认为费用但没有确认为预算支出	
（1）发出存货、政府储备物资等确认的费用	
（2）计提的折旧费用和摊销费用	
（3）确认的资产处置费用（处置资产价值）	
（4）应付款项、预付账款确认的费用	
（二）其他事项差异	
三、本年盈余（本年收入与费用的差额）	

（七）其他重要事项说明

①资产负债表日存在的重要或有事项说明。没有重要或有事项的，也应说明。

②以名义金额计量的资产名称、数量等情况，以及以名义金额计量理由的说明。

③通过债务资金形成的固定资产、公共基础设施、保障性住房等资产的账面价值、使用情况、收益情况及与此相关的债务偿还情况等的说明。

④重要资产置换、无偿调入（出）、捐入（出）、报废、重大毁损等情况的说明。
⑤事业单位将单位内部独立核算单位的会计信息纳入本单位财务报表情况的说明。
⑥政府会计具体准则中要求附注披露的其他内容。
⑦有助于理解和分析单位财务报表需要说明的其他事项。

第七节 预算收入支出表

一、预算收入支出表的含义

预算收入支出表反映单位在某一会计年度内各项预算收入、预算支出和预算收支差额的情况。

二、预算收入支出表的基本格式

预算收入支出表的基本格式如表12-29所示。

表12-29 预算收入支出表

会政预01表

编制单位：_____ ___年 单位：元

项目	本年数	上年数
一、本年预算收入		
（一）财政拨款预算收入		
其中：政府性基金收入		
（二）事业预算收入		
（三）上级补助预算收入		
（四）附属单位上缴预算收入		
（五）经营预算收入		
（六）债务预算收入		
（七）非同级财政拨款预算收入		
（八）投资预算收益		
（九）其他预算收入		
其中：利息预算收入		
捐赠预算收入		
租金预算收入		
二、本年预算支出		
（一）行政支出		
（二）事业支出		

续表

项目	本年数	上年数
（三）经营支出		
（四）上缴上级支出		
（五）对附属单位补助支出		
（六）投资支出		
（七）债务还本支出		
（八）其他支出		
其中：利息支出		
捐赠支出		
三、本年预算收支差额		

三、预算收入支出表的编制

预算收入支出表反映单位在某一会计年度内各项预算收入、预算支出和预算收支差额的情况。

（一）预算收入支出表编制的基本要求

预算收入支出表"本年数"栏反映各项目的本年实际发生数；"上年数"栏反映各项目上年度的实际发生数，应当根据上年度预算收入支出表中"本年数"栏内所列数字填列。

如果本年度预算收入支出表规定的项目的名称和内容同上年度不一致，应当对上年度预算收入支出表项目的名称和数字按照本年度的规定进行调整，将调整后金额填入本年度预算收入支出表的"上年数"栏。

（二）预算收入支出表"本年数"栏的填列

1. 本年预算收入

①"本年预算收入"项目，反映单位本年预算收入总额。本项目应当根据表12-29中"财政拨款预算收入""事业预算收入""上级补助预算收入""附属单位上缴预算收入""经营预算收入""债务预算收入""非同级财政拨款预算收入""投资预算收益""其他预算收入"项目金额的合计数填列。

②"财政拨款预算收入"项目，反映单位本年从同级政府财政部门取得的各类财政拨款。本项目应当根据"财政拨款预算收入"科目的本年发生额填列。"政府性基金收入"项目，反映单位本年取得的财政拨款收入中属于政府性基金预算拨款的金额。本项目应当根据"财政拨款预算收入"相关明细科目的本年发生额填列。

③"事业预算收入"项目，反映事业单位本年开展专业业务活动及其辅助活动取得的预算收入。本项目应当根据"事业预算收入"科目的本年发生额填列。

④"上级补助预算收入"项目,反映事业单位本年从主管部门和上级单位取得的非财政补助预算收入。本项目应当根据"上级补助预算收入"科目的本年发生额填列。

⑤"附属单位上缴预算收入"项目,反映事业单位本年收到的独立核算的附属单位按照有关规定上缴的预算收入。本项目应当根据"附属单位上缴预算收入"科目的本年发生额填列。

⑥"经营预算收入"项目,反映事业单位本年在专业业务活动及其辅助活动之外开展非独立核算经营活动取得的预算收入。本项目应当根据"经营预算收入"科目的本年发生额填列。

⑦"债务预算收入"项目,反映事业单位本年按照规定从金融机构等借入的、纳入部门预算管理的债务预算收入。本项目应当根据"债务预算收入"的本年发生额填列。

⑧"非同级财政拨款预算收入"项目,反映单位本年从非同级政府财政部门取得的财政拨款。本项目应当根据"非同级财政拨款预算收入"科目的本年发生额填列。

⑨"投资预算收益"项目,反映事业单位本年取得的按规定纳入单位预算管理的投资收益。本项目应当根据"投资预算收益"科目的本年发生额填列。

⑩"其他预算收入"项目,反映单位本年取得的除上述收入以外的纳入单位预算管理的各项预算收入。本项目应当根据"其他预算收入"科目的本年发生额填列。

"利息预算收入"项目,反映单位本年取得的利息预算收入。本项目应当根据"其他预算收入"科目的明细账记录分析填列。单位单设"利息预算收入"科目的,应当根据"利息预算收入"科目的本年发生额填列。"捐赠预算收入"项目,反映单位本年取得的捐赠预算收入。本项目应当根据"其他预算收入"科目明细账记录分析填列。单位单设"捐赠预算收入"科目的,应当根据"捐赠预算收入"科目的本年发生额填列。"租金预算收入"项目,反映单位本年取得的租金预算收入。本项目应当根据"其他预算收入"科目明细账记录分析填列。单位单设"租金预算收入"科目的,应当根据"租金预算收入"科目的本年发生额填列。

2. 本年预算支出

①"本年预算支出"项目,反映单位本年预算支出总额。本项目应当根据本表中"行政支出""事业支出""经营支出""上缴上级支出""对附属单位补助支出""投资支出""债务还本支出"和"其他支出"项目金额的合计数填列。

②"行政支出"项目,反映行政单位本年履行职责实际发生的支出。本项目应当根据"行政支出"科目的本年发生额填列。

③"事业支出"项目,反映事业单位本年开展专业业务活动及其辅助活动发生的支出。本项目应当根据"事业支出"科目的本年发生额填列。

④"经营支出"项目,反映事业单位本年在专业业务活动及其辅助活动之外开展非独立核算经营活动发生的支出。本项目应当根据"经营支出"科目的本年发生额填列。

⑤"上缴上级支出"项目,反映事业单位本年按照财政部门和主管部门的规定上缴上级单位的支出。本项目应当根据"上缴上级支出"科目的本年发生额填列。

⑥ "对附属单位补助支出"项目,反映事业单位本年用财政拨款收入之外的收入对附属单位补助发生的支出。本项目应当根据"对附属单位补助支出"科目的本年发生额填列。

⑦ "投资支出"项目,反映事业单位本年以货币资金对外投资发生的支出。本项目应当根据"投资支出"科目的本年发生额填列。

⑧ "债务还本支出"项目,反映事业单位本年偿还自身承担的纳入预算管理的从金融机构举借的债务本金的支出。本项目应当根据"债务还本支出"科目的本年发生额填列。

⑨ "其他支出"项目,反映单位本年除以上支出以外的各项支出。本项目应当根据"其他支出"科目的本年发生额填列。"利息支出"项目,反映单位本年发生的利息支出。本项目应当根据"其他支出"科目明细账记录分析填列。单位单设"利息支出"科目的,应当根据"利息支出"科目的本年发生额填列。"捐赠支出"项目,反映单位本年发生的捐赠支出。本项目应当根据"其他支出"科目明细账记录分析填列。单位单设"捐赠支出"科目的,应当根据"捐赠支出"科目的本年发生额填列。

3. 本年预算收支差额

"本年预算收支差额"项目,反映单位本年各项预算收支相抵后的差额。本项目应当根据本表中"本期预算收入"项目金额减去"本期预算支出"项目金额后的金额填列;如相减后金额为负数,以"-"号填列。

第八节 预算结转结余变动表

一、预算结转结余变动表的含义

预算结转结余变动表反映单位在某一会计年度内预算结转结余的变动情况。预算结转结余变动表所提供的信息有助于报表信息使用者了解该单位在一定时期内预算结余的变动与变动构成,有助于更具体地评价预算的执行情况与更全面的绩效考核。

二、预算结转结余变动表的基本格式

预算结转结余变动表的基本格式如表 12-30 所示。

表 12-30 预算结转结余变动表

会政预02表

编制单位:_____   ____年   单位:元

项目	本年数	上年数
一、年初预算结转结余		
(一)财政拨款结转结余		
(二)其他资金结转结余		

续表

项目	本年数	上年数
二、年初余额调整（减少以"-"号填列）		
（一）财政拨款结转结余		
（二）其他资金结转结余		
三、本年变动金额（减少以"-"号填列）		
（一）财政拨款结转结余		
1. 本年收支差额		
2. 归集调入		
3. 归集上缴或调出		
（二）其他资金结转结余		
1. 本年收支差额		
2. 缴回资金		
3. 使用专用结余		
4. 支付所得税		
四、年末预算结转结余		
（一）财政拨款结转结余		
1. 财政拨款结转		
2. 财政拨款结余		
（二）其他资金结转结余		
1. 非财政拨款结转		
2. 非财政拨款结余		
3. 专用结余		
4. 经营结余（如有余额，以"-"号填列）		

三、预算结转结余变动表的编制

预算结转结余变动表反映单位在某一会计年度内预算结转结余的变动情况。

（一）预算结转结余变动表编制的基本要求

预算结转结余变动表"本年数"栏反映各项目的本年实际发生数；"上年数"栏反映各项目的上年实际发生数，应当根据上年度预算结转结余变动表中"本年数"栏内所列数字填列。

如果本年度预算结转结余变动表规定的项目的名称和内容同上年度不一致，应当对上年度预算结转结余变动表项目的名称和数字按照本年度的规定进行调整，将调整后金额填入本年度预算结转结余变动表的"上年数"栏。

预算结转结余变动表中"年末预算结转结余"项目金额等于"年初预算结转结余""年初余额调整""本年变动金额"三个项目的合计数。

(二) 预算结转结余变动表"本年数"栏的填列

① "年初预算结转结余"项目,反映单位本年预算结转结余的年初余额。本项目应当根据其下"财政拨款结转结余""其他资金结转结余"项目金额的合计数填列。

a. "财政拨款结转结余"项目,反映单位本年财政拨款结转结余资金的年初余额。本项目应当根据"财政拨款结转""财政拨款结余"科目本年年初余额合计数填列。

b. "其他资金结转结余"项目,反映单位本年其他资金结转结余的年初余额。本项目应当根据"非财政拨款结转""非财政拨款结余""专用结余""经营结余"科目本年年初余额的合计数填列。

② "年初余额调整"项目,反映单位本年预算结转结余年初余额调整的金额。本项目应当根据其下"财政拨款结转结余""其他资金结转结余"项目金额的合计数填列。

a. "财政拨款结转结余"项目,反映单位本年财政拨款结转结余资金的年初余额调整金额。本项目应当根据"财政拨款结转""财政拨款结余"科目下"年初余额调整"明细科目的本年发生额的合计数填列;如调整减少年初财政拨款结转结余,以"-"号填列。

b. "其他资金结转结余"项目,反映单位本年其他资金结转结余的年初余额调整金额。本项目应当根据"非财政拨款结转""非财政拨款结余"科目下"年初余额调整"明细科目的本年发生额的合计数填列;如调整减少年初其他资金结转结余,以"-"号填列。

③ "本年变动金额"项目,反映单位本年预算结转结余变动的金额。本项目应当根据其下"财政拨款结转结余""其他资金结转结余"项目金额的合计数填列。

a. "财政拨款结转结余"项目,反映单位本年财政拨款结转结余资金的变动。本项目应当根据其下"本年收支差额""归集调入""归集上缴或调出"项目金额的合计数填列。

"本年收支差额"项目,反映单位本年财政拨款资金收支相抵后的差额。本项目应当根据"财政拨款结转"科目下"本年收支结转"明细科目本年转入的预算收入与预算支出的差额填列;差额为负数的,以"-"号填列。

"归集调入"项目,反映单位本年按照规定从其他单位归集调入的财政拨款结转资金。本项目应当根据"财政拨款结转"科目下"归集调入"明细科目的本年发生额填列。

"归集上缴或调出"项目,反映单位本年按照规定上缴的财政拨款结转结余资金及按照规定向其他单位调出的财政拨款结转资金。本项目应当根据"财政拨款结转""财政拨款结余"科目下"归集上缴"明细科目,以及"财政拨款结转"科目下"归集调出"明细科目本年发生额的合计数填列,以"-"号填列。

b. "其他资金结转结余"项目,反映单位本年其他资金结转结余的变动。本项目应当根据其下"本年收支差额""缴回资金""使用专用结余""支付所得税"项目金额的合计数填列。

"本年收支差额"项目,反映单位本年除财政拨款外的其他资金收支相抵后的差额。本项目应当根据"非财政拨款结转"科目下"本年收支结转"明细科目、"其他结余"科目、

"经营结余"科目本年转入的预算收入与预算支出的差额的合计数填列;如为负数,以"-"号填列。

"缴回资金"项目,反映单位本年按照规定缴回的非财政拨款结转资金。本项目应当根据"非财政拨款结转"科目下"缴回资金"明细科目本年发生额的合计数填列,以"-"号填列。

"使用专用结余"项目,反映本年事业单位根据规定使用从非财政拨款结余或经营结余中提取的专用基金的金额。本项目应当根据"专用结余"科目明细账中本年使用专用结余业务的发生额填列,以"-"号填列。

"支付所得税"项目,反映有企业所得税缴纳义务的事业单位本年实际缴纳的企业所得税金额。本项目应当根据"非财政拨款结余"明细账中本年实际缴纳企业所得税业务的发生额填列,以"-"号填列。

④"年末预算结转结余"项目,反映单位本年预算结转结余的年末余额。本项目应当根据其下"财政拨款结转结余""其他资金结转结余"项目金额的合计数填列。

a. "财政拨款结转结余"项目,反映单位本年财政拨款结转结余的年末余额。本项目应当根据其下"财政拨款结转""财政拨款结余"项目金额的合计数填列。

本项目下"财政拨款结转""财政拨款结余"项目,应当分别根据"财政拨款结转""财政拨款结余"科目的本年年末余额填列。

b. "其他资金结转结余"项目,反映单位本年其他资金结转结余的年末余额。本项目应当根据其下"非财政拨款结转""非财政拨款结余""专用结余""经营结余"项目金额的合计数填列。

本项目下"非财政拨款结转""非财政拨款结余""专用结余""经营结余"项目,应当分别根据"非财政拨款结转""非财政拨款结余""专用结余""经营结余"科目的本年年末余额填列。

第九节 财政拨款预算收入支出表

一、财政拨款预算收入支出表的含义

财政拨款预算收入支出表是反映单位本年财政拨款预算资金收入、支出及相关变动的具体情况的报表。

二、财政拨款预算收入支出表的基本格式

财政拨款预算收入支出表的基本格式如表 12-31 所示。

第十二章　行政事业单位财务报告与决算报告

表 12-31　财政拨款预算收入支出表

编制单位：_____　　　　　　　　　____年　　　　　　　　　会政预 03 表
单位：元

项目	年初财政拨款结转结余		调整年初财政拨款结转结余	本年归集调入	本年归集上缴或调出	单位内部调剂		本年财政拨款收入	本年财政拨款支出	年末财政拨款结转结余	
	结转	结余				结转	结余			结转	结余
一、一般公共预算财政拨款											
（一）基本支出											
1. 人员经费											
2. 日常公用经费											
（二）项目支出											
1. XX 项目											
2. YY 项目											
…											
二、政府性基金预算财政拨款											
（一）基本支出											
1. 人员经费											
2. 日常公用经费											
（二）项目支出											
1. XX 项目											
2. YY 项目											
…											
总计											

三、财政拨款预算收入支出表的编制

财政拨款预算收入支出表反映单位本年财政拨款预算资金收入、支出及相关变动的具体情况。

（一）财政拨款预算收入支出表编制的基本要求

财政拨款预算收入支出表"项目"栏内各项目，应当根据单位取得的财政拨款种类分项设置。其中"项目支出"项目下，根据每个项目设置；单位取得除一般公共财政预算拨款和政府性基金预算拨款以外的其他财政拨款的，应当按照财政拨款种类增加相应的资金项目及其明细项目。

（二）财政拨款预算收入支出表各栏及其对应项目的填列

①"年初财政拨款结转结余"栏中各项目，反映单位年初各项财政拨款结转结余的金额。各项目应当根据"财政拨款结转""财政拨款结余"及其明细科目的年初余额填列。本栏中各项目的数额应当与上年度财政拨款预算收入支出表中"年末财政拨款结转结余"栏中各项目的数额相等。

②"调整年初财政拨款结转结余"栏中各项目，反映单位对年初财政拨款结转结余的调整金额。各项目应当根据"财政拨款结转""财政拨款结余"科目下"年初余额调整"明细科目及其所属明细科目的本年发生额填列；如调整减少年初财政拨款结转结余，以"-"号填列。

③"本年归集调入"栏中各项目，反映单位本年按规定从其他单位调入的财政拨款结转资金金额。各项目应当根据"财政拨款结转"科目下"归集调入"明细科目及其所属明细科目的本年发生额填列。

④"本年归集上缴或调出"栏中各项目，反映单位本年按规定实际上缴的财政拨款结转结余资金，及按照规定向其他单位调出的财政拨款结转资金金额。各项目应当根据"财政拨款结转""财政拨款结余"科目下"归集上缴"科目和"财政拨款结转"科目下"归集调出"明细科目，及其所属明细科目的本年发生额填列；本栏中各项目以"-"号填列。

⑤"单位内部调剂"栏中各项目，反映单位本年财政拨款结转结余资金在单位内部不同项目之间的调剂金额。各项目应当根据"财政拨款结转"和"财政拨款结余"科目下的"单位内部调剂"明细科目及其所属明细科目的本年发生额填列；对单位内部调剂减少的财政拨款结余金额，以"-"号填列。

⑥"本年财政拨款收入"栏中各项目，反映单位本年从同级财政部门取得的各类财政预算拨款金额。各项目应当根据"财政拨款预算收入"科目及其所属明细科目的本年发生额填列。

⑦"本年财政拨款支出"栏中各项目，反映单位本年发生的财政拨款支出金额。各项目应当根据"行政支出""事业支出"等科目及其所属明细科目本年发生额中的财政拨款支出数的合计数填列。

⑧"年末财政拨款结转结余"栏中各项目，反映单位年末财政拨款结转结余的金额。各项目应当根据"财政拨款结转""财政拨款结余"科目及其所属明细科目的年末余额填列。

本章小结

行政事业单位财务报告是反映行政事业单位某一特定日期的财务状况和某一会计期间的运行情况和现金流量等信息的总结性书面文件。行政事业单位财务报告包括财务报表和其他应当在财务报告中披露的相关信息和资料。

行政事业单位决算报告是综合反映行政事业单位年度预算收支执行结果的总结性书面文

件，包括决算报表和其他应当在决算报告中反映的相关信息和资料。决算报表即预算会计报表。

财务报表的编制主要以权责发生制为基础，以财务会计核算生成的数据为准。财务报表编制的目标是向财务报告使用者提供与政府的财务状况、运行情况和现金流量等有关的信息，反映政府会计主体公共受托责任履行情况，这有助于财务报告使用者作出决策或者进行监督和管理。政府财务报告使用者包括各级人民代表大会及其常务委员会、债权人、各级政府及其有关部门、政府会计主体自身和其他利益相关者。

财务报表由会计报表及其附注构成。会计报表一般包括资产负债表、收入费用表和净资产变动表。单位可根据实际情况自行选择编制现金流量表。

预算会计报表的编制主要以收付实现制为基础，以预算会计核算生成的数据为准。预算会计报表编制的目标是向决算报告使用者提供与政府预算执行情况有关的信息，综合反映政府会计主体预算收支的年度执行结果，有助于决算报告使用者进行监督和管理，并为编制后续年度预算提供参考和依据。政府决算报告使用者包括各级人民代表大会及其常务委员会、各级政府及其有关部门、政府会计主体自身、社会公众和其他利益相关者。

预算会计报表至少包括预算收入支出表、预算结转结余变动表和财政拨款预算收入支出表。

政府会计主体财务报表和预算会计报表应当根据登记完整、核对无误的账簿记录和其他有关资料编制，做到数字真实、计算准确、内容完整、编报及时。

复习思考题

1. 什么是行政事业单位财务报告？
2. 行政事业单位财务报表包括哪些？
3. 什么是行政事业单位决算报告？
4. 行政事业单位预算会计报表包括哪些？
5. 简述行政事业单位财务报告和预算报告的编制要求。
6. 简述行政事业单位财务报表附注披露的要求。

第四篇 民间非营利组织会计

第十三章

民间非营利组织会计概述

第一节 民间非营利组织会计的概念及特点

一、民间非营利组织的界定及其特征

民间非营利组织是指主要通过筹集社会民间资金举办的，不以营利为目的，从事教育、科技、文化、卫生、宗教等社会公益事业，旨在提供公共产品的社会服务组织。

（一）民间非营利组织的形式

民间非营利组织的形式多种多样，主要包括四类。

1. 社会团体

社会团体是指由中国公民自愿组成，为实现会员共同意愿，按照其章程开展活动的非营利性社会组织，如中国会计学会、中国财政学会等。但是以下团体除外：①由国务院机关编制管理机关核定，并经国务院批准免于登记的团体；②机关、团体、企事业内部经本单位批准成立，在本单位内部活动的团体。

2. 基金会

基金会是指利用自然人、法人或者其他组织捐赠的资产，以从事公益事业为目的，按照规定成立的非营利法人，如宋庆龄基金会。基金会作为非营利法人，应当为特定的公益目的而设立。

3. 民办非企业单位

民办非企业单位是指企业、事业单位、社会团体和其他社会力量以及公民个人利用非国有资产举办的，从事非营利性社会服务活动的社会组织。民办非企业单位包括从事科学、教育、文艺、卫生、体育等非企业单位，如民办诊所、民办学校、民办剧团、各类民办研究所等；从事各种社会救济的非企业单位，如民办孤儿院、养老院等；从事民间公正鉴定、法律

服务、咨询服务等社会性质的社会中介组织,如商务咨询所、法律服务所等。

4. 宗教活动场所

宗教活动场所是指由有宗教信仰和热心宗教的公民在国家支持下兴办的,开展宗教活动的场所。宗教活动场所主要包括佛教的寺院、道教的宫观、伊斯兰教的清真寺和基督教的教堂。

(二) 民间非营利组织的特征

民间非营利组织具有三个方面的基本特征。

1. 民间非营利组织不以营利为宗旨和目的

民间非营利组织的设立和业务活动的最终目标不是营利,而是按照资金提供者的期望和要求,为社会带来更多的服务或商品。这一特征将民间非营利组织与企业的营利性相区别,但并不排除其因提供商品或者社会服务而获得相应收入或者收取合理费用,只要这些营利活动的取得最终用于组织的非营利事业。

2. 资源提供者不以取得经济回报为目标

民间非营利组织资金的提供者,如捐赠人、会员等,出资目的不是期望得到同等或成比例的出资回报,而是希望组织为整个社会或特定团体提供更多的服务或商品,他们不指望获取对非营利组织净资产予以分享的权利。如果出资者等可以从组织中获得回报,应当将这类组织视为企业。

3. 资源提供者不享有民间非营利组织的所有权

民间非营利组织的净资产既不属于组织,也不属于出资者。任何单位或个人不因为出资而拥有民间非营利组织的所有权,包括与所有者权益相关的资源出售、转让、处置权;也不存在该组织一旦清算可以分享剩余财产的分配权。非营利组织会计一旦清算,清算后的剩余财产只能交给政府、其他非营利组织或继续服务社会的公益事业。这一特征既将民间非营利组织与企业区分开来,也将其与政府及其他行政事业单位区分开来,因为国家对这些组织及其净资产拥有所有权。

二、民间非营利组织会计的概念及其特点

民间非营利组织会计是对民间非营利组织的财务收支活动进行确认、计量、记录和报告,并以价值指标客观地反映业务活动过程,为业务管理和其他相关的管理提供信息的活动。

民间非营利组织会计特点包括三个方面。

(一) 以权责发生制为会计核算基础

权责发生制以权利和责任发生变化作为会计核算选择的时间点,而无论款项是否实际收付。该特征是民间非营利组织与行政事业单位在会计核算上有显著不同。权责发生制的采用有助于民间非营利组织加强资产、负债的管理,从而提高民间非营利组织会计信息质量,增强会计信息的有用性。

(二) 坚持在以历史成本计价的基础上引入公允价值计量基础

在坚持以历史成本为计量基础的同时,对于一些特殊的交易事项,如捐赠、政府补助

等，引入公允价值作为计量基础，不仅丰富了民间非营利组织会计的计量基础，而且实现了对特殊业务活动资产的准确计量。这里的公允价值是指公平交易中，熟悉情况的交易双方进行资产交换或债务清偿的金额。公允价值的确认顺序是：①同类或类似资产存在活跃市场的，以市场价格确定公允价值；②不存在活跃市场的，采用合理的计价方法确定，比如采取建立辅助账、备查登记的方法，并在会计报表中进行相应的披露。

（三）会计要素的设置有其特殊性。

由于资源提供者向民间非营利组织投入资源既不享有组织的所有权，也不取得经济回报，因此会计要素不设置所有者权益和利润。另外，由于民间非营利组织以权责发生制作为会计核算基础，因此设置了费用要素，而没有设置支出要素。

第二节　民间非营利组织会计核算的目标、原则及核算基础

一、民间非营利组织会计核算的目标

会计核算的目标是会计活动最终要达到的目的。民间非营利组织自身的显著特点，决定了其既能弥补政府提供公共产品的不足，又能避免企业过于趋利的倾向，同时还能决定民间非营利组织会计的功能。现阶段民间非营利组织会计核算的主要目标，是提供满足社会公众、政府机构、捐赠人、会员和服务对象在提供资财给组织时作出合理决策以及加强对组织的外部管理和监督决策需要的信息，并兼顾反映组织运营管理当局受托责任的履行情况。

二、民间非营利组织会计核算的基本原则

民间非营利组织在会计核算时，应当遵循十三项基本原则。

（一）可靠性原则

可靠性原则要求会计核算应当以实际发生的交易或者事项为依据，如实反映民间非营利组织的财务状况、业务活动情况和现金流量等信息。

（二）相关性原则

相关性原则要求会计核算提供的信息能够满足会计信息使用者的需求。会计信息使用者具体包括捐赠人、会员、监管机构等。

（三）一致性原则

一致性原则要求会计政策前后各期应当保持一致，不得随意变更。确需变更的，应当在会计报表附注中披露变更的内容和理由、变更的累积影响数，以及累积影响数不能合理确定的理由等。

（四）可比性原则

可比性原则要求会计核算应当按照规定的会计处理方法进行，会计信息应当口径一致、相互可比。

(五) 及时性原则

会计核算应当按照规定的会计处理方法进行，不得提前或延后。在会计确认、计量和报告过程中对会计信息及时收集、及时处理、及时传递。

(六) 配比原则

配比原则要求在会计核算中，所发生的费用应当和与其相关的收入相配比，同一会计期间内的各项收入和与其相关的费用，应当在同一会计期间内确认。

(七) 明晰性原则

明晰性原则要求会计核算和编制的财务会计报告应当清晰明了，便于理解和使用。

(八) 实质重于形式原则

实质重于形式原则要求会计核算应当按照交易或者事项的实质进行，而不应当仅仅以它们的法律性质作为依据。

(九) 实际成本原则

实际成本原则要求资产在取得时应当按照实际成本计量。除法律、行政法规和国家统一的会计制度另有规定外，民间非营利组织一律不得自行调整资产账面价值。

(十) 谨慎性原则

谨慎性原则要求会计人员进行会计核算时应保持谨慎的态度，要充分估计到可能发生的风险和损失。

(十一) 合理划分费用化支出和资本化支出原则

合理划分费用化支出和资本化支出原则要求会计核算应当合理划分应当计入当期费用的支出和应予以资本化的支出。

(十二) 权责发生制原则

权责发生制原则要求民间非营利组织的会计核算应当以权责发生制为基础。

(十三) 重要性原则

重要性是指对资产、负债、净资产、收入、费用等有较大影响，并进而影响财务会计报告使用者据以作出合理判断的重要会计事项，因此，在会计核算中，要求民间非营利组织必须按照规定的会计方法和程序进行处理，并在财务会计报告中予以充分披露。而对于非重要的会计事项，在不影响会计信息真实性和不至于误导会计信息使用者作出不正确判断的前提下，可适当简化处理。

三、民间非营利组织会计核算的基础及基本假设

民间非营利组织的会计核算应当以权责发生制为基础，以更好地反映民间非营利组织资产负债和业务活动的全貌，实现民间非营利组织的会计目标，满足会计信息使用者的信息需要。

民间非营利组织的会计核算应当在一定空间、时间范围内进行，即会计的基本假设，包

括会计主体假设、持续经营假设、会计分期假设和货币计量假设。

第三节 民间非营利组织会计科目

一、民间非营利组织会计科目表

我国民间非营利组织会计要素分为资产、负债、净资产、收入和费用类。各类民间非营利组织统一使用的会计科目表如表 13-1 所示。

表 13-1 民间非营利组织会计科目表

类别	序号	科目编号	科目名称	类别	序号	科目编号	科目名称
资产类	1	1001	现金	负债类	25	2201	应付票据
	2	1002	银行存款		26	2202	应付账款
	3	1009	其他货币资金		27	2203	预收账款
	4	1101	短期投资		28	2204	应付工资
	5	1102	短期投资跌价准备		29	2206	应交税金
	6	1111	应收票据		30	2209	其他应付款
	7	1121	应收账款		31	2301	预提费用
	8	1122	其他应收款		32	2401	预计负债
	9	1131	坏账准备		33	2501	长期借款
	10	1141	预付账款		34	2502	长期应付款
	11	1201	存货		35	2601	受托代理负债
	12	1202	存货跌价准备	净资产类	36	3101	非限定性净资产
	13	1301	待摊费用		37	3102	限定性净资产
	14	1401	长期股权投资	收入类	38	4101	捐赠收入
	15	1402	长期债权投资		39	4201	会费收入
	16	1421	长期投资减值准备		40	4301	提供服务收入
	17	1501	固定资产		41	4401	政府补助收入
	18	1502	累计折旧		42	4501	商品销售收入
	19	1505	在建工程		43	4601	投资收益
	20	1506	文物文化资产		44	4901	其他收入
	21	1509	固定资产清理	费用类	45	5101	业务活动成本
	22	1601	无形资产		46	5201	管理费用
	23	1701	受托代理资产		47	5301	筹资费用
负债类	24	2101	短期借款		48	5401	其他费用

二、民间非营利组织会计科目的使用要求

为了便于编制会计凭证、登记账簿、查阅账目以及实行会计电算化，各类民间非营利组织应当按照统一适用的会计科目设置和使用会计科目。对于制度中统一规定的会计科目的编号，民间非营利组织不得随意打乱重编。在不影响会计核算要求、会计报表指标汇总以及对外提供统一的财务会计报告的前提下，民间非营利组织可以根据实际情况自行增设、减少或合并某些会计科目。民间非营利组织在填制会计凭证、登记会计账簿时，应当填列会计科目的名称，或者同时填列会计科目的名称和编号，不得只填列科目编号，不填列科目名称。

本章小结

民间非营利组织是指主要通过筹集社会民间资金举办的，不以营利为目的，从事教育、科技、文化、卫生、宗教等社会公益事业，旨在提供公共产品的社会服务组织。民间非营利组织的形式多种多样，主要包括社会团体、基金会、民办非企业单位和宗教活动场所四类。民间非营利组织不以营利为宗旨和目的；资源提供者不以取得经济回报为目标；资源提供者不享有民间非营利组织的所有权。民间非营利组织会计以权责发生制为会计核算基础，坚持在以历史成本计价的基础上引入公允价值计量基础，会计要素的设置有其特殊性。民间非营利组织会计核算的主要目标，是提供满足社会公众、政府机构、捐赠人、会员和服务对象在提供资财给组织时作出合理决策以及加强对组织的外部管理和监督决策需要的信息，并兼顾反映组织运营管理当局受托责任的履行情况。民间非营利组织的会计核算应当以权责发生制为基础，会计要素分为资产、负债、净资产、收入和费用类。为了便于编制会计凭证、登记账簿、查阅账目以及实行会计电算化，各类民间非营利组织应当按照统一适用的会计科目设置和使用会计科目。

复习思考题

1. 民间非营利组织包括哪些具体形式？
2. 民间非营利组织会计的特点有哪些？
3. 简述民间非营利组织会计核算的基本原则。
4. 民间非营利组织会计核算的基础是什么？

第十四章

民间非营利组织会计的收入和费用

第一节 民间非营利组织会计的收入

一、民间非营利组织会计收入的含义及分类

收入是指民间非营利组织开展业务活动取得的、导致本期净资产增加的经济利益或者服务潜力的流入。收入具有以下两项主要特征：收入是民间非营利组织经济利益或者服务潜力的流入；收入会导致本期净资产的增加。

民间非营利组织收入按来源可分为捐赠收入、会费收入、提供服务收入、政府补助收入、投资收益、商品销售收入和其他收入等；按民间非营利组织业务的主次分为主要业务收入和其他收入，而捐赠收入、会费收入、提供服务收入、政府补助收入、投资收益、商品销售收入属于主要业务收入；按收入是否受到限制分为限定性收入和非限定性收入；按收入是否为交换交易形成的分为交换交易形成的收入和非交换性交易形成的收入，商品销售收入、提供服务收入和投资收益属于交换交易形成的收入，捐赠收入和政府补助收入等属于非交换性交易形成的收入。

需要注意的是，对收入的各种分类是相互交叉的。比如，商品销售收入、提供服务收入、投资收益、其他收入通常属于交换交易形成的收入，捐赠收入、政府补助收入、会费收入属于非交换交易形成的收入。又如，一般情况下，商品销售收入、提供服务收入、投资收益、会费收入、其他收入属于非限定性收入，但如果相关资产提供者对资产的使用设置了限制，相关收入则属于限定性收入。

二、民间非营利组织会计收入的确认

民间非营利组织在确认收入时，应当区分交换交易形成的收入和非交换性交易形成的收入。

(一) 交换交易形成的收入的确认

(1) 交换交易

交换交易是指按照等价交换原则所从事的交易,即当某一主体取得资产、获得服务或解除债务时,需要向交易对方支付等值或者大致等值的现金,或者提供等值或者大致等值的货物、服务等的交易。如按照等价交换原则销售商品、提供劳务等属于交换交易。

(2) 交换交易形成的商品销售收入的确认

对于因交换交易形成的商品销售收入,应当在下列条件同时满足时予以确认:已将商品所有权上的主要风险和报酬转移给购货方;既没有保留通常与所有权相联系的继续管理权,也没有对已售出的商品实施控制;与交易相关的经济利益能够流入民间非营利组织;相关的收入和成本能够可靠地计量。

(3) 因交换交易形成的提供劳务收入的确认

对于因交换交易形成的提供劳务收入,应当按以下规定予以确认:在同一会计年度内开始并完成的劳务,应当在完成劳务时确认收入;如果劳务的开始和完成分属不同的会计年度,可以按完工进度或完成的工作量确认收入。

(4) 因交换交易形成的让渡资产使用权收入的确认

对于因交换交易形成的让渡资产使用权而发生的收入,应当在下列条件同时满足时予以确认:与交易相关的经济利益能够流入民间非营利组织;收入的金额能够可靠的计量。

(二) 非交换交易形成的收入的确认

非交换交易是指除交换交易之外的交易。在非交换交易中,某一主体取得资产、获得服务或者解除债务时不必向交易对方支付等值或者大致等值的现金,或者提供等值或者大致等值的货物、服务时;或者某一主体在对外提供货物、服务时,没有收到等值或者大致等值的现金、货物等。如捐赠、政府补助等属于非交换交易。

对于因非交换交易形成的收入,应当在同时满足下列条件时予以确认:与交易相关的含有经济利益或者服务潜力的资源能够流入民间非营利组织并为其所控制,或者相关的债务能够得到解除;交易能够引起净资产的增加;收入的金额能够可靠地计量。

一般情况下,对于无条件的捐赠或政府补助,应当在收到捐赠或收到政府补助时确认收入;对于附有条件的捐赠或政府补助,应当在取得捐赠资产或政府补助资产控制权时确认收入,但当民间非营利组织存在需要偿还全部或部分捐赠资产(或者政府补助资产)或者相应金额的现时义务时,应当根据需要偿还的金额同时确认一项负债和费用。

三、民间非营利组织会计收入的核算

民间非营利组织可以根据收入的来源设置一级科目,如"捐赠收入""会费收入""提供服务收入""政府补助收入"等科目,然后按照收入是否受到限制,在一级科目下设置"限定性收入"和"非限定性收入"二级明细科目。民间非营利组织可以根据收入是否受到限制设置"限定性收入"和"非限定性"收入一级科目,然后按照收入的来源,在一级科

目下设置"捐赠收入""会费收入""提供服务收入""政府补助收入"等二级明细科目。

(一) 捐赠收入

捐赠收入是指民间非营利组织接受其他单位或者个人捐赠取得的收入，不包括民间非营利组织因受托代理业务而从委托方收到的受托代理资产。为了核算捐赠收入，民间非营利组织应设置"捐赠收入"科目，同时设置"限定性收入"和"非限定性收入"明细科目。

民间非营利组织接受捐赠时，按照应确认的金额，借记"现金""银行存款""短期投资""存货""长期股权投资""长期债权投资""固定资产""无形资产"等科目，贷记"捐赠收入"科目。

期末，将"捐赠收入"科目各明细科目的余额分别转入限定性净资产和非限定性净资产。

对于接受的附条件捐赠，如果存在需要偿还全部或部分捐赠资产或者相应金额的现时义务时，例如，因无法满足捐赠所附条件而必须将部分捐赠退还该捐赠人时，按照需要偿还的金额，借记"管理费用"科目，贷记"其他应付款"等科目。

【例 14-1】某基金会收到某华侨捐赠的汽车一辆，发票价值为 200 000 元，其他费用为 2 000 元，用银行存款支付。其会计分录为：

借：固定资产　　　　　　　　　　　　　　　　　　　202 000
　　贷：捐赠收入——非限定性收入　　　　　　　　　　　200 000
　　　　银行存款　　　　　　　　　　　　　　　　　　　 2 000

【例 14-2】某慈善机构接受某归国华侨一笔捐款 300 000 元，该笔款项注明只能用来救助孤寡老人，使用年限为 1 年，余额应退还。该慈善机构有关人员根据所在区域估计在 1 年内，可能使用的款项为 120 000 元。其会计分录为：

借：银行存款　　　　　　　　　　　　　　　　　　　300 000
　　贷：捐赠收入——限定性收入　　　　　　　　　　　　300 000
借：管理费用　　　　　　　　　　　　　　　　　　　180 000
　　贷：其他应付款　　　　　　　　　　　　　　　　　　180 000

【例 14-3】某民间非营利组织招募志愿者 5 人，协助公益事业宣传工作。由于志愿者工作无须支付劳动报酬，每月可节省人工费用为 6 000 元。

此为劳务捐赠，不确认为捐赠收入。应当在会计报表附注中作相关披露。

(二) 会费收入

会费收入是指民间非营利组织根据章程等的规定向会员收取的会费。一般情况下，民间非营利组织的会费收入为非限定性收入，除非相关资产提供者对资产的使用设置了限制。一些社会团体，如各种协会、学会、联合会、研究会、联谊会、促进会、商会等，以会员的形式发展会员，以收取会费的形式取得收入，为会员提供相应的服务。由于收取的会费与提供的服务不直接对应，所以会费收入一般认为是非交换交易形成的收入。

为了核算会费收入业务，民间非营利组织会计应当设置"会费收入"总账科目，并应当在"会费收入"科目下设置"非限定性收入"明细科目。如果存在限定性会费收入,还应当设置"限定性收入"明细科目;同时,民间非营利组织应当按照会费种类(如团体会费、个人会费等),在"非限定性收入"或"限定性收入"科目下设置明细科目,进行明细核算。

"会费收入"科目的贷方余额反映当期会费收入。在会计期末,应当将该科目中"非限定性收入"明细科目当期发生额转入"非限定性净资产"科目,将该科目中"限定性收入"明细科目当期贷方发生额转入"限定性净资产"科目。期末结转后"会费收入"科目应无余额。

【例14-4】某民间非营利组织为协会组织,根据章程规定,每年3月份会员应缴纳会费。到截止日,已经收到会费90 000元,存入银行。经查明,会员欠缴会费10 000元。该民间非营利组织确认收入的会计分录为:

借:银行存款　　　　　　　　　　　　　　　　　　　90 000
　　应收账款　　　　　　　　　　　　　　　　　　　10 000
　　贷:会费收入——非限定性收入　　　　　　　　　　100 000

【例14-5】某民间非营利组织收到会员一次性缴纳的今明两年会费共计50 000元,已经存入银行。该民间非营利组织确认收入的会计分录为:

借:银行存款　　　　　　　　　　　　　　　　　　　5 000
　　贷:会费收入——非限定性收入　　　　　　　　　　2 500
　　　　预收账款　　　　　　　　　　　　　　　　　2 500

(三)提供服务收入

提供服务收入又称提供劳务收入,是指民间非营利组织根据章程等的规定向其服务对象提供服务取得的收入,包括学费收入、医疗费收入、培训费收入等。一般情况下,民间非营利组织的提供服务收入为非限定性收入,除非相关资产提供者对资产的使用设置了限制。提供服务收入属于交换交易收入。

劳务的开始与完成分属不同的会计年度时,本年应确认的收入与费用的计算公式如下:

本年应确认的收入=劳务总收入×本年末止劳务的完工程度-以前年度已确认的收入
本年应确认的费用=劳务总成本×本年末止劳务的完工程度-以前年度已确认的成本

其中,劳务总收入,即合同总收入,一般根据双方签订的合同或协议注明的交易总金额确定;劳务总成本,包括至资产负债表日止已经发生的成本和完成劳务将要发生的成本;本年末止劳务的完工程度,是指至资产负债表日止完工进度或完成的工作量。

为了核算提供服务收入的业务,民间非营利组织会计应设置"提供服务收入"科目,该科目贷方登记当期提供服务收入的实际发生额,借方登记年终将该科目转入净资产的金额,期末结转后,本科目应无余额。该科目应当按照提供服务的种类设置明细科目,进行明细核算。

民间非营利组织在提供服务取得收入时,按照实际收到或应当收取的价款,借记"现金""银行存款""应收账款"等科目;如果采取先收款,再提供服务,则按照应当确认的提供服务收入金额，贷记"提供服务收入"科目，按照预收的价款，贷记"预收账款"科目。在以后期间确认提供服务收入时，借记"预收账款"科目，贷记"提供服务收入——非限定性收入"科目，如果存在限定性提供服务收入，则应当贷记"提供服务收入——限定性收入"。

在会计期末，将"提供服务收入"科目的余额转入非限定性净资产时，借记"提供服务收入——非限定性收入"，贷记"非限定性净资产"科目。如果存在限定性提供服务收入，则将其金额转入限定性净资产，借记"提供服务收入——限定性收入"，贷记"限定性净资产"科目。

【例14-6】某医师协会为一家甲级医院完成了培训服务，培训费共计90 000元，该协会提前向医院预收了50 000元培训费，服务完成时，剩余款项已转账存入银行。该协会确认收入的会计分录为：

借：银行存款　　　　　　　　　　　　　　　　　　　40 000
　　预收账款　　　　　　　　　　　　　　　　　　　50 000
　　贷：提供服务收入——非限定性收入——培训费收入　　90 000

【例14-7】某民间非营利组织年末尚未完成向服务对象提供的服务，根据已完成的工作量，可以确定完工进度为60%，该组织曾向服务对象预收了全部服务费用共计30 000元。该民间非营利组织确认收入的会计分录为：

借：预收账款　　　　　　　　　　　　　　　　　　　18 000
　　贷：提供服务收入——非限定性收入　　　　　　　18 000

【例14-8】年末结账，某民间非营利组织将"提供服务收入——非限定性收入"科目贷方余额290 000元转为非限定性净资产。该民间非营利组织的会计分录为：

借：提供服务收入——非限定性收入　　　　　　　　　290 000
　　贷：非限定性净资产　　　　　　　　　　　　　　290 000

（四）政府补助收入

政府补助收入是指民间非营利组织接受政府拨款或者政府机构给予的补助而取得的收入。如果资产提供者对资产的使用设置有时间限制或者（和）用途限制，则所确认的相关收入为限定性收入；除此之外的其他所有收入为非限定性收入。

民间非营利组织应设置"政府补助收入"科目，同时设置"限定性收入"和"非限定性收入"明细科目。

民间非营利组织接受的政府补助，按照应确认的金额，借记"现金""银行存款"等科目，贷记"政府补助收入"科目的"限定性收入"和"非限定性收入"明细科目。如果限定性政府补助收入的限制在确认收入的当期得到解除，应当将其转为非限定性捐赠收入，借记"政府补助收入——限定性收入"明细科目，贷记"政府补助收入——非限定性收入"明细科目。

期末，将"政府补助收入"科目各明细科目的余额分别转入限定性净资产和非限定性净资产。

民间非营利组织对于接受的附有条件的政府补助，如果存在需要偿还全部或者部分政府补助资产或者相应金额的现时义务时，比如，因无法满足政府补助所附条件而必须退还部分政府补助时，按照需偿还的金额，借记"管理费用"科目，贷记"其他应付款"等科目。

【例14-9】某民间防癌协会月初收到一笔政府补助款项8 000元，现可以动用。该防癌协会的会计分录为：

  借：银行存款   8 000
    贷：政府补助收入——非限定性收入   8 000

（五）投资收益

投资收益是指民间非营利组织因对外投资取得的投资净损益。民间非营利组织可以用货币资产、存货、固定资产、无形资产等对外投资，在投资中取得一定的投资收益，扩大资金来源，满足公益事业的资金需要。一般情况下，民间非营利组织的投资收益为非限定性收入，除非相关资产提供者对资产的使用设置限制。

民间非营利组织会计应当设置"投资收益"科目，核算民间非营利组织因对外投资取得的投资净损益。民间非营利组织应当在满足规定的收入确认条件时确认投资收益，并区分短期投资、长期股权投资和长期债权投资三种情况。

① 短期投资收益在实际取得时确认。

② 长期股权投资收益的确认方法包括成本法与权益法两种。采用成本法核算的，被投资单位宣告发放现金股利或利润时，将宣告发放的现金股利或利润中属于民间非营利组织应享有的部分，确认为当期的投资收益。采用权益法核算的，在会计期末按照应当享有或应当分担的被投资单位当年实现的净利润或发生的净亏损的份额，调整长期股权投资账面价值。

③ 长期债权投资的收益应当在其持有期间和处置时确认。长期债权投资的持有期间，应当按照票面价值与票面利率按期计算并确认利息收入。

【例14-10】某民间非营利组织将三个月前购入的账面余额为52 000元，已提跌价准备3 000元的短期债券投资出售，收到价款51 000元已存入银行。其会计分录为：

  借：银行存款   51 000
    短期投资跌价准备   3 000
    贷：短期投资——债券投资   52 000
      投资收益   2 000

【例14-11】某民间非营利组织对某企业投资，采用成本法核算。被投资企业宣告股利分配方案，民间非营利组织分得的股利为150 000元，款项尚未收到。其会计分录为：

  借：其他应收款   150 000
    贷：投资收益   150 000

（六）商品销售收入

商品销售收入是指民间非营利组织销售商品（如出版物、药品）等形成的收入。一般情况下，民间非营利组织的商品销售收入为非限定性收入，除非相关资产提供者对资产的使用设置了限制。

民间非营利组织应当在满足规定的收入确认条件时确认商品销售收入。为了核算商品销售收入的实现和业务活动成本的发生情况，民间非营利组织应设置"商品销售收入"和"业务活动成本"科目。这两个科目应当按照商品的种类设置明细科目，进行明细核算。期末时，将"商品销售收入"和"业务活动成本"科目的余额转入非限定性净资产或限定性净资产。

【例14-12】某民间非营利组织为民营医院，出售药品价值30 000元，存入银行。其会计分录为：

借：银行存款　　　　　　　　　　　　　　　　　　　　　30 000
　　贷：商品销售收入——非限定性收入　　　　　　　　　　　30 000

【例14-13】某民间非营利组织为杂志社，通过征订方式预收刊物订阅费50 000元，存入银行。其会计分录为：

借：银行存款　　　　　　　　　　　　　　　　　　　　　50 000
　　贷：预收账款　　　　　　　　　　　　　　　　　　　　　50 000

【例14-14】某民间非营利组织为出版社，上月销售的一批图书因质量问题被退回。该批图书取得的销售收入60 000元已经入账，销售成本40 000元也已经结转。退货的款项已经支付给书店。其有关销售退回的会计分录为：

借：商品销售收入——非限定性收入　　　　　　　　　　　60 000
　　贷：银行存款　　　　　　　　　　　　　　　　　　　　　60 000
借：存货　　　　　　　　　　　　　　　　　　　　　　　40 000
　　贷：业务活动成本　　　　　　　　　　　　　　　　　　　40 000

（七）其他收入

其他收入是民间非营利组织在主要业务活动以外从其他方面取得的收入。民间非营利组织的主要业务活动收入包括捐赠收入、会费收入、提供服务收入、商品销售收入、政府补助收入、投资收益等，主要业务活动收入以外的收入应确认为其他收入。民间非营利组织的其他收入包括确实无法支付的应付款项、存货盘盈收入、固定资产盘盈收入、固定资产处置净收入、无形资产处置净收入等。一般情况下，民间非营利组织的其他收入为非限定性收入，除非相关资产的提供者对资产的使用设置了限制。民间非营利组织应当设置"其他收入"科目，核算民间非营利组织主要业务活动收入以外的收入。

【例14-15】某民间非营利组织报废一台设备，转入固定资产清理。清理结束后，"固定资产清理"科目存在贷方余额2 000元，转为其他收入。其会计分录为：

借：固定资产清理　　　　　　　　　　　　　　　　　　　2 000
　　贷：其他收入——非限定性收入　　　　　　　　　　　　　2 000

【例14-16】某民间非营利组织确认一项无法支付的应付款项60 000元。其会计分录为：

借：应付账款　　　　　　　　　　　　　　　　　　　　　60 000

贷：其他收入——非限定性收入　　　　　　　　　　　　　　　60 000

第二节　民间非营利组织会计的费用

民间非营利组织开展各项公益性活动，会发生一定的耗费，导致经济利益或服务潜力的流出。民间非营利组织要加强成本管理，准确核算业务活动成本与各项期间费用，以便提供反映受托责任履行情况的会计信息。

一、民间非营利组织会计费用的含义及分类

（一）民间非营利组织会计费用的内容

费用是指民间非营利组织为开展业务活动发生的、能够导致本期净资产减少的经济利益或者服务潜力的流出。民间非营利组织会计应当严格按照费用的定义确认各项费用，费用具有以下两项特征：第一，费用是民间非营利组织经济利益或者服务潜力的流出；第二，费用会导致民间非营利组织本期净资产的减少。

（二）民间非营利组织会计费用的分类

民间非营利组织会计的费用按功能分类，可以划分为业务活动成本、管理费用、筹资费用和其他费用四项内容。其中，业务活动成本是一项成本费用，管理费用、筹资费用和其他费用为期间费用。民间非营利组织的某些费用如果属于多项业务活动，或者属于业务活动、管理活动和筹资活动等共同发生，而且不能直接归属于某一类活动，应当按照合理的方法在各项活动中进行分配。

二、民间非营利组织会计费用的确认

民间非营利组织会计的费用应当在同时满足以下条件时予以确认：①含有经济利益或服务潜力的资源流出民间非营利组织，或者组织承担了相关的负债；②能够引起当期净资产的减少；③费用的金额能够可靠地计量。

民间非营利组织在业务活动中发生的各项费用，应当在实际发生时按照其实际发生额计入当期费用。

三、民间非营利组织会计费用的核算

（一）业务活动成本

业务活动成本是指民间非营利组织为了实现其业务活动目标，开展其项目活动或者提供服务所发生的费用。

业务活动成本是按照项目、服务或业务种类等进行归集的费用。各民间非营利组织应当设置"业务活动成本"科目，并根据本单位业务活动开展的实际情况，在"业务活动成本"科目下设置明细科目，通常在"业务活动成本"科目下设置"销售商品成本""提供服务成

本""会员服务成本""捐赠项目成本""业务活动税金及附加""业务活动费"等明细科目。如果民间非营利组织从事的项目、提供的服务或者开展的业务比较单一，可以将相关费用全部归集在"业务活动成本"科目下进行核算和列报。

"业务活动成本"科目借方登记当期业务活动成本的实际发生额，贷方登记期末转入净资产的金额，期末结转后该科目应无余额。民间非营利组织发生业务活动成本时，借记"业务活动成本"科目，贷记"现金""银行存款""存货""应付账款"等科目；期末将该科目的借方余额转入非限定性净资产时，借记"非限定性净资产"科目，贷记"业务活动成本"科目。

【例14-17】某民间非营利组织为培训学校，举办CPA考试的辅导班，发生业务费用6 000元，以银行存款支付。其会计分录为：

借：业务活动成本——CPA培训项目　　　　　　　　　　6 000
　　贷：银行存款　　　　　　　　　　　　　　　　　　　　6 000

【例14-18】某民间非营利组织为民营医院，月末结转已销药品进价成本40 000元。其会计分录为：

借：业务活动成本——药品进价成本　　　　　　　　　　40 000
　　贷：存货　　　　　　　　　　　　　　　　　　　　　　40 000

【例14-19】某民间非营利组织年终结账，将"业务活动成本"科目的借方余额230 000元转入非限定性净资产。其会计分录为：

借：非限定性净资产　　　　　　　　　　　　　　　　　230 000
　　贷：业务活动成本　　　　　　　　　　　　　　　　　　230 000

（二）管理费用

管理费用是指民间非营利组织为组织和管理组织的业务活动所发生的各种费用，包括民间非营利组织董事会（或者理事会、类似权力机构）经费和行政管理人员的工资、奖金、津贴、福利费、住房公积金、住房补贴、社会保障费，离退休人员工资与补助，以及办公费、水电费、邮电费、物业管理费、差旅费、折旧费、修理费、无形资产摊销费、存货盘亏损失、资产减值损失、因预计负债产生的损失、聘请中介机构费用和应偿还的受赠资产等。

为了核算民间非营利组织为组织和管理组织的业务活动所发生的各种费用，应设置"管理费用"科目，并在"管理费用"科目下，按费用项目设置明细科目，进行明细核算。

期末，将"管理费用"科目余额转入非限定性净资产。

【例14-20】某慈善机构本月计提固定资产折旧5 000元；购买办公用品2 000元，用银行存款支付。其会计分录为：

借：管理费用　　　　　　　　　　　　　　　　　　　　7 000
　　贷：累计折旧　　　　　　　　　　　　　　　　　　　　5 000
　　　　银行存款　　　　　　　　　　　　　　　　　　　　2 000

【例14-21】某基金会因担保，很可能要负担100 000元赔款。其确认该可能赔款的会计分录为：

借：管理费用 100 000
　　贷：预计负债 100 000

（三）筹资费用

筹资费用是指民间非营利组织为筹集业务活动所需资金而发生的费用，包括民间非营利组织为了获得捐赠资产而发生的费用以及应当计入当期费用的借款费用、汇兑损失（减汇兑收益）等。民间非营利组织为了获得捐赠资产而发生的费用包括举办募款活动费，准备、印刷和发放募款宣传资料以及其他与募款或者争取捐赠有关的费用。民间非营利组织发生的筹资费用，应当在发生时按其发生额计入当期费用。

为了核算筹资费用的发生和结转情况，民间非营利组织应设置"筹资费用"科目，该科目借方登记当期实际发生的筹资费用的金额，贷方登记转入净资产的金额；期末结转后该科目应无余额。该科目应按费用项目设置明细科目，进行明细核算。

民间非营利组织发生筹资费用时，借记"筹资费用"科目，贷记"预提费用""银行存款""长期借款"等科目。发生应冲减筹资费用的利息收入、汇兑收益时，借记"银行存款""长期借款"等科目，贷记"筹资费用"科目。

在会计期末，将"筹资费用"科目的余额转入非限定性净资产时，借记"非限定性净资产"科目，贷记"筹资费用"科目。

【例14-22】 某民间非营利组织为慈善基金会，该基金会为募集善款进行宣传活动，发生费用5 000元，以银行存款支付。其会计分录为：

借：筹资费用——宣传费用 5 000
　　贷：银行存款 5 000

【例14-23】 期末，将某民间非营利组织"筹资费用"科目账面余额198 000转入非限定性净资产。其会计分录为：

借：非限定性净资产 198 000
　　贷：筹资费用 198 000

（四）其他费用

其他费用是指民间非营利组织发生的，无法归属到上述业务活动成本、管理费用或者筹资费用中的费用，包括固定资产处置净损失、无形资产处置净损失等。为了核算民间非营利组织的其他费用，应设置"其他费用"科目，该科目应当按照费用种类设置明细科目，进行明细核算。

民间非营利组织发生的固定资产处置净损失，借记"其他费用"科目，贷记"固定资产清理"科目。发生的无形资产处置净损失，按照实际取得的价款，借记"银行存款"等科目，按照该项无形资产的账面余额，贷记"无形资产"科目，按照其差额，借记"其他费用"科目。期末，将"其他费用"科目的余额转入非限定性净资产。

【例14-24】 某民间非营利组织进行某项固定资产清理，清理结束后，"固定资产清理"科目的借方余额为6 000元。该民间非营利组织结转固定资产清理的会计分录为：

借：其他费用——固定资产清理 6 000
　　贷：固定资产清理 6 000

【例14-25】某民间非营利组织转让一项专有技术（无形资产），其账面价值为50 000元，转让款项48 000元已经收到，并已存入银行。其会计分录为：

借：银行存款 48 000
　　其他费用——无形资产处置损失 2 000
　　贷：无形资产 50 000

本章小结

收入是指民间非营利组织开展业务活动取得的、导致本期净资产增加的经济利益或者服务潜力的流入。收入具有以下两项主要特征：收入是民间非营利组织经济利益或者服务潜力的流入；收入会导致本期净资产的增加。民间非营利组织收入按来源可分为捐赠收入、会费收入、提供服务收入、政府补助收入、投资收益、商品销售收入和其他收入等。

费用是指民间非营利组织为开展业务活动发生的、能够导致本期净资产减少的经济利益或者服务潜力的流出。民间非营利组织会计应当严格按照费用的定义确认各项费用，费用具有以下两项特征：第一，费用是民间非营利组织经济利益或者服务潜力的流出；第二，费用会导致民间非营利组织本期净资产的减少。民间非营利组织的费用按功能分类，可以划分为业务活动成本、管理费用、筹资费用和其他费用四项内容。

复习思考题

1. 简述民间非营利组织交换交易形成的收入的确认条件。
2. 民间非营利组织会计的收入包括哪些类别？
3. 民间非营利组织会计的费用包括哪些类别？

民间非营利组织会计的资产、负债及净资产

第一节 民间非营利组织会计的资产

一、民间非营利组织会计的资产的含义及分类

（一）民间非营利组织会计的资产的含义

民间非营利组织会计的资产是指过去的交易或者事项形成的由民间非营利组织拥有或者控制的资源，该资源预期会给民间非营利组织带来经济利益或者服务潜力。资产应当按其流动性分为流动资产、长期投资、固定资产、无形资产和受托代理资产。

（二）民间非营利组织会计的资产的分类

1. 流动资产

流动资产是指预期可以在1年内（含1年）变现或者耗用的资产，包括现金、银行存款、其他货币资金、短期投资、应收款项、预付账款、存货和待摊费用等。

2. 长期投资

长期投资是相对于短期投资而言的，即民间非营利组织不准备随时变现，并且持有时间在1年以上的投资，包括长期股权投资和长期债权投资。

3. 固定资产

固定资产是指民间非营利组织为行政管理、提供劳务、生产商品或者出租目的而持有的，预计使用年限超过1年、单位价值较高的有形资产，包括房屋和建筑物、一般设备、专用设备、交通工具、文物文化资产（陈列品、图书）和其他固定资产。单位价值虽未达到规定标准，但使用期限超过1年的大批同类物资，如馆藏图书，也可作为固定资产核算。

4. 无形资产

无形资产是指民间非营利组织为开展业务活动，出租给外单位或为管理目的而持有的，没有实物形态的非货币性长期资产。无形资产包括专利权、非专利技术、商标权、著作权、土地使用权等。

5. 受托代理资产

受托代理资产是指民间非营利组织接受委托方委托从事受托代理业务而收到的资产。在受托代理过程中，民间非营利组织通常只是从委托方收到受托资产，并按照委托人的意愿将资产转赠给指定的其他组织或者个人。民间非营利组织只是在委托代理过程中起中介作用，无权改变受托代理资产的用途或者变更受益人。

二、民间非营利组织会计的资产的确认

（一）初始确认

民间非营利组织在取得一项资源时，如果符合资产的定义和三个特征，而且其成本或者价值能够可靠计量，那么民间非营利组织就应当将该资源确认为一项资产。民间非营利组织在确认资产时，原则上应当按照取得资产所发生的实际成本予以计量。但对于接受捐赠、政府补助、受托代理等特殊情况取得的资产，原则上按照公允价值进行初始计量。

（二）后续计量

民间非营利组织对于短期投资、应收款项、存货、长期投资必须计提减值准备。对于因技术更新、遭受自然灾害等原因而发生重大减值的固定资产、无形资产应当计提减值准备，并计入当期费用。如果已计提减值准备的资产价值在以后会计期间得以恢复，应当在该资产已计提减值准备的范围内部分或全部转回已确认的减值损失，冲减当期费用。

三、民间非营利组织会计资产的核算

民间非营利组织大部分资产的核算与企业资产的核算相同，本章仅重点介绍存在明显差异的资产的会计处理。

（一）文物文化资产

文物文化资产是指用于展览、教育或研究等目的的历史文物、艺术品以及其他具有文化或历史价值并作长期或者永久保存的典藏等。

为了核算文物文化资产的增减变动及结存情况，应设置"文物文化资产"科目。民间非营利组织应当设置文物文化资产登记簿和文物文化资产卡片，按文物文化资产类别等设置明细科目，进行明细核算。

文物文化资产在取得时，应当按照取得时的实际成本入账。取得时的实际成本包括买价、包装费、运输费、缴纳的有关税金等相关费用，以及为使文物文化资产达到预定可使用状态前的必要支出。

外购的文物文化资产，按照实际支付的买价、相关税费以及为使文物文化资产达到预定

可使用状态前发生的可直接归属于该文物文化资产的其他支出（如运输费、安装费、装卸费等），借记"文物文化资产"科目，贷记"银行存款""应付账款"等科目。

如果以一笔款项购入多项没有单独标价的文物文化资产，按照各项文物文化资产公允价值的比例对总成本进行分配，分别确定各项文物文化资产的入账价值。

接受捐赠的文物文化资产，按照确定的成本，借记"文物文化资产"科目，贷记"捐赠收入"科目。

出售文物文化资产、文物文化资产毁损或者以其他方式处置文物文化资产时，按照所处置文物文化资产的账面余额，借记"固定资产清理"科目，贷记"文物文化资产"科目。

民间非营利组织对文物文化资产应当定期或者至少每年实地盘点一次。对盘盈、盘亏的文物文化资产，应当及时查明原因，并根据管理权限，报经批准后，在期末前结账处理完毕。如为文物文化资产盘盈，按照其公允价值，借记"文物文化资产"科目，贷记"其他收入"科目；如为文物文化资产盘亏，按照固定资产账面余额扣除可收回的保险赔偿和过失人的赔偿等后的金额，借记"管理费用"科目，按照可以收回的保险赔偿和过失人赔偿等，借记"现金""银行存款""其他应收款"等科目，按照文物文化资产的账面余额，贷记"文物文化资产"科目。

【例15-1】某民间非营利组织为博物馆，接受捐赠一件历史文物，参照市场价值为50 000元。其会计分录为：

借：文物文化资产　　　　　　　　　　　　　　　　　　　50 000
　　贷：捐赠收入——非限定性收入　　　　　　　　　　　　　50 000

【例15-2】某民间非营利组织出售艺术品一件，取得销售收入60 000元，款项存入银行。该艺术品的账面余额为45 000元。该民间非营利组织处置该艺术品的会计分录为：

借：固定资产清理　　　　　　　　　　　　　　　　　　　45 000
　　贷：文物文化资产　　　　　　　　　　　　　　　　　　　45 000
借：银行存款　　　　　　　　　　　　　　　　　　　　　60 000
　　贷：固定资产清理　　　　　　　　　　　　　　　　　　　60 000
借：固定资产清理　　　　　　　　　　　　　　　　　　　15 000
　　贷：其他收入　　　　　　　　　　　　　　　　　　　　　15 000

（二）受托代理资产

受托代理资产是指民间非营利组织接受委托方委托从事受托代理业务而收到的资产。受托代理业务与捐赠活动存在本质差异。在受托代理过程中，民间非营利组织通常只是从委托方收到受托资产，并按照委托人的意愿将资产转赠给指定的其他组织或者个人，或者按照有关规定将资产转交给指定的其他组织或者个人。民间非营利组织本身只是在委托代理过程中起中介作用，无权改变受托代理资产的用途或者变更受益人。

民间非营利组织因从事受托代理业务而获得受托代理资产时，不应当确认为收入，因为受托代理交易不会增加民间非营利组织的净资产。民间非营利组织受托代理资产的确认和计量比照接受捐赠资产的确认和计量原则处理。在确认受托代理资产的同时应当按其金额确认相应的受托代理负债。

为了核算受托代理资产业务，民间非营利组织应当设置"受托代理资产"科目，该科目借方登记确认收到受托代理资产的金额，贷方登记转出或转赠受托代理资产的金额，期末余额在借方，反映民间非营利组织期末尚未转出的受托代理资产价值。民间非营利组织应当设置受托代理资产登记簿，并根据具体情况设置明细科目，进行明细核算。

民间非营利组织收到受托代理资产时，按照应确认的入账金额，借记"受托代理资产"科目，贷记"受托代理负债"科目。

转赠或者转出受托代理资产时，按照转出受托代理资产的账面余额，借记"受托代理负债"科目，贷记"受托代理资产"科目。

民间非营利组织收到的受托代理资产如果为现金、银行存款或其他货币资金，则可以不通过"受托代理资产"科目核算，而在"现金""银行存款""其他货币资金"科目下设置"受托代理资产"明细科目进行核算。

【例15-3】某慈善协会接受甲公司的委托，收到通过该组织定向捐赠物资一批，该物资的公允价值为150 000元。其会计分录为：

　　借：受托代理资产　　　　　　　　　　　　　　　　150 000
　　　　贷：受托代理负债　　　　　　　　　　　　　　　　150 000

【例15-4】接上例，将上述收到的受托代理物资按照委托方要求，捐献给地震灾区。其会计分录为：

　　借：受托代理负债　　　　　　　　　　　　　　　　150 000
　　　　贷：受托代理资产　　　　　　　　　　　　　　　　150 000

第二节　民间非营利组织会计的负债

一、民间非营利组织会计负债的含义及分类

（一）民间非营利组织会计负债的含义

负债是指过去的交易或者事项形成的现时义务，履行该义务预期会导致含有经济利益或者服务潜力的资源流出民间非营利组织。负债应当按其流动性分为流动负债、长期负债和受托代理负债等。

（二）民间非营利组织会计负债的分类

①流动负债。流动负债是指在1年内（含1年）偿还的负债，包括短期借款、应付款项、应付工资、应交税金、预收账款、预提费用和预计负债等。

②长期负债。长期负债是指偿还期限在1年以上（不含1年）的负债，包括长期借款、长期应付款和其他长期负债。

③受托代理负债。受托代理负债是指民间非营利组织因从事受托代理业务、接受受托代

理资产而产生的负债。

二、民间非营利组织会计负债的确认

各项流动负债、长期负债应当按照实际发生额确认与计量。受托代理负债应当按照相对应的受托代理资产的金额予以确认和计量。

对于与或有事项相关的义务，如果同时满足该义务是民间非营利组织承担的现时义务，该义务的履行很可能会导致含有经济利益或者服务潜力的资源流出民间非营利组织，该义务的金额能够可靠地计量这三个条件，就应当将其确认为负债，以清偿该负债所需支出的最佳估计数予以计量，并在资产负债表中单列项目予以反映。

三、民间非营利组织会计负债的核算

在会计核算中，由于民间非营利组织负债的流动负债、长期负债企业的会计核算业务基本相同，因此，本节仅以受托代理负债业务为例加以阐述。

为了核算民间非营利组织受托代理负债业务的收、转、余等情况，民间非营利组织会计应设置"受托代理负债"科目，该科目贷方登记收到的受托代理资产的金额，借方登记转赠或者转出受托代理资产的金额，期末余额在贷方，反映民间非营利组织尚未清偿的受托代理负债。"受托代理负债"科目应当按照指定的受赠组织或个人，或者指定的应转交的组织或者个人设置明细科目，进行明细核算。

民间非营利组织收到受托代理资产，按照应确认的入账金额，借记"受托代理资产"科目，贷记"受托代理负债"科目；转赠或者转出受托代理资产，按照转出受托代理资产的账面余额，借记"受托代理负债"科目，贷记"受托代理资产"科目。

【例15-5】市红十字会接受市民政局的委托，为其代理捐赠业务，收到A单位捐款350 000元。市红十字会的会计分录为：

借：银行存款——受托代理资产　　　　　　　　　　　　350 000
　　贷：受托代理负债　　　　　　　　　　　　　　　　350 000

【例15-6】接前例，按照委托方的意愿，市红十字会将这笔款项捐给因洪水受灾的某乡镇。市红十字会的会计分录为：

借：受托代理负债　　　　　　　　　　　　　　　　　　350 000
　　贷：银行存款——受托代理资产　　　　　　　　　　350 000

第三节　民间非营利组织会计的净资产

一、民间非营利组织会计净资产的含义及其界定

净资产是指民间非营利组织的资产减去负债后的差额。净资产按是否受到限制，分为限定性净资产和非限定性净资产。

（一）限定性净资产

限定性净资产包括三个方面：

①民间非营利组织净资产的使用受到资产提供者或者国家法律、行政法规所设置的时间限制或（和）用途限制。如某基金会收到一项捐赠收入，捐赠人指明只能用来援助某地震灾区。

②民间非营利组织净资产所产生的经济利益（如资产的投资收益和利息等）的使用受到资产提供者或者国家法律、行政法规所设置的时间限制或（和）用途限制。如某慈善机构收到一笔捐赠款项，该捐赠人要求该笔款项的利息只能用于慈善机构的日常维护。

③国家有关法律、行政法规对民间非营利组织净资产的使用直接设置限制的，该净资产亦成为限定性净资产。如某基金会收到一项政府补贴，要求该项补贴只能用来救济残疾人，这就是一个永久性限制。

（二）非限定性净资产

非限定性净资产是指民间非营利组织的净资产中没有时间限制或（和）用途限制的部分，主要包括：

①期末民间非营利组织的非限定性收入的实际发生额与当期费用的实际发生额差额。

②由限定性净资产转为非限定性净资产的净资产。当存在下列情况之一时，可以认为限定性净资产的限制已经解除：限定性净资产的限制时间已经到期；所限定净资产规定的用途已经实现（或者目的已经达到）；资产提供者或者国家有关法律、行政法规撤销了所设置的限制。

如果限定性净资产受到两项或两项以上的限制，应当在最后一项限制解除时，才能认为该项限定性净资产的限制已经解除。需要注意的是，民间非营利组织的董事会、理事会或类似权力机构对净资产的使用所作的限定性决策、决议或拨款限额等，属于民间非营利组织内部管理上对资产使用所作的限制，不属于限定性净资产。

二、民间非营利组织会计净资产的核算

（一）限定性净资产的核算

为了核算限定性净资产业务，民间非营利组织应当设置"限定性净资产"科目，该科目期末贷方余额反映民间非营利组织历年积存的限定性净资产。

期末将当期限定性收入实际发生额转为限定性净资产，借记"捐赠收入——限定性收入""政府补助收入——限定性收入""会费收入——限定性收入"等科目，贷记"限定性净资产"科目。

如果限定性净资产的限制已经解除，应当为净资产进行重新分类，将限定性净资产转为非限定性净资产，如果因调整以前期间收入、费用项目而涉及调整限定性净资产的，应当就需要调整的金额，借记或贷记有关科目，贷记或借记"限定性净资产"科目。

【例15-7】某基金会10月末"捐赠收入——限定性收入"科目余额为80 000元，"政

府补助收入——限定性收入"科目余额为 200 000 元,"会费收入——限定性收入"科目余额为 60 000 元。

该基金会月末结转有关科目时,其会计分录为:

借:捐赠收入——限定性收入　　　　　　　　　　　80 000
　　政府补助收入——限定性收入　　　　　　　　200 000
　　会费收入——限定性收入　　　　　　　　　　　60 000
　　贷:限定性净资产　　　　　　　　　　　　　　340 000

【例 15-8】某慈善机构的一项 4 年期有特定用途的政府补助收入 300 000 元到期,可以转为一般性使用。其会计分录为:

借:限定性净资产　　　　　　　　　　　　　　　300 000
　　贷:非限定性净资产　　　　　　　　　　　　　300 000

【例 15-9】某民间非营利组织年初发现上一年度的一项捐赠固定资产因缺乏相关凭据未计量,只进行了相关记录。今年年初,获取了相关凭据予以确认计量,该固定资产的价值为 180 000 元。该民间非营利组织本年确认该固定资产的会计分录为:

借:固定资产　　　　　　　　　　　　　　　　　180 000
　　贷:限定性净资产　　　　　　　　　　　　　　180 000

(二)非限定性净资产的核算

为了核算民间非营利组织的非限定性净资产,应设置"非限定性净资产"科目,该科目贷方余额反映民间非营利组织历年积存的非限定性净资产。

期末,民间非营利组织应将捐赠收入、会费收入、提供服务收入、政府补助收入、商品销售收入、投资收益和其他收入等各项收入科目中非限定性收入明细科目的期末余额转入非限定性净资产,借记"捐赠收入——非限定性收入""会费收入——非限定性收入""提供服务收入——非限定性收入""政府补助收入——非限定性收入""商品销售收入——非限定性收入""投资收益——非限定性收入""其他收入——非限定性收入"科目,贷记"非限定性净资产"科目。同时,将各费用类科目的余额转入"非限定性净资产"科目,借记"非限定性净资产"科目,贷记"业务活动成本""管理费用""筹资费用""其他费用"科目。

如果限定性净资产的限制已经解除,应当对净资产进行重新分类,将限定性净资产转为非限定性净资产。

如果因调整以前期间收入、费用项目而涉及调整非限定性净资产的,应当就需要调整的金额,借记或贷记"非限定性净资产"科目。

【例 15-10】某基金会 12 月末各收支科目余额如表 15-1 所示。

第十五章 民间非营利组织会计的资产、负债及净资产

表 15-1　某基金会 12 月末收支科目余额

单位：元

科目	借方	贷方
捐赠收入——非限定性收入		115 000
会费收入——非限定性收入		56 000
提供服务收入——非限定性收入		78 000
政府补助收入——非限定性收入		65 000
商品销售收入——非限定性收入		558 000
投资收益——非限定性收入		43 000
其他收入——非限定性收入		36 000
业务活动成本	221 000	
管理费用	143 200	
筹资费用	45 200	
其他费用	6 700	

该基金会结转有关收支科目时，其会计分录为：

借：捐赠收入——非限定性收入　　　　　　　　　　　　　115 000
　　会费收入——非限定性收入　　　　　　　　　　　　　　56 000
　　提供服务收入——非限定性收入　　　　　　　　　　　　78 000
　　政府补助收入——非限定性收入　　　　　　　　　　　　65 000
　　商品销售收入——非限定性收入　　　　　　　　　　　558 000
　　投资收益——非限定性收入　　　　　　　　　　　　　　43 000
　　其他收入——非限定性收入　　　　　　　　　　　　　　36 000
　　贷：非限定性净资产　　　　　　　　　　　　　　　　951 000
借：非限定性净资产　　　　　　　　　　　　　　　　　　416 100
　　贷：业务活动成本　　　　　　　　　　　　　　　　　221 000
　　　　管理费用　　　　　　　　　　　　　　　　　　　143 200
　　　　筹资费用　　　　　　　　　　　　　　　　　　　 45 200
　　　　其他费用　　　　　　　　　　　　　　　　　　　 6 700

【例 15-11】某基金会发现上一年度的一项无形资产摊销 6 000 元未记录，该基金会应当追溯调整上一年业务活动表中的管理费用（调增 6 000 元），减少非限定性净资产期初数 6 000 元。其会计分录为：

借：非限定性净资产（期初数）　　　　　　　　　　　　　6 000
　　贷：无形资产　　　　　　　　　　　　　　　　　　　 6 000

本章小结

民间非营利组织会计的资产是指过去的交易或者事项形成的由民间非营利组织拥有或者控制的资源，该资源预期会给民间非营利组织带来经济利益或者服务潜力。资产应当按其流动性分为流动资产、长期投资、固定资产、无形资产和受托代理资产。

负债是指过去的交易或者事项形成的现时义务，履行该义务预期会导致含有经济利益或者服务潜力的资源流出民间非营利组织。负债应当按其流动性分为流动负债、长期负债和受托代理负债等。各项流动负债、长期负债应当按照实际发生额确认与计量。受托代理负债应当按照相对应的受托代理资产的金额予以确认和计量。

净资产是指民间非营利组织的资产减去负债后的差额。净资产按是否受到限制，分为限定性净资产和非限定性净资产。

复习思考题

1. 什么是民间非营利组织的文物文化资产？
2. 简述民间非营利组织受托代理资产的核算。
3. 什么是民间非营利组织的负债？包括哪些类别？
4. 民间非营利组织的净资产的含义是什么？包括哪些类别？

第十六章

民间非营利组织财务报告

第一节 民间非营利组织财务报告概述

民间非营利组织必须定期编制财务会计报告，反映民间非营利组织的财务状况和业务活动情况，向民间非营利组织的会计信息使用者提供有用的会计信息。

一、民间非营利组织财务报告的内容

财务报告是概括地反映民间非营利组织某一特定日期财务状况、某一会计期间业务活动情况和现金流量的书面文件。民间非营利组织的财务报告由会计报表、会计报表附注和财务情况说明书三部分组成。

（一）会计报表

会计报表是以表格形式概括地反映民间非营利组织财务状况、业务活动情况和现金流量的书面文件。

（二）会计报表附注

会计报表附注是对会计报表内容所作的补充说明与详细解释，目的是便于会计报表使用者理解会计报表的内容。在会计报表附注中侧重披露编制会计报表所采用的会计政策、已经在会计报表中得到反映的重要项目的具体说明和未在会计报表中得到反映的重要信息的说明等内容。

（三）财务情况说明书

财务情况说明书是对一定会计期间民间非营利组织的财务状况和业务情况进行总结的书面报告。

民间非营利组织的财务报告按编制时间，分为年度财务报告和中期财务报告。年度财务

报告是以整个会计年度为基础编制的财务报告。以短于一个完整的会计年度的期间（如半年度、季度和月度）编制的财务报告称为中期财务报告。民间非营利组织在编制中期财务报告时，应当采用与编制年度财务报告相一致的确认与计量原则。中期财务报告的内容相对于年度财务报告而言可以适当简化，但仍应保证包括与理解中期期末财务状况、中期业务活动情况及现金流量相关的重要信息。

二、民间非营利组织会计报表及其种类

《民间非营利组织会计制度》规定，民间非营利组织的会计报表至少应当包括资产负债表、业务活动表和现金流量表三张基本报表。

（一）资产负债表

资产负债是用来反映民间非营利组织某一会计期末全部资产、负债和净资产情况的报表。通过资产负债表可以了解民间非营利组织的财务实力、组织的资金配置结构与筹资结构，了解民间非营利组织的资产变现能力及发展能力。

（二）业务活动表

业务活动表是反映民间非营利组织在某一会计期间内开展经营活动实际情况的书面报告文件，是一定期间的民间非营利组织收入与同一会计期间相关的成本费用进行配比的结果。

（三）现金流量表

现金流量表是反映民间非营利组织一定会计期间内有关现金和现金等价物的流入和流出情况的报表。

第二节 民间非营利组织财务报表的编制

一、资产负债表的编制

（一）资产负债表的基本格式

民间非营利组织资产负债表的基本格式如表16-1所示。

表16-1 资产负债表

会民非01表

编制单位： 年 月 日 单位：元

资产	年初数	期末数	负债和净资产	年初数	期末数
流动资产：			流动负债：		
货币资产			短期借款		
短期投资			应付款项		

续表

资产	年初数	期末数	负债和净资产	年初数	期末数
应收款项			应付工资		
预付账款			应交税金		
存货			预收账款		
待摊费用			预提费用		
一年内到期的长期债权投资			预计负债		
其他流动资产			一年内到期的长期负债		
流动资产合计			其他流动负债		
长期投资:			流动负债合计		
长期股权投资			长期负债:		
长期债权投资			长期借款		
长期投资合计			长期应付款		
固定资产:			其他长期负债		
固定资产原价			长期负债合计		
减:累计折旧			受托代理负债:		
固定资产净值			受托代理负债		
在建工程			负债合计		
文物文化资产			净资产:		
固定资产清理			非限定性净资产		
固定资产合计			限定性净资产		
无形资产:			净资产合计		
无形资产					
受托代理资产:					
受托代理资产					
资产总计			负债和净资产总计		

(二)资产负债表各项目的内容与填列

资产负债表"年初数"栏内各项数字,应当根据上年年末资产负债表"期末数"栏内数字填列。如果本年度资产负债表规定的各个项目的名称和内容同上年度不一致,则应对上年年末资产负债表各项目的名称和数字按照本年度的规定进行调整,填入资产负债表"年初数"栏内。

民间非营利组织资产负债表大部分项目的内容与填列方法与企业资产负债表对应项目相同,本书不再赘述。本部分重点介绍与企业资产负债表存在差异的项目。

1. "货币资金"项目

该项目应当根据"现金""银行存款""其他货币资金"科目的期末余额合计填列。如果民间非营利组织的受托代理资产为现金、银行存款或其他货币资金,并且通过"现金""银行存款""其他货币资金"科目核算,还应当扣减"现金""银行存款""其他货币资金"科目中"受托代理资产"明细科目的期末余额。

2. "受托代理资产"项目

"受托代理资产"项目反映民间非营利组织接受委托从事受托代理业务而收到的资产。

该项目应当根据"受托代理资产"科目的期末余额填列。如果民间非营利组织的受托代理资产为现金、银行存款或其他货币资金,并且通过"现金""银行存款""其他货币资金"科目核算,还应当加上"现金""银行存款""其他货币资金"科目中"受托代理资产"明细科目的期末余额。

【例16-1】某基金会在当年年末"现金""银行存款""其他货币资金""受托代理资产"科目的期末余额分别为6 000元、489 000元、134 000元、1 450 000元,受托代理的现金、银行存款且通过"现金""银行存款"科目核算的金额分别为1 500元、48 000元。

该基金会当年年末"现金""银行存款""其他货币资金""受托代理资产"项目填列的金额分别为4 500元、441 000元、134 000元和1 499 500元。

3. "应付款项"项目

该项目反映民间非营利组织期末应付票据、应付账款和其他应付款等应付未付款项,应当根据"应付票据""应付账款""其他应付款"科目的期末余额合计填列。

4. "文物文化资产"项目

该项目反映民间非营利组织用于展览、教育或研究等目的的历史文物、艺术品及其他具有文化或者历史价值并作长期或者永久保存的典藏等,应根据"文物文化资产"科目的期末余额填列。

5. "受托代理负债"项目

该项目反映民间非营利组织因从事受托代理业务,接受受托代理资产而产生的负债,应根据"受托代理负债"科目的期末余额填列。

6. "非限定性净资产"项目

该项目反映民间非营利组织拥有的非限定性净资产期末余额,应当根据"非限定性净资产"科目的期末余额填列。

7. "限定性净资产"项目

该项目反映民间非营利组织拥有的限定性净资产期末余额,应当根据"限定性净资产"科目的期末余额填列。

二、业务活动表的编制

(一) 业务活动表的基本格式

民间非营利组织业务活动表的基本格式如表16-2所示。

表 16-2 业务活动表

会民非 02 表

编制单位：　　　　　　　　　　　　　年　月　日　　　　　　　　　　　　　单位：元

项目	本月数			本年累计数		
	非限定性	限定性	合计	非限定性	限定性	合计
一、收入						
其中：捐赠收入						
会费收入						
提供服务收入						
商品销售收入						
政府补助收入						
投资收益						
其他收入						
收入合计						
二、费用						
（一）业务活动成本						
其中						
（二）管理费用						
（三）筹资费用						
（四）其他费用						
费用合计						
三、限定性净资产转为非限定性净资产						
四、净资产变动额（若为净资产减少额，以"-"号填列）						

表 16-2 中，"本月数"栏反映各项目的本月实际发生数；在编制季度、半年度等中期财务报告时，应将本栏改为"本季度数""本半年度数"等本中期数栏，反映各项目本中期数的实际发生数。

在提供上年度比较报表时应当增设可比期间栏目，反映可比期间各项目的实际发生数。如果本年度业务活动表规定的各个项目的名称和内容同上年度不一致，应对上年度业务活动表各项目的名称和数字按照本年度的规定进行调整，填入业务活动表上年度可比期间栏目内。

"本年累计数"栏反映各项目自年初起至报告期末止的累计实际发生数。

"非限定性"栏反映本期非限定性收入的实际发生数、本期费用的实际发生数和本期由限定性净资产转为非限定性净资产的金额。

"限定性"栏反映本期限定性收入的实际发生数和本期由限定性净资产转为非限定性净

资产的金额（以"-"号填列）。在提供上年度比较报表项目金额时，"限定性"和"非限定性"栏目的金额可以合并填列。

(二) 业务活动表各项目的内容与填列

① "捐赠收入"项目，反映民间非营利组织接受其他单位或者个人捐赠所取得的收入总额。本项目应当根据"捐赠收入"科目的发生额填列。

② "会费收入"项目，反映民间非营利组织根据章程等的规定向会员收取的会费总额。本项目应当根据"会费收入"科目的发生额填列。

③ "提供服务收入"项目，反映民间非营利组织根据章程等的规定向其服务对象提供服务取得的收入总额。本项目应当根据"提供服务收入"科目的发生额填列。

④ "商品销售收入"项目，反映民间非营利组织销售商品等形成的收入总额。本项目应当根据"商品销售收入"科目的发生额填列。

⑤ "政府补助收入"项目，反映民间非营利组织接受政府拨款或者政府机构给予的补助而取得的收入总额。本项目应当根据"政府补助收入"科目的发生额填列。

⑥ "投资收益"项目，反映民间非营利组织以各种方式对外投资取得的投资净损益。本项目应当根据"投资收益"科目的贷方发生额填列；如果为借方发生额，则以"-"号填列。

⑦ "其他收入"项目，反映民间非营利组织除上述收入项目之外所取得的其他收入总额。本项目应当根据"其他收入"科目的发生额填列。

上述各项收入项目应当区分"限定性"和"非限定性"分别填列。

⑧ "业务活动成本"项目，反映民间非营利组织为了实现其业务活动目标、开展项目活动或者提供服务所发生的费用。本项目应当根据"业务活动成本"科目的发生额填列。民间非营利组织应当根据其所从事的项目、提供的服务或者开展的业务等具体情况按照"业务活动成本"科目中各明细科目的发生额，在业务活动表中填列业务活动成本的各组成部分。

⑨ "管理费用"项目，反映民间非营利组织为组织和管理其业务活动所发生的各项费用总额。本项目应当根据"管理费用"科目的发生额填列。

⑩ "筹资费用"项目，反映民间非营利组织为筹集业务活动所需资金而发生的各项费用总额，包括利息支出（减利息收入）、汇兑损失（减汇兑收益）以及相关手续费等。本项目应当根据"筹资费用"科目的发生额填列。

⑪ "其他费用"项目，反映民间非营利组织除以上费用之外发生的其他费用总额。本项目应当根据有关科目的发生额填列。

⑫ "限定性净资产转为非限定性净资产"项目，反映民间非营利组织当期从限定性净资产转入非限定性净资产的金额。本项目应当根据"限定性净资产""非限定性净资产"科目的发生额分析填列。

⑬ "净资产变动额"项目，反映民间非营利组织当期净资产变动的金额。本项目应当根据业务活动表"收入合计"项目的金额，减去"费用合计"项目的金额，再加上"限定

性净资产转为非限定性净资产"项目的金额后的金额填列。

三、现金流量表的编制

(一) 现金流量表的基本格式

现金流量表的现金流量分为业务活动产生的现金流量、投资活动产生的现金流量和筹资活动产生的现金流量,其基本结构如表16-3所示。

表16-3 现金流量表

会民非03表

编制单位:　　　　　　　　　　　年　月　　　　　　　　　　单位:元

项目	金额
一、业务活动产生的现金流量	
接受捐赠收到的现金	
收取会费收到的现金	
提供服务收到的现金	
销售商品收到的现金	
政府补助收到的现金	
收到的其他与业务活动有关的现金	
现金流入小计	
提供捐赠或者资助支付的现金	
支付给员工及为员工支付的现金	
购买商品、接受服务支付的现金	
支付的其他与业务活动有关的现金	
现金流出小计	
业务活动产生的现金流量净额	
二、投资活动产生的现金流量	
收回投资所收到的现金	
取得投资收益所收到的现金	
处置固定资产和无形资产所收回的现金	
收到的其他与投资活动有关的现金	
现金流入小计	
购建固定资产和无形资产所支付的现金	
对外投资于所支付的现金	
支付的其他与投资活动有关的现金	
现金流出小计	

续表

项目	金额
投资活动产生的现金流量净额	
三、筹资活动产生的现金流量	
借款所收到的现金	
收到的其他与筹资活动有关的现金	
现金流入小计	
偿还借款所支付的现金	
偿付利息所支付的现金	
支付的其他与筹资活动有关的现金	
现金流出小计	
筹资活动产生的现金流量净额	
四、汇率变动对现金的影响额	
五、现金及现金等价物净增加额	

(二) 现金流量表各项目的内容与填列

民间非营利组织现金流量表部分项目的内容与填列方法与企业现金流量表项目的内容与填列方法相同,本书不再赘述。本部分重点介绍与企业现金流量表存在差异的项目。

① "接受捐赠收到的现金"项目反映民间非营利组织接受其他单位或者个人捐赠取得的现金。该项目可以根据"现金""银行存款""捐赠收入"等科目的记录分析填列。

② "收取会费收到的现金"项目反映民间非营利组织根据章程等的规定向会员收取会费取得的现金。该项目可以根据"现金""银行存款""应收账款""会费收入"等科目的记录分析填列。

③ "提供服务收到的现金"项目反映民间非营利组织根据章程等的规定向其服务对象提供服务取得的现金。该项目可以根据"现金""银行存款""应收票据""预收账款""提供服务收入"等科目的记录分析填列。

④ "销售商品收到的现金"项目反映民间非营利组织销售商品取得的现金。该项目可以根据"现金""银行存款""应收账款""应收票据""预收账款""商品销售收入"等科目的记录分析填列。

⑤ "政府补助收到的现金"项目反映民间非营利组织接受政府拨款或者政府机构给予的补助而取得的现金。该项目可以根据"现金""银行存款""政府补助收入"等科目的记录分析填列。

⑥ "收到的其他与业务活动有关的现金"项目反映民间非营利组织收到的除以上业务之外的现金。该项目可以根据"现金""银行存款""其他应收款""其他收入"等科目的记录分析填列。

⑦ "提供捐赠或者资助支付的现金"项目反映民间非营利组织向其他单位和个人提供

捐赠或者资助支出的现金。该项目可以根据"现金""银行存款""业务活动成本"等科目的记录分析填列。

第三节　会计报表附注和财务情况说明书

一、会计报表附注

会计报表附注是对会计报表中的重要内容所作的注释，是会计报表的有机组成部分。民间非营利组织的会计报表附注至少应当披露以下内容。

①重要会计政策及其变更情况的说明；

②董事会（理事会或者类似权力机构）成员和员工的数量、变动情况及获得的薪金等报酬情况的说明；

③会计报表重要项目及其增减变动情况的说明；

④资产提供者设置了时间或用途限制的相关资产情况的说明；

⑤受托代理业务情况的说明，包括受托代理资产的构成、计价基础和依据、用途等；

⑥重大资产减值情况的说明；

⑦公允价值无法可靠取得的受赠资产和其他资产的名称、数量、来源和用途等情况的说明；

⑧对外承诺和或有事项情况的说明；

⑨接受劳务捐赠情况的说明；

⑩资产负债表日后非调整事项的说明；

⑪有助于理解和分析会计报表需要说明的其他事项。

二、财务情况说明书

财务情况说明书是对财务收支情况及其他重要采取情况所作的书面说明。财务情况说明书至少应当对下列情况进行说明：

①民间非营利组织的宗旨、组织结构以及人员配备等情况；

②民间非营利组织业务活动基本情况，年度计划和预算完成情况，产生差异的原因分析，下一会计期间业务活动计划和预算等；

③对民间非营利组织业务活动有重大影响的其他事项。

民间非营利组织的年度财务报告至少应当于年度终了后4个月内对外提供。民间非营利组织被要求对外提供中期财务报告的，应当在规定的时间内对外提供。

本章小结

财务报告是概括地反映民间非营利组织某一特定日期财务状况和某一会计期间业务活动情况和现金流量的书面文件。民间非营利组织的财务报告由会计报表、会计报表附注和财务情况说明书三部分组成。

会计报表是以表格形式概括地反映非营利组织财务状况、业务活动情况和现金流量的书面文件。《民间非营利组织会计制度》规定,民间非营利组织的会计报表至少应当包括资产负债表、业务活动表和现金流量表三张基本报表。

会计报表附注是对会计报表内容所作的补充说明与详细解释,目的是便于会计报表使用者理解会计报表的内容。在会计报表附注中侧重披露编制会计报表所采用的会计政策、已经在会计报表中得到反映的重要项目的具体说明和未在会计报表中得到反映的重要信息的说明等内容。

财务情况说明书是对一定会计期间民间非营利组织的财务状况和业务情况进行总结的书面报告。

复习思考题

1. 民间非营利组织的财务报告由哪些部分组成?
2. 根据《民间非营利组织会计制度》规定,民间非营利组织的会计报表包括哪些内容?
3. 简述民间非营利组织的会计报表附注应当披露的内容。
4. 民间非营利组织财务情况说明书是什么?应包括哪些内容?

参 考 文 献

[1] 中华人民共和国财政部. 民间非营利组织会计制度 [M]. 北京：经济科学出版社，2004.

[2] 许群. 民间非营利组织会计制度讲解与实务 [M]. 北京：中国物价出版社，2004.

[3] 中华人民共和国财政部. 财政总预算会计制度（2015）[M]. 北京：中国财政经济出版社，2015.

[4] 王国生. 新编财政总预算会计实务 [M]. 北京：经济管理出版社，2017.

[5] 中华人民共和国财政部. 政府会计制度（合订本·2019）[M]. 北京：中国财政经济出版社，2018.

[6] 刘京平，尉敏，齐军，等.《政府会计制度》核算指南——事业单位会计实务案例精讲 [M]. 北京：中国财政经济出版社，2018.

[7] 许娟，齐军，刘京平，等.《政府会计制度》核算指南——行政单位会计实务案例精 [M]. 北京：中国财政经济出版社，2018.

[8] 张庆龙，王彦. 政府会计制度解读与操作实务指南 [M]. 北京：中国财政经济出版社，2018.

[9] 李春友. 新编政府会计 [M]. 北京：中国财政经济出版社，2018.

[10] 赵建勇. 政府与非营利组织会计 [M]. 第3版. 北京：中国人民大学出版社，2017.

[11] 陆志平. 政府会计 [M]. 昆明：云南大学出版社，2018.

[12] 杨洪. 政府与非营利组织会计 [M]. 北京：机械工业出版社，2014.

[13] 曾尚梅. 政府会计 [M]. 北京：经济科学出版社，2018.